연암문학의 심층 탐구

연암 문학의 심층 탐구

김명호 지음

2013년 12월 9일 초판 1쇄 발행

펴낸이 한철희 | 펴낸곳 돌베개 | 등록 1979년 8월 25일 제406-2003-000018호
주소 (413-756) 경기도 파주시 회동길 77-20 (문발동)
전화 (031) 955-5020 | 팩스 (031) 955-5050
홈페이지 www.dolbegae.com | 전자우편 book@dolbegae.co.kr
블로그 imdol79.blog.me | 트위터 @Dolbegae79

편집 이경아
표지디자인 민진기 | 본문디자인 이은정·이연경
마케팅 심찬식·고운성·조원형 | 제작·관리 윤국중·이수민
인쇄 한영문화사 | 제본 경일제책사

ISBN 978-89-7199-582-2 (94810)
이 도서의 국립중앙도서관 출판시도서목록(CIP)은 e-CIP 홈페이지
(http://www.nl.go.kr/ecip)에서 이용하실 수 있습니다.(CIP제어번호: CIP2013025440)

책값은 뒤표지에 있습니다.

돌베개 한국학총서 16

연암 문학의 심층 탐구

김명호 지음

돌베개

머리말

「연암燕巖 문학과 『사기』史記」를 발표한 1983년부터 헤아리자면 연암 박지원 연구에 종사한 지 올해로 꼭 30년이 된다. 게다가 올해는 나에게 인생의 한 전환점인 회갑이 되는 해이기도 하다. 이를 기념할 겸 최근에 쓴 논문들을 바탕으로 새 책을 펴내기로 했다. 본서는 텍스트에 대한 탄탄한 실증적 연구의 토대 위에서 연암의 문학 세계를 심층적으로 탐구하고자 한 것이다.

박사학위 논문이자 첫 저서인 『열하일기 연구』를 간행한 1990년 이후 나는 방향을 달리하여 환재 박규수 연구에 주력했다. 『열하일기』에 집대성된 18세기 실학의 사상적 문예적 성과가 연암의 손자인 박규수를 통해 19세기에 계승 발전되어 간 양상을 규명해 보고 싶었기 때문이다. 그 사이에 연구 초기부터 산산이 발표한 논문들을 모아 『박지원 문학 연구』를 간행했으나, 박규수 연구에 주력함에 따라 연암에 관해서는 본격적으로 연구할 겨를을 얻지 못했다. 그러던 중 원문 교감과 충실한 주해를 가하여 연암의 시문詩文을 최초로 완역한 국역 『연암집』(2005)을 간행한 데 이어, 연민淵民 이가원李家源 선생의 기증 도서인 단국대 소장 연민문고 '동장귀중본'東裝貴重本에 대한 해제 사업에 참여하게 된 것을 계기로 연암 연구에 복귀하게 되었다.

　우리 한문학사에서 『열하일기』를 비롯한 연암의 작품들만큼 풍부한 이본이 남아 있는 경우도 드물 것이다. 이는 연암 스스로 자신의 글을 부단히 손질했을 뿐만 아니라, 그의 글들이 인기리에 널리 전파되면서 필사본에 따라 차이가 빚어진 까닭이다. 그러므로 연암 문학을 연구하자면 이같은 수많은 이본들을 수집·검토하는 텍스트 연구부터 철저히 할 필요가 있다. 하지만 텍스트 연구는 그 성과에 비해 시간과 품이 유달리 많이 드는 고단한 작업이다. 『열하일기 연구』를 집필하던 당시 나는 『열하일기』의 주요 이본 7종을 검토하는 데에만 꼬박 2년의 세월이 걸렸던 경험이 있다. 종래 학계에서 텍스트 연구를 소홀히 해온 데에는 아마도 이런 사정이 적잖이 작용했을 것이다.

　2009년부터 단국대 연민문고 해제 사업에 참여한 나는 그동안 학계에 공개되지 않았던 연암 관련 문헌들을 30여 종이나 검토할 수 있었고, 그중 주로 『열하일기』의 초기 필사본들을 대상으로 모두 15편의 해제를 맡아 집필했다. 그리고 내친 김에 일본 동양문고 소장 『연암집』 등 해외 문헌들까지 입수해서 검토했다. 이로써 현전하는 거의 대부분의 연암 관련 문헌들을 원 없이 섭렵한 셈이다. 이와 같이 광범한 텍스트 연구를 의욕적으로 수행하는 동안 나는 자료 더미에 묻혀 있던 많은 연구 주제들이 마치 서로 먼저 다루어 달라고 아우성치는 듯한 느낌을 받았다. 그리하여 올해까지 신들린 듯 장편 논문 여러 편을 잇달아 쓰게 되었다. 본서는 이 논문들을 단행본 연구서의 체제에 맞추어 4부로 재편성하면서 수정 보완한 것이다.

　1부에서는 『연암집』에 수록되지 않아 실전된 것으로 알려진 연암의 한시들을 발굴해서 고찰했다. 이러한 시들이 단국대 연민문고 소장 『연암집초고(보유9)』 등에 다수 보존되어 있는 사실은 최근에 이르러 밝혀졌다. 본서에서는 이 시들의 전모를 개관한 다음, 모두 12편의 시에 대해 차례로 살펴보았다. 그중에서 가장 주목되는 작품인 「사약행」과 「만조숙인」 등 장편시를 중심으로 내용과 형식을 아우르는 구체적인 분석을 시도했다. 또한 작품 분석에 못지않게, 새로 소개되는 시들을 번역·주해하는 작업에도 공을 들였다. 본서의 논의를 계기로 연암이 조선 후기 최고의 산문가일 뿐만 아니라 당대의 뛰어난 시인으로서도 재인식되기를 기대한다.

2부에서는 연암의 실학사상에 미친 서학西學의 영향을 고찰했다. 연암은 서학의 과학기술 방면에만 관심을 보인 인물로 알려져 있으나, 실은 그에게 서학은 훨씬 더 깊은 영향을 미쳤다. 다만 연암은 서학을 주체적으로 수용해서 자기 사상의 일부로 용해했고, 자신의 글 중 서학 관련 내용을 개작하여 그 영향을 은폐하기도 했으므로 이런 중요한 사실을 간과하기 쉽다. 본서에서는 『교우론』과 『천주실의』, 『기하원본』의 영향을 중심으로 연암의 텍스트들을 면밀히 분석함으로써, 동·서양 사상의 소통을 적극 시도했던 연암의 새로운 면모를 드러내고자 했다.

3부에서는 『열하일기』에서 누락되어 장차 보완해야 할 것으로 알려진 글들 중 일부를 발굴하여 번역·소개했다. 단국대 연민문고 소장 『양매시화』와 『연암산고(2)』 등 새 자료를 바탕으로 『열하일기』 중 누락된 글들의 행방을 탐색해 본 것이다. 본서에서는 『양매시화』와 『연암산고(2)』 중의 「친애걸린집」이 삭삭 현전하는 『열하일기』에는 없는 「양매시화」와 「천애결린집」의 초고임을 밝혔다. 또한 「천애결린집」에 수록된 청국인 풍병건·선가옥·유세기의 한문 편지와 함께 하란태의 만주문滿洲文 편지를 번역하여 학계에 처음 소개했다.

4부에서는 단국대 연민문고 소장 『열하일기』 필사본 10종과 일본 동양문고 소장 『연암집』 필사본 18책을 중심으로 텍스트 연구를 수행했다. 전자는 가장 초기에 필사된 이본들로 연암의 창작 과정을 엿볼 수 있는 흥미로운 텍스트이고, 후자는 『연암집』의 '정본'으로 추정되기도 한 중요한 텍스트이다. 본서에서는 『열하일기』의 초기 필사본들에 대한 치밀한 검토를 통해 이본들의 계통과 특징을 파악하고, 나아가 『연암집』의 정본 추정 문제까지 논의를 확장했다. 이와 같은 텍스트 연구는 실은 본서의 1~3부에서 제시한 연구 성과의 기초를 이루는 작업으로서 가장 먼저 착수한 것이지만, 일반 독자들에게는 다소 전문적인 내용임을 감안하여 그 성과를 마지막 4부에 제시했다.

지금까지 학계에서는 1932년에 간행된 신활자본(박영철본) 『연암집』을 기본 텍스트로 삼아 연구해 왔으나, 이 신활자본 역시 원문 오류나 누락된 작품이 적지 않고 체제와 편성이 혼란스러운 등, 결코 완벽한 텍스트가 아니다. 따라서 필사본들까지 망라한 종합적이고 정밀한 텍스트 연구를 바탕으로 『연암집』 정본이 시급히 마련되어야 할 것이다. 특히 이본 간의 차이가 심한 『열하일기』의 경우는 정본이 먼저 마련된 위에서 전문적 학술 번역이 이루어져야 한다. 연암의 알려지지 않은 한시들과 『열하일기』 중 누락된 글들을 발굴하여 번역·소개한 본서의 연구 성과는 여기에 일조하는 바 있으리라 본다.

조선 후기의 실학에 서학이 어떤 영향을 미쳤는가 하는 문제는 학계의 중요한 쟁점이 되어 왔다. 더욱이 최근에는 실학의 역사적 실체를 부정하거나, 실학에서 근대성을 찾으려는 노력을 시대착오로 간주하는 풍조가 대두하기도 했다. 그에 맞서 본서에서는 치밀한 텍스트 연구와 세심한 독해를 통해, 연암이 서학을 적극 수용하여 사상적 혁신을 추구했던 면모를 극명하게 보여 주었다고 믿는다. 이는 타성에 젖은 종래의 실학 연구에 반성을 촉구하는 한편, 사상적 저작으로서 『열하일기』를 새롭게 읽는 선례를 제시한 점에서 의미가 없지 않을 것이다.

"단 하나를 철저히 이해하려면 모든 것을 이해해야 한다"고 한 프랑스 과학자 C. 베르나르의 말처럼, 깊이 파려면 동시에 넓게 파야 한다. 본서에서 나는 실증적 연구와 이론적 분석, 미시적 검토와 거시적 통찰의 교호 작용 속에서 텍스트를 연구해야 새로운 경지가 열린다고 보고, 시와 산문, 문학과 사상의 경계를 넘나들며 연암 문학을 가급적 깊고 폭넓게 고찰하려고 노력했다. 뿐만 아니라 방대한 자료를 구사하면서도 세부적인 고증에 빠져 번쇄해지지 않도록, 그로부터 정수만을 뽑아내어 명쾌하게 서술하고자 각별히 고심했다. 자료와 벌인 격투를 알지 못한 채 쉽고 힘들이지 않은 글처럼 읽힌다면 나의 글쓰기는 성공한 것이다.

본서는 『열하일기 연구』와 『박지원 문학 연구』의 뒤를 잇는 나의 세 번째 연암 연구서가 된다. 일찍이 맹자는 "하지 않아도 절로 되는 것이 하늘이요, 부르지 않아도 절로 이르는 것이 운명이다"(莫之爲而爲者天也, 莫之致而至者命也)라고 했다. 『박지원 문학 연구』의 머리말에서 연암 문학은 나의 학문적 '첫사랑'이었노라고 술회한 바 있지만, 어느덧 회갑이 된 지금, 연암 연구는 나의 '운명'이었음을 깨닫는다. 이제 순명順命하는 자세로, 수년 전부터 심혈을 기울여 온 연암 평전의 완성에 진력할 것을 다짐한다.

국역 『연암집』과 연암 선집 『지금 조선의 시를 쓰라』에 이어, 연암 문학을 논구한 본서 역시 돌베개출판사에서 간행하게 되어 마음 기쁘고 든든하다. 한철희 사장님과 이경아 인문고전팀장에게 깊이 감사드린다.

2013년 11월
김명호

차 례

머리말 5

1부 연암의 일시에 대한 고찰

1. 새로 찾은 연암의 일시들 15
2. 「사약행」―거지가 된 한양 왈짜의 사연 23
3. 「만조숙인」과 「도망」―두 여성의 죽음에 대한 애도 44
4. 감시 초시에서 지은 과시 74
5. 「해인사 창수시」 등 여타 일시들 84
6. 맺음말 105

2부 연암의 실학사상에 미친 서학의 영향

1. 문제 제기 113
2. 우정 담론의 발전과 『교우론』 117
3. 염세주의 및 천주만물창조설 비판과 『천주실의』 136
4. '경계'의 철학과 『기하원본』 155
5. 맺음말 175

3부 『열하일기』 '보유'의 탐색

1. '보유' 6편의 행방   181
2. 「양매시화」   185
3. 「열하태학기」와 「천애결린집」   195
4. 「열하궁전기」와 「단루필담」   214
5. 잠정적 결론   218

4부 『연암집』 텍스트의 재검토

1. 텍스트 연구 현황   225
2. 단국대 연민문고 소장본의 검토   232
3. 일본 동양문고 소장본의 검토   272
4. 별집 계열 텍스트들의 비교   297
5. 남은 과제   313

참고문헌 317   찾아보기 327

1부 연암의 일시에 대한 고찰

1. 새로 찾은 연암의 일시들

연암 박지원은 『열하일기』를 저술한 조선 후기 최고의 산문 작가일 뿐만 아니라 「총석정 관일출」叢石亭觀日出과 「증좌소산인」贈左蘇山人, 「해인사」海印寺 등의 걸작을 남긴 뛰어난 시인이기도 했다. 하지만 그의 문집인 『연암집』을 보면 고시와 근체시를 합해 겨우 32제題 42수의 한시가 수록되어 있을 뿐이다. 문집을 편찬한 그의 아들 박종채朴宗采는 『연암집』「영대정잡영」映帶亭雜咏의 후지後識에서 한시가 모두 42수뿐인 것은 연암이 평소 시인으로 자처하지 않아서 한시를 드물게 지었고, 그나마도 잘 보관해 두지 않은 탓이라고 해명했다. 그리고 문집에 수록된 한시들 중에는 남들이 애송하던 시를 나중에 수집한 것이 많아, 일부 시구가 누락되거나 다르게 전하는 작품도 꽤 있다고 밝혔다.[1] 한편 박종채는 부친의 생전 언행을 기록한 『과정록』過庭錄에서 연암이 남긴 한시가 모두 50수라고 하면서, 연암은 당나라 한유韓愈의 시풍을 익혀 매우 빼어난 고시를 지었지만 근체시의 엄격한 운율에 얽매임을 싫어

---

1. 新活字本(朴榮喆本), 『연암집』 권4, 「映帶亭雜咏」, 後識(朴宗侃); 신호열·김명호 옮김, 『연암집』, 개정판; 돌베개, 2012, 중, 356면.

해서 율시나 절구는 짓다가 만 것이 많다고 했다.[2] 이 두 기록으로 미루어 보면 연암의 일시逸詩, 즉 『연암집』에 수록되지 못해 실전失傳된 것으로 알려진 한시가 최소한 8수 이상 있었음을 알 수 있다.

연암은 이처럼 과작寡作의 시인이었기에 도리어 그의 시는 진귀한 작품으로 간주되고 더욱 주목을 받았던 것으로 보인다. 이덕무李德懋는 『청비록』清脾錄에서 연암이 고문古文과 서화에 뛰어났을뿐더러 그의 한시도 오묘한 품격을 갖추었다고 칭송하면서, "다만 근엄하고 신중해서 좀체 짓지 않으므로, 백년하청百年河清에 비유된 포증包拯의 웃음처럼 자주 볼 수 없어 동인同人들이 안타까워한다. 전에 나에게 오언고시를 지어 주었는데 문장을 논한 것이 몹시 굉장하여 볼만했다"고 했다.[3] 여기에서 이덕무가 특별히 거론하여 칭송한 연암의 오언고시란 곧 「증좌소산인」을 가리킨다. '좌소산인'은 이덕무가 젊은 시절에 사용한 호의 하나였다.[4] 5언 92구 460자에 달하는 장편 고시인 이 시에서 연암은 옛날 중국의 문장을 모방하지 말고 지금 조선의 현실을 표현한 문장을 지어야한다고 역설했다.

---

2. 朴宗采, 『過庭錄』, 단국대 동양학연구원, 연민문고 소장 연암박지원작품필사본총서 20, 문예원, 2012, 298면; 김윤조 역주, 『역주 과정록』, 태학사, 1997, 279면; 박희병 옮김, 『나의 아버지 박지원』, 돌베개, 1998, 248면.
3. 이덕무, 『青莊館全書』 권34, 『청비록』 3, 「燕巖」, "但矜慎不出, 如包龍圖之笑比河清, 不得多見, 同人慨恨. 嘗贈我五言古詩, 論文章, 頗宏肆可觀." 북송 때 龍圖閣直學士를 지낸 포증은 몹시 근엄해서 웃는 일이 없었으므로 그가 웃으면 황하가 맑아질 거라는 말까지 있었다고 한다.
4. 종래 '좌소산인'은 徐有本의 호로만 알려져 있었다. 그러나 이는 이덕무가 사용한 수많은 호 중의 하나이기도 했다. 『燕岩草稿(八)』, 『碧梅園小選』 「蟬橘堂記」의 後識에 "曰炯菴, 曰青飮舘, 曰塔左人, 曰眵眯道人, 曰左蘇山人, 曰罌宕, 曰青莊散士, 曰嬰處子, 曰蟬橘堂, 皆懋官也"라고 했다.(단국대 동양학연구원, 연민문고 소장 연암박지원작품필사본총서 14, 문예원, 2012, 64면)

『연암집』에 수록된 한시에 관해서는 지금까지 상당한 연구가 이루어졌다. 송재소는 짧은 서경시인 「일로」一鷺, 「효행」曉行, 「산행」山行, 「전가」田家, 「극한」極寒 등과 장편 고시인 「총석정 관일출」 및 「해인사」에 대해 최초로 논했다. 강혜선은 「도압록강 회망용만성」渡鴨綠江回望龍灣城, 「노숙구련성」露宿九連城, 「체우통원보」滯雨通遠堡, 「유숙동관」留宿東關, 「요야효행」遼野曉行, 「음득일절」吟得一絶, 「마상구호」馬上口號 등 연암이 1780년 중국 여행 중에 지은 한시를 집중적으로 고찰했다. 이종문은 「필운대 간행화」弼雲臺看杏花, 「효행」, 「전가」, 「극한」 등을 분석하면서 연암 한시의 특징으로 근체시의 규율로부터 과감한 파격과 일탈을 보여 준 점을 지적했다.[5] 이상과 같은 연구들과 아울러, 『연암집』에 수록된 한시 42수가 수년 전 신호열·김명호의 공역으로 비로소 완역된 점도 특기할 만하다.[6]

그에 비해 연암의 일시는 오랫동안 존재 여부조차 잘 알려지지 않았고, 따라서 그에 대한 학문적 관심도 매우 저조한 실정이다. 국립중앙도서관 승계문고勝溪文庫 소장본과 영남대 소장본, 일본 동양문고東洋文庫 소장본 등 몇몇 필사본『연암집』을 보면 연암의 일시에 관한 소중한 정보가 추기追記되어 있다. 즉 이 필사본들에서는 연암의 한시 중 「사약행」司鑰行, 「만조숙인」輓趙淑人, 「해인사 창수시」海印寺唱酬詩, 「도망」悼亡은 원고가 분실되었고, 「수시」壽詩의 원고는 종가宗家인 박제상

---

5. 송재소, 「연암의 시에 대하여」, 송재소·김명호·정대림 외, 『이조후기 한문학의 재조명』, 창작과비평사, 1983; 송재소, 「연암시 「해인사」에 대하여」, 『한국한문학연구』 11, 한국한문학연구회, 1988; 강혜선, 「法古創新과 박지원의 연행시」, 『한국한시연구』 3, 한국한시학회, 1995; 이종문, 「燕巖 朴趾源의 漢詩에 關한 한 考察」, 『한국한문학연구』 39, 한국한문학회, 2007.
6. 신호열·김명호 옮김, 앞의 책, 중, 277~356면.

朴齊尙의 집에 있다고 밝혀 놓았다. 그리고 「서시이생(종목)」書示李甥(鍾
穆)의 말구末句를 소개했으며, 「제선옥소영」題仙玉小影과 「몽답정」夢踏亭
의 원문은 『연암초고』燕巖草稿 제7책과 제9책을 상고하라고 했다.[7]

　이와 같은 연암의 일시들 중 몇몇 작품은 그 전문이 전하고 있다.
승계문고본과 영남대본 『연암집』에는 「송이무관·박차수입연」送李懋官
朴次修入燕과 산구散句들(7언 22구 및 5언 2구)이 추록追錄되어 있으며, 승계
문고본에는 그 외에도 「만조숙인」의 전문이 추록되어 있다.[8] 「만조숙
인」은 당대에 널리 알려져 있었던 듯, 윤광심尹光心의 『병세집』幷世集과
유만주兪晩柱의 『흠영』欽英에도 전문이 소개되어 있고 『대동시선』大東詩
選(1918)에도 연암의 대표작의 하나로 실려 있다. 『흠영』에는 또 「도망」
20수 중 2수가 전하고 있으며, 『과정록』에는 7언 24구의 산구가 전하
고 있다. 이러한 연암의 일시들이 학계에 알려진 것은 1990년대 이후
의 일이다. 그밖에 연암의 과시科詩 1수가 발굴·소개되었으며,[9] 서울대
박물관 소장 『연암선생서간첩』燕巖先生書簡帖이 번역·소개되면서 그중
에 무제無題의 시 1편이 포함되어 있음이 알려지기도 했다.[10]

---

7. 동양문고본 및 영남대본, 『연암집』 권11, 「映帶亭雜咏」, 말미 상단, "司鑰行, 趙淑人輓
章, 海印寺唱酬詩二首, 悼亡詩二十首, 失艸. 壽詩在大宅齊尙. 書示李甥鍾穆, 失草. 只記末
句有云, '請君戲作嬌笑否, 伊昔紅顏亦似君.' 題仙玉小影, 夢踏亭, 並考草稿第七·第九." 단
승계문고본에는 "司鑰行, 趙淑人挽, 海印寺酬唱二首, 悼亡二十首, 幷失艸. 趙淑人挽, 錄在
五十七卷之末"이라고 추기되어 있다.
8. 김윤조, 「朴榮喆本 연암집의 '착오·탈락'에 대한 검토」, 『한문학논집』 10, 檀國漢文學
會, 1992, 319~320면; 김혈조, 「연암집 異本에 대한 고찰」, 『한국한문학연구』 17, 한국한
문학회, 1994, 172~174면.
9. 이가원, 『조선문학사』, 태학사, 1997, 중, 1167~1168면.
10. 정민·박철상, 「『燕巖先生書簡帖』 脫草 원문 및 역주」, 『대동한문학』 22, 대동한문학
회, 2005, 369~370면; 박희병 옮김, 『고추장 작은 단지를 보내니』, 개정판; 돌베개, 2006,
64면.

필자는 2009년 단국대 연민문고淵民文庫에 소장된 연암 관련 필사본들에 대한 해제 사업에 참여하면서, 필사본 중 『연암집초고(보유9)』燕岩集草稿(補遺九)에 연암의 일시가 다수 수록되어 있음을 알게 되었다. 종래 실전된 것으로 알려진 「사약행」, 「해인사 창수시」, 「제선옥소영」, 「몽답정」과 새로운 일시인 「어옹」漁翁을 발견한 것이다.[11] 그중 「해인사 창수시」와 「제선옥소영」은 각각 연민문고 소장 『면양잡록(4)』沔陽雜錄(四)와 『유상곡수정집(곤)』流觴曲水亭集(坤)에, 그리고 승계문고본과 영남대본에 추록된 「송이무관·박차수입연」은 연민문고 소장 『열하피서록』熱河避暑錄에 먼저 수록되었다는 사실도 확인할 수 있었다. 또한 필자는 일본 동양문고본 『연암집』을 검토하면서, 연암이 1765년 금강산 유람 중 유언호兪彦鎬 등과 함께 지은 「사선정 연구」四仙亭聯句가 추록되어 있음을 발견했다.[12] 이를 종합해 보면 연암의 일시 중에서 일부 시구만 전하는 작품과 산구들을 제외하고도, 현재 원문이 전하고 있는 작품이 10여 편에 이른다. 지금까지 알려진 연암의 일시를 목록화하면 〈표 1〉(본서 20~21면)과 같다.

 최근 김윤조는 『연암집초고(보유9)』에 대한 해제에서 여기에 실린 연암의 한시들을 개략적으로 소개했다.[13] 정재철은 『연암집초고(보유9)』에 실린 연암의 일시 8수에 대해 고찰했다.[14] 이 논문에서 연

---

11. 이로 미루어, 『연암집초고(보유9)』는 영남대본과 동양문고본의 추기에서 거론한 '『연암초고』 제9책'임이 분명하다.
12. 김명호, 「일본 東洋文庫 소장 『연암집』에 대한 고찰」, 『한국문화』 51, 서울대 규장각 한국학연구원, 2010, 334면; 본서 4부, 292~293면 참조.
13. 김윤조,, 「燕巖草稿(補遺九)」, 단국대 소장 연민문고 〈동장귀중본〉 해제 사업단, 『단국대 소장 연민문고 〈동장귀중본〉 해제집』, 문예원, 2012, 204~211면.
14. 정재철, 「박영철본 『연암집』 미수록 연암시에 대하여—연민문고 소장 『연암집초고(보유9)』 소재 작품을 중심으로」, 『대동한문학』 37, 대동한문학회, 2012.

〈표1〉 지금까지 알려진 연암의 일시

	제목	양식	내용	출전
1	사약행司鑰行	칠언고시 54구	한 사약司鑰이 방탕한 생활 끝에 포도대장 장붕익張朋翼에 의해 체포되었으나 탈옥하여 오랫동안 도피 생활을 하다가 결국 거지가 된 사연.	『연암집초고(보유9)』
2	만조숙인 輓趙淑人	오언고시 70구	홍낙임洪樂任의 처 임천조씨林川趙氏의 죽음(1771)을 애도함.	『병세집』 시詩 권1; 『흠영』 권1, 353~354면; 승계문고본 『연암집』 권57; 『대동시선』 권7
3	도망悼亡	칠언절구 전 20수 중 2수	부인 전주이씨全州李氏의 죽음(1787)을 애도함.	『흠영』 권6, 482면
4	논우복지협 論禹服之狹 탄성교흘우사해 嘆聲教訖于四海 이강리지오복 而疆理止五服	과시科詩 7언 34구	1771년 감시監試 초시初試에서 지은 시.	이가원, 『조선문학사』, 중, 1166~1167면.
5	해인사 창수시 海印寺唱酬詩	칠언율시 2수	1795년 가을 해인사에서 경상감사 및 여러 고을 수령들과 함께 수창할 때 지은 시. 그때 지은 시들에 부친 서문이 「해인사 창수시서」海印寺唱酬詩序임.	『면양잡록(4)』; 『연암집초고(보유9)』
6	제선옥소영 題仙玉小影	오언절구	기생 단섬丹蟾(자 선옥)의 초상화를 소재로 함.	『유상곡수정집(곤)』; 『연암집초고(보유9)』
7	몽답정夢踏亭	칠언율시	창덕궁 북쪽 훈련도감 분영分營에 있던 몽답정이란 정자에서 지은 시.	『연암집초고(보유9)』
8	어옹漁翁	칠언절구	강변 풍경을 그린 서경시	『연암집초고(보유9)』

	제목	양식	내용	출전
9	송이무관·박차수입연送李懋官朴次修入燕	오언절구 2수	1778년 이덕무와 박제가의 연행을 송별함.	『열하피서록』「항사정교」杭士訂交: 영남대본 및 승계문고본『연암집』권11
10	무제無題	오언 8구	1797년 의릉 영릉令 재직시 처남 이재성李在誠에게 보낸 시.	『연암선생서간첩』
11	절구 5수(無題似送人入燕 或燕行時雜咏也)	오언절구 5수	『연암집』에 없는 제5수 추가 수록.	『연암집초고(보유9)』
12	사선정 연구 四仙亭聯句	7언 8구	1765년 금강산 유람 중 유언선俞彦鏵·유언호俞彦鎬·신광온申光蘊과 지음.	동양문고본『연암집』권11
13	유숙동관 留宿東關	칠언율시	미련尾聯("我政笑君泥點額 君還向我笑甚麽") 보완.	『연암집초고(보유9)』「체우통원보」滯雨通遠堡 제2수; 영남대본 및 승계문고본『연암집』권11
14	서시이생(종목) 書示李甥(鍾穆)	칠언율시	末句("請君戯作嬌笑否 伊昔紅顔亦似君") 기록.	『연암집초고(보유9)』; 동양문고본 및 영남대본『연암집』권11
15	수시壽詩	미상未詳	실전失傳.	『연암집초고(보유9)』; 동양문고본 및 영남대본『연암집』권11
16	산구散句	7언 24구, 5언 2구	『과정록』은 5언 2구가 없는 대신 7언 2구("晚店行人塵渺渺, 春田饁婦路斜斜")가 더 있음.	『연암집초고(보유9)』; 영남대본 및 승계문고본『연암집』권11;『과정록』권4

의 한시가 모두 50수라고 한 『과정록』의 기록과 『연암집초고(보유9)』에 필사된 작품 수가 일치하므로, 박종채가 『연암집』을 편찬하면서 그중 8수를 배제한 결과 『연암집』에 42수만 수록되었다고 본 것은 자료와 부합하는 추정이라 생각된다. 단 『연암집초고(보유9)』에도 수록되지 않은 연암의 일시들은 논하지 않았고, 문제작인 「사약행」은 간단한 내용 소개에 그쳤다.

본고는 이제 거의 전모가 드러난 연암의 일시에 대해 본격적인 고찰을 시도한 글이다. 전문이 알려진 연암의 일시들 중에서는 「사약행」과 「만조숙인」, 과시 등 장편시가 특히 중요한 성과로 생각된다. 이러한 장편시들을 중심으로 연암 한시의 특징과 새로운 면모를 탐구해 보고자 한다. 아울러 「해인사 창수시」 등 여타 일시들도 간략히 논하도록 하겠다. 또한 구체적인 작품 분석에 못지않게 일시들의 원문을 정확하고 충실하게 번역·주해하는 작업에도 공력을 기울이고자 한다. 이는 『연암집』 수록 한시의 국역을 보완하는 작업으로서 의의가 있을 뿐 아니라 연암의 일시에 대한 관심을 진작하는 데에 적잖이 기여하리라 본다.

2. 「사약행」

― 거지가 된 한양 왈짜의 사연

(1) 「사약행」의 분석

「사약행」司鑰行은 연암의 일시 중에서 단연 주목을 끄는 이색적인 작품이다.[15] 이 시는 연암과 동시대 인물로 젊은 시절에 액정서掖庭署의 사약司鑰 벼슬을 지낸 어느 사내의 일생을 노래한 칠언고시로, 모두 54구 378자나 되는 장편이다. 액정서는 왕명 전달과 필기구 보관, 대궐 열쇠 간수와 대궐 뜰의 설비 관리를 맡은 관청으로 여러 잡직雜織 벼슬을 두었다. 그중 사약은 각 대궐의 열쇠 간수를 맡은 정6품 벼슬로, 대전大殿 사약, 세자궁世子宮 사약, 대왕대비전大王大妃殿 사약 등이 있었다. 이들은 이른바 별감別監에 속하여, 비록 지체는 높지 않지만 궁궐 권위를 등에 입고 행세하면서 한양의 기방과 도박판을 주름잡던 풍류남아

---

15. 이 시는 『연암집초고(보유9)』, 단국대 동양학연구원, 연민문고 소장 연암박지원작품 필사본총서 14, 문예원, 2012, 187~189면에 수록되어 있다. 제목 상단에 숫자가 부여되어 있지 않고 동그라미 또는 세모 표시도 없는 점으로 미루어, 『연암집』의 수록 대상에서 배제된 작품으로 추정된다.

였다. 「사약행」은 바로 이러한 사약 벼슬을 지낸 인물을 주인공 삼아 당시의 인정세태를 여실하게 그려 내고 있다.

먼저 「사약행」의 장법章法을 살펴보면, 이 시는 구성상 크게 세 단락으로 나누어 볼 수 있다. 제1구에서 제16구까지는 도입부로서, 거지 신세의 늙은이가 된 주인공이 절을 찾아와 중들에게 자신의 일생 내력을 털어놓기에 이르는 과정을 노래하고 있다.

1	城北丐者年七十,	도성 북쪽의 거지는 나이 일흔 살인데
2	敗絮掩頭腰繫索.	해진 솜으로 머리 싸매고 허리는 새끼로 묶었네
3	亂山雪花落如掌,	들쭉날쭉 솟은 산에서 손바닥만 한 눈꽃 날리고
4	天風打面皮青剝.	하늘에서 부는 바람 낯을 후려쳐 시퍼렇게 에이네
5	涕淚承鬚氷索口,	수염 따라 흐른 눈물 얼어붙어 입을 막으니
6	向人啞啞但指腹.	사람 향해 껄껄 흐느끼며 제 배만 가리켜 보이네
7	寺中僧徒厭飢蝨,	절의 중들은 굶주린 이가 옮을까 꺼려서
8	上堂開戶大嗔閻.	당堂에 올라[16] 문을 열었다가 몹시 성내며 닫아 버리네

작중 배경은 한겨울의 한양 북쪽 교외로 설정되어 있다. 일흔 살이나 된 늙은 거지가 매서운 추위를 무릅쓰고 구걸하러 다닌다. 눈물이 수염에 얼어붙어 입도 떼기 어려워서, 배고프다는 뜻으로 제 배를 가리켜 보이며 흐느껴 울기만 한다. 늙은 거지는 마침내 어느 절을 찾아갔던 모양이나, 몸에 이가 들끓는 탓에 문전박대를 당하고 말았다는

---

16. 원문의 '上堂'은 불교 용어로, 중들이 식사하러 僧堂에 올라간다는 뜻이다.

것이다. 늙은 거지의 추레하고 가엾은 형상이 매우 인상적으로 제시되었다고 하겠다.

9	傴僂且拜上手言,	허리 굽혀 절 올린 뒤 공수拱手하고 말하는데
10	一語千咳氣不續.	한 번 말하고 천 번 기침하니 음성이 이어지질 않네
11	佛殿深房暖似春,	절간 구석방이 따스하기 봄날 같으니
12	未覺豪興動疇昔.	저도 몰래 예전의 호탕한 흥이 일어나네
13	中宵起坐忽放歌,	한밤중에 일어나 앉아 갑자기 고성방가하니
14	聲如老鴉啼邃谷.	그 목소리 까마귀가 깊은 골에서 우짖는 듯하네
15	初爲中葉變啓面,	처음에는 중대엽이다가 계면조로 변하고[17]
16	雙手拊膝當度曲.	두 손으로 무릎 치며 곡조에 맞춰 노래하네

처음에 박대하던 중들은 극히 공손하게 호소하면서 심히게 기침을 하는 모습이 가련해서 그를 절간 구석방에 재워 주기로 했다. 따스한 방에서 몸이 녹자 그 거지는 예전의 호탕한 기세가 살아나 노래를 부르기 시작한다. 까마귀가 우짖는 듯 애절한 노랫소리는 그가 예사 거지가 아니라 한 많은 사연을 안고 있으며 가곡에도 능통한 인물임을 암시한다.

두 번째 단락인 제17구에서 제40구까지는 이 시의 핵심부라 할 수 있다. 여기에서 거지는 사약 벼슬을 지내면서 한양 유흥가에서 방탕한 생활을 했던 자신의 젊은 시절을 호기롭게 노래하고 있다.

---

17. 중대엽은 국악 歌曲唱에서 만대엽보다는 빠르고 삭대엽보다는 느린 중간 곡조를 가리킨다. 계면조는 국악 음계의 하나로, 처절하게 애원하는 듯 슬픈 느낌을 자아낸다.

17	釋子緇流驚相問,	중들이 깜짝 놀라 사연을 물어 보니
18	慷慨因下數行泣.	비분강개하여 서너 줄기 눈물 흘리네
19	自言少時良家子,	스스로 말하기를, 젊었을 때 양민의 자제로서
20	選隸掖庭號司鑰.	액정서 하례下隸로 뽑혔으니 '사약'이라 부른다오

21	司鑰豪擧難勝數,	사약의 호탕한 행동은 이루 셀 수 없나니
22	血色丹袍黃艸笠.	핏빛 붉은 도포에 샛노란 초립 썼다오
23	腰間寶刀葡萄犀,	허리에는 보도寶刀에다 포도빛 서대犀帶[18] 차고
24	頭上繁飾金孔雀.	머리 위는 금빛 공작 깃으로 화려하게 꾸몄소

중들의 질문에 드디어 늙은 거지는 자신의 정체를 실토하기 시작한다. 액정서의 잡직 벼슬은 중인 이하 평민 출신이 맡았다. 주인공 역시 원래는 양민의 아들로서 사약으로 뽑혔다고 했다. 이어서 사약의 화려한 차림새를 묘사했다. '핏빛 붉은 도포'는 사약을 비롯한 별감만 입는 옷으로, 꼭두서니로 새빨갛게 물들인 비단으로 만들었다. '샛노란 초립' 역시 별감이 쓰는 독특한 모자인데, 장식으로 공작 깃을 무성하게 꽂았다. 또 「한양가」에 의하면 별감들은 대모玳瑁나 무소뿔, 밀화蜜花, 백옥 따위로 칼집을 만든 호사스런 장도粧刀들을 허리 안팎에 빗겨 찼다고 한다.

| 25 | 出承鑾輿奏淸警, | 어가御駕 모시고 나서면 갈도성喝道聲[19] 외치나니 |
| 26 | 黃道如天羽衛肅. | 행차 길은 하늘처럼 넓고 우림위羽林衛[20]는 엄숙 |

---

18. 무소의 뿔로 장식한 갈색의 허리띠.
19. 임금이나 고위 벼슬아치들의 행차 때 행인들이 길을 비키도록 선두에서 외치는 소리.

	했소	
27	太僕圉人進白金,	태복太僕과 어인圉人들[21]이 백금을 진상하면
28	滿袖直走娼家宿.	소매에 가득 넣고 곧장 기방으로 달려가 잤소
29	痛飮不罵非男兒,	폭음하고 욕질하지 않으면 남아가 아니요
30	殺人亡命方大俠.	살인하고 도망을 쳐야 비로소 대협大俠이 된다오
31	大俠一擲賭十百,	대협이 수십수백 냥 쾌척하여 노름판 벌이면
32	豸冠府吏愁側目.	법부法府의 금리禁吏[22]들 수심에 차 곁눈질한다오

사약은 임금이 행차할 때 선두에서 호위 임무를 맡기도 했다.[23] 이처럼 어가를 수행하는 사약에게 사복시의 하례들은 거액의 뇌물을 바치지 않으면 안 되었던 듯하다. 사약은 그런 돈이 생기면 기방으로 달려가 탕진한다고 했다. 또 한양 유흥가의 풍류남아들에게 폭음과 욕질은 기본이요,[24] 살인을 저지르고 도피 생활을 해야만 '대협'으로 인정받는다고 했다.

---

20. 궁중을 지키고 임금을 호위하는 일을 맡은 龍虎營 소속 군사로 羽林衛將이 통솔했다.
21. 태복은 궁중의 말과 수레를 돌보는 관리이고, 어인은 궁중의 말을 먹여 기르는 일을 맡은 관리이다. 사복시(태복시)의 하례들을 가리킨다.
22. 원문의 '豸冠'은 법부의 권위를 상징하는 해태(獬豸) 모양을 부착한 모자를 말한다. 형조와 사헌부·한성부·의금부 등 법부에 소속되어 禁亂牌를 가지고 금령을 범한 사람을 잡아들이는 서리를 '금리'라 했다.
23. 『승정원일기』, 영조 45년 2월 10일, "日前擧動時, 隨駕司謁·司鑰事知等處, 馬帖賜給."; 영조 49년 9월 18일, "司謁隨駕司鑰, 兒馬一匹賞給."; 영조 52년 2월 27일, "以承傳色口傳下敎曰: 昨日動駕時, 隨駕司鑰別監, 從自願免賤."
24. 참고로 영조 즉위 초에 무예별감 吳廷泰가 술에 만취한 채 인사불성이 되어 남과 말타툼을 벌이다가 마구 욕설을 하고 때리기까지 한 죄로 체포 수감된 사건이 있었다.(『승정원일기』, 영조 즉위년 9월 24일)

'대협'은 명성이 높은 협객을 뜻한다. 한나라 고조高祖 때 체포를 피해 도망 다니던 계포季布 등 수많은 호걸들을 숨겨 줌으로써 그들의 목숨을 구한 주가朱家와 같은 인물이 대협의 원조라고 할 수 있다.[25] 조선 영·정조 때 채제공蔡濟恭은 평양의 '대협' 이충백李忠伯의 전傳을 지었고, 정범조丁範祖도 고대 중국의 협객을 소재로 한 장편 고시 「대협편」大俠篇을 지었다. 그런데 채제공의 「이충백전」에서 보듯이, 조선 후기에 와서 '대협'은 부당한 권력에 맞서 양민을 보호·구제하고자 한 의협적 인물이라는 원래 의미에서 벗어나, 걸핏하면 구타 살인하고 도피 행각을 벌이면서 유흥가에서 악명을 떨치던 자들을 미화하는 명칭으로 변한 듯하다.[26] 이런 자들이 도박판을 벌이면 또 무슨 사고가 터질까 염려해서 법부의 금리들이 동정을 살핀다고 했다.[27]

33	當時執法大將軍,	당시 법을 집행하던 대장군은
34	姓名猶記張鵬翼.	성명이 아직도 기억나오, 장붕익張鵬翼이라고
35	用法先自貴近始,	먼저 귀근貴近[28]부터 법을 적용했나니
36	快如倉鷹當秋擊.	가을에 참매[29]가 사냥하듯 날랬다오

---

25. 『사기』권100, 「季布傳」, "滕公心知朱家大俠, 意布匿其所, 乃許諾.": 권124, 「游俠列傳」참조.
26. 채제공, 『樊巖集』권55, 「이충백전」, "李忠伯者, 西京大俠也. 好食酒使氣, 遇不平, 輒敺殺人. 出入, 人不敢忤視.……忠伯入漢京, 從屠狗六博者遊, 益豪擧無所憚." 채제공의 「이충백전」은 백성을 침학한 '暴豪'를 참된 의미의 '游俠'과 구별하지 못한 작품이라고 비판되기도 했다. (박희병, 『한국고전인물전연구』, 한길사, 1992, 315~316면)
27. 참고로 숙종 때 별감 金鼎熙가 불량배와 娼家에서 음주하며 노래 부르다가 사헌부 금리가 그때를 타서 체포하려고 하자 금리를 구타한 뒤 달아난 사건이 있었다. (『승정원일기』, 숙종 35년 3월 25일)
28. 왕의 가까운 친인척이나 왕을 최측근에서 보좌하는 고위 벼슬아치.
29. 원문은 '倉鷹'인데, 뜻은 '蒼鷹'과 같다.

37	結曹飮博壽進宮.	결당하여 수진궁壽進宮에서 음주 도박하다가
38	十人一夜同被縛.	십인이 하룻밤에 함께 체포되었지요
39	丈夫不死應有以,	장부가 죽지 않은 건 까닭이 있는 법
40	九死一生超犴獄.	구사일생으로 감옥을 탈출했다오

장붕익(1646~1735)은 영조의 신임이 두터웠던 무신으로, 영조 즉위 초부터 영조 11년 사망할 때까지 거의 줄곧 훈련대장 또는 어영대장을 지내면서 포도대장을 겸임했다. 그는 포도대장으로서 위엄과 명성을 떨친 전설적 인물이다. 장붕익은 야간 통금을 엄히 행하여 종종 몸소 순찰을 돌았으며, 도적을 잡는 데 백발백중이었다고 한다. 그는 여종과 양가녀良家女를 유인 납치하여 서북 지방에 팔아넘기던 인신매매범들을 대거 잡아들이고, 비밀 폭력조직인 '검계'劍契를 일망타진하는 등 혁혁한 공로를 세웠다.[30] 그러므로 그가 종로에 행차했다 하면 모두 숨고 피했을 정도로, 사람들은 장붕익을 두려워하여 감히 죄를 범하지 못했다고 한다. 또한 사후 수십 년이 지난 뒤에도 여전히 그를 추앙하여 감히 이름을 부르지 않고 반드시 '장군'이나 '사또'使道라는 존칭으로 불렀으며, 불량배를 보면 "네가 장 사또를 만나지 않은 게 다행이다"라

---

30. 『승정원일기』, 영조 10년 7월 5일 "(張)鵬翼曰: 近來人心, 巧詐特甚, 招引之弊, 日以益滋, 禁其陸路, 則自水路載去, 在京士夫之失奴婢者無限, 良人之被引而去者亦多, 而皆僞作買賣文書矣. 自昨年以來, 臣所推出者, 至於一百數十餘名, 而卽今見收於捕廳者, 亦七八名矣."; 영조 24년 1월 14일, "(洪)象漢曰: 癸丑年間, 張鵬翼爲捕將時, 有一布商, 招引二十餘人而見捉矣."; 영조 35년 12월 14일, "上曰: 近來夜禁解弛, 宮墻內外巡更, 若限天明爲之, 則必無今番僞帳之事矣. 曾於張鵬翼左捕將時, 則時或身自巡, 故夜禁極嚴, 無此等之患矣."; 정조 원년 5월 15일, "(右議政鄭)存謙曰: …… 臣曾見張鵬翼爲捕將時, 若過鐘樓, 則人皆隱避矣. 號令如此, 故凡於捕盜之時, 無不百發百中."; 『韓山世稿』 권28, 李奎象, 『一夢稿』, 「張大將傳」, "張大將居捕盜大將時, 盡搏劍契人, 拔足趾而肆諸市也."

고 말하곤 했다는 것이다.[31]

    자고로 일컫기를 법은 귀근부터 먼저 적용해야 한다고 했다.[32] 장붕익은 권세 있는 자들이라고 해서 두려워하지 않고 재상에게 휘둘리지도 않았다고 한다.[33] 그러므로 참매가 사냥감을 일격에 잡아채듯 고하를 막론하고 범법한 자들을 소탕할 수 있었다고 했다. 여기에서 장붕익을 참매에 비유한 것은 혹리酷吏로 유명했던 질도郅都의 고사를 끌어온 것이다. 한나라 경제景帝 때 중위中尉 질도는 법을 엄혹하게 집행하여 귀척貴戚도 피하지 않았으므로, 제후와 종실宗室이 그를 두려워해 '창응'蒼鷹이라 불렀다고 한다.[34]

    그런데 늙은 거지는 자신도 젊은 시절에 사약으로서 도박판을 벌이다가, 포도대장 장붕익의 부하에게 체포되었다고 했다. 그 당시 액정서 하례인 사알司謁·사약 등 별감들이 난동을 피워 체포되는 일이 비일비재했던 듯하다. 영조 17년, 형조의 금리가 창기를 끼고 술 마

---

31. 『승정원일기』, 영조 24년 3월 2일, "(領議政金)在魯曰: 張鵬翼爲捕將時善爲之, 有風力, 故民畏之, 不敢犯罪矣."; 영조 35년 1월 2일, "上又曰: 近來武弁, 亦有可用之人, 而終無如張鵬翼者也. 此眞大將. 金尙魯曰: 至今都下稱之不衰, 而亦不忘也."; 영조 39년 1월 18일, "(洪)鳳漢曰: 故相李恒福, 至今下人皆稱鰲城; 林慶業則必稱林將軍, 近來則張鵬翼, 下賤皆稱使道矣."; 정조 원년 5월 15일, "(右議政鄭)存謙曰: …… 臣曾見張鵬翼爲捕將時, 若過鐘樓, 則人皆隱避矣."; 洪樂純, 『大陵遺稿』, 御, 『大陵雜書』 권9, 「大將軍張公傳」, "贊曰: 公歿數十年將士思之不衰, 閭巷小人必稱將軍, 不敢名, 其威信之服人如此也."; 『韓山世稿』 권28, 李奎象, 『一夢稿』, 「張大將傳」, "今去張大將已久, 而京師之人稱以張使道, 不名. 有惡少則人曰: 爾幸不見張使道. 使道者我國大將軍之尊稱也."
32. 『禮記集說』 권46, 「月令」, "馬氏曰: 貴戚易奢, 近習易驕, 欲法之行, 自貴始."; 『宋史』 권322, 「劉庠傳」, "仁宗外家李珣, 犯銷金法, 庠奏言, 法行當自貴近始."
33. 『승정원일기』, 영조 30년 6월 5일, "(金)尙魯曰: 趙東夏善爲捕將云矣. (朴)文秀曰: 殆似張鵬翼, 不畏疆禦, 不爲宰相所使, 可用之人也."
34. 『사기』 권122, 「酷吏列傳」.

시던 건달 잡배를 잡으러 갔다가 도리어 집단 구타를 당해 그 주동자를 체포했으나, 그자가 별감이라는 이유로 승정원에서 즉시 석방을 요구했다. 하지만 형조는 주동자가 별감이 아니라 그의 형일뿐더러, 비록 사알과 사약일지라도 법금法禁에 저촉되면 치죄해야 마땅하다고 하면서 맞서는 사건이 있었다.[35] 또한 정조 1년, 대전별감 박유춘朴有春이 노상에서 술주정하고 행인을 구타해 금리에게 붙잡혀 와서도 계속 소동을 피운 사건이 있었다. 이에 대해 정조는 종전에는 액정서 하례들이 날뛸 적에도 저희끼리 "'장대장張大將' 석 자만 들어도 무섭다"고 하면서 서로 경계했기 때문에, 지금처럼 패악스런 행동은 한 적이 없었다고 개탄했다.[36]

앞에서 인용한 시구에서 사약이 도박판을 벌였다는 수진궁은 한양 중부 수진방壽進坊에 있던 궁으로, 요절한 왕족과 자손 없는 후궁들의 합동 제사를 모셨던 곳이다.[37] 그런데 조선 후기부터 수진궁 주변에 술집과 기방이 형성되었던 듯하다. 영조 말년, 동궁(세손 시절의 정조)이 미복微服을 하고 몰래 그곳에 놀러갔다는 소문이 퍼진 적이 있었다. 즉 당시 무뢰배 몇 명이 수진궁 근처 한 상놈 집에 모여 술을 먹었는데, 그중 한 명이 밖에서 들어오더니 휘파람을 불고 사람들을 물리치면서, "동궁께서 미행하여 막 이 동네로 들어오신다!"고 하므로 사람들이 모두 촛불을 끄고 몸을 숨겨 피했는데, 다음날 그 소문이 낭자하여 모르

---

35. 『승정원일기』, 영조 17년 8월 5일, "刑曹參議任珽疏曰: …… 顧法司凡有所推治, 除非命士·朝官, 則必先發差捉來, 雖司謁·司鑰, 若冒絓法禁, 則推閱後草記治罪, 前後非一."
36. 『일성록』, 정조 1년 7월 12일, "教以頃於掖隷橫行之時, 無敢酗酒, 無敢作挐, 亦無敢肆虐於街路者, 卽渠輩所謂聞張大將三字則畏之, 轉相告戒故也."
37. 현재 서울시 종로구청 부근(수송동 51-8)에 해당한다. '수진궁터'라는 표지석이 보도에 설치되어 있다.

는 사람이 없게 되었다는 것이다. 시강원의 겸사서兼司書 홍국영洪國榮
은 이 사실을 동궁에게 보고하면서, 이런 망측한 소문은 필시 액정서
하례들이 행동을 삼가지 않아서 생겨났을 것으로 보았다. 별감들이 야
간 통금을 어기고 몰래 무뢰배와 어울려 술을 마시고자 동궁을 모시고
행차한 양 거짓말을 퍼뜨린 것으로 짐작한 것이다.[38] 이로 미루어 「사
약행」의 주인공도 수진궁 근처의 유흥가에서 음주 도박하다가 일당과
함께 불시에 체포된 듯하다.[39] 그 뒤, 남들에게 공공연히 밝힐 수 없는
비상한 방법으로 죽음을 면하고 간신히 탈옥에 성공했다고 했다.

세 번째 단락인 제41구에서 제54구까지는 이 시의 결말부가 된다.
오랜 세월의 도피 행각 끝에 한양으로 돌아온 주인공은 거지로 전락하
여 힘겨운 노년을 보내면서 지난날을 후회한다.

41	竄身十年始歸家,	도피 생활 십 년 만에 귀가했더니
42	主人三易千金屋.	천 냥짜리 집은 주인이 세 번이나 바뀌었더라오
43	平生知己張與李,	평생지기였던 장 아무개와 이 아무개는
44	當面錯過陽不識.	빤히 보고도 거짓으로 모른 체 스쳐 지나갑디다

---

38. 『일성록』, 영조 51년 2월 5일, "兼司書曰: 去月望日及昨夜, 無賴輩數三人會飲於壽進宮近處一常漢家. 其中一人自外而入, 作嘯聲而辟人曰: 東宮微行, 方入此洞云. 諸人仍滅火隱避. 翌朝傳說狼藉, 無人不知云. 此必是掖隸或不謹行止, 致此叵測之說耶?"; 『明義錄』 卷首, 『尊賢閣日記』 上, 乙未二月初五日. 그런데 『한중록』에 의하면, 1769년 세손 시절의 정조가 매부인 부마 정재화와 함께 별감들을 앞세우고 기생 놀음에 빠졌다가 발각되어 별감들만 누명을 쓰고 귀양 간 사건이 있었다.(정병설, 『권력과 인간』, 문학동네, 2012, 277~280면 참조)

39. 1구 7언의 자수 제한 때문에 부득이 음주 도박한 장소를 '壽進宮'이라고만 표현했을 것으로 본다.

45	茫然日暮立四街,	망연자실하여 저물녘에 네거리에 섰더니
46	東西南北更何適.	동서남북 또 어디로 가야할는지
47	人間悲樂白髮知,	인간세상 희로애락 백발 되어 알았고
48	世上情態黃金得.	세상의 인정 실태 황금 통해 깨달았소

49	不願生前金復來,	살아생전 황금이 다시 오기 원치 않고
50	但願頭上髮再黑.	머리 위 터럭이 다시 검어지기만 바라오
51	老我但是閱世久,	하지만 늙은 이 몸 세상을 오래 겪어 보니
52	貫看人事多翻覆.	인간사란 번복이 많음을 익히 보았다오
53	寄語世間富貴者,	세간의 부귀한 자들에게 말 전해 주오
54	莫要緊緊關門喫.	대문을 꼭꼭 닫아걸고 먹지는 말라고

앞 단락에서 젊은 시절을 회상할 때 자못 호기롭던 어조가 이제 쓸쓸하고 회한에 찬 어조로 바뀌었다. 추적을 피해 오랜 세월 도피하다 노인이 되어서야 한양에 돌아와 보니, 예전에 살던 좋은 저택은 남의 소유가 된 지 이미 오래고, 절친했던 옛 친구들조차 그를 외면한다. 그리하여 갈 곳 없는 신세가 된 그가 택할 길은 구걸뿐이다. 늙어서야 산다는 것이 서글픈 일임을, 그리고 돈 없으면 친구도 냉대하는 것이 현실임을 깨닫는다. 방탕한 생활로 재산을 탕진한 것보다 청춘을 허송한 것이 더 후회스럽다고 했다. 하지만 그에게도 할 말이 있다. 세상살이를 오래 겪어 보니, 한때 부귀영화를 누리던 자들도 하루아침에 패가망신하는 일이 다반사더라는 것이다. 따라서 그들도 언젠가 거지 신세가 되지 말란 법은 없으니, 나처럼 구걸하는 거지를 문전박대하지는 말아달라고 간청하는 늙은이의 목소리가 계면조의 여운을 남긴다.

앞서 언급했듯이, 박종채는 연암이 한유의 시풍을 익혀 매우 빼어난 고시를 지었다고 했다.[40] 창강滄江 김택영金澤榮 역시 그가 편찬한 『연암집』(1900)에서 고시인 「총석정 관일출」과 「수산해도가」搜山海圖歌에 대해 각각 "한유와 흡사하다"(似昌黎)고 평했다. 또한 『중편연암집』重編燕巖集(1917)에서도 「총석정 관일출」을 수록하고 나서 "이하의 고시들은 모두 침착하고 기건奇健해서 한유에 육박하고 있다"(以下古詩皆沈著奇健, 直逼昌黎)고 하여, 박종채와 견해를 같이했다. 대체로 한유의 고시는 험운險韻과 벽자僻字를 즐겨 구사하여 웅장하고 현란한 분위기를 자아냄으로써 '기험'奇嶮하고 '험괴'險怪한 것이 특징이라 일컬어진다. 하지만 「사약행」은 그와는 시풍을 달리하는 작품이다. 운율과 수사법의 면에서 볼 때 이 시는 상대적으로 자유로운 형식과 평이하고 산문적인 표현을 추구하고 있다.

주지하다시피 고시는 근체시에 비해 운율상의 구속으로부터 훨씬 자유롭다. 각운을 지키기는 하지만 시인의 마음대로 전환하는 경우가 많다. 구식句式도 정구定句가 없어 내용에 따라 장단長短이 정해질 뿐이다. 따라서 서경敍景과 서정抒情뿐 아니라 서사敍事나 묘사描寫에도 편리하여 다루지 못하는 소재가 거의 없다. 이런 특징은 오언고시보다 칠언고시에서 더욱 두드러진다고 할 수 있다.

장편 칠언고시인 「사약행」은 입성入聲에 속하는 글자를 짝수구마다 압운했다. 즉 운각韻脚으로 약운藥韻(索·鑠·雀·縛), 각운覺韻(剝), 옥운屋韻(腹·肅·宿·目·屋·覆), 합운合韻(閤), 옥운沃韻(續·谷·曲·獄), 맥운陌韻(昔·適), 즙운緝韻(泣·笠), 엽운葉韻(俠), 직운職韻(翼·識·得·黑), 석운錫韻(擊·喫)에 속하는 글자들을 구사했다. 그중 약藥·각覺·옥屋·옥沃운은

---

40. 유만주도 「증좌소산인」에 대해 "한유의 시를 모방하되 자신의 견해를 피력했다"(倣韓詩而爲自己說法)고 평했다. (兪晩柱, 『欽英』, 서울대 규장각 영인, 1997, 권1, 355면)

통상 인운隣韻으로 간주되어 서로 통압通押할 수 있고,[41] 합合·즙緝·엽葉운도, 그리고 맥陌·직職·석錫운도 마찬가지이다. 이를 통운通韻이라 한다. 하지만 「사약행」은 인운에 따라 통압하지 않고 자유롭게 압운했다. 이처럼 입성자의 경우 해당 운목韻目의 인운 규정과 상관없이 모두 통운으로 간주하여 통압하는 방식은, 비록 전통적인 작시법에서는 벗어나지만 조선 후기의 장편 고시에서 널리 사용되었던 것 같다.[42]

또한 「사약행」은 율시에서 애용하는 대구를 거의 구사하지 않았다. 전 54구 중에서 대구로는 "痛飮不罵非男兒, 殺人亡命方大俠"(제29·30구), "人間悲樂白髮知, 世上情態黃金得"(제47·48구), "不願生前金復來, 但願頭上髮再黑"(제49·50구) 정도를 들 수 있을 뿐이다. 그리고 고전에 출처를 둔 표현도 찾기 어렵다. 『사기』에서 용전用典하여 포도대장 장붕익을 '창응'에 비유한 경우(제36구)가 거의 유일하다. 반면 대체적으로 평이한 시어들을 구사하면서, '중엽'中葉(중대엽), '계면'啓面(계면조)과 같은 조선의 음악 용어라든가, '액정(서)' '사약'과 같은 조선식 관명官名과 '장붕익'이라는 고유 인명을 과감하게 시어로서 구사하기도 했다.

앞서 살펴보았듯이 「사약행」은 도입부―핵심부―결말부의 세 단락으로 구성되어 있다. 도입부와 결말부는 늙은 거지가 중들을 상대로 대화를 나눈 내용으로 현재의 시점에서 서술된 '외부 이야기'를 이루고 있다면, 핵심부는 그 대화 중에 거지가 자신의 젊은 시절을 회상한 내용으로서 과거의 시점으로 서술된 '내부 이야기'를 이루고 있다. 외부 이야기가 내부 이야기를 감싸고 있는 일종의 액자소설적 구성을 취하

---

41. 그중 藥운은 『奎章全韻』에서는 통압할 수 있는 隣韻이 없다고 규정했다.
42. 유정민, 「조선 후기 古詩論의 성립과 丁範祖 長篇古詩의 수사적 특징」, 『한국한시연구』 9, 한국한시학회, 2001, 330면.

고 있는 것이다. 이와 같은 구성에 힘입어, 거지로 전락한 어느 사약의 일생이 일방적으로 서술되지 않고, 그의 생생한 육성을 통해 더욱 실감나게 전달되는 효과를 거둘 수 있었다고 하겠다.

늙은 거지가 절을 찾아가 중들에게 자신의 사연을 토로하기에 이르는 경위를 밝히고 있는 도입부는 거지의 행색에 대한 묘사 위주로 진행되었다. 그 거지는 해진 솜으로 머리를 싸매고 새끼로 허리를 묶은 심히 꾀죄죄한 모습을 하고 있다. 게다가 흐르는 눈물이 수염에 얼어붙어 입도 떼기 힘들고, 중들에게 하룻밤 재워 주기를 간청하지만 기침이 심해 말을 잇기 힘들 지경이다.「사약행」의 도입부는 이러한 인상적인 묘사를 통해 거지에 대한 동정심을 자아낸다. 또 한밤중에 일어나 처절하게 가곡창을 부르는 모습을 통해 그가 범상치 않은 인물임을 암시함으로써 궁금증을 북돋운다.

그에 호응하여 핵심부는 거지의 젊은 시절을 서사 위주로 흥미진진하게 노래했다. 양민의 자제로서 사약으로 뽑힌 뒤 화려한 복장을 하고 임금의 행차를 수행하곤 했으며, 유흥가에서 술과 노름으로 방탕하게 지내다가 포도대장 장붕익에게 체포되었으나 구사일생으로 탈옥하기까지의 내력을 순차적으로 서술했다. 그 과정에서 울긋불긋 화려하고 사치스럽기 짝이 없는 사약의 차림새라든가, 폭음과 욕설에다 살인과 도피 행각을 일삼는 무뢰배 행태가 생동감 있게 그려지고 있다. 이처럼 서사와 묘사를 교직交織하여, 조선 후기 사약의 전형적인 모습을 형상화하는 데 성공했다고 하겠다.

결말부는 다시 도입부의 상황과 시점으로 돌아온다. 오랜 도피 생활 끝에 노인이 되어 한양에 돌아온 주인공이 결국 거지 신세가 되고 만다는 줄거리를 바탕에 깔면서, 인생에 대한 회한과 깨달음을 중들에게 토로하는 방식을 취하고 있다. 그러므로 결말부는 서정을 위주로 서사와 서정을 교직하고 있는 셈이다. 이러한 수법을 통해 중들을 상대로 한 이야기판을 깔끔하게 마무리하면서, 기구한 인생 체험에서 우러나온 불우한 늙은 거지의 호소가 무게와 여운을 갖추고 깊이 심금을 울리도록 했다.

(2) 「사약행」과 「광문자전」

이와 같이 「사약행」은 자유로운 형식과 평이한 표현, 액자소설적 삼단 구성과 묘사·서사·서정을 교직하는 수법을 통해, 당대의 문제적 인간 유형에 속하는 사약의 일생을 감동적으로 노래한 작품이다. 이는 연암이 이덕무의 시집 『영처고』嬰處稿에 써 준 서문에서, 고대 중국의 시를 모방할 것이 아니라 지금 조선의 시를 써야 한다고 한 자신의 주장[43]을 작품으로 훌륭하게 실천한 경우라 하겠다. 뿐만 아니라 사약의 선형적인 삶을 서사시적인 편폭으로 형상화한 점에서 「사약행」은 시로 쓴 한 편의 「사약전」司鑰傳이라고 해도 과언이 아니다. 바로 그 점에서 이 작품은 한시와 전傳의 장르상의 차이를 뛰어넘어 연암 자신의 「광문자전」廣文者傳과 뚜렷한 유사성을 보여 준다고 하겠다.

「사약행」과 「광문자전」의 주인공은 모두 비천한 거지이다. 게다가 한때는 한양의 유흥가를 주름잡았다는 공통점이 있다. 「사약행」에서 늙은 거지는 예전의 호탕한 흥이 되살아나, 중대엽에서 계면조로 넘어가면서 "두 손으로 무릎 치며 곡조에 맞춰 노래한다."(雙手拊膝當度曲) 그는 젊은 시절에 돈만 생기면 기방으로 달려가 음주 가무를 즐겼으니

---

43. 신활자본, 『연암집』 권7, 「嬰處稿序」; 신호열·김명호 옮김, 앞의 책, 하, 79~80면.

가곡을 감상하거나 가창하는 데에도 능통했을 터였다. 그러므로 영락한 자기 신세를 돌아보며 깊은 골에서 까마귀가 우짖듯이 처절하게 노래 불러 절의 중들을 놀라게 만들었다. 그와 흡사하게, 「광문자전」의 주인공 광문도 한양의 시장을 무대로 구걸하던 거지였지만, 나름으로 예술적 재능도 갖추어 만석희曼碩戲를 잘하고 철괴무鐵拐舞를 잘 추었다.[44] 또 기생의 수발을 드는 기부妓夫 노릇도 하면서 유흥가를 출입했다. 한양의 명기들이 제아무리 예뻐도 광문이 입소문을 내 주지 않으면 소용이 없을 만큼 당시 기생들의 평판을 좌우했다. 「광문자전」의 말미에서, 우림위羽林衛 소속 군인과 각 궁궐의 별감, 부마駙馬의 청지기 등 기방의 단골손님들이 기생 운심雲心의 검무劍舞를 보러 모여든 술자리에 불청객으로 끼어든 광문이 "무릎을 치며 곡조에 맞춰"(拊膝度曲) 콧노래를 부르자, 그제야 운심은 한바탕 춤을 추어 좌중을 즐겁게 했다.[45]

광문은 남의 빚보증을 서 주고 길거리의 분쟁을 해결하는 등 협객의 면모도 갖춘 거지였다. 그에 관한 후일담을 기록한 「제광문전후題廣文傳後」에서 보듯이, 역모 사건에 연루되어 변방으로 귀양을 가기도 했다. 그는 석방되자 한양으로 돌아와서 예전처럼 거지 행각을 하며 살아간다. 이 점에서도 광문은, '대협' 호칭을 듣다가 오랜 도피 생활 끝에 한양으로 돌아와 걸식하는 거지가 된 「사약행」의 주인공과 흡사하다.

---

44. 만석희는 개성 지방에서 음력 사월 초파일에 연희되었던 만석중놀이라는 무언 인형극(그림자놀이)이고, 철괴무는 거지 출신의 신선인 李鐵拐의 모습을 흉내 내어 추었던 춤으로 山臺 놀이의 하나였다.
45. 신활자본, 『연암집』 권8, 「廣文者傳」; 신호열·김명호 옮김, 앞의 책, 하, 180면.

하지만 「사약행」의 주인공은 광문뿐 아니라 「제광문전후」에 등장하는 표철주表鐵柱와도 흡사한 면모를 보여 준다. 표철주는 「사약행」의 주인공과 마찬가지로 별감 출신이었다. 세제世弟 시절의 영조를 모시는 세자궁별감 벼슬을 했다고 한다. 젊은 시절에 그는 동작이 날쌔고 사람을 잘 때렸으며, 날마다 기생을 끼고 폭음을 했다고 한다. 표철주는 연암이 「발승암기」髮僧菴記에서 묘사한 '왈짜'에 속했다. 「발승암기」에 등장하는 김홍연金弘淵처럼 방탕하고 물정 모르는 자들을 가리켜 '왈짜'라고 불렀다. 그들은 용력勇力이 뛰어났고 협객 행세를 했으며, 기방과 도박판을 드나들며 유흥과 사치에 돈을 물 쓰듯 하던 부류였다. 표철주는 바로 그러한 한양의 왈짜로서, 비밀 폭력 조직인 검계에 가입했다가 포도대장 장붕익에 의해 검계가 일망타진될 때 체포되었으나 간신히 죽음을 면했으며, 늘그막에는 집 홍정을 붙이는 거간꾼으로 겨우 먹고산다고 했다.[46]

『승정원일기』의 관련 기사에 의하면, 검계는 숙종 10년(1684) 경 한양의 무뢰배들이 처음 결성한 폭력 조직인데 당시 전원 체포·처형하여 이를 근절했으나, 영조 11년(1735) 4월에 다시 결성되었다고 한다.

---

46. 『韓山世稿』 권28, 李奎象, 『一夢稿』, 「張大將傳」; 신활자본, 『연암집』 권1, 「髮僧菴記」; 신호열·김명호 옮김, 위의 책, 상, 124면; 강명관, 『조선의 뒷골목 풍경』, 푸른역사, 2003, 259~289면 참조.
표철주는 '表哲柱'나 '表哲周'로도 표기했던 듯하다. 『戊申別試文武科榜目』에 의하면, 表哲柱는 영조 4년(1728) 무과 別試에 급제했다. 그는 1701년생으로, 본관은 新昌, 거주지는 한양이다. 前歷은 閑良으로 벼슬 하지 못한 무반이고, 부친 表興祥은 忠翊衛 소속 벼슬을 지냈다고 한다.(한국학중앙연구원, 한국역대인물종합정보시스템;『승정원일기』, 영조 4년 10월 20일, "又以兵曹言啓曰: ……北漢直赴殿試三人中, 金岳發·表哲柱, 已付於合三慶別試.") 이러한 사실은 이규상의 「장대장전」에서 表鐵柱가 경종 때 이미 세자궁별감을 지냈다고 한 진술과 어긋난다.

그리하여 검계 소속 무뢰배들은 '이십팔수'二十八宿니 '죽림칠현'竹林七賢
이니 하고 호칭하며 도처에서 사람을 칼로 찌르므로, 포도청에서는 그
해 5월 말 우선 9명을 체포하고 잔당을 추적 중이라고 했다.[47] 그런데
포도대장 장붕익은 그해 3월에 이미 별세했으므로,[48] 당시 검계의 소탕
은 실은 장붕익 사후의 사건이었는데도 그의 공로로 와전되면서 그에
관한 전설의 일부가 되었던 듯하다. 검계의 일원으로 체포된 표철주는
영조 19년(1743) 3월 장기 수감된 미결수들을 심사하여 대거 석방할 때
그 대상에 올랐으나, 칼로 사람을 찌르는 짓을 자주 했다는 이유로 보
류되었다. 같은 해 6월에도 그는 죽을죄를 지었으나 처형을 면한 죄수
로서 역시 석방 대상에서 보류되었다. 그 뒤 표철주는 제주도로 귀양
을 갔던 듯하다.[49] 그러므로 표철주는 「사약행」의 주인공과 마찬가지로
'대협'이라 일컬을 만한 인물이었다고 하겠다.

　　광문은 '달문'達文이라고도 불렸는데, 영조 40년(1764) 4월 달문은

---

47. 『승정원일기』, 영조 11년 5월 23일, "尹彙貞以右邊捕盜廳言啓曰: 近來無賴輩, 多數締結, 作爲劍契, 號稱'二十八宿'·'竹林七賢', 到處刺人云. 故聞甚驚駭, 多發廉伺, 先捉九名, 其餘散落徒黨, 期於必捕之意, 嚴勅軍官矣."; 5월 25일, "(左議政徐)命均曰: 捕廳草記所謂劍契者, 極可怪駭矣. 上曰: 所謂二十八宿·竹林七賢者, 極爲殊常矣. (兵曹判書趙)尙絅曰: 甲子年間, 都下惡少輩, 有所謂劍契, 其時盡捕殺之, 伊後未聞, 而今復有之矣. 上曰: 劍契者, 造劍之謂耶, 用劍之謂耶? 何樣人入之云耶? 命均曰: 所謂劍契者, 結爲徒黨, 以劍刺人之謂云. 此皆是人家悍奴傔人輩, 而東山別監·社稷守僕, 亦入之云. 自今年四月結契矣. 近來改名爲燭籠契云, 而此豈有大段之慮耶?"
48. 『영조실록』, 11년 3월 13일 卒記.
49. 『승정원일기』, 영조 19년 3월 20일, "全羅道定配罪人…… 濟州三邑…… 未至配所秩…… 表哲周, (刑曹判書鄭)羽良曰: 此漢, 以刀刺人, 常常爲之矣. 上曰: 仍."; 6월 13일, "全羅道刑案, ……減死秩, ……金兌元·金交珠·奴有卜·表哲柱. 上曰: 竝仍."; 『영조실록』, 19년 3월 20일, "刑曹判書鄭羽良, 又以諸道徒配罪人姓名, 歷擧以奏, 事關殺獄·綱常干紀亂法者幷仍, 而輕囚及徒年者幷放之."

억울하게도 역모 사건에 연루되어 함경도 경성鏡城에 귀양갔다가 이듬해 9월 석방되었다.[50] 「제광문전후」를 보면 귀양에서 풀려나 한양에 돌아온 광문은 마찬가지로 그 사이에 귀양 갔다가 돌아와 한양에 살고 있던 표철주를 만나게 된다. 그는 표철주를 가리키며 "너는 사람 잘 치던 표망둥이가 아니냐. 지금은 늙어서 너도 별 수 없구나"라고 했는데, 물정 모르고 날뛴다는 '망둥이'가 그의 별명이었다. 서로 고생을 위로하고 나서 광문은 표철주에게 한양 풍류계의 소식을 요모조모 물었다. 골동품 수집과 감정으로 명성이 높았던 상고당尙古堂 김광수金光遂가 아침나절에 사람을 보내 자신에게 안부를 물어 왔다고 한 광문의 말과, 김광수가 1770년 향년 72세로 작고한 사실로 미루어 보면, 작중에서 광문과 표철주가 해후한 것은 1760년대 후반의 어느 시기로 추정된다.

「제광문전후」의 말미에서, 헤어지기 전에 광문이 어떻게 먹고사느냐고 묻자, 표철주는 집이 가난해서 집주릅이 되었다고 했다. 또 광문이 "아아! 옛날 네 집 재산이 누거만累巨萬이었지. 그때에는 너를 '횡금투구'라고 불렀는데 그 투구 어따 두었노?" 했더니, 표철주는 "이제야 나도 세상 물정을 알았다네"라고 답했다. 그러자 광문은 "네 꼴이 마치 '재주를 다 배우고 나니 눈이 어둡다'는 격이로구나" 하고 허허 웃었다.[51] 이 대목은 재산을 탕진하고 청춘을 허송한 왈짜의 회한을 표출하고 있는 점에서 「사약행」의 결말부와 상통한다.

요컨대 「사약행」의 주인공은 「광문자전」과 「제광문전후」에 등장하

---

50. 『승정원일기』, 영조 40년 4월 22일, "趙德成以義禁府言啓曰: 罪人李達文, 咸鏡道鏡城府. 罪人者斤萬, 全羅道珍島郡定配事, 命下矣."; 영조 41년 9월 5일, "洪樂純以義禁府言啓曰: 疏決單子啓下, ……咸鏡道鏡城府李達文, ……未及拿來罪人柳鎭夏等放."
51. 신활자본, 『연암집』 권8, 「題廣文傳後」; 신호열·김명호 옮김, 앞의 책, 하, 182~185면.

는 광문과 표철주의 모습을 합쳐 놓은 인물이라 할 수 있다. 그는 광문처럼 왕년에 한양 유흥가에서 놀아 노래를 잘 부르는 거지였고, 표철주처럼 별감 출신으로 죄를 저지르고 포도대장 장붕익에 의해 체포된 왈짜였다.

「제광문전후」에 의하면 「광문자전」은 연암이 18세 때인 1754년에 지은 작품이다. 하지만 「제광문전후」에서 1760년대 후반의 현실이 그려지고 있는 점으로 미루어, 이 후일담을 포함한 「광문자전」은 그 무렵에 최종 완성된 작품으로 보아야 할 듯하다. 연암이 「사약행」을 언제 창작했는지는 알 수 없으나, 「광문자전」 및 「제광문전후」와 분명히 기맥이 통하는 점으로 보아, 비슷한 시기에 창작했을 개연성이 높다. 「사약행」 역시 연암의 문학적 생애에서 비교적 초기에 지어진 작품이 아닐까 한다.

연암은 17, 8세 무렵 마음의 병을 다스리기 위해 노래나 서화, 옛칼, 거문고, 골동품 등 잡물에 취미를 붙였다고 했는데, 이는 「발승암기」에 등장하는 왈짜 김홍연과 취향이 통한다. 또한 집안 하인과 「민옹전」의 주인공 민유신閔有信과 같은 이야기꾼을 통해 거지 광문이나 신선으로 소문난 김홍기金弘基 등 한양 시중의 명물들에 관한 소문을 즐겨 들었다고 한다.[52] 연암은 「사약행」의 소재 역시 그와 유사한 경위로 얻었을 것으로 짐작된다. 「광문자전」에서 그러했듯이 젊은 시절의 연암은 「사약행」에서도 거지나 왈짜와 같은 여항閭巷의 특이한 인간 유형을 매우 온정적으로 형상화했다. 양반 사대부의 보수적 시각에서 그들을 '불온 세력'으로 보지 않고 그들이 지닌 야성野性과 인간적 매력을

---

52. 신활자본, 『연암집』, 8, 「閔翁傳」, 「題廣文傳後」, 「金神仙傳」; 신호열·김명호 옮김, 위의 책, 하, 166면, 174면, 180~181면, 192~193면, 195~196면.

생동감 있게 표현하고자 한 것이다.[53] 그의 사후 『연암집』이 편찬될 때 장편 고시 「사약행」이 수록 대상에서 배제된 것은 아마도 그 점 때문이었으리라고 추측된다.

---

53. 김명호, 『박지원 문학 연구』, 성균관대 대동문화연구원, 2001, 38~39면, 56~62면 참조.

3. 「만조숙인」과 「도망」
—두 여성의 죽음에 대한 애도

(1) 숙인 조씨에 대한 만시

1) 창작 배경

「만조숙인」輓趙淑人은 숙인淑人 조씨趙氏의 죽음을 애도하여 지은 시로서 모두 70구 350자가 되는 오언고시 장편이다.[54] 이 시는 윤광심이 1770년대 후반에 동시대인들의 글을 뽑아 편찬한 『병세집』과 유만주의 일기인 『흠영』 정유丁酉(1777)년 5월 22일조에 수록되어 있어, 창작 당시부터 널리 유포되었음을 짐작할 수 있다. 또한 「만조숙인」은 1918년 장지연張志淵이 편찬한 우리나라의 역대 한시 선집인 『대동시선』에도 연암의 대표작의 하나로 수록되어 있으며, 1922년 김승렬金承烈이 연암 집안 소장본을 저본으로 필사한 국립중앙도서관 승계문고본

---

54. 동양문고본 및 영남대본 『연암집』에는 시의 제목이 「趙淑人輓章」으로 소개되어 있으나, 원문을 수록한 문헌들을 따라 「만조숙인」으로 부르기로 한다. '숙인'은 조선 시대에 정3품 당하관이나 종3품 문무관의 처에게 하사되는 작호이다. 선행 연구로 정재철, 「연암의 장편시 「輓趙淑人」에 대하여」, 『한국한문학연구』 51, 한국한문학회, 2013이 있다.

『연암집』 제57권 말미에도 추기되어 있다. 단 문헌들에 따라 자구의 차이가 조금 있다.

이 시에서 애도의 대상이 된 '조숙인'은 홍낙임洪樂任(1741~1801)의 부인 임천조씨林川趙氏(1741~1771)로 추정된다.[55] 홍낙임은 영조 때 사도세자의 장인으로 영의정을 지낸 홍봉한洪鳳漢의 셋째 아들이자, 세자빈인 혜경궁 홍씨의 남동생이다. 1769년 문과에 장원급제한 뒤 시강원과 홍문관의 관직을 두루 거쳐 1776년 승지가 되었다. 하지만 정조 즉위 초에 심상운沈翔雲의 옥사와 홍계능洪啓能 일당의 역모 사건에 거듭 연루되었다가 정조의 비호로 간신히 풀려났다. 그 뒤 오랫동안 한양 교외의 번동樊洞에 칩거하며 시문詩文 창작으로 세월을 보냈다. 1793년 이후 홍낙임은 정조의 각별한 배려로 관직에 복귀해서 동지돈령부사 등을 지냈지만, 순조 즉위 후 신유사옥辛酉邪獄 때 천주교 배후 세력으로 몰려 사사賜死되고 말았다.

조숙인은 이처럼 비극적으로 생을 마친 홍낙임의 첫 번째 부인이다. 그녀의 부친 조명건趙明健(1708~1750)은 문장과 학식이 뛰어나 영조의 총애를 받은 판서 조명리趙明履의 동생으로, 문과 급제 후 응교를 지냈다. 조숙인은 14세에 홍낙임과 결혼하여 2남 3녀를 낳았으나, 1771년 음력 9월 어린 자식들을 남겨 둔 채 향년 31세로 별세했다.

조숙인이 별세하기 바로 전 해 음력 3월에 홍봉한은 그의 부자 형제가 요직을 독차지하고 있다고 규탄한 유생 한유韓鍮의 상소로 인해 실세한 뒤, 한양 동대문 밖 영미정潁尾亭으로 물러나 홍낙임 부부와 함께 지내고 있었다. 그런데 1771년 음력 2월 홍봉한은 다시 세손(정조)

---

55. 김영진, 「박지원이 필사본 小集들과 작품 창작년 고증」, 『대동한문학』 23, 대동한문학회, 2005, 67면, 주46.

의 이복형제인 은언군恩彦君과 은신군恩信君을 은밀히 돌봐 준 혐의로 인해 삭탈관직되고 청주에 중도부처中途付處되었다. 또한 8월에는 다시 한유가 사도세자의 죽음에 대한 책임을 물어 그의 처형을 요구하는 상소를 올림에 따라 서인庶人으로 강등되어, 경기도 고양 문봉文峰의 선영 부근에 칩거했다. 이처럼 정순왕후(영조 계비)의 친정 집안 세력이 사주한 정치 공세로 말미암아 홍봉한이 일대 위기에 처하자, 조숙인은 임신한 몸이었음에도 목욕재계하고 영미정 근처 동망봉東望峰에 올라 시아버지를 살려달라고 지성껏 빌다가 병을 얻어 해산 후 며칠 만에 죽고 만 것이다. 그 해 10월 중순에 발인하여 문봉의 선영에 안장했다.[56]

연암은 가까운 인척이자 벗인 어용빈魚用賓을 통해 홍낙임과 교분을 맺었던 듯하다. 연암의 고모는 기원杞園 어유봉魚有鳳의 장손인 어용림魚用霖에게 시집갔는데, 어용림의 아우가 바로 어용빈이다. 어용빈은 연암과 동갑이어서 상당히 절친하게 지냈던 듯하다.[57] 게다가 연암이 어유봉의 둘째 사위인 유안재遺安齋 이보천李輔天의 사위가 됨으로써 연암 집안과 어유봉 집안은 더욱 가까운 사이가 되었다. 또한 연암의 장인 이보천은 어유봉의 맏사위인 홍상한洪象漢(홍봉한의 사촌형)과 동서지간이어서, 연암 집안은 어유봉 집안을 매개로 풍산홍씨豊山洪氏 집안과도 유대를 맺게 되었다.

어용빈은 홍낙임과 절친한 사이였다.[58] 연암이 지은 「사장애사」士

---

56. 혜경궁 홍씨 지음, 정병설 주석, 『원본 한중록』, 문학동네, 2010, 210~216면, 245~247면, 311~325면; 洪龍漢, 『辰洲集』 권27, 「三姪叔道婦趙氏哀辭」; 洪樂仁, 『安窩遺稿』 권5, 「祭應敎趙公(明健)文(代家大人作)」, 「祭三嫂淑人林川趙氏文」; 홍낙인, 『先府君年譜略』; 李澤逵, 『奮齋集』 권1, 「穎尾草堂記」, 권2, 「淑人趙氏哀辭」.
57. 어용빈, 『弄丸堂集』 권2, 「秋風送朴美仲(趾源)入金剛」, 「南隣呂博士乘夕見過 聊與之吟 兼寄美仲」, 권4, 「與朴美仲(趾源)」.

章哀辭는 조카뻘 되는 일족인 박상한朴相漢(자 士章, 1742~1767)의 죽음을 애도하여 지은 글인데, 그 전반부에 박상한의 벗인 어용빈과 홍낙임이 함께 빈소에 조문하러 왔다가 연암과 마주쳐 대화를 나누는 장면이 묘사되어 있다.

> 사장士章이 죽어 염을 마친 뒤에야 나는 비로소 그의 방에서 곡을 했다. ……그의 벗 함원咸原 어경국魚景國과 풍산豊山 홍숙도洪叔道의 이름이 조문객 명부에 있었다. 문설주를 잡고 엎드려 울고 있는 그들에게 "두 분은 그리도 애통하시오?" 하고 물었더니, "너무도 애통하오이다"라고 하였다. 두 사람은 호곡하기도 전에 눈물 콧물을 주체하지 못했다.[59]

이와 같이 연암과 홍낙임은 모두 어용빈의 절친한 벗으로서, 집안끼리도 통하고 비슷한 연배여서 교분이 상당히 두터웠을 것으로 짐작된다. 하지만 연암이 지은 글 중에 홍낙임과 직접 관련된 작품으로 현재 전하는 것은 「만조숙인」이 유일한데, 이마저 『연암집』에는 수록되어 있지 않다. 위에서 인용한 「사장애사」도 홍낙임이 등장하는 그 전반부가 『연암집』에는 누락되어 불완전한 모습으로 전하고 있다. 이는 아마도 홍낙임이 신유사옥 때 숙청당한 사실과 깊은 관련이 있을 것이다. 『열하일기』를 포함하여 『연암집』의 이본들을 살펴보면 서학과 관

---

58. 어용빈, 『弄丸堂集』 권4, 「答洪叔度(樂任)」, 「答洪叔度(易簀前二日)」.
59. 신활자본, 『연암집』 권10, 「사장애사」; 신호열·김명호 옮김, 앞의 책, 하, 338면. '咸原'은 곧 咸從으로, 자가 '景國'인 어용빈의 본관이고 '叔道'는 홍낙임의 자이다. 위의 인용문과 그에 이어지는 "아! 사장은 명문가의 자제로 용모가 아름다웠다"까지 원문 106자가 『연암집』에는 누락되어 있으나, 윤광심의 『병세집』에 의거하여 보충·번역한 것이다.

련된 내용이 대거 삭제·수정된 사실을 확인할 수 있다. 신유사옥 이후에 『연암집』을 편찬하는 과정에서 천주교와 관련된 내용이 물의를 빚을까 염려하여 그러한 조치를 가했던 것이 아닌가 한다.[60] 이로 미루어 『연암집』에 「만조숙인」이 수록되지 않고 「사장애사」도 전반부가 누락된 것은, 연암이 홍낙임의 작고한 부인을 위해 만시를 지었을 만큼 그와 친분이 두터웠던 사실을 은폐하고자 한 결과로 추측된다.

2) 구성과 표현

「만조숙인」은 운율상으로 볼 때 매우 다채로운 특징을 보여 주는 장편 고시이다. 거성去聲→입성入聲→상성上聲→평성平聲으로 거듭 환운換韻을 하고 있을 뿐 아니라, 거성과 평성은 일운도저一韻到底 즉 오로지 하나의 운만으로 압운하는 한편 입성과 상성은 인운隣韻이 아니더라도 자유롭게 통압하는 방식을 취하고 있다. 이처럼 측성운과 평성운, 일운도저와 통운을 교차하는 방식으로 운율 변화를 극대화하고 있는 것이다.

이와 관련하여 「만조숙인」의 구성을 살펴보면, 이 시는 거성→입성→상성→평성으로 환운하는 지점에 따라 네 개의 단락으로 나뉨을 알 수 있다. 그중 첫째 단락인 제1구에서 제26구까지는 짝수 구마다 오로지 거성 제운霽韻에 속하는 글자들로 운각을 삼았다.[61]

첫째 단락에서 연암은 조숙인의 선행善行을 칭송하고 있다. 그런데 뜬금없이 당시 여성들 사이에 유행하던 머리 모양을 노래하는 것으로

---

60. 김명호, 「『열하일기』 이본의 재검토」, 『동양학』 48, 단국대 동양학연구소, 2010, 15면; 본서 4부, 270~271면 참조.
61. 첫 구의 '髻' 자도 거성 齊韻에 속하므로 首句入韻으로 볼 수 있다.

시를 시작하고 있다.

1	婦人重首髢,	부인네는 가체加髢[62]를 중히 여겨
2	千金爲高髻.	천금을 주고 다리를 높이 얹네
3	一丈出六鎭,	한 길이나 되는 건 육진六鎭[63]에서 나는데
4	霏霏綠雲細.	검푸른 구름같이 무성하고 촘촘하다네
5	下梳不驚髮,	빗질하다가 머리털 놀라게 마오[64]
6	或恐一髮戾.	머리터럭 하나라도 어그러질세라
7	葳蕤多栢膏,	동백기름 발라 어여쁘게 만들고
8	舌舐復掌篲.	혀로 핥고 손바닥으로 다시 쓰다듬네
9	如安驕兒眠,	응석둥이[65]를 편히 잠재우듯 하고
10	奉持若承祭.	제사 받들 듯 받들어 모시네
11	有誰剛腸女,	어느 누가 강심장 가진 여자길래
12	能借姒與娣?	윗동서 아랫동서에게 빌려 줄 수 있으랴[66]

---

62. 머리숱이 많게 보이려고 제 머리털(믿머리)에 다리(민머리)를 얹어 높고 크게 만든 것을 말한다. 문헌에 따라 '首髢', '大髢', '髢髻'라고도 했다.
63. 조선 세종 때 여진족 침입에 대비해 두만강 하류 지역에 설치한 함경도 경원·경흥·부령·온성·종성·회령 등 여섯 개의 진.
64. 이하 밑줄 친 구절은 『흠영』에서 유만주가 표현이 잘되었다는 뜻으로 방점을 찍은 부분이다. 작품 감상에 참고가 되므로 표시했다.
65. 『병세집』과 『대동시선』은 "驕兒"로, 『흠영』과 승계문고본은 "嬌兒"로 되어 있으나 뜻은 똑같다.
66. 승계문고본은 '借' 자(빌려 주다)가 '供' 자(바치다)로 되어 있다.

위의 제2구에서 '다리'로 번역한 '고계'高髻는 원래 상투처럼 틀어 올린 머리 모양을 뜻한다. 한나라 때 수도 장안長安의 속담에 "도성 안에서 높이 틀어 올린 머리를 좋아하면 사방에서는 머리가 한 자나 높아진다"(城中好高髻, 四方高一尺)[67]고 했듯이, 자고로 부인네는 머리 모양을 중시하여 머리숱이 풍성해 보이기 위한 경쟁에 돈을 아끼지 않는다고 했다. 조선 영조 때에도 다리(髢)를 머리에 높이 얹는 가체가 크게 유행하여 당시 여성들이 머리단장에 쓸 다리를 구하느라 가산을 탕진하기까지 했다. 영조는 이같은 사치 풍조를 다스리고자 여러 차례 가체를 금하는 명을 내렸으나 실효를 거두지 못했다. 이덕무는 영조 51년(1775)에 완성한 『사소절』士小節에서 한 부잣집의 나이 어린 며느리가 머리에 얹은 높고 무거운 다리 때문에 목뼈가 부러져 죽은 불상사를 소개하며, 사람 잡는 사치 풍조라고 가체를 비난했다.[68]

정조 3년(1779) 유신儒臣 송덕상宋德相이 가체를 엄금하도록 거듭 요청한 것을 계기로 조정에서도 그에 관한 논의가 벌어졌으나 의견이 분분하여 결론을 내리지 못했다. 당시 연암의 처남인 이재성李在誠은 송덕상의 건의가 받아들여지지 못한 것을 개탄하여, 가체를 비판하고 개혁책을 제시한 「체계의」髢髻議를 지었다. 정조 역시 가체의 병폐를 익히 알고 있어서, "다리 하나 값이 걸핏하면 천금이나 되니 이것도 사치 풍조 중 하나의 큰 폐단이다. 선조先朝 때부터 금지했건만 끝내 실행되지 못했으니, 세속에서 숭상하는 것을 갑자기 금지하기 어려운 것이 대체로 이와 같도다!"라고 안타까워했다.[69] 그리하여 마침내 정조 12년

---

67. 『後漢書』권24, 「馬援列傳」.
68. 이덕무, 『청장관전서』권30, 『사소절』6, 「婦儀」1, 「服食」.
69. 『승정원일기』, 정조 7년(1783) 5월 17일, "上曰: 髢髻之弊, 稔知熟矣. 一髢之價, 動費

(1788)에는 사족과 평민을 막론하고 여성들의 가체를 일절 금지하는 법령인 「가체신금사목」加髢申禁事目이 제정되기에 이르렀다.

위의 제3, 4구에서 노래했듯이, 가체에 쓰는 다리는 함경도 육진에서 나는 것을 최상품으로 쳤다. 이재성은 「체계의」에서 "다리는 육진六鎭, 중산中山, 개염改染, 잡산雜散의 품질이 있어 각각 미추美醜와 고하의 등급이 있는데, 좋고 나쁜 차이가 혹은 수십 수백 배가 되며 한 치 이상 길면 그 값은 몇 곱절이나 된다"고 했다.[70] 낙하생洛下生 이학규李學逵도 다리 중 "가장 광택이 나고 길게 드리운 것은 함경도 육진 땅에서 많이 나는데, 이를 '육진체'六鎭髢라고 하며 값이 보통 등급의 배가 된다"고 했다.[71] 육진 지역 사람들은 날마다 좁쌀 뜨물에 머리를 감아 정성스레 기른 머리를 1년에 한 번씩 잘라 다리로 파는 것을 생업으로 삼았다고 한다.[72]

위의 밑줄 친 제5~12구는 이와 같이 값비싼 다리를 애지중지하는 당시 부인네의 행태를 염정시풍艷情詩風[73]으로 매우 어실하게 그러 냈

千金. 此亦侈風之一大弊. 自先朝有禁, 而竟不果行, 俗尙之狃難禁止者, 類如是夫!"
70. 朴珪壽, 『瓛齋叢書』, 성균관대 대동문화연구원, 1996, 권4, 『居家雜服攷』권2, 「內服」, 360면, "爲髢者, 有六鎭·中山·改染·雜散之品, 各有美惡高下之等, 而好否之差, 或相十百, 長寸以上, 其價倍徙……." '중산'은 함경도의 중산(定平의 별호)에서 나는 다리, '개염'은 낡은 것을 새로 염색한 다리, '잡산'은 잡다하게 섞어 만든 지질의 나리를 가리키는 듯하다.
71. 이학규, 『洛下生集』제20책, 『東事日知』, 「髢髢」, "……其光潤窣長者, 多出咸鏡道六鎭地, 謂之六鎭髢, 價倍常品." '六鎭髢'에 대해서는 洪良浩나 李鈺·李圭景 등도 언급한 바 있다.(홍양호, 『耳溪集』권5, 「朔方風謠」, '鐵嶺高'; 이옥, 『俚諺』, '宕調' 제11수, 『完譯李鈺全集』2, 휴머니스트, 2009, 438면; 이규경, 『五洲衍文長箋散稿』, 天地篇, 地理類, 州郡, 「八路利病辨證說」)
72. 李瑞雨, 『松坡集』, 권4, 「用宗之韻 書懷五十韻 却寄宗之 兼示善慶」; 이재성, 「체계의」, 박규수, 『환재총서』, 성균관대 대동문화연구원, 1996, 권4, 357면.

다. 특히 규방에서 머리 단장에 정성을 쏟는 여인의 모습을 감각적으로 묘사했다. 부인네는 빗질하다가 잘못 건드려 머릿결이 흐트러질세라 극도로 조심하고, 동백기름에다 침까지 발라 곱디곱게 다듬는다고 했다. 그리고 응석둥이를 잠재우듯 제사 받들 듯 소중히 다루기 때문에 가까운 동서들에게도 감히 빌려 줄 엄두를 내지 못하는 것이 바로 다리라고 했다.

13	女有重義者,	여자 중에 의리를 중히 여기는 이가 있어
14	勇敢夫友濟.	지아비의 벗을 돕는 데 용감하였네
15	夫友有父喪,	지아비의 벗 중에 부친상을 당한 이가
16	袒括驅蠅蚋.	단괄袒括[74] 하고 파리 모기 쫓고 있었네
17	闇聞夫歎息,	지아비가 탄식하는 소리 몰래 듣고는
18	惻然頻掩袂.	측은해서 자주 소매로 얼굴 가리고 울었네
19	倉卒難爲財,	갑작스레 재물을 마련하긴 어려워서
20	典髢百金貫.	다리를 전당 잡혀 백 냥 빌렸네
21	潛辦飯含具,	반함飯含[75] 준비 몰래 마련해 주고도
22	猶恐他人泄.	남들에게 누설될까 걱정했네
23	<u>當時事嚴急,</u>	당시에는 일이 몹시 급해서

---

73. '艷體'나 '香奩體'라고도 한다. 당나라 시인 韓偓의 『香奩集』에 수록된 시들처럼 젊고 아름다운 여인의 행태나 신변을 관능적·감각적으로 묘사하는 시풍을 가리킨다.
74. 부모의 초상에 상주가 상복의 왼쪽 옷소매를 벗어 어깨를 드러내고 풀었던 머리를 묶는 것을 말한다.
75. 염할 때 고인의 입에 구슬이나 쌀을 물리는 절차를 말한다.

24	<u>不知誰所惠</u>.	누가 베푼 건지 몰랐다네[76]
25	<u>久久自然知</u>,	오랜 뒤에 저절로 알게 되고는
26	<u>鼻酸忽雙涕</u>.	코끝 시리더니 갑자기 두 줄기 눈물 흘렸네

위의 제13구부터 비로소 조숙인의 선행이 소개된다. 그 귀중한 다리를 전당 잡히고 빌린 백 냥의 거금으로 몰래 남편 친구의 부친상을 도와주었다는 것이다. 연암의 「광문자전」에 의하면 당시 돈놀이하는 자들은 여자들의 머리 장식품이나 보석류, 의복과 가재도구, 집문서·토지문서·노비문서 등을 전당 잡고 본래 값의 3할 내지 5할을 쳐서 돈을 빌려 주었다고 한다.[77] 조숙인은 부귀한 집안에 시집갔다고는 하지만, 분가한 지 10년이나 되어 살림살이가 빠듯했던 듯하다. 그런 형편에도 어려운 사람들 돕기를 힘들어 하지 않아, 남편이 더욱 그녀를 중히 여겼다고 한다.[78]

위의 시에서 그녀가 도와주었다는 남편의 벗은 이 시를 지은 연암 자신이다. 영조 43년(1767) 연암은 부친상을 당했다. 그해 6월 22일 부친 박사유朴師愈가 향년 65세로 별세한 것이다. 박사유는 지돈령부사를 지낸 박필균朴弼均의 장남으로, 과거에 급제하지 못했을뿐더러 평생 아무런 벼슬도 하지 못했다. 연암의 조부 박필균이 고위 관직을 역임했다고는 하나 몹시 청빈하여, 7년 전 조부가 별세했을 때 "집안에는 다 열 냥의 재산도 남겨 둔 것이 없었다"고 한다.[79] 이처럼 궁핍한 집안 사

---

76. 『대동시선』에는 '惠' 자가 '思' 자로 되어 있으나 이는 오자로 판단된다.
77. 신호열·김명호 옮김, 앞의 책, 하, 「광문자전」, 178면.
78. 洪樂仁, 『安窩遺稿』 권5, 「祭三嫂淑人林川趙氏文」, "十年析居, 嫂實內困, 吾弟不知, 安坐飽飯."; 洪龍漢, 『長洲集』 권27, 「三姪叔道婦趙氏哀辭」, "雖貧, 恤人之窮, 無難也. 叔道以是益重之."

정은 갈수록 심해졌던 듯하다. 연암은 16세에 결혼한 후에도 한양 서부 반석방盤石坊 야동冶洞에 있던 낡고 비좁은 조부 댁에서 조부모와 부모를 모시고 맏형 부부와 함께 살고 있었다. 연암보다 15세 연상인 맏형 박희원朴喜源 역시 과거에 급제하지 못하고 벼슬도 하지 못했으므로, 부친상을 당했을 때 연암은 염하고 입관할 준비조차 제대로 갖추지 못한 딱한 처지였던 듯하다.

위에서 인용한 제16구에서 "단괄 하고 파리 모기 쫓고 있었네"라고 한 것은 상주의 차림새를 한 채로, 한창 무더운 음력 6월에 시신 냄새를 맡고 꼬여드는 파리나 모기떼를 손으로 물리치고 있었다는 뜻이다. 이는 당시 연암의 처량하기 짝이 없는 실제 정황을 여실하게 묘사한 것이겠지만, 한편으로 『맹자』에 전고를 둔 표현으로 볼 수도 있다. 즉 『맹자』 「등문공」滕文公 상上에서 맹자는 상고시대에 어떤 사람이 부모의 시신을 매장하지 않고 골짜기에 버렸다가 여우와 살쾡이가 뜯어먹고 "파리와 모기가 시신을 빨아먹는"(蠅蚋姑嘬之) 것을 보고 양심의 가책을 느껴 마침내 흙으로 시신을 덮었다는 일화를 들어, "효자와 어진 이"(孝子仁人)라면 부모의 장례를 후히 지내야 한다고 역설했다. 그러므로 위의 시구에서 '파리와 모기를 쫓고 있었다'고 한 것은 부친의 장례 예식을 제대로 갖추지 못한 불효의 상황을 비유적으로 표현한 것으로도 해석할 수 있다. 홍낙임이 연암의 이러한 딱한 사정을 알고 자주 탄식하자 조숙인이 남편을 대신해 연암을 돕고자 과감하게 나섰다는 것

---

79. 신호열·김명호 옮김, 앞의 책, 상, 「백수 공인 이씨 묘지명」, 334면. 『영조실록』 36년 8월 2일 박필균의 졸기에도 "박필균은 사무에 소홀하고 성품이 자못 청빈하여, 관직에 있을 때에 치적에 대한 칭송이 없었고 임종할 때에 염하고 입관할 준비가 없었다고 한다"(弼均疎於事務, 而性頗寒素, 居官無治績之譽, 臨歿乏殯斂之具云)고 했다.

이다.

　위의 밑줄 친 제23~26구에서는 그전까지 객관적 서술 뒤에 숨어 있던 연암이 작중 화자로 나서서 발언하기 시작한다. 연암은 오랜 시일이 지난 뒤에야 조숙인이 남몰래 장례를 도와준 사실을 알게 되어 감격해 마지않았다고 했다. 처음에 그 사실을 몰랐던 것은 '장례를 치를 일이 무엇보다 급해 정신이 없어서'였고, 나중에 그 사실을 알게 되자 '코끝이 찡하면서 눈물이 났다'고 하여, 자신의 심정을 진솔하게 표현했다.

　다음으로, 둘째 단락인 제27구에서 제52구까지 모두 26구는 환운하여 짝수 구마다 입성에 속하는 글자를 통압했다. 즉 운각으로 약운藥韻(弱·約), 석운錫韻(激), 엽운葉韻(葉), 맥운陌韻(帛·白·碧·釋·夕), 직운職韻(織·色), 옥운沃韻(綠·玉)에 속하는 글자들을 구사했다. 그중 석錫·맥陌·직職운은 인운隣韻이므로 통압할 수 있으나 나머지 운들은 그렇지 않은데도 개의치 않고 자유롭게 통압했다. 이같은 입성 통압은 당시의 삭시 관행에 따른 것이다.

　둘째 단락은 조숙인에 대해 연암이 감사한 마음을 표현한 부분이다. 여기에서 우선 연암은 조숙인에게 보은할 방도를 아내와 상의했던 사실을 밝히고 있다.

27	實難夫大俠,	실로 장부도 의협義俠 되기 어렵거늘
28	況出女子弱!	하물며 연약한 여자 중에서 나오다니
29	恐傷婦人義,	부인의 의로운 행위를 손상할까 두려워
30	口不言感激.	감사함을 말로 표현하진 않았지만
31	寤寐藏中心,	자나 깨나 마음속에 담아 두고
32	密與吾妻約.	몰래 내 처와 약속했었네

연암은 조숙인을 '여중 의협'女中義俠이라고 극구 칭송했다. 그리고 자신의 선행을 드러내고 싶어하지 않는 그녀의 고귀한 뜻을 존중해서 비록 감사하다고 말하지는 않았지만, 그녀에게 보은할 생각은 늘 잊지 않았다고 했다. 이어지는 부분에서는 연암이 아내와 몰래 약속했다는 보은책報恩策을 소개하고 있다.

33	吾當種一桑,	나는 장차 뽕나무 한 그루 심어
34	三春採其葉.	삼춘에 그 잎을 딸 터이니
35	勸君手飼蚕,	당신은 손수 누에 먹이고
36	斷成一疋帛.	마름질해 비단 한 필 만들구려

37	精誠爲經緯,	정성 다해 날줄 씨줄 엮고
38	纖纖心機織.	마음 써서 가늘고 곱게 짜서는
39	曬以秋陽暉,	가을철의 햇볕에 말리면[80]
40	皎皎如雪白.	흰 눈처럼 희어지리라

41	又以餘絲線,	또한 남은 명주실로
42	一年染一綠.	일 년은 초록으로 물들이고
43	一年染一紅.	일 년은 분홍으로 물들이고
44	一年染一碧.	일 년은 벽색碧色으로 물들이고
45	一年染一黃.	일 년은 황색으로 물들여서
46	燦燦成五色.	찬란한 오색실을 만들리라

---

80. 『병세집』과 『대동시선』에는 '暉' 자가 '輝' 자로 되어 있으나 뜻은 똑같다.

47	繡我恩婦人,	우리에게 은혜 베푼 부인 모습 수놓아
48	薰蘭軸古玉.	고옥古玉으로 축을 한 향기로운 족자 만들어[81]
49	君爲焚香尼,	당신은 분향하는 비구니 되고
50	我爲念經釋.	나는 불경 읽는 중이 되어[82]
51	雙雙如拜佛,	쌍쌍이 부처에게 절하듯이
52	朝朝及夕夕.	아침마다 저녁마다 절합시다

이 대목에서 연암은 자신의 아내와 대화하는 방식을 취하고 있다. 그가 아내에게 제안한 보은책은 상식을 초월한 기발한 내용이다. 자신은 손수 뽕나무를 심고 아내는 누에를 길러서 짠 좋은 비단에다 조숙인의 모습을 수놓은 족자를 만들어 날마다 그 앞에서 절을 올리자고 했다는 것이다. 해마다 색을 바꿔 가며 명주실을 염색해서 수년에 걸쳐 만든 오색 실로 수를 놓게 하겠다는 발상도 기발하거니와, 중과 비구니가 배불拜佛하듯이 부부가 은인의 초상 앞에 감사의 절을 올리겠다고 한 것도 유교를 신봉하는 양반 사대부로서는 대단히 파격적인 발언이 아닐 수 없다. 그런데 실은 이덕무도 『선귤당농소』蟬橘堂濃笑에서 이와 아주 흡사한 발상을 피력한 바 있다.

> 지기知己 한 사람을 얻는다면, 나는 장차 10년 동안 뽕나무를 심고 1년 동안 누에를 길러 손수 오색실을 물들이리라. 열흘이면 한 가지 색을 다 물들이고 쉰 날이면 오색을 다 물들여 봄철의 햇볕에 말리리라. 젊

---

81. 고옥은 고대 중국의 옥으로 만들었다는 玉器類로 값비싼 골동품에 속한다. 축은 족자를 두루마리하는 環棒을 말한다. 족자를 배접할 때 白檀 향수를 뿌리기도 했다.
82. 승계문고본에는 '經' 자가 '佛' 자로 되어 있다.

은 아내에게 견고한 황금 바늘로 내 지기의 얼굴을 수놓게 해서 진기한 비단으로 회장回裝하고 고옥古玉으로 축을 만들리라. 높은 산이 아스라하거나 흐르는 물 넘실대는 곳에서 이를 펼쳐 놓고 말없이 마주보다 땅거미 질 때 품에 넣고 돌아오리라.[83]

이는 이덕무가 자신을 진정으로 알아주는 벗을 만나지 못한 외로움을 기발하게 표현한 글이다. 만약 그러한 벗을 얻는다면 손수 뽕나무를 심고 누에를 기른 뒤 수십 일에 걸쳐 염색해서 만든 오색 실로 아내의 바느질 솜씨를 빌어 벗의 얼굴을 수놓은 족자를 만들겠노라고 했다. 연암은 친구 부인의 은혜에 대한 감사를 최대한 표현하기 위해 그랬고 이덕무는 진정한 우정에 대한 갈망을 역설적으로 표현하기 위해 그랬다는 차이는 있지만, 두 사람은 이처럼 서로 아주 닮은 기발한 착상을 보여 주고 있는 것이다.

『선귤당농소』는 이덕무가 1760년대에 자찬自撰한 소품 산문 모음집이다. 이덕무는 20세 되던 1760년부터 '선귤'이란 당호를 사용했다. 1768년 이덕무가 북경에 가는 역관 편에 기증한 『선귤당농소』를 받은 중국 문인 반정균潘庭筠은 그와 결교한 홍대용洪大容에게 보낸 편지에서 '형암'烱庵(이덕무의 일호)이 누구인지 아느냐고 물으면서, "책 중에 고

---

83. 이덕무, 『청장관전서』 권63, 『선귤당농소』, "若得一知己, 我當十年種桑, 一年飼蠶. 手染五絲, 十日成一色, 五十日成五色, 曬之以陽春之煦. 使弱妻, 持百鍊金針, 繡我知己面, 裝以異錦, 軸以古玉. 高山峨峨, 流水洋洋, 張于其間, 相對無言, 薄暮懷而歸也."「만조숙인」과 특히 혹사한 표현에 밑줄을 표시했다. 인용문 중 "높은 산이 아스라하거나 흐르는 물 넘실대는"이란 표현은 『列子』에 나오는 伯牙와 鍾子期의 고사를 인용한 것이다. 백아가 높은 산을 생각하거나 흐르는 물을 생각하고 거문고를 연주할 때마다 종자기는 그러한 백아의 樂想을 이해했던 그의 진정한 지기였다고 한다.

광高曠하고 청묘清妙한 말이 많으니, 생각건대 은군자隱君子의 한 사람인 듯하다"고 호평했다.[84] 이로 미루어 『선귤당농소』는 1768년 이전에 이미 완성된 저술임이 분명하다.

또한 연암의 글을 보면 『선귤당농소』와 혹사한 표현이 더러 발견된다. 예컨대 「낭환집서」嫏丸集序 중 '말똥구리는 여룡驪龍의 구슬을 부러워하지 않고 여룡도 말똥구리의 말똥을 비웃지 않는다'고 한 격언, 「순패서」旬稗序에서 험상궂은 어부도 멀리서 바라보면 고사高士 육귀몽陸龜蒙처럼 보인다는 '재래도인'睥睞道人(이덕무의 일호)의 말, 그리고 「하야연기」夏夜燕記에서 거미줄 치는 거미의 모습을 거문고 연주에 비유한 '매탕'梅宕(이덕무의 일호)의 말은 바로 『선귤당농소』에서 찾아볼 수 있다. 이로써 볼 때 「만조숙인」에서 오색 실로 수놓은 비단 족자를 만들겠노라고 한 구절도 그보다 앞서 이덕무가 『선귤당농소』에서 우정론과 관련하여 피력했던 발상을 활용한 표현이 아닌가 한다.

다음으로, 셋째 단락인 제53구에서 제62구까지 모두 10구는 다시 환운하여 짝수 구마다 상성에 속하는 글자를 통압했다. 즉 운각으로 유운有韻(否·壽)과 지운紙韻(子·氏)에 속하는 글자를 구사했다. 단 제53구의 '부'婦 자도 유운에 속하고, 제58구의 '자'字 자는 거성 치운寘韻에 속한다. 상성의 유운과 지운은 인운이 아니지만 통압했고, 상성 지운과 거성 치운도 통압한 것이다.[85]

셋째 단락은 소숙인에 대해 연암의 아내가 감사한 마음을 표현한

---

84. 편자 미상, 『燕杭詩牘』, 반정균이 홍대용에게 보낸 1769년 음력 2월 1일자 편지의 두 번째 別紙, "未知炯庵爲何如人, 足下曾面識否? 卷中多高曠清妙之語, 想亦一隱君子也."
85. 고체시의 用韻에서 상성운과 거성운은 글자 수가 적어서 흔히 통압했는데 상성 紙韻과 거성 寘韻의 경우가 그러하다.(왕력 지음, 송용준 옮김, 『중국시율학』 2, 소명출판, 2005, 86면, 128면)

부분이다. 따라서 작중 화자가 연암에서 그의 아내로 바뀌면서 여성의 목소리로 노래하고 있다.

53	妻曰繡友婦,	아내 말이, 친구 부인 모습 수놓는 것이
54	於禮有之否?	예법에 있는지요
55	吾將五色線,	저는 오색실을 가지고
56	以祝婦人壽.	부인의 장수를 축원하겠어요[86]
57	一年繡富字,	일 년은 '부'富 자를 수놓고[87]
58	一年繡貴字.	일 년은 '귀'貴 자를 수놓고
59	其餘無數字,	나머지 무수한 글자는
60	盡是多男子.	모두 '다남자'多男子로 할래요
61	吉月良辰日,	좋은 달 좋은 날을 택해
62	懷去獻趙氏.	품고 가서 조씨에게 바치겠어요

연암의 제안을 들은 그의 아내는 양반 사대부 여성답게, 남편 친구 부인의 모습을 수놓는 일이 유교의 예서禮書 그 어디에도 근거가 없는 지나친 행동은 아닌지 염려했다. 따라서 그녀는 그 대신 오색 실로 글자를 수놓아 조숙인의 장수를 축원하겠노라고 제안했다. 부귀하게 되고 아들을 많이 낳으라는 뜻의 '부귀다남자'富貴多男子는 조선 시대 여성들이 각종 장신구나 생활용품에 즐겨 자수하던 길상어吉祥語(복을 가져다 준다는 말)의 하나이다. 연암의 아내는 여러 해 걸쳐 그 글자를 비단에

---

86. 『대동시선』에는 '以' 자가 '人' 자로 되어 있으나 오자로 판단된다.
87. 『대동시선』에는 '繡' 자가 '壽' 자로 되어 있으나 오자로 판단된다.

수놓은 뒤 길일을 택해 조숙인에게 바치겠노라고 했다. 특히 '다남자' 자를 무수히 수놓겠다고 한 것은 그 시대의 습속을 따른 것이다. 아들을 낳으려는 소망으로 당시 여성들의 장신구나 생활용품에 유달리 '남자가 들어가는 글귀를 많이 수놓았다.

끝으로, 넷째 단락인 제63구에서 마지막 구인 제70구까지 8구는 재차 환운하여 매구每句 평성 양운陽韻에 속하는 글자들로 운각을 삼았다. 측성운에서 평성운으로, 격구운隔句韻에서 연구운連句韻으로 전환한 것이다.

넷째 단락은 「만조숙인」의 결말부에 해당한다. 연암이 부친상을 치른 뒤 불과 몇 년 뒤에 조숙인이 별세한 사실은 시의 결말부에 이르러서야 비로소 밝혀진다. 여기에서 연암은 그녀의 죽음을 애도하면서 상처한 벗의 처지를 비탄하는 말로 시를 마무리하고 있다.

63	可憐墻下桑,	가련쿠나 담장 아래 뽕나무
64	長條纔出墻.	긴 가지가 겨우 담장 벗어났네
65	採葉不盈筐,	뽕잎 따도 광주리 채우지 못해
66	我心忽悲傷.	내 마음 홀연 슬프고 속상하네
67	我友守空堂,	나의 벗은 아내 없는 빈 방 지키니
60	琴瑟少不張.	저녁마다 금슬의 정을 펴지 못하네
69	蠶老繭欲黃,	누에도 늙고 고치도 누렇게 변해
70	白蛾空自翔.	흰 나방만 부질없이 날고 있네

위의 시에서 연암은 조숙인이 별세한 사실을 직접 말하지 않는다. 그녀에게 보은하고자 뽕나무를 키우고 누에를 길러 비단을 짜려던 계

획이 허사가 되었다고만 말함으로써 그 사이에 비보悲報를 접했음을 암시하고 있을 뿐이다. 이처럼 조숙인이 갑자기 죽은 충격적인 사실을 간접적으로 전함으로써 그녀의 죽음에 대한 애도의 감정을 절제 있게 표현하고 있다. 마지막 구에서 부질없이 허공을 나는 누에나방의 이미지는 아내 없는 빈 방에 홀로 남은 벗의 고독한 정황과 중첩되면서 은은한 슬픔의 여운을 자아낸다.

3) 만시로서의 특징

이상에서 살핀 대로 「만조숙인」은 운율의 변화와 맞물려 정교하게 시상詩想이 전개된 작품이다. 거성 제운霽韻으로 일운도저한 첫째 단락(제1~26구)은 이 시의 도입부라 할 수 있다. 여기에서 우선 연암은 조숙인의 선행을 칭송했다. 그런데 그녀가 생전에 행한 여러 가지 선행 중에서 다리를 전당 잡혀 마련한 돈으로 남편의 벗인 자신의 부친상을 몰래 도와준 사실에 유독 초점을 맞추었다.[88] 뿐만 아니라 처음부터 12구나 할애하여 당시 여성들 사이에 다리를 머리에 높이 얹은 가체가 유행하던 풍조를 염정시풍艶情詩風으로 노래했다. 이는 조숙인의 의협적인 행동을 돋보이게 하고자 함이겠으나, 비탄을 주조主調로 하는 만시의 서두로서는 심히 이례적이라 하지 않을 수 없다.

환운하여 입성으로 통압한 둘째 단락(제27~52구)과 상성으로 통압한 셋째 단락(제53~62구)은 이 시에서 가장 큰 비중을 차지하는 핵심부

---

88. 맏동서를 잘 받들어 집안을 화목하게 하고, 벗들을 불러들여 술 마시고 글 짓기 좋아한 남편을 위해 어려운 살림에도 손님 접대를 잘한 등등의 細行은 물론, 정치적 곤경에 처한 시아버지를 위해 지성껏 기도하다가 병을 얻어 죽은 사실조차 언급하지 않았다. 이 점에서 洪龍漢(홍낙임의 季父)과 李澤逵(홍낙임의 외사촌형)가 지은 哀辭나 洪樂仁(홍낙임의 맏형)이 지은 제문과 크게 다르다. 주56 참조.

라 할 수 있다. 여기에서 연암은 그의 아내와 함께 조숙인에 대한 보은책을 강구한 사실을 밝혔다. 둘째 단락은 연암이 아내에게 제안한 보은책을 입성운으로 노래했고, 셋째 단락은 그의 아내가 수정 제안한 내용을 상성운으로 노래했다. 이 두 단락은 부부 간의 대화 형식을 취하고 있으며, 이를 통해 부창부수夫唱婦隨하는 연암 부부의 금슬이 은연중 드러나 있는 부분이기도 하다.

연암이 제안한 보은책은 조숙인의 모습을 수놓은 비단 족자를 만들겠다는 기발한 착상과 부부가 배불拜佛하듯 그 족자에 절을 올리자는 파격적인 발언으로 되어 있다. 이는 그 정도로 연암이 그녀에게 극도의 감사한 마음을 느낀다는 뜻이겠지만, 다분히 비현실적이고 과장이 심한 느낌을 준다. 특히 "당신은 분향하는 비구니 되고, 나는 불경 읽는 중이 되어" 날마다 절을 올리자고 한 것은 실제의 제안이 아니라 문학적 비유법을 구사한 것이기는 하지만, 유교 규범에 크게 어긋나는 발언일뿐더러 감사 표현의 도가 지나쳐 다소 허풍스럽게 느껴진다. 그에 비해 연암의 아내가 수정 제안한 보은책은 좀 더 현실적이고 진실성이 있다. 그녀는 남편의 제안이 예법에 어긋나지 않을까 염려하면서, 당시 여성들이 즐겨 수놓았던 길상어를 공들여 아로새긴 비단을 조숙인에게 바치겠노라고 했다. 이를 통해 아내의 사려 깊고 세심한 마음씨가 잘 표현되었다.

재차 환운하여 평성 양운陽韻으로 매구 압운한 넷째 단락(제63~70구)은 이 시의 결말부가 된다. 여기에서 연암은 측성운에서 평성운으로 전환함으로써 작품 분위기를 일신하여 만시의 본색인 비탄조로 돌아와서 시를 마무리하고자 했다. 아내와 함께 강구했던 보은책이 무산되어 허무한 심정을 노래하는 데 그쳐, 슬픔을 절제 있게 표현했다. 다만 둘째 단락과 셋째 단락에서 시의 절반이 넘는 무려 36구에 걸쳐 조숙인에 대한 보은책을 길게 노래한 데 비해, 정작 그녀의 죽음을 애도한 넷째 단락은 겨우 8구로 지나치게 짧아서, 만시로서는 상당히 불균형한 느낌을 준다.

유만주는 『흠영』에 「만조숙인」을 전재하고 나서, 이 작품이 당나라 백거이白居易의 시를 모방했으되 "만시의 변체變體"라고 평했다.[89] 여기서 '백거이의 시를 모방했다'고 한 것은 「만조숙인」이 백거이의 평이하고 산문적인 시풍을 따르고 있다고 본 때문일 것이다.[90] 백거이의 시처럼 「만조숙인」도 평범한 시어를 주로 사용했으며 운자도 대개 쉬운 글자를 구사했다. 이 시의 전편에 걸쳐 난해하고 기이한 글자를 찾기 어렵다. 또한 이 시는 전고도 거의 구사하지 않았고, 중첩되는 표현이 매우 많아 이해하기가 쉽다.[91] 그리고 숫자를 즐겨 사용하고 분명한 직유直喩를 구사하여 의미를 한층 더 분명하게 표현했다.[92] 뿐만 아니라 '이'以 '어'於 '부'否 등 허사虛詞를 포함하고 직설적인 표현으로 된 시구가 많은 것도 특징이다. 예컨대 연암 아내의 발언인 "於禮有之否? 吾將五

---

89. 『흠영』 권1, 355면, "……倣白詩而挽之變体也."
90. 백거이의 시풍에 관해서는 兪炳禮, 『白居易詩研究』, 國立臺灣師範大學 박사논문, 1988 참조. 백거이 시의 用字上의 특색으로 '疊字', '喜用數量詞' 등을 들었고, 평이한 시풍 형성의 원인으로 '淺近의 語言', '明諭', '平易的 典故', '喜押淺韻' 등을 들었다.
91. 예컨대 '夫友' 자 2번 중첩, '夫' 자 3번 중첩(제14~15구, 17구), '字' 자 3번 중첩(제57~59구)되었고, "霏霏"(제4구) "久久"(제25구) "纖纖"(제38구) "皎皎"(제40구) "燦燦"(제46구) "雙雙"(제51구) "朝朝及夕夕"(제52구) 등 疊字도 자주 사용되었다. 또한 "一年染一○"라는 시구를 4번이나 반복하고(제42~45구), "一年繡○字"라는 시구도 2번 반복했다(제57~58구).
92. 숫자를 사용한 예로는 "一丈出六鑲"(제3구), "吾當種一桑, 三春採其葉"(제33~34구), "一年染一黃, 燦燦成五色"(제45~46구) 등을 들 수 있다. 직유를 구사한 예로는 "如安驕嬌兒眠, 奉持若承祭"(제9~10구), "皎皎如雪白"(제40구) "雙雙如拜佛"(제51구) 등을 들 수 있다.

色線, 以祝婦人壽"(제54~56구)와 같은 경우는 산문 문장이나 다름없다.

「만조숙인」은 이처럼 평이하고 산문적인 시풍을 지향하여 내용을 쉽게 전달하고 대상을 곡진하게 표현할 수 있었다. 하지만 그러다보니 말이 번다하여 요설饒舌에 떨어지고 사고의 깊이나 함축미가 부족한 점이 없지 않다. 시의 서두에서 당시 여성들에게 다리가 얼마나 소중한 물건인지를 12구나 할애하여 노래한 부분이나, 중간에 20구에 걸쳐 연암 자신의 보은책을 길게 제시한 부분은 감각적인 묘사나 기발한 착상이 돋보이기는 하지만, 요설에 가깝고 여운이 부족한 느낌을 준다. 이러한 폐단에서도 「만조숙인」은 백거이의 시풍과 공통점을 보여 준다고 하겠다.[93]

한편 유만주가 「만조숙인」에 대해 '만시의 변체'라고 한 것은 백거이의 시풍과는 무관한 발언이라 생각된다. 백거이는 무려 2800수가 넘는 많은 시를 남겼으나 그중 만시는 10수 남짓밖에 되지 않는다. 더욱이 「만조숙인」처럼 장편 오언고시인 작품은 「곡왕질부」哭王質夫, 「곡제고인 인기원팔」哭諸故人因寄元八, 「곡최상시회숙」哭崔常侍晦叔 등 3수에 불과하며, 작고한 우인友人에 대한 애도의 감정을 모두 순탄하게 표현했다.[94] 그러나 연암의 「만조숙인」은 당시의 가체 유행 풍조를 염정 시풍으로 노래하는 것으로써 시의 서두를 삼는가 하면, 조숙인에 대한 보은책을 장황하게 노래한 데 비해 그녀의 죽음을 애도한 부분은 겨우 마지막 8구에 지나지 않는다. 이와 같은 파격성 때문에 아마도 유만주

---

93. 吉川幸次郎, 「新唐詩選續篇 前篇―白居易」, 『吉川幸次郎全集』 11, 筑摩書房, 1985, 230~232면 참조. 백거이의 시는 지나치게 평이한 용어를 구사하고 시를 고의로 산문화함으로써 요설이 되는 경향이 있다고 했다.

94. 謝思煒 撰, 『白居易詩集校注』, 中華書局, 2006, 권2, 867면, 872면, 권5, 2259면.

는 「만조숙인」을 변체의 만시로 규정한 것이 아닌가 한다.

연암이 이처럼 파격적인 만시를 지은 것은 기존의 관행을 넘어서 독창적인 표현을 추구한 창작 의욕의 결과로 볼 수 있다. 이와 더불어 그 이면에는 홍낙임이 처한 정치적·가정적 곤경을 돕지 못한 벗으로서의 고충도 적잖이 작용한 것으로 짐작된다. 앞서 언급했듯이 1771년 조숙인이 병사했을 무렵 홍봉한 집안은 정치적 공격을 받아 일대 위기에 처해 있었다. 하지만 연암 집안의 형편은 여전히 궁핍했고 연암 자신은 일개 유생에 불과하여 현실적인 도움을 줄 수 있는 처지가 아니었다. 한편 연암은 부친상을 당한 해인 1767년 분가하여 삼청동에서 살다가 그 이듬해 백탑白塔(지금의 종로구 탑골공원) 부근으로 이사했으며, 1772년경부터는 전의감동(지금의 종로구 견지동)에서 살았다.[95] 이처럼 그동안 줄곧 한양 도성 안에서만 생활했으므로, 「만조숙인」에서 노래했듯이 연암 부부가 뽕나무 심고 누에 키우는 일을 실제로 시도했을 리 만무하다. 부친상 때 큰 도움을 준 친구 부인이 별세했는데도 도무지 부조를 갚을 형편이 못 되었던 연암은 문학적 상상력을 한껏 발휘하여 가상적인 보은책을 노래함으로써 마음의 빚을 조금이나마 덜고자 한 것이 아니었을까 한다. 만시의 상투적인 틀에서 과감하게 탈피한 빼어난 만시를 지어 바침으로써 고인의 은혜에 보답하려 한 셈이다.

---

95. 「연암 연보」, 임형택·김명호·염정섭·리쉐탕·김용태, 『연암 박지원 연구』, 실시학사 실학연구총서 4, 사람의무늬, 2012, 373~376면 참조.

(2) 아내 전주이씨에 대한 만시

1) 창작 배경

연암이 도망시悼亡詩 20수를 남긴 사실은 그의 아들 박종채의 『과정록』과 몇몇 필사본 『연암집』에 밝혀져 있다.[96] 만시 중에서 자기 아내의 죽음을 애도한 시를 특히 '도망시'라고 하는데, 중국 서진西晉의 시인 반악潘岳이 「도망」悼亡이란 제목으로 시를 지은 이래 이를 전범으로 하여 수많은 도망시가 창작되었다. 시제詩題 자체가 「도망」으로 된 작품에 한정해 보아도, 중국의 맹교孟郊·매요신梅堯臣·왕사정王士禎 등과 조선의 이달李達·강세황姜世晃·조수삼趙秀三·신위申緯 등 저명 시인들이 감동적인 도망시를 남겼다.[97] 연암의 도망시는 『연암집』에 수록되어 있지 않아 일시逸詩로 알려졌지만, 그중 일부인 2수가 유만주의 일기 『흠영』에 전하고 있다.

연암은 정조 10년(1786) 윤7월 음직으로 선공감 가감역假監役(송9품)에 임명됨으로써 나이 쉰 살에 미관말직이나마 벼슬을 얻었다. 그런데 이처럼 연암이 처음 관직에 나간 지 반년도 안 되어 그의 부인 전주이씨全州李氏가 사망했다. 이듬해 1월 5일 향년 51세로 병사한 것이다. 후일 안의 현감 시절에 연암이 통훈대부通訓大夫(정3품 당하관의 품계)에 가자

---

96. 김윤조 역주, 『역주 과정록』, 태학사, 1997, 84면; 박희병 옮김, 『나의 아버지 박지원』, 돌베개, 1998, 62면; 동양문고본 및 영남대본, 승계문고본, 『연암집』 권11, 『映帶亭雜咏』, 말미 追記.
97. 중국과 한국의 도망시에 대해서는 주기평, 「중국 도망시의 서술방식과 상징체계」, 『중국어문학』 45, 영남중국어문학회, 2005; 최재남, 「한국 애도시의 구성과 표현에 대한 연구」, 서울대 박사논문, 1992; 이은영, 「못 다 한 사랑과 그리움의 노래―도망시의 전통과 미」, 『동방한문학』 42, 동방한문학회, 2010 참조.

加資되면서 작고한 그의 부인에게도 숙인淑人의 작호가 하사되었다.[98]

연암의 부인은 농암 김창협의 학통을 계승한 처사 이보천李輔天의 딸로, 16세에 연암과 결혼하여 2남 2녀를 두었다. 신혼 초에 연암 조부 박필균의 집이 비좁아 친정에 많이 가 있었고 중년에도 자주 이사하는 등 고생이 자심했으나 가난한 생활을 잘 견뎌냈다. 또한 부인은 집안 살림을 주장한 맏동서를 공경하여 동서 간에 우애가 좋았다. 맏동서가 자식을 낳지 못하고 죽자 선뜻 장남 박종의朴宗儀를 그녀의 양자로 세우고 상주 노릇을 하게 했다. 연암은 평소 부인의 덕행을 매우 존경했다고 한다. 부인이 죽은 그 해에 맏며느리(박종의의 처)마저 전염병으로 죽어 집안 살림을 맡길 데가 없었으므로 주위에서 재혼을 권했으나 연암은 이를 마다하고 독신으로 지냈다. 그는 평생 첩을 두지 않았고 지방관으로 나갔을 적에도 관기官妓들을 가까이하지 않았다고 한다. 안의 현감 시절에 쓴 한 편지에서 연암은 자신이 언문을 모르기 때문에 생전에 부인과 언문 편지를 주고받지 못한 것이 지금 와서 한이 된다고 했다.[99]

이처럼 부인을 무척 사랑했던 만큼 연암은 그녀의 죽음을 애도한 시를 20수나 지었다. 도망시는 고시나 근체시를 막론하고 대개 단수單首에 그치지만 종종 연작으로 짓기도 한다. 반악이 오언고시 3수로 된 「도망」 연작을 지은 이래 근체시의 경우에도 연작으로 도망시를 짓는 풍조가 이어져 왔다. 매요신(오언율시 3수), 강세황(칠언절구 8수), 조수삼(칠

---

98. 『일성록』, 정조 10년 윤7월 21일; 신호열·김명호 옮김, 앞의 책, 상, 「안의현 현사에서 곽후를 제사한 기」(安義縣縣司祀郭侯記), 100~101면.
99. 김윤조 역주, 앞의 책, 80~82면, 141~142면; 박희병 옮김, 위의 책, 59~61면, 114면; 신호열·김명호 옮김, 위의 책, 중, 「족손 홍수에게 답함」(答族孫弘壽書), 181면.

언율시 8수), 신위(칠언절구 6수)의 「도망」이 그 좋은 예라 할 수 있다. 그렇기는 하지만 연암처럼 연작시로서 20수나 도망시를 지은 것은 상당히 드문 경우라 할 수 있다.

연암의 부인 전주이씨가 작고한 지 한 달 남짓된 1787년 음력 2월 15일, 유만주는 자신의 일기에 "임任이 왔다. ……지祗(박지원의 약칭—인용자)의 「도망」 시 2수를 전했다"고 하면서 그 전문을 인용한 다음, 이 시는 "염체艶體에 속하지 않을까?"라고 적었다.[100] 그의 벗 임노任魯가 자신에게 연암의 「도망」 2수를 전한 사실을 밝히고, 그 시에 대해 도망시임에도 염정시풍을 취하고 있다고 평한 것이다. 또한 며칠 뒤인 2월 19일자 일기에도 "지祗의 편지를 보니 운운, 「도망」 절구絶句는 운운"이라고 적었다.[101] 비록 편지와 시의 전문을 생략하기는 했지만, 이 기록을 통해 당시 유만주는 연암이 그의 부친 유한준兪漢雋에게 보낸 편지를 보았고, 그 편에 동봉한 것으로 짐작되는 연암의 「도망」 시를 다시금 접했음을 알 수 있다. 이로 미루어 보면 연암은 부인이 사망한 직후에 도망시를 지었으며, 그 시는 한양의 문인들 사이에 신속히 전파되었음을 짐작할 수 있다. 유만주의 『흠영』에 연암의 도망시 연작 20수 전부가 전하고 있지 않은 점은 매우 아쉽지만, 여기에 전하는 2수만으로도 시의 전반적 특징을 어느 정도 가늠해 볼 수 있을 것이다.

2) 「도망」 2수의 분석

『흠영』에 전하는 연암의 도망시 2수 중 첫 번째 작품을 살펴보고자 한다.

---

100. 유만주, 『흠영』 권6, 482면, "任至. ……, 傳祗悼亡二詩. ……, 不屬艶否?"
101. 위의 책, 486면, "見祗書云云, 悼亡絶句云云."

同床少別已千年,	한 침상에서 지내다가 잠시 헤어진 지 하마 천년이 된 듯
極目歸雲倚遠天.	시력이 다하도록 먼 하늘로 돌아가는 구름 바라보네
後會何須烏鵲渡,	하필이면 나중에 오작교 건너 만나리오
銀河西畔月如船.	은하수 서쪽 가에 달이 배처럼 떠 있는데

칠언절구인 이 시는 평성에 속하는 글자로 시작하는 평기식平起式을 취하고 있으며, 첫 구에도 압운한 수구입운首句入韻으로 운자는 평성 선운先韻(年·天·船)에 속한다. 각 구의 제2·4·6자가 모두 평측을 달리하도록 배치한 이사륙부동二四六不同의 평측법을 준수하고 있다.

기구起句의 "동상"同床은 '동상공침'同床共枕 즉 부부 생활을 상징하는 시어이다. 기구에서 연암은, 부부가 함께 살다가 사별한 지 얼마 되지 않았는데도 천년 동안이나 헤어져 있는 것처럼 긴 시간으로 느껴진다고 했다. 사별한 부인에 대한 그리움을 은근하게 드러냈다. 승구承句에서는 구름이 먼 하늘로 돌아가 보이지 않을 때까지 바라본다고 하여, 사무치는 그리움을 진하게 표출했다. 끝까지 구름을 바라보는 모습을 묘사함으로써, 부인과의 사별을 받아들이지 못하고 연연해하는 시인의 마음이 선명하게 구체화되었다고 하겠다.

전구轉句과 결구結句에서는 잘 알려진 견우 직녀의 전설을 끌어와, 사별한 부인과 재회하고 싶은 간절하지만 불가능한 꿈을 노래했다. 전설에 의하면 견우와 직녀는 매년 칠월 칠석에 단 한 번 만날 수 있는데 그때 은하수를 건널 수 있도록 까치들이 몸을 잇대어 다리를 만들어 준다고 한다. 연암은 자신과 부인을 견우와 직녀에 비하면서, 까치들이 오작교를 놓아 줄 때까지 기다릴 것 없이 지금 서쪽 하늘에 떠 있는

저 달을 배 삼아 은하수를 건너가 만나고 싶다고 했다.[102] 이처럼 달을 배처럼 타고 은하수를 건넌다는 기발한 착상으로 인해, 자칫 진부하기 쉬운 견우 직녀의 비유가 간절한 만남의 소원을 표현하는 효과적인 수사법으로 되었다. 연암은 이 도망시의 전구와 결구가 무척 마음에 들었던 듯하다. 그는 「산행」山行이라는 시의 후반부에서도 "견우 직녀 하필이면 오작교 건너 만나리오(牛女何須烏鵲渡), 은하수 서쪽 가에 달이 배처럼 떠 있는데(銀河西畔月如船)"[103]라고 하여, 그 부분을 거의 그대로 가져다 썼다.

다음은 『흠영』에 전하는 연암의 도망시 2수 중 두 번째 작품이다.

不是山巓卽水邊,　그대 돌아가는 곳 산꼭대기 아니면 강가겠지
歸魂如旐夢如烟.　넋은 명정銘旐처럼 흔들리고 꿈은 연기처럼 희미
　　　　　　　　　하여라
半規黃月梅梢外,　매화나무 가지 위로 누런 반달 떴는데도
猶有寒禽半影眠.　겨울새는 어스름한 달빛 아래 잠들어 있네

역시 칠언절구인 이 시는 측성으로 시작하는 측기식仄起式을 취하고 있으며, 수구입운首句入韻으로 운자는 첫 번째 시와 마찬가지로 평성 선운先韻(邊·烟·眠)에 속한다. 이사륙부동의 평측법을 지키고 있다. 단 전구와 결구에서 각각 '반규'半規, '반영'半影이라 하여 '반'半 자를 중첩해서 구사한 점은 근체시의 규율에서 벗어난 것이다.

---

102. 그 달은 아마 초승달이었을 것이다. 초승달은 음력 매월 초사흗날 저녁 서쪽 하늘 가에 떴다 지는데, 가늘고 양끝이 뾰족하여 눈썹이나 배처럼 생겼다.
103. 신호열·김명호 옮김, 앞의 책, 중, 328면. 번역문을 조금 다듬어 인용했다.

위의 두 번째 시는 발인하던 날의 정경을 그린 서경시에 가깝다. 연암의 부인은 경기도 장단長湍 송서면松西面 대세현大世峴에 있던 반남 박씨 집안 선영에 묻혔다.[104] 이 시의 기구와 승구에서 연암은 부인의 상여가 향할 곳을 마음속으로 그려 본다. 산 설코 물 설은 그곳으로 떠나는 부인의 넋은 바람에 흔들리는 명정처럼 불안하리라. 또한 지난날 부부가 나누었던 애틋한 사랑의 꿈도 희미한 연기처럼 점차 기억에서 사라지리라.

전구와 결구에서는 부인과 영구히 이별하고 혼자 남은 집에서 바라본 겨울밤의 풍경을 담담하게 그렸다. 매화나무 가지 위로 떠오른 반달은 이를 하염없이 바라보는 시인의 외로운 모습을 저절로 연상하게 한다. 이와 대조적으로 달빛 아래 잠든 새의 한가로운 모습은 그 무심함으로 인해 시인의 외로운 심사를 더욱 북돋운다. 수채화처럼 담백한 풍경 묘사를 통해 아내를 여읜 슬픔이 간접적으로 절제 있게 표현되었다고 하겠다.

『과정록』의 기록과 일부 필사본『연암집』의 추기追記에 의하면, 연암의 도망시는 20수나 되는 연작시인데도 원고를 모두 잃어버렸다고 한다. 하지만「사약행」등 연암의 일시들을 애서 수집한『연암집초고(보유9)』에조차 이 도망시가 수록되지 않은 사실로 미루어,『연암집』 편찬 과정에서 이 시를 의도적으로 배제했을 가능성도 없지 않아 보인다. 유만주의『흠영』에 전재된 2수만으로 작품의 전모를 단정할 수는 없겠지만, 그 2수의 도망시에 대해 유만주가 염정시에 가깝다고 평한 점을 유의할 필요가 있다.

대개 도망시는 상처한 슬픔을 직설적으로 토로하는 비탄이 주조를

---

104. 「연암 연보」, 임형택 외 4인, 앞의 책, 381면.

이루며, 여기에 고인의 부덕婦德을 칭송하거나 넋을 위로하는 내용이 덧붙여지기도 한다. 『흠영』에 전하는 연암의 도망시 2수는 이러한 도망시의 창작 관습에서 상당히 벗어나 있다. 직설적인 비탄이나 고인에 대한 칭송 또는 위로를 찾아보기 어렵다. 그 대신 기발한 착상을 빌어 그리운 님과 재회하고 싶은 간절한 심정을 표현하거나, 풍경 묘사를 통해 혼자 지내는 밤의 외로운 심사를 담담히 그려 내고 있어, 이 2수의 시는 빼어난 염정시로도 읽힐 소지가 다분하다. 도망시로서는 파격적이라 할 수 있는 이같은 염정시풍 때문에 연암의 도망시는 문집 편찬 대상에서 아예 배제되었던 것이 아닐까 한다. 『연암집초고(보유9)』에 수록된 연암의 일시 중에서 자字가 선옥仙玉인 기생 단섬丹蟾의 초상화를 소재로 지은 「제선옥소영」題仙玉小影이라는 염정시 역시 『연암집』에 종내 수록되지 않은 점은 그에 대한 한 방증이 될 수 있으리라 본다.

4. 감시 초시에서 지은 과시

(1) 창작 배경

고 이가원李家源 선생은 1997년에 간행한 『조선문학사』에서 종래 알려지지 않았던 연암의 과시科詩 1편을 소개했다. 편자 미상의 『과시』科詩 3갑三匣에 수록되어 있다는 이 시의 제목과 전문을 소개하고 나서, "연암의 작作이다. 1770년 경인庚寅 주시主試 구상具庠 방하榜下에서 삼상三上의 성적을 얻었다. 『서경』書經 중 하우씨夏禹氏 오복五服에 관한 고사를 읊었다. 연암의 과체시科體詩는 이 한 편이 전할 뿐이다"라고 밝혔다.[105] 이가원 선생이 『조선문학사』에서 인용한 『과시』는 현재 단국대 퇴계중앙도서관 연민기념관에 소장되어 있다. 갑자甲子(영조 20, 1744)년부터 계해癸亥(순조 3, 1803)년까지 과거에 합격한 시들을 모아 전 6책으

---

105. 이가원, 『조선문학사』, 태학사, 1997, 중, 1167~1168면. '主試'는 시험의 출제·관리·채점을 주관하는 上試官을 가리킨다. '三上'은 9등급의 성적 중 7번째에 해당하는 성적이다. 아홉 번째 성적인 '三下' 이상이어야 합격으로 한다. 평가가 인색하여 최고점은 대개 '三上'이었다.

로 정리한 것인데, 연암의 시는 '3갑' 즉 제3책에 수록되어 있다.[106]

박종채의 『과정록』에 의하면, 연암은 경인(영조 46, 1770)년에 실시한 감시監試에 응하여 초장初場과 종장終場에서 모두 장원을 차지했다고 한다.[107] 감시는 국자감시國子監試의 준말로, 소과小科인 생원진사시를 가리킨다. 생원진사시에 합격하면 국자감 즉 성균관의 입학 자격이 주어졌으므로 이를 '감시'라고도 했다. 생원진사시는 초시初試와 복시覆試(2차 시험)로 나뉘었다. 초시는 지역별로 한양에서 실시하는 한성시漢城試와 각 도道에서 실시하는 향시鄕試가 있었으며, 식년式年 바로 전해 음력 8월 하순에 실시했다. 생원시는 사서四書와 오경五經에서 각각 출제한 논술 시험을 보았고, 진사시는 부賦와 한시를 짓는 시험을 보았다. 진사시를 먼저 실시하고 하루 뒤에 생원시를 실시했기 때문에 진사시를 '감시 초장', 생원시를 '감시 종장'이라고도 불렀다. 한 사람이 두 시험을 다 치를 수 있었으며 이 두 시험에 합격한 사람을 '양시'兩試라고 불렀다.[108]

따라서 『과정록』의 기록은 연암이 1770년 음력 8월 하순 한양에서 실시한 진사시 초시와 생원시 초시에서 모두 장원 합격했다는 뜻이다. 이는 매우 드문 일이어서, 심재沈鋅(1722~1784)의 『송천필담』松泉筆譚에서도 역대 과거에서 장원을 여러 번 한 인물을 열거하는 가운데 "근년에는 박지원이 생원시와 진사시의 초시에서 모두 장원을 했다"고 특기했

---

106. 『과시』제3책에 의하면 연암이 응시한 진사시 초시 二所의 試官은 具庠, 趙宗鉉, 李澤遂이다. 또 그 상단 여백에 "義 其謝也可食 朴趾源 三下"라고 씌어 있는데, 이는 연암이 생원시 초시에서 『禮記』「檀弓」下에 나오는 "其謝也可食"에 대한 經義로 三下의 성적을 받았다는 뜻이다.
107. 김윤조 역주, 앞의 책, 37면; 박희병 옮김, 앞의 책, 32면.
108. 이성무, 『한국의 과거제도』, 한국학술정보, 2004, 239면.

다.[109]

또한 『과정록』에 의하면, 감시 초시의 합격자 발표가 난 날 저녁에 영조의 특별 지시로 연암이 영조를 침전寢殿에서 알현했더니, 영조는 도승지를 시켜 시권試券(시험 답안지)을 낭독하게 하고는 몸소 서안書案을 두드려 박자를 맞추면서 몹시 칭찬했다고 한다.[110] 이는 『승정원일기』의 다음 기록과 부합한다.

경인년 8월 27일 유시酉時(오후 5시~7시) 임금께서 집경당集慶堂에 납시었다. 승지들이 입시할 때 도승지 구윤옥, 가주서 김중섭, 기주관 유한신, 기사관 오정원이 차례로 나아와 엎드렸다. 임금께서 구윤옥에게 명하여 시권을 읽도록 하셨다. "진시황과 한무제漢武帝는 덕을 힘쓰지 않고, 해마다 영토 넓히기를 끝내 그만두지 않았네"(秦皇漢武不務德, 歲歲開邊竟未已)라는 구절에 이르자, 임금께서 "좋구나! 비점批點을 찍을 만하다" 하셨다. 이어서 시 삼장三丈을 모두 필사하여 들이도록 명하면서, "예전에 사약司鑰을 시켜 승정원에서 빌려와 보았노라. 박지원의 양장兩場 장원壯元은 실로 희귀한 일이다. 그가 양장에서 지은 글은 한낱 문장에 그치지 않는다"고 하셨다.[111]

---

109. 신익철 외 3인 공역, 『교감 역주 송천필담 1』, 보고사, 2009, 220면, "近年朴生趾源, 生進初試俱魁."
110. 김윤조 역주, 앞의 책, 37면; 박희병 옮김, 앞의 책, 32면.
111. 『승정원일기』, 영조 46년 8월 27일, "庚寅八月二十七日酉時, 上御集慶堂. 承旨入侍時, 都承旨具允鈺, 假注書金重燮, 記注官柳翰申, 記事官吳鼎源, 以次進伏. 上命允鈺, 讀試券, 至秦皇漢武不務德, 歲歲開邊竟未已之句, 上曰: 好矣! 可以批點矣. 仍命詩三丈皆書入. 昔年使司鑰, 借于政院而見矣. 朴趾源之兩場壯元, 誠貴矣. 兩場之文, 非止爲文章也." '丈' 은 종이·책장·문서 등을 세는 단위로 '張'과 통용했다.

1770년 음력 8월 27일 저녁에 영조가 평상시 거처하는 경희궁慶熙宮 내 집경당에서 연암이 영조를 알현한 사실을 확인할 수 있다. 당시 영조는 도승지 구윤옥을 시켜 연암의 시권을 낭독하게 한 뒤 칭찬을 가했을뿐더러, 석 장에 걸쳐 쓴 연암의 과시를 모두 필사하여 들이라고 명했다. 또한 연암이 감시 초시의 양장, 즉 초장인 진사시와 종장인 생원시에서 모두 장원한 것은 실로 드문 일이며, 연암이 양장에서 지은 글들은 문장만 빼어난 것이 아니라고 하여 내용도 훌륭하다고 칭찬했던 것이다.

(2) 과시의 분석

위의 『승정원일기』에 인용된 바 "진황한무불무덕秦皇漢武不務德, 세세개변경미이歲歲開邊竟未已"라는 구절은 연암이 1770년 감시 초시, 즉 진사시 초시에서 지은 한시의 마지막 구절이다.[112] 당시에 출제된 시제試題는 「논우복지협論禹服之狹 탄성교흘우사해嘆聲教訖于四海 이강리지오복而疆理止五服」으로, '우임금의 강토가 협소했음을 논하고, 명성과 교화가 사해에 미쳤으되 강토가 오복五服에 그쳤음을 탄복한다'는 뜻이다. 이 시제는 『서경』「우공」禹貢에서 출제된 것이다. 『서경』「우공」을 보면 우임금 때 영토를 5개 지역, 즉 선복甸服·후복侯服·수복綏服·요복要服·황복荒服의 오복으로 나누어 다스렸으며, 우임금의 명성과 교화가 사해에 두루 미쳤다고 했다.[113]

---

112. 단 '秦皇漢武'와 '竟' 자가 단국대 연민기념관 소장 『과시』에는 각각 '漢武秦皇'과 '意' 자로 되어 있다.

조선 시대의 과시는 대개 18연(36구) 내외로 된 7언 장편시이다. 시제 중의 한 글자로써 운자를 삼으며, 그 글자를 시에서 반드시 한 번은 압운으로 써야 한다. 단 압운하는 곳은 정해져 있지 않다. 측성에 속하는 글자도 운으로 쓸 수 있으며, 환운이 허용되기도 한다. 이밖에도 그 나름으로 평측의 규율이 있으나 엄격히 준수하지 않은 경우가 많다. 성적의 고하는 이같은 형식상 규율의 준수 여부보다 시제의 의미 파악이나 시상 전개, 전고 인용 등에 의해 결정되었던 것으로 보인다.[114]

　　연암이 1770년 감시 초시에서 지은 과시는 시제 중의 '지'止 자를 운자로 삼았다. '지'止 자는 측성인 상성 지운紙韻에 속한다. 단 제6구의 '지'地 자만은 거성 치운寘韻에 속하나, 거성 치운은 상성 지운과 통압할 수 있다. 이제 시의 전문을 번역·소개하기로 한다.[115]

1　　魚衣海粒星劃野,　　해산물과 곡식 풍부하고 별들이 분야를 나눈 곳[116]

---

113. 『서경』, 「우공」, "五百里, 甸服.……五百里, 侯服.……五百里, 綏服.……五百里, 要服.……五百里, 荒服.……東漸于海, 西被于流沙, 朔南暨, 聲教訖于四海, 禹錫玄圭, 告厥成功."
114. 장유승, 「조선 시대 科體詩 연구」, 『한국한시연구』 11, 한국한시학회, 2003 ; 김동석, 「조선 시대 과체시의 程式 고찰」, 『대동한문학』 28, 대동한문학회, 2008 참조.
115. 단국대 연민기념관에 소장된 『과시』의 원문에 의거했다. 시권의 書寫 방식에 따라 6구 3연을 1단으로 하여 시를 모두 6개 단락으로 나누고, 편의상 구마다 번호를 붙였다. 운자는 굵은 서체로 표시했다.
116. '魚衣'는 김(海苔)을 뜻한다. '海粒'은 미상. '魚衣海粒'은 생선과 쌀이 많이 나는 '魚米之鄕'이라는 뜻으로 짐작된다. 『서경』 「益稷」에 禹가 홍수를 다스린 뒤 益·稷과 함께 백성들에게 씨 뿌리는 법, 생선 먹는 법, 물물교환 등을 가르쳐, "백성들이 마침내 쌀밥을 먹게 되었다"(蒸民乃粒)고 했다. 고대 중국의 천문학설인 '星宿分野說'에 의하면 중국의 전토는 하늘의 28수宿에 대응하여 13개 영역으로 나뉜다고 한다. 우리나라는 箕星과 尾星의 분야에 속한다고 보았다.

2	山頂翠螺埋屐齒.	꼬불꼬불한 푸른 산 꼭대기까지 나막신 자욱 박혔네[117]
3	當日酬勞天下官,	당시 천하를 위해 수고한 관리들[118]에 보답하고자
4	後王想德萬世祀.	후세의 제왕들이 그 덕을 그리며 만세토록 제사 드리네
5	寰中片土分內事,	천하 중의 한 조각 땅[119]이 우리 분수에 맞는 소관인데
6	五服何論小基地?	오복이라 그 터전을 어찌 협소하다 논하리오
7	量功比德有夏土,	하나라 땅에 베푼 공덕 비교하자면[120]
8	宇宙彌綸大禹氏.	천하를 두루 다스린 위대한 우임금님
9	雨露均霑四海外,	비와 이슬처럼 고루 해외까지 은혜 베풀었으되
10	山河獨占九州裏.	영토는 오로지 구주[121]만 차지했도다
11	平成何處非禹迹?	잘 다스려진 곳[122]은 어디인들 우임금의 자취가

---

117. 『서경』「익직」에서 우는 홍수를 다스릴 때 "나는 네 가지 탈 것을 타고 산을 따라 나무를 베었다"(予乘四載, 隨山刊木)고 했다. '네 가지 탈 것'(四載)은 물에서 타는 배, 땅에서 타는 수레, 진창에서 타는 썰매(輴), 등산할 때 신는 나막신(欙)을 가리킨다. 신발에 징을 박아 헛디뎌 넘어지지 않도록 했다고 한다.
118. 순임금의 신하였던 우와 익, 직을 가리킨다.
119. '片土'는 조선을 중국에 비해 小國이라고 겸손하게 표현한 말이다.
120. '量' 자가 이가원, 『조선문학사』에는 '豊' 자로 되어 있으나 誤植인 듯하다. 『舊唐書』 권21, 志第一, 禮儀 1에 "舜禹有天下, 稷契在其間, 量功比德, 抑其次也"라고 하였다.
121. 중국을 가리킨다. 고대에 중국을 九州로 나누었다.
122. '平成'은 『서경』「大禹謨」에 나오는 "地平天成"(땅이 다스려져 하늘의 뜻이 이루어지다)을 줄인 말이다. 蔡沈의 傳에 의하면, 水土가 다스려진 것을 '平'이라 하니, 수토가 다스려지자 천하 만물이 이루어짐을 이른 말이라고 한다. 요컨대 천지가 아주 잘 다스려졌다는 뜻이다.

		아니랴
12	鬼斧留痕石不徂.	귀신같은 솜씨로 새긴 공덕비가 그 자리에 남아 있네
13	點點齊烟以外地,	점같이 작은 중국 그 너머의 지역들은[123]
14	無限胡山與越水.	북쪽 오랑캐 산과 남쪽 월나라 강에 그치지 않네
15	周之職方秦黃圖,	주나라 지도와 진나라 지리서를 보면[124]
16	許大封疆幾萬里.	광대한 영토가 거의 만 리나 되었지
17	拘儒何足知聖人?	고루한 선비들이 어찌 족히 성인을 알리오
18	大化不曾域中止.	위대한 교화가 영토 안에 그친 적 없네
19	神禹元非求土廣,	신성한 우임금은 원래 영토 확장 추구하지 않으셨네
20	所以宇內分疆理.	그래서 천하의 강역을 오복으로 나누셨지
21	治績自行區域外,	치적은 강역 너머까지 저절로 행해지나니
22	風敎不必均於此.	명성과 교화가 강역 내에만 균일할 필요 없으리
23	縱道神州有表裏,	중국에도 안과 밖이 있다고 비록 말하지만
24	定知聖德無遐邇.	성천자의 덕화는 원근의 차별이 없음을 정히 알겠네

---

123. '點點齊烟'은 李賀의 시 「夢天」 중 "遙望齊州九點烟"에 출처를 둔 표현이다. '齊烟九點'이라는 성어가 있다. '齊'는 齊州로, 중국을 가리킨다. 중국의 九州도 높은 곳에서 바라보면 아홉 개의 점같이 작은 雲霧로 보인다는 말이다.
124. 周나라의 職方氏는 천하의 지도를 맡아 가지고 천하의 땅을 관장해 다스렸다고 한다.(『周禮』, 「夏官」, '職方氏') '黃圖'는 『三輔黃圖』의 약칭이다. 수도의 形勝地를 기록한 지리서를 가리킨다.

25	大地三千寬幾許,	우리나라 대지는 폭이 삼천 리 남짓이요
26	名山十二少如是.	명산은 열둘이라 이처럼 적다오[125]
27	區畫縱視軒皇小,	강역은 비록 황제黃帝 헌원씨軒轅氏에 비해 작다 지만
28	事業故與唐虞比.	공업功業은 예부터 요순과 비견되었다오[126]
29	玉帛塗山大會日,	도산塗山에서 옥과 비단 가지고 조회하던 날[127]
30	海隅筐篚后一視.	우리나라 조공품을 임금은 차별 없이 받아 주셨지요[128]
31	雕題窮髮民安仰?	변방의 오랑캐를 백성들이 어찌 숭앙하리오[129]
32	願戴三漏神天子.	총명하신 성천자를 추대하기 원하노라[130]
33	漢武秦皇不務德,	한무제와 진시황은 덕을 힘쓰지 않고
34	歲歲開邊意未已.	해마다 영토 넓힐 욕심 그만두지 않았네[131]

---

125. 이가원, 『조선문학사』에는 '少' 자가 '小' 자로 되어 있으나 오식인 듯하다.
126. 『삼국유사』에 전하는 바 단군이 요임금과 같은 때에 나라를 세운 사실을 가리킨다.
127. 『左傳』哀公 7년조에, 우임금이 塗山에서 제후들을 집합시키니 옥과 비단을 예물로 가지고 모인 자가 萬國에 달했다고 한다. 『세종실록』지리지, 權擥의 『應製詩註』, 徐居正의 『筆苑雜記』 등에 의하면 당시 단군은 河伯의 딸과 결혼해서 낳은 대자 夫婁를 노산에 보내 조회하였다고 한다.
128. '海隅'는 '左海'와 같은 말로 우리나라를 뜻하고, '筐篚'는 보물을 담은 광주리로 사신들이 바치는 조공품을 뜻한다. '后一視'는 천자가 제후국에 대해 '一視同仁'(평등하게 대하고 똑같이 사랑함)의 정치를 베푼 것을 말한다.
129. '雕題'는 이마에 문신을 새긴 남쪽 오랑캐, '窮髮'은 북극의 황무지를 뜻한다. 南蠻과 北狄을 가리킨다. 여기서는 청나라의 만주족 황제를 배척하는 의미를 함축하고 있다.
130. '三漏'는 『淮南子』에 나오는 말이다. 『회남자』「修務訓」에 "禹는 귓구멍이 셋이라 천하만사에 통달했다"(禹耳參漏, 是謂大通)고 한다.

이와 같이 연암의 과시는 모두 17연(34구)으로 되어 조금 짧은 편에 속한다. 압운은 상성 지운紙韻으로 일운도저하고, 시제에서 운자로 취한 '지'止 자는 제18구에서 압용押用했다. 제2연(3·4구), 제5연(9·10구), 제12연(23·24구), 제13연(25·26구), 제14연(27·28구) 등 5개 연은 대구를 이루고 있다. 이 시는 출제된 시제에 충실하여『서경』과『좌전』左傳『회남자』淮南子 등에 나오는 우임금에 관한 고사에서 전고를 취했다. 하나라 우임금이 영토에 대한 야욕을 부리지 않고 제후국들에까지 덕치를 행했음을 예찬한 내용이다. 시의 마지막 단락인 제16·17연(31~34구)에서는 숭명배청崇明排淸 사상을 은근히 드러내면서, 영토 확장을 위한 침략 전쟁에만 힘쓰다가 비참한 최후를 맞은 진시황과 한무제의 사례를 들어 청淸 황제에 대해 권계勸戒하는 의미를 함축적으로 표현했다. 아마도 이 때문에 영조는 연암의 과시에서 그 대목을 특별히 칭찬했던 것이 아닌가 한다.

『과정록』에 의하면 연암은 식년式年 2월에 실시하는 회시會試, 즉 생원진사시의 2차 시험인 복시覆試에는 응하지 않으려고 했으나, 친우들의 강권에 못 이겨 과장科場에 들어갔다가 시권을 제출하지 않고 나와 버렸다고 한다. 연암이 감시 양장에서 모두 장원하여 영조로부터 융숭한 대우를 받자 한쪽에서는 그를 회시에서 발탁함으로써 자기네의 공로로 삼으려는 논의가 있었으므로, 연암은 혹시 화기禍機를 범할까 경계하여 이처럼 시권을 제출하지 않는 용단을 내렸다는 것이다. 연암은 1771년 음력 2월 회시에 응시한 이후 다시는 과거를 보지 않았

---

131. 『승정원일기』 영조 46년 8월 27일조에는 '意' 자가 '竟' 자로 되어 있다. '竟未已'도 문리는 성립하지만, 여기서는 '意未已'를 취한다. 참고로 申光漢의 「次副使觀射韻」에 "君不見隋皇開邊意未已, 忍使百萬蒼生沈薩水"라는 시구가 있다.(신광한,『企齋集』권11)

다.¹³² 따라서 위에서 번역·소개한 시는 그가 남긴 유일한 과체시로서 주목되는 작품이라 하겠다.

---

132. 김윤조, 앞의 책, 37~38면; 박희병, 앞의 책, 32~33면. 참고로, 영조 치세 만년에 왕의 인척 간에 分黨의 조짐이 생겨나 영조의 장인 金漢耆 쪽과 친한 자들을 '南漢黨'이라 하고 사도세자의 장인 洪鳳漢 쪽과 친한 자들을 '北漢黨'이라고 했으며 이느 냥에노 속하시 않은 자들을 '不漢黨'이라고 불렀다고 한다.(『정조실록』, 즉위년 4월 1일) 1770~1771년에 홍봉한은 '남한당'의 공격으로 실세하여 삭탈관직되고 庶人으로 강등되기까지 했다. 연암이 응시한 감시 초시의 主試 具序은 '남한당'의 金龜柱·金鍾秀와 절친했다.(혜경궁 홍씨 지음, 정병설 옮김, 『한중록』, 문학동네, 2010, 335면, 449면) 그는 어전에서 연암의 시권을 낭독한 도승지 구윤옥의 조카이기도 하다. 구상은 1772년 김종수 등의 소위 '淸明黨' 사건에 연루되어 유배형을 받았고, 1776년 정조의 등극을 저해한 鄭厚謙과 결탁한 죄로 유배되었다. 연암은 「만조숙인」에서 보듯이 홍봉한의 아들 홍낙임과 절친한 사이였지만, 한편으로 '청명당'에 속한 兪彦鎬·黃昇源 등과도 절친했다.

5. 「해인사 창수시」 등 여타 일시들

이상과 같이 『연암집』에 수록되지 않아 종래 일시로 간주되었던 연암의 한시 중에서 예술성이나 작품 규모 면에서 뛰어난 「사약행」과 「만조숙인」, 「도망」 및 과시 등 4편을 고찰해 보았다. 이밖에도 연암의 일시 중에는 『연암집초고(보유9)』를 비롯한 몇몇 문헌들에 수록되기는 했으나 지금까지 주목받지 못한 「해인사 창수시」海印寺唱酬詩 등 여타 한시들이 있다. 이에 대해서는 선행 연구에서 상당 부분 번역과 해설을 시도한 바 있으므로,[133] 여기서는 그와 견해를 달리하거나 보완하고 싶은 부분을 중심으로 간략히 언급하고자 한다.

(1) 「해인사 창수시」

칠언율시 2수이다. 『면양잡록(4)』沔陽雜錄(四)에 「해인사 창수시서」海印

---

133. 정재철, 「박영철본 『연암집』 미수록 연암시에 대하여―연민문고 소장 『연암집초고(보유9)』 소재 작품을 중심으로」, 『대동한문학』 37, 대동한문학회, 2012, 141~150면.

寺唱酬詩序와 함께 수록되어 있다.[134] 『연암집초고(보유9)』에는 시만 수록되어 있다.[135] 후자의 시 제목 아래에 "안의시安義時 을묘추乙卯秋"라는 소주小註가 있다. 연암이 경상도 안의현의 현감으로 재임하던 시절인 을묘년 즉 1795년 가을에 지은 시라는 뜻이다. 본문 전체에 걸쳐 ×자형으로 삭제 표시가 되어 있다. 『연암집』 편찬자가 이 시를 문집 수록 대상에서 배제하고자 그와 같은 표시를 한 것으로 짐작된다.

그런데 이와 동일한 시가 『연암집초고(보유9)』에 「해인사 여순사제읍쉬수창」海印寺與巡使諸邑倅酬唱, 즉 '해인사에서 관찰사 및 여러 고을 수령들과 수창酬唱하다'라는 조금 다른 제목으로 수록되어 있다.[136] 또한 제목 아래에 "을묘추乙卯秋 유서有序"라는 소주가 있다. 을묘년 가을에 지었으며 서문이 있다는 뜻이다. 소주에서 말한 서문은 곧 『연암집』에 수록된 「해인사 창수시서」를 가리킨다. 「해인사 창수시서」에 의하면, 연암은 1795년 음력 9월 19일 경상도 관찰사 이태영이 도내 순시 중 가야산 해인사에 묵었을 때 선산부사 이채, 거창현령 김유 등과 함께 관찰사를 영접하고자 해인사에 모여 술자리를 벌이고 담소를 나누었다. 그 다음 날 관찰사가 운을 정해 율시 2수씩을 각자 짓게 하고, 연암에게는 이에 대한 서문을 지으라고 명했다고 한다.[137] 따라서 『연암

---

134. 『沔陽雜錄(四)』, 단국대 동양학연구원, 연민문고 소장 연임박지원삭품필사본총서 12, 문예원, 2012, 169~172면. 「해인사 창수시서」는 『연암집』에 수록된 것과 약간 차이가 있다. 일부 시구에 방점이 찍혀 있는데, 이는 평어를 남긴 이재성이 찍은 것으로 짐작된다.
135. 『연암집초고(보유9)』, 단국대 동양학연구원, 연민문고 소장 연암박지원작품필사본총서 14, 문예원, 2012, 201~202면. 『면양잡록(4)』에서 시만 분리하여 옮겨 적은 듯하다.
136. 위의 책, 212~213면. 제2수의 頷聯 첫 글자인 '山' 자까지 필사하고 중단했다. 역시 본문에 삭제 표시가 있다.
137. 신호열·김명호 옮김, 앞의 책, 상, 「해인사에서 창수한 시의 서문」, 46~48면. 당시 선산부사 이채가 지은 율시 1수가 그의 문집에 전하고 있다.(李采, 『華泉集』 권1 「海印寺拈

집초고(보유 9)』에 수록된「해인사 창수시」는 당시 연암이 지은 율시 2수가 분명한데, 무슨 이유에서인지 그 서문만 『연암집』에 수록된 것이다. 이제「해인사 창수시」의 전문을 번역·소개한다.

終古嶠南鄒魯鄕,	자고로 영남은 추노지향鄒魯之鄕[138]이라
觀風使者憩禪堂.	민풍民風을 살피시는 순사또 선방禪房에서 쉬시네
<u>苔花金地千年淨</u>,	이끼 낀 조촐한 사찰은 천년이나 되었고[139]
<u>錦樹紅流九曲長</u>.	아름다운 단풍 숲속 홍류동紅流洞은 아홉 구비라네[140]
行部仁深瞻露冕,	인자하신 순사또 행차 백성들이 우러러보는데[141]
催科政拙愧懷章.	세금이나 독촉하는 졸렬한 정사政事 수령으로서 부끄럽네[142]

韻呈巡相李公(泰永) 時居昌金使君(錂)安義朴使君(趾源)李進士(道永)同會」; 김윤조 역주, 앞의 책, 403~404면)

참고로 『燕巖草稿(8)』의 첫 장('齋桂雜錄'이라고 중앙에 大書함)에는 「해인사 창수시서」의 일부가 필사되어 있다.(연민문고 소장 연암박지원작품필사본총서 14에는 影印이 누락됨) 『연암집』에 수록된「해인사 창수시서」와는 차이가 적지 않아, 그 초고의 일부로 판단된다.

138. 공자와 맹자의 고향이라는 뜻으로, 유학이 흥성한 지역이라고 영남을 칭찬한 말이다.

139. '金地'는 황금을 땅에 깔아 놓은 지역이라는 뜻으로, 불교 사찰을 가리킨다. 이하 밑줄친 구절은 『면양잡록(4)』에서 표현이 잘되었다는 뜻으로 방점을 찍은 부분이다. 작품 감상에 참고가 되므로 표시했다.

140. 홍류동은 해인사 입구의 유명한 계곡으로, 가을이면 단풍으로 계곡 물이 붉게 보인다고 해서 붙여진 이름이다. 領聯 "苔花金地千年淨, 錦樹紅流九曲長"은 동양문고본, 『연암집』 권4, '영대정잡영'의 여백에도 散句로서 追記되어 있다.

141. '行部'는 관찰사의 도내 순시를 말한다. '露冕'은 後漢 明帝 때 선정을 폈던 荊州刺史 郭賀의 고사를 가리킨다. 황제가 그에게 三公의 의복과 면류관을 하사하면서 순행할 때 수레의 장막을 걷어 백성들이 그 복장을 볼 수 있게 했다고 한다.

| 休煩姓字鐫山骨, | 번거롭게 산중의 바위[143]에다 성명을 새기지 마소 |
| 人口爲碑俾可忘. | 백성들 입으로 비碑처럼 전해지면 잊힐 수 있으리오[144] |

共是爲官水竹鄕,	다 함께 경치 좋은 고을의 벼슬아치 되어
槐風荷露坐黃堂.	느티나무 바람 불고 연잎에 이슬 내린 관아[145]에 앉았네
山氓歲熟風謠美,	산골 백성들 풍년 들자 민요 가락 아름답고
隣倅詩成雅韻長.	이웃 고을 사또들 시 지으니 고아한 운율 유장하네
禮數非專趨薄檄,	예우는 오로지 상사 지시 따르는 데 따라 달라지지 않나니[146]
旬宣聊自愛文章.	순사또께서 애오라지 문장을 스스로 사랑하심이라[147]
脫簑樓畔騎牛客,	도롱이 벗고 누각에 기대자 소를 타고 나그네 왔으니[148]

---

142. '懷章'은 수령의 官印을 지니고 있음을 말한다.
143. '山骨'은 한유의 「石鼎聯句」에서 유래한 표현으로, 산중의 바윗돌을 가리킨다.
144. 이 역시 후한 형주자사 곽하의 고사로, 백성들이 그의 선정을 찬양하는 민요를 불렀다고 한다.
145. '黃堂'은 태수의 廳舍를 가리킨다. 화재를 막기 위해 雌黃을 청사의 벽에 칠했다고 한다.
146. '薄檄'은 '符檄'이라고도 하며, 주로 상급 관청에서 하달한 공문서를 가리킨다.
147. '旬宣'은 관찰사를 가리킨다. 연암이 관찰사의 지시에 고분고분하지 않아도 글을 잘 짓는 덕분으로 문장을 사랑하는 관찰사로부터 예우를 받고 있다는 뜻이다.
148. 東洲 成悌元이 관직을 벗어던지고 南冥 曺植과 해인사에서 만나기로 한 약속을 지켰던 고사로, 「해인사 창수시서」에 소개되어 있다. 도중에 큰비를 만난 성제원이 누각에 올라 막 도롱이를 벗자마자 조식이 소를 타고 해인사에 당도했으며, 두 사람은 밤새도록 민

憂樂由來肯遽忘.   백성들 근심과 즐거움의 유래를 어찌 홀연 잊으리오

위의 2수 모두 운자는 평성 양운陽韻에 속한다. 칠언율시이므로 수구首句에도 압운을 했다. 또한 각 수의 함련頷聯과 경련頸聯에서 모두 대구를 이루어 율시의 규칙을 지켰다.

관찰사의 요청으로 지은 시인 만큼, 2수 모두 관찰사 이태영의 인정仁政에 힘입어 경상도가 잘 다스려지고 있음을 예찬하는 뜻을 함축하고 있다. 하지만 시를 마무리하는 미련尾聯에서는 백성들의 칭송이 송덕비頌德碑보다 낫다고 풍자하거나, 조식과 성제원의 고사를 들어 민생 문제를 한시도 잊지 말 것을 당부하고 있다. 이 점에서 「해인사 창수시」는 해인사에 자주 놀러와 향락만을 일삼는 수령들의 행태를 비판한 그 서문, 즉 「해인사 창수시서」의 주제와 상통한다. 이재성李在誠은 「해인사 창수시서」에 대해 "옛 친구가 된다 해서 허물없이 대하지도 않았고 상관이라 해서 아첨하지도 않았다. 풍風 같기도 하고 송頌 같기도 하여 글 뜻이 매우 진지하고 간절하다 하겠다"고 평했다.[149] 이러한 이재성의 평어는 「해인사 창수시」에도 합당하다고 하겠다.

생 문제를 이야기했다고 한다. 박규수의 「江陽竹枝詞」 제5수에 의하면 이 고사를 소재로 한 丹陵 李胤永의 〈海印脫簀圖〉가 있다고 한다. 이 그림은 『면양잡록(4)』의 「해인사 창수시서」 말미에도 언급되어 있다.(박규수, 『瓛齋集』 권1, 「강양죽지사」, 장27뒤; 김명호, 『환재 박규수 연구』, 창비, 2008, 94면 참조)

149. 신활자본, 『연암집』 권1, 「해인사 창수시서」, 장9앞, "不爲舊要而昵慢, 不爲上官而諂屈. 若風若頌, 文旨剴切."(신호열·김명호 옮김, 앞의 책, 상, 48~49면) 『시경』의 '풍'처럼 아랫사람이 윗사람에게 諷諫하면서 동시에 '송'처럼 윗사람의 덕을 칭송했다는 뜻이다.

(2) 「제선옥소영」

「제선옥소영」題仙玉小影은 『유상곡수정집(곤)』流觴曲水亭集(坤)과 『연암집초고(보유9)』에 수록되어 있다.[150] 기생 단섬丹蟾(자 선옥仙玉)의 초상화를 소재로 하여 지은 오언절구이다. 표암豹菴 강세황姜世晃(1713~1791)은 초상화를 잘 그린 화원畵員 이명기李命基에게 강원도 회양부淮陽府의 기생 단섬의 초상화를 그리게 하고 그에 대한 제화題畵를 남겼다.[151] 『유상곡수정집(곤)』은 이 강세황의 제화를 「제선옥소영」이라는 제목으로 수록한 뒤 동일한 제목으로 다시 연암 자신의 시를 수록하고 있으나, 『연암집초고(보유9)』는 연암 자신의 시인 「제선옥소영」의 제목 아래에 소주小註를 붙여 강세황의 제화를 인용하고 있다. 애초 『유상곡수정집(곤)』에 동일한 제목으로 추록追錄되어 혼동되기 쉬웠던 두 개의 글들을 하나로 통합하고 문집에 수록하기에 적합하도록 정비한 셈이다.

연암은 이명기가 그린 초상화를 직접 보고 시를 지은 것이 아니라 그에 대해 강세황이 지은 제화를 읽고 감흥을 느껴 이 시를 지은 듯하다. 그 제화에 의하면 회양 기생 단섬은 당시 나이 스물다섯으로 강세황의 서화書畵를 좋아했다고 한다. 그 소문을 들은 강세황은 단섬을 불

---

150. 『流觴曲水亭集(坤)』, 단국대 동양학연구원, 연민문고 소장 연암박지원작품필사본총서 10, 문예원, 2012, 221면; 『연암집초고(보유9)』, 앞의 책, 211면.
151. 강세황, 『豹菴遺稿』 권5, 「題李命基所寫丹蟾小像」. 강세황은 1788년 회양 부사로 부임한 장남 강인을 따라 그 이듬해까지 회양 관아에 머물면서 금강산 등지를 유람했다. 당시 그가 그린 그림을 모은 『楓岳壯遊帖』 중에 「淮陽官衙」가 있다. 따라서 회양 기생 단섬의 초상화에 대한 제화는 1788~1789년경에 지어졌을 것으로 추정된다.(「강세황 연보」, 김종진·변영섭·정은진·조송식 옮김, 『표암유고』, 지식산업사, 2010, 758~759면 참조)

러서 만나 보려 했으나 뜻을 이루지 못해, 그 대신 이명기가 그린 그녀의 초상화를 보는 것으로 아쉬운 마음을 달랬다고 한다.[152] 아래에 연암의 시를 번역·소개한다.

誰謂鏡中面,	누가 말했지 거울에 비친 얼굴이
勝於對鏡人.	거울을 마주한 이보다 어여쁘더라고
妬心猶未已,	질투심 여전히 그치지 않아
更向畵圖顰.	다시금 그림 향해 눈썹 찌푸리네[153]

운자는 '인'人과 '빈'顰으로, 평성 진운眞韻에 속한다. 측성으로 시작하는 측기식仄起式이며, 이사부동二四不同의 평측법을 지키고 있다.

이 시에서 연암은 기생 단섬을 대신하여 그녀의 심경을 표현하고 있다. 기구와 승구에서 거울 속의 얼굴이 실제 얼굴보다 예쁘다는 말에 항의를 표한 것은, 단섬이 자신의 초상화에 쓴 강세황의 제화를 읽고 느꼈음직한 심경을 대변한 것이다. 초상화보다 실물이 못하지 않은데 어찌 그림을 보는 것으로 직접 만나지 못한 아쉬움을 충분히 달랠 수 있겠느냐고 하여 섭섭하고 야속한 마음을 드러냈다.

전구와 결구에서는 '서시빈목'西施顰目의 고사를 활용했다. 춘추시대 월越나라의 미인 서시西施가 병이 있어 늘 눈썹을 찌푸리고 다니자, 서시처럼 예뻐 보이려는 여자들이 그 모습을 따라서 흉내 냈다는 고사

---

152. 김종진·변영섭·정은진·조송식 옮김, 앞의 책, 520면; 박동욱·서신혜 역주, 『표암 강세황 산문선집』, 소명, 2008, 174~175면 번역 참조.
153. 『연암집초고(보유9)』에는 소주로 "更一作還"이라고 하여, 다른 문헌에는 '更'(다시금) 자가 '還'(도리어)으로 되어 있다고 했다. 『유상곡수정집(곤)』에는 '顰' 자가 '頻' 자로 되어 있으나, 뜻은 똑같다.

이다. 이와 마찬가지로 단섬도 아름다운 초상화 속의 여인보다 더 예뻐 보이려는 질투심 때문에 눈썹을 찌푸렸다고 하여, 자신의 용모에 대한 그녀의 자부심을 은근히 드러냈다.

「제선옥소영」은 젊고 아름다운 여인의 행태나 신변을 관능적·감각적으로 묘사한 한 편의 빼어난 염정시艶情詩라고 할 수 있다. 염정시에서 흔히 보듯이, 이 시에도 여인이 늘 가까이 대하는 '거울'과 아름다운 여인을 그린 '미인도', 그리고 '눈썹 찌푸리는' 미인의 모습이 등장하고 있다. 『연암집』에 「제선옥소영」이 수록되지 않은 이유는 아마도 이러한 염정시풍 때문으로 짐작된다.

이는 「백자 증정부인 박씨묘지명」伯姊贈貞夫人朴氏墓誌銘이 단국대 연민문고 소장 계서본溪西本과 일본 동양문고본 등 일부 필사본 『연암집』에 실리지 않은 이유와 흡사하다 하겠다.[154] 「백자 증정부인 박씨묘지명」 중 맏누님의 상여를 싣고 장지로 향하는 배를 전송하는 대목에서 연암은 "강가의 먼 산들은 검푸르러 누님의 쪽 진 머리 같고, 강물 빛은 거울 같고, 새벽달은 고운 눈썹 같았다"고 당시의 광경을 묘사했다. 이처럼 젊은 시절 맏누님의 고왔던 모습을 연상하며 염정시풍으로 풍경을 묘사한 것은 묘지명의 일반적인 격식에서 크게 벗어난 것이다. 그러므로 이재성도 그 글에 대해 "인정에 따라서 눈앞의 광경을 묘사한 참 문장"이라고 칭찬하면서도, 지금 사람의 문장을 기준으로 삼아 읽는디먼 의혹을 사기 쉬우니 "상자 속에 감추어 두기 바란다"고 평했다.[155] 이러한 이재성의 평어에 따라 일부 필사본 『연암집』에서는 「백

---

154. 국립중앙도서관 승계문고본 『연암집』에는 이 글이 제56권의 마지막에 追記되어 있다.
155. 신호열·김명호 옮김, 앞의 책, 상, 「맏누님 증 정부인 묘지명」, 331면~332면.

자 증정부인 묘지명」을 수록하지 않았던 것으로 짐작된다.

(3) 「몽답정」

『연암집초고(보유9)』에 수록되어 있다.[156] 창덕궁 북쪽 훈련도감 분영分營에 있던 정자인 몽답정夢踏亭을 소재로 한 칠언율시이다. 유득공柳得恭의 시에 의하면, 1773년 연암은 유득공, 이서구李書九(호 강산薑山), 이서구의 종제從弟 이정구李鼎九(호 잠부潛夫)와 함께 몽답정에서 시회를 가진 적이 있다.[157] 따라서 「몽답정」은 연암이 당시에 지은 시일 가능성이 있다.

그런데 시 제목 아래에 작은 글자로 "여담연정 제인수창"與澹然亭諸人酬唱이라는 다른 제목이 적혀 있다. '담연정에서 여러 사람들과 수창하다'라는 뜻이다. 연암의 「담연정기」澹然亭記에서 알 수 있듯이, 담연정은 판돈령부사 이풍李灃(1727~1795)이 자택의 서쪽에 지은 정자였다. 이풍은 연암의 자형인 서중수徐重修와 사돈 간으로, 연암에게 신축한 정자에 대한 기기를 지어달라고 부탁했다.[158] 그렇다면 이 시는 몽답정이 아니라 담연정에서 지은 시일 가능성도 배제할 수 없다. 아래에 시를 번역·소개한다.

畵閣深深俯小塘,　　깊숙한 채색 누각에서 작은 연못 굽어보니

---

156. 『연암집초고(보유9)』, 앞의 책, 213~214면. 삭제하라는 표시가 되어 있다.
157. 유득공, 『泠齋集』 권1, 「與燕巖·薑山·潛夫 集夢踏亭 二首」.
158. 신호열·김명호 옮김, 앞의 책, 상, 「담연정기」, 50면.

園林濃綠茵茵香.	동산 수풀 우거지고 짚자리 향기롭네
山含淑氣當危檻,	산은 맑은 기운 머금고 높은 난간과 마주하고
鶯囀斜陽度禁墻.	꾀꼬리는 석양에 울며 궁궐 담을 넘어가네
近廓名區幽勝最,	성곽 근처 명승지 중 가장 그윽한 곳이라
如年晴日笑談長.	맑은 날 웃고 이야기하니 하루가 일 년처럼 기네
杯行不盡題詩罷,	술잔을 끝없이 돌리다가 시 쓰기를 그만두고
醉倚槐風滿院凉.	취한 채 정원 가득 시원한 느티나무 바람 쐬노라

운자는 평성 양운陽韻에 속한다. 칠언율시이므로 수구首句에도 압운을 했다. 측기식仄起式으로 이사륙부동二四六不同의 평측법을 지켰으며, 함련과 경련이 모두 대구를 이루었다. 근체시의 규율을 준수한 시이다. 그럼에도 『연암집』에 이를 수록하지 않은 것은 이 시가 즉흥적으로 지은 평범한 작품이라고 본 때문이 아닐까 한다.

(4) 「어옹」

「어옹」漁翁은 『연암집초고(보유9)』에 수록되어 있다.[159] 강변 풍경을 그린 칠언절구이다. 시를 번역·소개한다.

| 荳殼船橫秋水長, | 콩깍지 같은 작은 배가 가을철의 긴 강에 비꼈는데 |

---

159. 『연암집초고(보유9)』, 앞의 책, 200면. 삭제하라는 표시가 되어 있다. 그러나 처음에는 『연암집』에 수록하려고 한 듯, 제목 상단 여백에 '十三'이라는 숫자를 부여했다. 열세 번째로 수록할 시라는 뜻으로 짐작된다.

漁翁拳髮坐西陽.	더벅머리 늙은 어부 석양에 앉아 있네
拂竿更向深蘆去,	낚싯대 휘두르다 다시 갈대숲으로 가 버리니
疑伊魯望陸先生.	저 사람 육귀몽陸龜蒙 선생 아니신가 의심스럽네[160]

수구입운首句入韻으로, 운자는 '장'長, '양'陽, '생'生이다. 그런데 '장'長 과 '양'陽은 평성 양운陽韻에 속하지만, '생'生은 평성 경운庚韻에 속한다. 또한 측기식으로 이사륙부동은 지켰으되, 결구의 평측이 전구轉句와 대對를 이루지 못하고 있다.[161] 그러므로 「어옹」은 근체시의 격식에서 상당히 벗어난 시라고 할 수 있다.

한편 「어옹」은 이덕무가 『선귤당농소』에서 한 다음과 같은 말과 내용이 매우 흡사하다.

> 콩깍지 같은 작은 배에 어망을 싣고는 석양의 맑은 강에 두 폭 돛을 달아 바람에 펄럭이며 갈대숲으로 들어가니, 배에 탄 사람들은 비록 모두 텁수룩한 수염에 구레나룻이 험상궂은 모습이나, 저 건너 물가에서 바라보면 그들이 곧 고사高士 육노망陸魯望(육귀몽) 선생이 아닌가 의심하게 된다.[162]

---

160. 원래 '渠' 자를 '伊'로 고쳤다. 뜻은 똑같다. 陸龜蒙(자 魯望)은 9세기 당나라의 저명한 시인이다. 松江 甫里에 살면서 항상 배에 서적과 茶竈, 筆床, 낚시 도구를 싣고 太湖를 왕래했으며, 江湖散人이라 자칭했다.
161. 전구의 평측은 측평측측평평측인데, 결구의 평측은 평평측측측평평이다. 결구의 평측이 측측평평측측평이라야 전구와 대를 이루어 규율과 합치한다.
162. 이덕무,『청장관전서』권63,『선귤당농소』, "荳殼船載魚網, 夕陽澄江, 懸二幅颿, 拂拂入蘆葦中, 舟中人, 雖皆拳鬚突鬢, 然遵渚而望, 疑其高士陸魯望先生."

이미 언급했듯이『선귤당농소』는 이덕무가 1768년 이전에 자찬自撰한 소품 산문 모음집이다. 연암은「만조숙인」에서 조숙인에 대한 보은책을 노래하면서, 오색 실로 수놓은 비단 족자를 만들어 바친다는 기발한 착상을『선귤당농소』로부터 차용한 바 있다. 뿐만 아니라「순패서」旬稗序에서는 '재래도인'䏽睞道人(이덕무의 일호)의 입을 빌려 위의 인용문과 거의 동일한 말을 하게 하고 있다.[163] 이로 미루어 보면,「어옹」역시『선귤당농소』에서 착상을 빌려 온 작품임이 분명하다. 이 시가『연암집』에 수록되지 못한 것은 근체시의 격식에서 다소 벗어난 데다가 이처럼 이덕무의 영향을 다분히 받은 점과 무관하지 않을 듯하다.

(5)「송이무관 · 박차수입연」

「송이무관 · 박차수입연」送李懋官朴次修入燕은 1778년 사은진주사謝恩陳奏使의 일원으로 연행燕行에 나서는 이덕무(자 무관懋官)와 박제가(자 차수次修)에게 지어 준 송별시로서 오언절구 2수이다. 이덕무의『입연기』入燕記에 의하면 그해 음력 3월 16일 연암은 이서구 등과 함께 이덕무의 집에 모여 밤새 작별의 대화를 나누었으며, 그 다음 날은 홍제원弘濟院까지 가서 유득공 등과 함께 송별하는 글을 짓고 연회를 베풀어 전송했다.[164]「송이무관 · 박차수입연」은 당시에 지은 시로 판단된다. 이 시는

---

163. 신활자본,『연암집』권7,「순패서」, "䏽睞道人, 嘗論夕陽片帆, 乍隱蘆葦, 舟人漁子, 雖皆拳鬚突鬢, 遶渚而望, 甚疑其高士陸魯望先生."
164. 이덕무,『청장관전서』권66 ,『입연기』(상), 3월 17일; 박제가,『貞蕤閣初集』,「弘濟院送者三十騎 贈詩爲別」. 당시 이서구는 이덕무에게 송별시를 지어 주었다.(이서구,『薑山初集』권2,「長歌送李懋官入燕」)

『열하피서록』熱河避暑錄과 영남대본 및 승계문고본『연암집』에 수록되어 있다.[165]『열하피서록』「항사정교」杭士訂交 조에서 연암은 1766년 담헌 홍대용이 북경에서 엄성嚴誠·반정균潘庭筠·육비陸飛 등 중국의 항주杭州 출신 선비들과 결교한 사실과, 엄성의 사후에도 양국 문사들의 우정이 이어지고 확대되어 간 미담을 자세히 기록하면서 다음과 같이 이 시를 소개했다.

……그 다음 해에 이무관과 박차수가 북경에 들어갔다. 나는 송별시를 지어 주기를,

草色連去馬,	풀빛 무성하게 이어진 곳으로 말은 돌아가고[166]
亭柳暗征袍.	객정客亭의 버들은 짙푸른데 길손 떠나가네[167]
昨夜山窓夢,	어젯밤 산방山房의 창가에서 꿈을 꿨더니[168]
先君已渡遼.	그대보다 먼저 요하遼河[169]를 건넜더라오

라고 했다. 또한

---

165. 『열하피서록』, 단국대 동양학연구원, 연민문고 소장 연암박지원작품필사본총서 5, 문예원, 2012, 306면. 연암의 시 2수에 각각 點과 圈을 찍었다. 영남대본과 승계문고본은 제11권「영대정잡영」말미 여백에「送李懋官朴次修入燕二首」라는 제목을 붙여 追記했다. 이는『열하피서록』에서 발췌한 것으로 짐작된다.
166. 풀이 무성하게 자라는 따뜻한 남쪽으로 전송객들이 말을 타고 돌아갔다는 뜻이다. 참고로 유득공의 시에 "草色連南國, 鶯聲似故園"이라는 시구가 있다.(이덕무,『청장관전서』권35,『청비록』4,「泠齋」)
167. 당나라 시인 王維의「送元二使安西」중 "客舍青青柳色新"에서 전고를 취했다.
168. 당시 연암은 황해도 金川 燕巖峽의 산중에 은거하고 있었다.
169. 중국의 만주 벌판에 흐르는 큰 강이다. 이 강을 기준으로 '遼西'와 '遼東'이 나뉜다.

馬尾昇紅旭,	말 꼬리에서 붉은 아침 해가 떠오르더니
旋看馬首沈.	조금 있다 보니 말 머리로 해가 지누나[170]
遼陽一千里,	요동이라 일천 리 길을
去去將首尋.	가고 또 가서 그분들을 먼저 찾아가구려

라고 했다. 대체로 육비·반정균 등 여러 사람을 만나서 담헌의 옛 교유를 이어 가기를 촉구한 것이다. 두 사람은 과연 난공蘭公(반정균을 가리킴―인용자)을 만나서 그를 좇아 여러 날 유람했는데, 내가 지어 준 송별시를 이야기했더니 난공은 이 시를 치켜세우면서 '연암산거'燕巖山居라는 넉 자를 써서 나에게 전해 주도록 했다.[171]

한 선행 연구에서는 연암의 한시 중 "표면적으로 근체시처럼 보이면서도 근체시가 아니거나 근체시에서 일탈과 파격을 보이는 사례가 적지" 않다고 하면서, 평측이 맞지 않은 사례로「송이무관·빅차수입연」을 들었다.[172] 그와 같은 지적대로, 측기식인 이 시의 첫째 수는 기구의 제4자 '거'去가 측성이어서 이사부동二四不同의 규율을 어겼다. 또

---

170. 요동 벌판이 끝없이 넓음을 표현한 것이다. 연암의「遼野曉行」에서도 "요동 벌판 어느 제나 끝이 날는지, 열흘 내내 산이라곤 보지 못했네. 새벽별은 말 머리 위로 솟아오르고, 아침 해가 논밭에서 솟아나누나"(遼野何時盡, 一旬不見山. 曉星飛馬首, 朝日出田間)라고 했다.(신호열·김명호 옮김, 앞의 책, 중, 338면)
171.『열하피서록』,「항사정교」, 앞의 책, 306면, "……其明年, 李懋官朴次修入燕, 余贈別曰: 艸色連去馬, 亭柳暗征袍. 昨夜山窓夢, 先君已渡遼. 又: 馬尾昇紅旭, 旋看馬首沈. 遼陽一千里, 去去將誰尋. 盖囑其逢陸潘諸人, 以續湛軒舊遊也. 兩人果得蘭公, 追遊累日, 爲道余贈別詩, 蘭公爲之推詡, 爲寫燕巖山居四字以貽余." 연암은 이덕무가 전달한 반정균의 글씨를 새겨 산중의 서재에 걸었다고 한다.(신활자본,『연암집』권3,「答洪德保書(제3)」)
172. 이종문,「燕巖 朴趾源의 漢詩에 關한 한 考察」,『한국한문학연구』39, 한국한문학회, 2007, 318면, 주44.

한 기구와 승구가 대對를 이루지 못하는 등 전체적으로 평측법을 무시하고 있다. 이 시의 둘째 수도 전구의 제4자 '천'千이 평성이어서 이사부동의 규율을 어겼다. 결구 역시 제4자 '수'首가 평성이라야 하는데 측성이다. 뿐만 아니라 둘째 수의 운자는 둘다 평성 침운侵韻에 속하는데 반해, 첫째 수의 운자 '포'袍는 평성 호운豪韻에 속하나 '요'遼는 평성 소운蕭韻에 속해 운이 맞지 않는다. 고시처럼 호운豪韻과 소운蕭韻을 통압한 셈이다. 요컨대 「송이무관·박차수입연」은 평측법과 압운에서 상대적으로 자유로운 고시에 가까운 오언절구라고 하겠다.

(6) 「무제」

근년에 서울대 박물관 소장 『연암선생서간첩』燕巖先生書簡帖이 번역·소개되었는데 그중에 무제無題의 시 1편이 포함되어 있다.[173] 이 시는 연암이 경기도 고양군에서 의릉 영懿陵令으로 재직 중이던 1797년 처남 이재성에게 보낸 날짜 미상의 편지 서두에 적혀 있다.

長日草堂上,　　초당草堂[174] 위로 여름 해가 긴데
樹陰滿庭綠.　　푸른 나무 그늘 뜰에 가득하네
時有黃鸝來,　　이따금 꾀꼬리 날아와

---

173. 정민·박철상, 「『燕巖先生書簡帖』 脫草 원문 및 역주」, 『대동한문학』 22, 대동한문학회, 2005, 369~370면; 박희병 옮김, 『고추장 작은 단지를 보내니』, 개정판; 돌베개, 2006, 64면.
174. 1796년 연암은 한양의 桂山洞(지금의 종로구 계동)에 집을 짓고 '桂山草堂'이라 이름 지었다. 당시 이재성이 계산초당에 이사 와서 살고 있었다.

喚友聲嚶嚶.	서로 벗 부르며 우짖누나[175]
中有讀書人,	그 초당에 글 읽는 이 있어
樂飢不出門.	가난을 즐기며 두문불출하네
今送二空冊,	이번에 공책 두 권 보내나니
著書須滿卷.	공책 가득 저술하기 바라오

처남이자 지기知己인 이재성을 그리워하면서 가난한 선비인 그를 배려하는 연암의 따뜻한 마음씨가 잘 드러난 시이다. 그런데 이 시는 평측법과 압운을 거의 지키지 않아 오언율시는 물론 오언고시로 보기도 어렵다. 운자에 해당하는 '녹'綠은 입성 옥운沃韻, '앵'嚶은 평성 경운庚韻, '문'門은 평성 원운元韻, '권'卷은 거성 산운霰韻에 속해 통압할 수 없다. 연암이 격식에 구애받지 않고 붓 가는 대로 진솔하게 쓴 시라 생각된다.

(7) 「절구 5수」

『연암집초고(보유9)』에 수록되어 있다.[176] 「절구 5수」라는 제목 아래에 "제목 없음. 연경에 들어가는 사람을 송별한 때이거나 연경에 가면서 지은 잡영인 듯하다"(無題. 似送人入燕, 或燕行時雜咏也)라는 소주가 붙어 있다. 하지만 시의 내용을 보면 모두 연암이 1780년 연행 도중에 지은

---

175. 『시경』 小雅 「伐木」에 "伐木丁丁, 鳥鳴嚶嚶. 出自幽谷, 遷于喬木. 嚶其鳴矣, 求其友聲"이라 했다.
176. 『연암집초고(보유9)』, 앞의 책, 211~212면.

시임이 분명하다. 이 시는 제5수가 누락된 채 『연암집』에 「절구 4수」라는 제목으로 수록되어 있다.[177] 이제 『연암집』에 수록되지 못한 제5수만 번역·소개한다.

靑邱傳說盡齊諧,	우리나라에 전해진 중국 이야기 모두 허무맹랑해[178]
麥認玻瓈事事皆.	보리를 파려玻瓈라 여기니 매사가 그런 식이네[179]
第一雄關三字額,	천하제일 웅대한 관문에 글씨 석 자 편액 있는데
秦人那識漢時楷?	진秦나라 사람이 어찌 한漢나라 때 해서楷書를 알리오

연암은 1780년 음력 7월 23일 산해관을 통과했다. 그와 관련하여 지은 『열하일기』 중의 「산해관기」山海關記에는 산해관의 두 번째 관문에 '산해관'山海關이라는 글자가 새겨져 있고, 세 번째 관문에 '천하제일관'天下第一關이라는 편액이 있다고 기술하고 있을 뿐, 그 글자들을 진나라 승상 이사李斯가 썼다는 속설에 관해서는 일언반구 언급이 없다.[180]

그런데 홍대용의 『연기』燕記를 보면, 1766년 연행 도중 산해관을

---

177. 신호열·김명호 옮김, 앞의 책, 중, 344~346면.
178. '齊諧'는 『莊子』「逍遙遊」에 나오는 말로, 믿기 어려운 괴기한 일을 기록한 책을 가리킨다.
179. 작은 글자로 '夬'이라 표시한 뒤 본문을 적었다. '夬'은 '缺' 자와 같다. 원래 공란으로 두었던 것에 追記한 것이다. '玻瓈'는 '玻璃'라고도 하는데 七寶의 하나인 수정을 가리킨다. 푸르고 윤택이 나는 중국의 풋보리 이삭을 보고 파려가 알알이 달린 줄로 착각했다는 뜻인 듯하다.
180. 신활자본, 『연암집』 권12, 『열하일기』, 「馹汛隨筆」, '산해관기', "……第二關爲四層敵樓, 虹楣刻山海關. 第三關爲三簷樓, 立扁曰天下第一關."

지나 팔리포八里舖에서 만난 중국인 손孫 진사進士가 산해관의 '천하제일관'이라는 편액 글자는 이사의 글씨가 아니라 명나라 사람 소현蕭顯의 글씨라고 하면서 "이사 때에 어찌 해서체가 있었겠소?"라고 한 말과, 산해관은 명나라 때 중산왕中山王 서달徐達이 창설한 것이라고 한 말을 기록하고 있다.[181] 그 후 이덕무와 박제가도 이러한 설을 계승하여, 이사는 해서체를 모를뿐더러 산해관은 명나라 초에 창건되었으므로 '천하제일관'이란 편액은 명나라 소현이 쓴 것이라 주장했다.[182] 이로 미루어 연암이 지은 「절구」 제5수도 홍대용의 『연기』에 전거를 둔 것으로 볼 수 있다.

단 연암은 「절구」 제5수에서 산해관에 새겨진 글자 중 '천하제일관'이 아니라 '산해관'이 이사의 글씨라는 속설을 비판했다. 그리고 이해응李海應의 『계산기정』薊山紀程이나 박사호朴思浩의 『연계기정』燕薊紀程과 같은 후대의 연행록들을 보면, '산해관'이라는 글자가 이사의 글씨라는 설을 비판하면서, "산해관 관문의 석 자 큰 글씨, 진나라 때에 어찌 한나라의 해서가 있었으랴"(山海關門三大字, 秦時豈有漢時楷)라는 연암의 시구를 증거로 인용하고 있다.[183] 이 시구는 「절구」 제5수의 전구와 결구를 조금 다르게 인용한 것뿐이다. 이를 통해 연암이 연행 도중

---

181. 홍대용, 『湛軒書』, 外集 권8, 『연기』, 「孫進十」, "李斯時豈有楷法?" 일찍이 趙文命도 『燕行日記』(조문명, 『鶴巖集』 제67책), 乙巳(1725) 6월 乙亥조에서 명나라 때 서달이 산해관을 세운 사실을 들어 '천하제일관'의 이사 글씨설을 황당한 설이라고 비판하고, 명나라 尙書 蘇咸의 글씨라는 설을 소개했다.
182. 이덕무, 『청장관전서』 권60, 『앙엽기』(7), 「天下第一關」; 이덕무, 『청장관전서』 권66, 『入燕記』(상), 정조 2년(1778) 5월 6일조; 박제가, 『貞蕤閣四集』, 「燕京雜絶 贈別任恩叟姊兄 追憶信筆 凡得一百四十首」 중 제12수의 原註.
183. 이해응, 『계산기정』 권2, 「渡灣」, 계해년(1803) 12월 17일, '山海關'; 박사호, 『연계기정』, 무자년(1828) 12월 16일.

에 지은 절구들이 인구에 회자되었음을 짐작할 수 있다. 다만 『연암집』을 편찬하기 위해 그 시들을 수집·채록하는 과정에서 제5수는 원래 승구를 알 수 없는 불완전한 작품이었기 때문에, 결국 「절구 4수」로 제목을 고치고 나머지 4수만 『연암집』에 수록했던 것이 아닌가 한다.

(8) 「사선정 연구」

일본 동양문고 소장 필사본 『연암집』 권11 「영대정잡영」의 마지막 장에 붙은 쪽지에 「사선정 연구」四仙亭聯句라는 제목과 함께 적혀 있다. 모두 칠언 8구인데 그중 마지막 2구가 연암의 시이다. 번역·소개하면 다음과 같다.

> 蒼苔蝕盡丹崖銘,　푸른 이끼가 절벽의 붉은 제명題銘들을 모조리 침식하니[184]
> 恨不淸遊及少齡.　고상한 유람을 젊은 나이에 하지 못한 게 한스럽네[185]
> 〔원주〕 縣令 兪公彦鐩 士美　　　　　—현령 유언선(자字 사미)
> 三日偶來三日浦,　삼일날 우연히 삼일포에 와서
> 四仙同上四仙亭.　네 신선이 함께 사선정에 올랐네[186]

---

184. 연암의 「髥僧菴記」 첫머리에 그 광경이 잘 묘사되어 있다.(신호열·김명호 옮김, 앞의 책, 상, 122면) 당시 연암도 萬瀑洞에 자신의 이름을 새겼다고 한다.(박규수, 『환재집』 권9, 「與尹士淵」(12))
185. 유언선은 1722년생으로 당시 44세의 중년이었기 때문이다.
186. 네 신선은 유언선·유언호 형제와 연암, 신광온을 가리킨다.

〔원주〕左議政 忠文公 俞彦鎬 士京　　　—좌의정 충문공 유언호(자 사경)
出山纔別千巖白,　산을 벗어나 수천 개 흰 바위들과 겨우 헤어졌는데
未海先開一鑑靑.　바다에 닿기도 전에 거울 같은 푸른빛을 먼저 드
　　　　　　　　러냈네

〔원주〕僉正 申公光蘊 元發　　　　　—첨정 신광온(자 원발)
東郡女兒能劍舞,　영동嶺東 고을 여인들은 칼춤에 능해
翠裾飄拂夕陽舩.　석양에 배 타고 푸른 옷소매 나부끼네

〔원주〕府使 朴公 ○○○○　　　　　—부사 박○○(자 ○○)[187]

　　이는 연암이 벗 유언호俞彦鎬·신광온申光蘊 등과 함께 1765년 가을 금강산 유람 당시 강원도 고성 삼일포三日浦의 사선정에서 지은 연구로 짐작된다. 모두 평성 청운靑韻에 속하는 운자들(銘, 齡, 亭, 靑, 舩)을 구사했다. 『과정록』에 의하면 이 연구를 새긴 현판이 사선정에 걸려 있었다고 한다.[188] 김기장金基長의 회고에 따르면, 당시 그는 사선정 유람 중에 유언호·신광온과 연암을 만났다고 했다.[189] 『과정록』에도 연암은 유언호·신광온과 금강산 유람을 했다고만 기록되어 있다. 하지만 이 「사선정 연구」를 보면 당시 유람에는 유언호의 중형仲兄인 유언선도 동행했음을 알 수 있다. 유언호가 지은 유언선의 제문에도 "옛날 을유년(1765)에 함께 바다와 산을 유람했을 때 한양에서 온 두 나그네가 따라왔던

---

187. 동그라미로만 표시한 네 글자는 '趾源 美仲'이다. 필사자가 선조인 연암의 성명을 감히 적기를 忌諱하여 그렇게 처리한 듯하다.
188. 김윤조 역주, 앞의 책, 32면; 박희병 옮김, 앞의 책, 26면.
189. 김기장, 『在山集』 권9, 「病枕憶四仙亭詩序」; 김영진, 「박지원의 필사본 小集들과 작품 창작년도 고증」, 『대동한문학』 23, 대동한문학회, 2005, 72면 주58 참조. 김기장(호 篠川, 1741~1786)은 息菴 金錫冑의 후손으로, 연암이 애사를 지어 준 朴相漢과 절친했다.

일이 기억납니다"라고 했다.[190] 단 원주에 밝혀진 이들의 관직과 아울러 몰년으로 미루어,[191] 이 연구를 적은 쪽지는 이들의 사후인 19세기 이후에 이루어진 기록을 옮겨 적은 듯하다.

---

190. 유언호, 『燕石』 제9책, 「祭仲氏墓文」, "記昔乙酉, 同爲溟嶽之遊也, 洛中二客從之." '한양에서 온 두 나그네'란 연암과 신광온을 가리킨다. 당시 유언호는 경기도 安城에 거주하고 있었다.

191. 유언선은 1776년, 신광온은 1785년에 별세했다. 유언호는 1795년 좌의정이 되었다가 이듬해 별세하여 '충문'이라는 시호를 받았다. 연암은 1801년 양양 부사에서 사직했다.

6. 맺음말

연암은 조선 후기 최고의 산문가일 뿐 아니라 당대의 뛰어난 시인이기도 했다. 다만 과작寡作인 탓에 『연암집』에도 겨우 42수의 한시가 수록되어 있을 따름이다. 하지만 『연암집』에 수록되지 않아 실전된 것으로 알려진 시들이 『연암집초고(보유9)』 등에 다수 보존되어 있는 사실이 최근에 밝혀졌다. 따라서 이러한 일시들을 고찰함으로써 연암 한시의 새로운 면모를 탐구할 필요가 있다. 본고에서는 지금까지 존재가 알려진 연암의 일시들을 개관하고 그중 가장 주목되는 작품인 「사약행」과 만시輓詩 및 과시科詩를 중심으로 본격적인 고찰을 시도했다.

「사약행」은 조선 후기 영조 때 액정서의 사약 벼슬을 지낸 어느 거지의 일생을 노래한 장편 칠언고시이다. 이 시에서 연암은 입성에 속하는 운자를 모두 동운으로 산수하여 자유롭게 압운했으며, 대구나 전고도 거의 구사하지 않고 조선식 한자어를 포함한 평이한 산문적 표현을 추구했다. 그리고 늙은 거지가 중들을 상대로 기구한 사연을 토로한다는 액자소설적 삼단 구성과 묘사·서사·서정을 교직交織하는 수법을 취했다. 이를 통해 왕년에 한양의 유흥가를 주름잡던 왈짜였으나 포도대장 장붕익에 의해 체포되었다가 탈옥 후 도피 생활 끝에 거지가 된 문제적 인물의 일생을 생생하면서도 흥미롭게 그리는 데 성공했다. 그러므로 「사약행」은 고대 중국의 시를 모방할 것이 아니라 지금 조선의 시를 써야 한다는 연암 자신의 문학론을 훌륭하게 실천한 작품이라 하겠다.

또한 「사약행」은 사약의 전형적인 삶을 서사시적인 편폭으로 형상화한 점에서 시로 쓴 한 편의 「사약전」司鑰傳이라고 볼 수도 있다. 그 점에서 이 시는 연암의 「광문자전」과 뚜렷한 유사성을 보여 준다. 「사약행」의 주인공은 광문처럼 한때 한양 유흥가에서 놀았으나 영락해서 거지가 된 인물이고, 표철주처럼 별감 출신으로 죄를 저지르고 포도대장 장붕익에 의해 체포된 왈짜였다. 연암은 「사약행」과 「광문자전」에서 거지나 왈짜와 같은 여항의 특이한 인간 유형을 불온시하지 않고 매우 온정적으로 형상화했다. 이로 미루어 「사약행」은 「광문자전」과 마찬가지로 1760년대 후반에 창작된 초기작으로 추정된다.

연암은 「만조숙인」과 「도망」이라는 빼어난 만시 2편을 남겼다. 이 시들은 창작 당시부터 큰 주목을 받았음에도 불구하고, 그의 사후에 편찬된 『연암집』에 수록되지 않았다. 「만조숙인」은 숙인 조씨의 죽음을 애도하여 지은 시로, 모두 70구 350자 되는 장편 오언고시이다. 조숙인의 남편은 영의정 홍봉한의 셋째 아들인 홍낙임이다. 조숙인은 남편의 벗인 연암이 부친상을 당했을 때 다리(髢)를 전당 잡히고 마련한 돈으로 몰래 장례를 도와주었다. 1771년 조숙인이 병사하자 연암은 그녀의 은혜에 보답하려는 뜻에서 「만조숙인」을 지었다.

「만조숙인」은 다채로운 운율 변화와 맞물려 정교하게 시상이 전개된 작품이다. 거성→입성→상성→평성으로 환운하는 지점에 따라 4개 단락으로 시가 구성되어 있다. 조숙인의 선행을 칭송한 첫째 단락에서는 당시 여성들 사이에 가체가 유행하던 풍조를 염정시풍으로 노래했다. 아내와 함께 조숙인에 대한 보은책을 강구한 둘째·셋째 단락에서는 그녀의 모습을 수놓은 비단 족자를 만들어 부부가 날마다 절을 올리자는 기발한 제안을 했다. 또한 시의 절반이 넘는 36구에 걸쳐 보은책을 장황하게 노래했다. 그에 비해 조숙인의 죽음을 애도한 마지막 단락은 겨우 8구에 그쳤다. 이상과 같은 파격성 때문에 유만주는 「만조숙인」을 '만시의 변체'로 규정했던 것 같다.

「도망」은 연암이 1787년에 작고한 아내 전주이씨를 애도하여 지은 20수의 칠언절구 연작시인데, 그중에서 2수만 현재 전하고 있다. 이 시들 역시 직설적으로 비탄을 토로하는 도망시悼亡詩의 창작 관습에서 벗어나 있다. 기발한 착상을 빌려 님과 재회하고 싶은 심정을 표현하거나, 풍경 묘사를 통해 외로운 심사를 간접적으로 드러내고 있어 한 편의 빼어난 염정시로도 읽힐 수 있다.

연암은 영조 46년(1770) 감시 초시의 초장과 종장, 즉 진사시 초시와 생원시 초시에서 모두 장원으로 합격했다. 「논우복지협論禹服之狹 탄성교흘우사해嘆聲教訖于四海 이강리지오복而疆理止五服」은 그가 진사시 초시에서 지은 과시이다. 이 시로 인해 연암은 경희궁 집경당에서 영조를 알현하는 특전을 누리고 영조로부터 크게 칭찬을 받기까지 했다.

이 시는 과시의 정식程式에 따라 칠언 34구로 되어 있으며, 시제試題에 충실하여 하나라 우임금이 영토에 대한 야욕을 부리지 않고 제후국들에까지 덕치를 행했음을 예찬했다. 연암은 1771년 생원진사시의 복시에 마지못해 응한 뒤 다시는 과거를 보지 않았다. 따라서 연암이 남긴 유일한 과체시인 이 시는 그가 과체시에도 매우 능했음을 보여준다.

그밖에도 연암은 여러 편의 일시를 남겼다. 「해인사 창수시」는 1795년 가야산 해인사에서 경상도 관찰사 및 이웃 고을 수령들과 창수할 때 지은 칠언율시 2수이다. 『연암집』에는 당시 지은 시들에 대한 서문인 「해인사 창수시서」만 수록되어 있는데, 이제 「해인사 창수시」가 발견됨으로써 시와 서문이 제대로 짝을 이루게 되었다.

「제선옥소영」은 기생 단섬(자 선옥)의 초상화에 대한 강세황의 제화 題畵에서 감흥을 느껴 지은 오언절구이다. 미인도를 소재로 해서 거울을 마주한 요염한 여인의 자태를 그린 빼어난 염정시라고 하겠다. 「몽답정」은 연암이 창덕궁 부근의 몽답정이란 정자에서 시주詩酒의 모임을 가졌을 때 지은 칠언율시이다. 「어옹」은 강변 풍경을 그린 칠언절구로, 이덕무의 『선귤당농소』에서 착상을 빌려 온 것으로 판단된다.

「송이무관·박차수입연」은 1778년 연행에 나선 이덕무와 박제가를 송별하면서 지은 오언절구 2수인데, 근체시로서는 파격이 심해 고시에 가깝게 되었다. 「무제」는 1797년 연암이 의릉 영으로 재직할 때 처남 이재성에게 지어 보낸 오언시로, 한시의 격식에 구애받지 않고 진솔하게 표현했다.

「절구 5수」는 1780년 연암이 연행 도중 지은 칠언절구 5수로, 그중 4수만 『연암집』에 수록되어 있다. 『연암집』에 수록되지 않은 제5수는 산해관의 편액 글씨를 소재로 한 것인데, 후대의 연행록들에서 종종 인용되었다. 「사선정 연구」는 1765년 연암이 유언선·유언호 형제 및 신광온과 금강산 유람 도중 삼일포의 사선정에서 지은 칠언 8구로, 그중 마지막 2구가 연암의 시이다. 「총석정 관일출」 시나 「김신선전」金神仙傳 등에서 보듯이 연암의 문학적 생애에서 금강산 유람은 특별한 의미를 지니고 있는데, 「사선정 연구」는 그와 관련된 자료로서 가치가 있다.

박종채가 『과정록』에서 증언한 바와 같이, 연암은 근체시의 엄격한 운율에 얽매임을 싫어했던 듯하다. 일시 중에서 「송이무관·박차수입연」이나 「무제」는 이를 입증하는 좋은 예라고 할 수 있다. 뿐만 아니라 연암은 상투적인 창작 관습에 구속되는 것도 싫어했던 것 같다. 「만조숙인」과 「도망」은 기발한 착상과 염정시풍으로 인해 만시의 진부한 관습에서 벗어난 독특하고도 감동적인 만시가 되었다고 하겠다.

또한 산문 작가답게 연암은 시 창작에서도 근체시보다 형식상 자유롭고 장편인 고시를 선호한 듯하다. 「총석정 관일출」, 「증좌소산인」, 「해인사」 등과 같이 널리 알려진 걸작 이외에도, 본고에서 고찰한 「사약행」이나 「만조숙인」과 같은 일시를 통해 연암이 장편 고시의 능수라는 점이 더욱 분명하게 입증되었다. 임형택은 조선 후기 한시사에서 인물·배경·사건을 갖추고 사회적 모순과 그 속에서 살아가는 인간들의 모습을 사실적으로 그려 낸 '서사한시'의 출현을 주목한 바 있다.[192] 연암의 일시 「사약행」은 이러한 서사한시로서도 매우 뛰어난 작품으로 평가할 수 있다. 한편 「만조숙인」은 연암의 작품다운 개성이 뚜렷한 만시일뿐 아니라, 신유사옥으로 죽은 홍낙임과 그가 한때 깊은 우정을 나눈 사이였음을 증언하는 전기傳記 연구의 자료로서도 흥미로운 작품이라고 하겠다.

이상과 같이 연암의 일시들이 지닌 특징을 살펴보면, 이 시들이 왜 『연암집』에 수록되지 못했는지 그 이유를 어느 정도 짐작할 수 있다. 주된 이유는 아마도 한시의 엄격한 운율이나 일반적 창작 관습에서 벗어난 작품의 파격성 때문이었던 것 같다. 그밖에 「사약행」처럼 여항閭巷의 불온 세력을 온정적인 시선으로 형상화하거나, 「만조숙인」과 「도망」, 「제선옥소영」처럼 감각적이고 관능적인 염정시풍을 드러낸 경우

---

192. 임형택, 「현실주의의 발전과 서사한시」, 『이조시대 서사시(1)』, 창비, 2013, 17~49면.

도 문제시되었던 것으로 보인다. 또한 「만조숙인」이나 「어옹」 같은 시들은 이덕무의 문학적 영향을 다분히 보여 주고 있어 수록 대상에서 배제되었을 가능성이 있다. 요컨대 『연암집』 편찬자의 보수적인 문학관으로 인해 애석하게도 『연암집』에 수록되지 못한 우수한 시들이 적지 않다고 본다.

연암의 일시에 대한 이상의 고찰을 통해, 연암은 조선 후기의 뛰어난 시인으로서도 재인식되어야 함을 알 수 있다. 연암의 문학 세계를 심층적으로 탐구하려면 『열하일기』와 「양반전」 등 한문소설을 포함한 그의 산문들에 그쳐서는 안 되고 그의 한시들을 마저 알아야 한다. 또한 연암의 시적 성취를 제대로 파악하자면 『연암집』에 수록되지 못한 일시들도 적극적으로 발굴하여 고찰할 필요가 있다.

「사약행」과 「만조숙인」 등의 걸작이 『연암집』에서 누락된 사실은 장차 『연암집』을 수정 보완하여 새롭게 편찬해야 할 필요가 있음[193]을 다시금 일깨워 준다. 본고에서는 구체적인 작품 분석과 아울러, 현재까지 알려진 연암의 일시 대부분을 번역·주해하는 작업을 병행했다. 이와 같은 전문적 학술 번역을 통해 연암의 일시에 대한 관심을 진작하고, 나아가 『연암집』의 새로운 편찬과 국역에 기여하기를 바라 마지 않는다.

---

193. 김명호, 「연암집 해제」, 신호열·김명호 옮김, 앞의 책, 상, 544~545면.

2부   연암의 실학사상에 미친

서학의 영향

1. 문제 제기

조선 후기의 실학에 서학이 어떤 영향을 미쳤는가 하는 문제는 지금까지 중요한 쟁점의 하나가 되어 왔다. 실학을 자주적 근대화를 추구한 사상으로 파악하고자 한 학자들은 대체로 서학의 영향을 경시했다. 반면 그러한 학자들의 민족주의적 성향에 비판적이거나 천주교에 우호적인 학자들은 서학의 영향을 지나치게 중시하는 경향이 있었다. 뿐만 아니라 최근에 들어서는 '실학'이란 명칭의 적합성에 대한 시비를 넘어 실학의 역사적 실체까지 부정하는가 하면, 민족주의나 근대사상의 기원을 실학에서 찾으려는 노력을 시대착오적인 것으로 비판하는 풍조가 나타나기도 했다.

 이 문제와 관련해서 필자는, 조선 후기의 실학이란 서학을 사상적 촉매로 하여 유학을 갱신하려 했던 학술운동으로서, 서세동점西勢東漸의 세계사적 추세에 직면하여 유학을 근대사상으로 개혁하고자 한 시도로 보고자 한다. 서구 열강이 주도한 세계 자본주의 체제와 최초로 접촉한 시대라는 점에서 '실학시대'는 전지구적 차원에서 세계 자본주의 체제가 완성된 현대와 연속되어 있다. 그러므로 서학의 주체적 수용을 추구했던 실학은 세계화와 주체성의 갈등을 겪고 있는 오늘날,

우리의 소중한 지적 유산으로서 현대적 의의를 잃지 않으리라고 본다.

명말 청초에 예수회 선교사들이 중국에 소개한 서학은 '서도'西道(서양의 종교 및 사상)와 '서기'西器(서양의 과학 및 기술)의 혼합이라 할 수 있다.[1] 이러한 서학에 대한 조선 후기 지식인들의 대응은 ①'서도'를 배격하고 '서기'만 수용하고자 한 제한적 수용론('서기' 수용론자), ②전면적 수용론(천주교도), ③전면적 배격론(척사파)으로 크게 나누어 볼 수 있다. 종래의 연구에서 연암은 대체로 제한적 수용론자, 즉 '서기' 수용론자로 간주되었다. 이는 연암이 그의 생애에서 노년에 해당하는 1790년대 후반에 천주교가 극성했던 충청도의 면천 군수로 재직하면서 쓴 글들에서 표명한 반서학관反西學觀을 주요 근거로 한 것이었다.[2]

필자 역시 『열하일기 연구』에서 '자신의 사상적 주체를 견지하면서도 새로운 사조에 대해 개방적인 자세를 잃지 않는' 연암의 태도를 서학의 수용에서도 확인할 수 있다고 하여, 그와 대동소이한 견해를 피력한 바 있다. 『열하일기』에서 연암은 서학에 대해 대단한 관심을 표명했다. 중국인 왕민호王民皞에게 황제를 수행하여 열하에 와 있을 서양인들을 소개시켜달라고 부탁하는가 하면, 북경에 돌아오는 즉시로 천주당을 방문했으며, 마테오 리치Matteo Ricci의 묘를 찾아가기도 했다. 그는 특히 천주당 벽화의 사실주의 회화 기법에 깊은 감명을 받았다. 그러나 연암은 천주교의 교리에 대해서는 매우 비판적인 태도를 취했다. 왕민호 등의 부정적 견해를 소개하고, 천주교는 "하늘과 사람을 모

---

1. 李之藻가 편찬한 『天學初函』은 한문 서학서들을 『交友論』 『天主實義』 등 '理編'과 『幾何原本』 등 '器編'으로 분류했다. 이러한 '理/器' 구분은 유학의 전통적인 '道/器' 구분을 답습한 것이다.
2. 이가원, 『연암소설연구』, 을유문화사, 1965, 78~91면; 이원순, 『朝鮮西學史硏究』, 일지사, 1986, 199~201면.

두 속이고, 도의와 윤리를 손상시킨다"고 단호히 비판했다.[3] 이처럼 연암은 '서기'에 대해서는 강한 지적 호기심을 드러낸 반면, '서도'에 대해서는 유학의 견지에서 배격하는 태도를 분명히 했다고 본 것이다.

그런데 최근 필자는 단국대 연민문고에 소장된 『열하일기』의 초기 필사본들을 검토한 결과, 서학과 관련된 내용이 후에 적잖이 삭제 또는 수정된 사실을 발견했다. 예컨대 「망양록」忘羊錄에서 마테오 리치에 의해 중국에 전래된 양금洋琴과 그것이 다시 조선에 전래된 경위 등을 소개한 내용과, 「곡정필담」鵠汀筆談에서 연암이 천주교의 교리 및 중국에 전래된 경위 등에 관해 토론한 내용이 초기 필사본들에는 삭제되지 않은 채 보존되어 있었다. 또한 「황도기략」黃圖紀略의 '풍금'風琴 조와 '양화'洋畫 조의 제목이 초기 필사본들에는 각각 '천주당'天主堂과 '천주당화'天主堂畫로 되어 있었다.[4] 이와 같은 사실은 연암에게 서학이 지금까지 알려진 것보다 훨씬 더 깊은 영향을 미쳤음을 시사하는 것이다.

뿐만 아니라 우정론을 피력한 명문인 「여인」與人(어떤 이에게 보냄)이란 편지는 연암이 그의 문인인 이희영李喜英에게 보낸 것인데, 이희영이 '신유사옥'(1801) 때 천주교도로 처형된 탓에 수신인을 익명으로 처리한 것이었다.[5] 이는 신유사옥 이후 극도로 경직된 정국에서 연암이 조심하기 위해 자신의 글들을 개작하지 않을 수 없었던 사정을 암시한다고 하겠다.

연암의 글에서 서학의 영향은 문면에 잘 드러나 있지 않다. 이것은

---

3. 김명호, 『열하일기 연구』, 창작과비평사, 1990, 117~119면.
4. 본서 4부, 270~271면 참조.
5. 신활자본(박영철본), 『연암집』 권10, 「與人」; 신호열·김명호 옮김, 개정판; 돌베개, 2012, 하, 346면, 주1 참조.

연암이 관련 내용을 삭제 또는 수정함으로써 그 영향을 은폐한 결과이지만, 한편으로는 서학을 주체적으로 수용하여 자기 사상의 일부로 용해한 결과이기도 하다. 연암은 불교나 도가의 경우와 마찬가지로 서학에 대해서도 이를 수용하되 자기 사상의 일부로 완전히 용해했으므로, 그의 글에서 서학의 영향을 찾아내기란 쉽지 않은 일이다. 당대의 진취적인 지식인들이 대개 그러했듯이 연암도 한때는 서학서들을 구해 읽고 지적인 자극을 크게 받았으리라 짐작된다. 다만 노년으로 갈수록 서학에 대해 배타적으로 되고 신유사옥 이후 근신하지 않을 수 없었던 사정 때문에, 그가 남긴 글에서 서학의 영향을 찾기가 힘들어진 것이다. 따라서 연암의 글에서 서학의 영향을 읽어 내려면 치밀한 텍스트 연구와 아울러 매우 세심한 독해가 요구된다.

본고에서는 연암을 서학의 '제한적 수용론자'로 보았던 종전의 견해를 수정하여, '서기'뿐 아니라 '서도'에 대해서도 개방적 자세를 취하고 '서도'와의 적극적인 소통을 통해 사상적 혁신을 추구했던 연암의 새로운 면모를 부각해 보고자 한다. 연암은 특히 마테오 리치의 『교우론』交友論과 『천주실의』天主實義, 『기하원본』幾何原本 등을 읽고 상당한 영향을 받았던 것으로 판단된다. 따라서 이러한 저작들을 중심으로, 연암의 실학사상에 미친 서학의 영향을 면밀하게 고찰해 보고자 한다.

2. 우정 담론의 발전과 『교우론』

(1) 연암의 우정론과 『교우론』

『교우론』은 중국에 파견된 예수회 선교사 마테오 리치가 1595년에 쓴 그의 최초의 한문 저술로서, 우정에 관한 서양의 격언과 일화를 소개한 책이다. 이 책은 16세기 포르투갈의 학자 안드레아스 에보렌시스 Andreas Eborensis가 편찬한 명구집인 『명언과 예화』Sententiae et exempla를 크게 참고한 것으로 알려져 있다. 처음에는 76장으로 구성되었으나, 나중에 증보하여 모두 100장으로 된 텍스트가 널리 보급되었다. 마테오 리치의 『교우론』은 세상에 나온 즉시 호평을 받아 명말明末까지 여러 차례 판각되었으며, 이지조李之藻의 『천학초함』天學初函, 진계유陳繼儒이 『보안당비급』寶顔堂秘笈, 오종선吳從先의 『소창별기』小窓別紀 등 총서류에 포함되어 더욱 널리 전파되었다. 조선에도 이수광李睟光(1563~1628)의 『지봉유설』芝峯類說에 이미 그에 관한 언급이 나타나 있을 정도로 일찌감치 소개·유입되었다.

최근 들어 북학파의 우정론에 관한 논의가 이어지면서, 연암이 마테오 리치의 『교우론』에 영향 받은 사실이 여러 연구자들에 의해 지적

되었다. 즉 그가 청나라 문인 곽집환郭執桓(호 회성원繪聲園)의 시집에 대한 발문으로 지은 「회성원집발」繪聲園集跋의 첫머리를 보면 『교우론』의 영향이 뚜렷이 드러나 있다는 것이다.[6]

> 옛날에 붕우를 말하는 사람들은 붕우를 '제2의 나'라 일컫기도 했고, '주선인'이라 일컫기도 했다. 이 때문에 한자를 만든 자가 날개 '우'羽 자를 빌려 벗 '붕'朋 자를 만들었고, 손 '수'手 자를 겹쳐서 벗 '우'友 자를 만들었으니, 붕우란 마치 새에게 두 날개가 있고 사람에게 두 손이 있는 것과 같음을 말한 것이다.[7]

위의 인용문에서 "붕우를 '제2의 나'라 일컫기도 했"다는 것은, "나의 벗은 타인이 아니라 곧 나의 반쪽이요, 바로 '제2의 나'이다. 그러므로 벗을 자기처럼 여겨야 마땅하다"는 『교우론』 제1장의 내용을 가리킨다.[8] 그리고 벗을 뜻하는 '붕'朋과 '우'友라는 글자가 각각 '우'羽 자와 '수'手 자에서 유래했다는 어원설도 『교우론』의 제56장에 덧붙인 마테오 리치 자신의 주에 의거한 것이다. 여기에서 마테오 리치는 "'우

---

6. 이홍식, 「조선 후기 우정론과 마테오 리치의 『교우론』」, 『한국실학연구』 20, 한국실학학회, 2010, 268면, 280면.
7. 신활자본, 『연암집』 권3, 「繪聲園集跋」, "古之言朋友者, 或稱第二吾, 或稱周旋人. 是故造字者, 羽借爲朋, 手又爲友. 言若鳥之兩羽而人之有兩手也."
『說文解字』에 의하면 '又'는 '手'를 뜻하는 象形字이고, '友'는 두 개의 '又' 자로 이루어진 會意字라고 한다. 단, 인용문의 원문에서 "手又爲友"는 "羽借爲朋"과 對句를 이루고 있으므로, 이때의 '又'는 '重複하다'라는 뜻의 동사로 쓰인 것으로 보아야 한다. 그래서 '又'를 '겹쳐서'라고 번역했다.
8. 李之藻 編, 吳相湘 主編, 『天學初函(一)』, 臺北: 臺灣學生書局, 1965, 『교우론』, 300면, "吾友非他, 卽我之半, 乃第二我也. 故當視友如己焉." 『교우론』의 제1장은 A. 에보렌시스의 『명언과 예화』에서 인용한 것이다.

友 자는 전서篆書로는 'ㅊ'로 쓰니, 이는 곧 두 손으로서, 사람은 두 손이 있어야 없어서는 안 된다. '붕'朋 자는 전서로는 '羽'로 쓰니 이는 곧 양 날개로서, 새는 이것을 갖추어야 바야흐로 날 수 있다. 옛날의 현자들은 벗을 어찌 이와 같이 여기지 않았으랴?"[9]라고 했다.

『교우론』의 제1장에서 소개한 바 '벗은 나의 (영혼의) 반쪽이다'라는 주장은 아우구스티누스의 『고백록』에, 그리고 '벗은 제2의 나이다. (그러므로 벗을 자기처럼 여겨야 한다)'라는 주장은 아리스토텔레스의 『니코마코스 윤리학』에 나온다. 후자는 키케로의 『우정론』에도 나온다. 토마스 아퀴나스는 『신학대전』에서 우정을 논하며 아리스토텔레스와 아우구스티누스의 주장을 나란히 소개했다.[10] 『교우론』 중 특히 '벗은 제2의 나'란 명제가 연암을 포함한 동아시아 지식인들의 주목을 받게 된 것은, 『논어』를 비롯한 유가 경전에서는 찾아볼 수 없던 '벗에 대한 명쾌한 정의'를 제시한 때문이라 생각된다. 오륜이라는 인간관계의 그물망의 일부가 아니라, '나'와 '자기애'自己愛에서 출발하여 그 연장延長으로서 '벗'과 '우정'을 정의하는 사고방식이 그들에게 매우 참신한 충격을 주었던 듯하다.[11]

---

9. 위의 책, 309~310면, "友字, 古篆作ㅊ, 卽兩手也. 可有而不可無. 朋字, 古篆作羽, 卽兩狃也. 鳥備之, 方能飛. 古賢者視朋友, 豈不如是耶?"
'友' 자에 대한 마테오 리치의 설명은 『설문해자』의 설을 수용한 것이다. 그러나 '朋' 자에 대한 설명은 무엇에 의거했는지 알 수 없다. 『설문해자』에서는 '朋'은 '鳳'의 假借字라고 했을 뿐이다.
10. 『교우론』의 원문 출처에 관해서는 方豪, 「利瑪竇交友論新硏」, 『方豪六十自定稿』, 臺北: 臺灣學生書局, 1969, 1857~1870면; Timothy Billings, trans., *On Friendship*, New York: Columbia University Press, 2009, pp.157~165 등 참조.
11. 여명모, 「마테오 리치의 『교우론』에 관한 연구—동서 우정론의 만남이라는 관점에서」, 서강대 신학대학원 석사논문, 2011, 38~39면 참조.

그런데 연암의 초기 필사본의 하나인 『열하피서록』熱河避暑錄[12]을 보면, 그중의 「담원팔영」澹園八詠 조에 「회성원집발」의 초고로 짐작되는 글이 소개되어 있다. 그 글의 첫머리는 다음과 같다.

> <u>『한서』漢書에 붕우를 '주선인'이라 했으며, 서양인은 붕우를 '제2의 나'라고 불렀다.</u> 그러므로 한자漢字를 만든 자가 '수手' 자를 겹쳐서 '우友' 자를 만들었고, '우羽' 자를 겹쳐서 '붕朋' 자를 만들었으니, 벗은 사람에게 두 손이 있고 새에게 양 날개가 있는 것과 같다는 뜻이다.(밑줄—인용자, 이하 동일)[13]

이처럼 『열하피서록』에 실린 「회성원집발」의 초고는 "서양인은 붕우를 '제2의 나'라고 불렀다"라고 하여, 마테오 리치의 『교우론』을 전거로 삼았음을 좀 더 분명하게 드러내고 있다. 또 「회성원집발」 중 "이로 말미암아 본다면, 벗이란 반드시 지금 이 세상에서 구해야 할 것이 분명하도다!"라는 구절도, 『열하피서록』에는 "이로 말미암아 본다면, 벗이 '제2의 나'가 되고 내가 그와 함께 주선한다는 것이 분명하도다!"로 되어 있다.[14] 전자와는 달리, 벗이란 '제2의 나'라고 한 『교우론』의 명제를 글의 주지主旨로서 거듭 강조하고 있는 것이다.

---

12. 이 필사본에 대해서는 본서 4부, 258~260면 참조.
13. 『열하피서록』, 단국대 동양학연구원, 연민문고 소장 연암박지원작품필사본총서 5, 문예원, 2012, 272~273면, "<u>漢書以朋友爲周旋人, 泰西人呼友朋曰第二吾.</u> 故造字者, 手又爲友, 羽兩爲朋, 如人之有左右手, 而鳥之有兩翼也." 여기에 거론된 『한서』는 『晉書』나 『宋書』의 오기가 아닌가 한다. '周旋人'이 붕우의 뜻으로 쓰인 용례는 『진서』 권94 「陶潛傳」이나 『송서』 권89 「袁粲傳」에 보인다.
14. 신활자본, 『연암집』 권3, "由是觀之, 友之必求於現在之當世也, 明矣!"; 『열하피서록』, 위의 책, 274면, "由是觀之, 友朋之爲第二吾, 而吾與之周旋, 明矣!"

연암을 비롯한 북학파 문인들은 한때나마 서학에 상당히 경도되었으며, 그 일환으로 마테오 리치의 『교우론』을 읽고 깊은 공감을 느꼈던 듯하다. 홍대용은 중국 여행에서 돌아온 직후 북경에서 교분을 맺은 청나라 문인 반정균潘庭筠에게 편지를 보내어, 『교우론』을 포함한 한문 서학서 19종을 모은 총서인 『천학초함』을 구해 주도록 부탁했다.[15] 이덕무는 「적언찬」適言讚에서 벗이란 "함께 살지 않는 아내요, 핏줄을 같이하지 않은 형제다"라고 하면서 우정을 예찬했다. 벗은 당세를 함께 살아가며 참된 정을 나누니 아내나 형제 못지않게 소중하다는 것이다.[16] 이는 벗은 형제와 마찬가지라거나 육친보다 오히려 낫다는 『교우론』의 주장과 상통한다.[17] 박제가도 이서구와의 절친한 우정을 노래한

---

15. 편자 미상, 『燕杭詩牘』(서울대 규장각 소장) 중 홍대용에게 보낸 반정균의 세 번째 편지(1767)에 "天學初函, 目未曾見, 或得之, 一幷送去也"라고 했다. 그런데 다섯 번째 편지인 「湛軒大兄先生書」(1777)에서는 『천학초함』의 半部를 드디어 구득했다고 알리면서, 그 중 『同文算指』・『泰西水法』・『天問略』 등('器編'에 속하는 과학기술서들) 몇 종은 보존할 가치가 조금 있지만, 인간의 본성을 초월한 천주의 '超性'과 예수의 사적을 논한 책들('理編'에 속하는 천주교 신학서들)은 불합리하고 황당하므로 배격해야 한다고 주장했다. 아마도 홍대용은 이러한 반정균의 조언을 무겁게 받아들였을 것이다.

16. 尹光心, 『幷世集』, 文, 권2, 李德懋, 「適言讚」, '讚之七 簡遊'. "不室而妻, 匪氣之弟."

17. 『교우론』의 제36장에서 "벗은 형제간의 인륜에 가깝다. 그래서 벗들은 서로 '형'이라 부르며, 형제간에도 사이가 좋으면 벗이 된다"(友於昆倫邇. 故友相呼謂兄, 而善於兄弟爲友)고 했다. 이는 A. 에보렌시스의 『명언과 예화』에서 인용한 것으로, 아우구스티누스의 말이라고 한다. 그런데 『시경』에 대한 孔穎達의 疏에도 '友' 자의 뜻을 풀이하기를, "형제간에 사이가 좋은 것을 '友'(우애)라고 한다"(善兄弟曰友)고 했다.(이는 『說文解字注』에도 인용되어 있다.) 마테오 리치는 이러한 공영달의 소를 알고 있었을 가능성이 있다.

또 『교우론』의 제50장에서는 "벗은 육친에 대해 오직 이 점에서 낫다. 즉 육친은 서로 사랑하지 않을 수 있어도, 벗은 그렇지 않다는 점이다. 대체로 육친은 서로 사랑하지 않아도 육친간의 인륜은 그대로 있지만, 벗에게서 사랑을 제거한다면 그 우정의 도리는 어디에 있겠는가?"(友於親, 惟此長焉: 親能無相愛親, 友者否. 蓋親無愛親, 親倫猶在, 除愛乎友, 其友理焉存乎?)라고 했다. 이 역시 A. 에보렌시스의 『명언과 예화』에서 인용한 것으로, 키케로

연작시 「야숙강산」夜宿畺山의 제3수에서, "형제지만 핏줄을 같이하지 않고, 부부지만 함께 살지 않네. 사람에게 하루라도 벗이 없으면, 좌우 두 손을 잃은 것 같네"[18]라고 했다. 이 시구 역시 이덕무의 「적언찬」과 아울러 『교우론』에서 전거를 취한 것이다.[19] 첨언할 것은, 연암과 한때 교분이 두터웠던 유한준兪漢雋의 아들로서 연암의 문하를 출입하기도 한 유만주兪晩柱도 『교우론』을 읽고 감탄하여 그의 일기 『흠영』欽英에 내용을 일부 초록해 두었다는 사실이다.[20]

연암이 초기에 지은 전들을 모은 『방경각외전』放璚閣外傳 중 「예덕선생전」穢德先生傳을 보면, '자목'子牧이 '선귤자'蟬橘子에게 "예전에 제가 선생님께 벗에 관해 들었는데, '벗이란 함께 살지 않는 아내요, 핏줄을 같이하지 않은 형제다'라고 하셨습니다. 벗이란 이처럼 소중한 것입니다"[21]라고 말하는 대목이 있다. 여기에 등장하는 '선귤자'는 곧 이덕무이며, '자목'은 이서구의 사촌동생이자 이덕무의 제자인 이정구李鼎九이다. 이덕무의 일호가 선귤당蟬橘堂이고, 이정구의 자가 중목仲牧이었

의 『우정론』에 나오는 말이다.
18. 박제가, 『貞蕤閣初集』, 「夜宿畺山」. "兄弟也非氣, 夫婦而不室. 人無一日友, 如手左右失."
19. 박제가의 시에서 "사람에게 하루라도 벗이 없으면, 좌우 두 손을 잃은 것 같네"라고 한 구절은, 벗이란 사람의 두 손처럼 없어서는 안 된다는 『교우론』 제56장의 주라든가, "세상에 벗이 없는 것은, 하늘에 해가 없고 몸에 눈이 없는 것과 같다"(世無友, 如天無日, 如身無目矣)고 한 『교우론』 제79장에 출처를 둔 표현으로 볼 수 있다.
20. 유만주, 『흠영』, 서울대 규장각 영인, 1997, 권2, 446~447면, 己亥(1779) 6월 28일조. 유만주는 "太西利氏友論"이라 했는데, '友論'은 『교우론』의 처음 제목이다. 그는 『교우론』에서 제1·2·3·4·5·7·9·13·16·18·20·23·24·26·35·40·43·44·52·56·61·64·95·79·76장 등, 모두 25개조나 초록했다.
21. 신활자본, 『연암집』 권8, 「예덕선생전」. "昔者, 吾聞友於夫子曰: '不室而妻, 匪氣之弟.' 友如此其重也."

다. 이처럼 이덕무의 「적언찬」 중의 우정에 관한 격언을 작중에 인용한 점으로 미루어, 연암 역시 일찍부터 『교우론』을 접하고 그 영향을 받았던 것 같다.

1766년 홍대용은 중국 여행 중 북경에서 사귄 청나라 문인 엄성嚴誠·반정균·육비陸飛와의 필담 및 왕복 편지를 모은 『간정동회우록』乾淨衕會友錄을 편찬했다. 그 책에 붙인 서문인 「회우록서」會友錄序에서 연암은 홍대용의 요청으로 이 글을 짓게 된 사연을 밝힌 뒤, 『간정동회우록』을 읽고 난 감동을 피력하는 것으로 글을 맺고 있다.

> 통달했구나, 홍군의 벗함이여! 내 지금에야 벗 사귀는 도리를 알았도다. 그가 누구를 벗하는지 살펴보고, 누구의 벗이 되는지 살펴보며, 또한 누구와 벗하지 않는지를 살펴보는 것이 바로 내가 벗을 사귀는 방법이다.[22]

이와 같은 「회우록서」의 결론은 얼핏 보면 납득하기 힘든 궤변처럼 느껴진다. 왜 연암은 스스로 판단해서 벗을 사귀지 않고, 홍대용이 누구와 벗하고 벗하지 않는지를 먼저 살펴본다는 것인가. 이러한 의문은 『교우론』에서 제시한 벗 사귀는 방법을 알면 해소될 수 있다. 『교우론』의 제7장에서는 "벗하기 전에는 살펴보아야 하고, 벗한 뒤에는 믿어야 한다"[23]고 했다. 또 제52장에서는 "벗의 벗과 벗이 되고, 벗의 원

---

22. 위의 책, 권1, 「회우록서」, "達矣哉, 洪君之爲友也! 吾乃今得友之道矣. 觀其所友, 觀其所爲友, 亦觀其所不友, 吾之所以友也."
23. 李之藻 編, 앞의 책, 『교우론』, 301면, "交友之先宜察; 交友之後宜信." 이는 A. 에보렌시스의 『명언과 예화』에서 인용한 것으로, 세네카의 말이다. 이와 비슷하게, 키케로도 『우정론』에서, 먼저 평가하고 나서 친구를 사랑해야 하며, 사랑하고 나서는 평가해선 안 된

수와 원수가 되면, 두터운 벗이 된다"고 했으며, 그에 대한 주에서도 "나의 벗은 반드시 어질므로, 사람을 사랑할 줄 알고 사람을 미워할 줄 안다. 그러므로 나는 그에게 의지한다"고 했다.[24] 「회우록서」의 결론은 이같은 『교우론』의 주장과 상통하는 것이라 할 수 있다.

이덕무도 『간정동회우록』을 읽고 감동하여, 그 내용을 발췌하고 자신의 논평을 덧붙여 『천애지기서』天涯知己書를 편찬했다. 그중 엄성과 함께 조선 사행의 숙소인 옥하관玉河館으로 홍대용을 방문한 반정균이 장차 헤어지려 할 때 마구 눈물을 뿌리는 대목에 관한 논평에서, 이덕무는 "박미중朴美仲(미중美仲은 연암의 자字—인용자) 선생은 '영웅과 미인은 눈물이 많다'고 했다. 나는 영웅도 미인도 아니지만, 『회우록』을 일독하니 눈물이 그렁그렁 고인다. 정말로 이런 사람(반정균)을 만난다면, 마주하고 흐느낄 따름이요 필담할 겨를이 없으리라. 이 대목을 읽다가 책을 덮어 버리고 가슴 아파하지 않는 자는 몰인정하며, 그런 자와 벗이 되어서는 안 된다"고 했다.[25] 여기에서 연암이 말했다는 '영웅과 미인은 눈물이 많다'는 말은 『방경각외전』에 나온다. 『방경각외전』의 「마장전」馬駔傳에서 연암은 당시 양반들의 타락한 교제술을 풍자하며, 벗

다고 말했다.(제22장 제85절; 마르쿠스 툴리우스 키케로 저, 천병희 역, 『노년에 관하여/우정에 관하여』, 숲, 2005, 164면)

24. 李之藻 編, 위의 책, 『교우론』, 309면, "友友之友, 仇友之仇, 爲厚友也.(注: 吾友必仁, 則知愛人, 知惡人. 故我據之.)" 본문은 『플루타르크 영웅전』의 저자로 유명한 플루타르크의 『모랄리아』Moralia에 나오는 말이라 한다. 마테오 리치의 주는 『논어』에서 "어진 사람만이 사람을 좋아할 수 있고, 사람을 미워할 수 있다"(惟仁者, 能好仁, 能惡人)고 한 공자의 말에 전거를 둔 것이 아닌가 한다.(송영배 역주, 『교우론 외 2편』, 서울대출판부, 2000, 20면, 주 16 참조)

25. 이덕무, 『청장관전서』 권63, 『천애지기서』, "朴美仲先生曰: '英雄與美人多淚.' 余非英雄, 非美人. 但一讀會友錄, 則閣淚汪汪. 若眞逢此人, 只相對嗚咽, 不暇爲筆談也. 讀此而不掩卷傷心者, 匪人情也, 不可與友也."

사귀는 수법 중 하나로서 상대를 눈물로 감동시키는 수법을 들었다. 즉 "열사는 슬픔이 많고 미인은 눈물이 많다. 때문에 영웅이 잘 우는 것은 남을 감동시키자는 것이다"라고 했다.[26]

이처럼 「회우록서」나 『천애지기서』를 보면, 연암과 홍대용·이덕무 등 북학파 문인들 사이에 서로 영향을 주고받으며 우정에 관한 담론이 무르익어 가는 정황을 엿볼 수 있다. 그 배후에는 마테오 리치의 『교우론』에 대한 공감이 작용하고 있었던 것으로 보인다.

앞에서 언급한 「회성원집발」은 홍대용이 중국 여행 중 교분을 맺은 산서성山西省 출신 상인 등사민鄧師閔이 동향 친구 곽집환의 부탁을 받고, 그의 시집인 『회성원집』에 대해 조선 명사들의 글을 요청해 왔으므로 짓게 된 것이었다. 이에 1773년 홍대용 자신은 물론 연암도 발문을 짓고, 이덕무와 이서구는 서문을 지었다. 이덕무는 홍대용의 요청으로 그를 대신해서 『회성원집』에 평비評批를 가하기도 했다. 또한 당시 곽집환이 등사민을 통해 자기 부친의 거처인 담원澹園을 노래한 시도 함께 지어 줄 것을 요청했으므로, 그에 호응하여 연암과 이덕무·유득공·박제가·이서구 등은 곽집환의 시에 차운한 「담원팔영」을 지어 주었다.[27] 그리하여 홍대용은 등사민의 주선으로 그의 벗 곽집환과도 벗이 되는 동시에, 곽집환은 홍대용의 주선으로 그의 벗인 연암 등과

---

26. 신활자본, 『연암집』 권8, 「마장전」, "夫烈士多悲, 美人多淚. 故英雄善泣者, 所以動人."

27. 홍대용, 『湛軒書』, 內集 권3, 「繪聲園詩跋」; 이덕무, 『靑莊館全書』 권10, 「雅亭遺稿」 2, 「澹園八咏」; 『청장관전서』 권35, 「淸脾錄」 4, 「郭叔圭」; 『청장관전서』 권80, 李光揆 찬, 「先考積城縣監府君年譜」, 癸巳(1773) 6월 26일조; 유득공, 『泠齋集』 권1, 「담원팔영」; 박제가, 『貞蕤閣文集』 권4, 「與郭澹園(執桓)」; 李書九, 『薑山全書』, 성균관대 대동문화연구원, 2005, 12~13면, 「臨汾郭廷觀(執桓)澹園詩 爲湛軒(大容)作」, 102면, 「繪聲園集序」. 또 『열하피서록』, 「담원팔영」 조에도 저간의 사정이 상세하게 소개되어 있다.

도 벗이 된 것이다. 이는 「회우록서」의 결론처럼 '벗의 벗과 벗이 되라'는 『교우론』의 격언을 적극 실천한 셈이다.

안의安義 현감 시절인 1793년 연암은 박제가가 상처한 데 이어 절친한 벗 이덕무와 사별하게 된 것을 애통해하며 쓴 편지에서, 벗을 잃은 슬픔은 아내를 잃은 슬픔보다 심하다는 극단적인 우정 예찬론을 폈다.

아, 슬프도다! 지기를 잃은 슬픔이 아내 잃은 슬픔보다 심하다고 논한 적이 있었지. 아내를 잃은 자는 그래도 두 번 세 번 장가라도 늘 수 있고, 서너 차례 첩을 들여도 안 될 것이 없네. 마치 의복이 터지고 찢어지면 꿰매고 때우는 것과 같고, 집기가 깨지고 이지러지면 새것으로 다시 바꾸는 것과 같네. 때에 따라서는 후처가 전처보다 나을 수 있고, 때에 따라서는 나는 비록 늙었지만 상대는 새파랗게 젊어서 신혼의 즐거움이 초혼과 재혼 사이에 차이가 없을 수도 있네. 하지만 지기를 잃은 쓰라림에 이르러서는 그렇지가 않지. 내가 다행히 눈을 지녔지만 뉘와 더불어 내 보는 것을 같이하며, 내가 다행히 귀를 지녔지만 뉘와 더불어 내 듣는 것을 같이하며, 내가 다행히 입을 지녔지만 뉘와 더불어 나의 맛을 함께하며, 내가 다행히 코를 지녔지만 뉘와 더불어 내 맡는 것을 같이하며, 내가 다행히 마음을 지녔지만 장차 뉘와 더불어 나의 지혜와 영각靈覺을 함께한단 말인가?[28]

---

28. 신활자본, 『연암집』 권10, 「與人」, "嗚呼痛哉! 吾嘗論絶絃之悲甚於叩盆. 叩盆者, 猶得再娶三娶, 卜姓數四, 無所不可. 如衣裳之綻裂而補綴, 如器什之破缺而更換. 或後妻勝於前配, 或吾雖皤而彼則艾. 其宴爾之樂, 無間於新舊. 至若絶絃之痛, 我幸而有目焉, 誰與同吾視也; 我幸而有耳焉, 誰與同吾聽也; 我幸而有口焉, 誰與同吾味也; 我幸而有鼻焉, 誰與同吾嗅也; 我幸而有心焉, 將誰與同吾智慧靈覺哉?" '靈覺'은 불교 용어로, 눈과 귀, 코, 혀, 몸, 의식의 '六根' 중 '의식'을 통한 知覺을 가리킨다.

이와 같은 연암의 우정 예찬론에서 『교우론』의 여향餘響을 느낄 수 있다. 이는 벗은 '제2의 나'라는 『교우론』의 명제를 변주變奏한 것이라 볼 수 있기 때문이다. 『교우론』은 제2장에서도 "벗과 나는 비록 몸은 둘이지만, 두 사람의 몸 안에 있는 그 마음은 하나일 따름이다"라고 했다. 그리고 제57장에서는 "천하에 벗이 없으면 아무 즐거움이 없다"고 했으며, 제66장에서는 "훌륭한 벗과 사귀는 재미는 그를 잃은 뒤에 더욱 느낄 수 있다"고 했다. 또 제79장에서는 "세상에 벗이 없는 것은, 하늘에 해가 없고 몸에 눈이 없는 것과 같다"고 했다.[29] 이렇게 볼 때, 자신과 함께 아름다운 대상을 바라보고, 아름다운 소리를 듣고, 음식을 맛보고, 향기를 맡으며, 진리를 깨우치는 등 일체의 감각과 취향과 사

---

29. 마테오 리치, 『교우론』, "友之與〔於〕我, 雖有二身, 二身之內, 其心一而已."(제2장); "天下無友, 則無樂焉."(제57장); "良友相交之味, 失之後, 愈可知覺矣."(제66장); "世無友, 如天無日, 如身無目矣."(제79장)

『교우론』의 제2장은 A. 에보렌시스의 『명언과 예화』에서 인용한 것으로, 디오게네스 라에르티오스Diogenes Laertius의 『유명한 철학자들의 생애와 사상』에 나오는 아리스토텔레스의 말이다. 키케로의 『우정론』에도 비슷한 말이 있다.(제21장 제81절) 제57장도 『명언과 예화』에서 인용한 것으로, 아리스토텔레스의 『니코마코스 윤리학』에 나오는 말이다. 참고로 키케로의 『우정론』에서도 "행운의 덧없는 선물들이 보존된다 하더라도 친구들에 의해서 가꾸어지지 않고 친구들과 함께하지 않는 인생은 즐거울 수가 없는 법이라네"라고 했으며,(제15장 제55절; 마르쿠스 툴리우스 키케로 저, 천병희 역, 앞의 책, 144면) "만약 누군가 하늘에 올라 우주의 본성과 별자리들의 아름다움을 볼 수 있다고 한다면, 들어줄 사람만 있으면 더없이 즐거울 그 굉장한 광경도 혼자 있다면 즐겁지가 않을 거라네. 인간의 본성은 혼자 있는 것을 싫어하여 언제나 버팀목에 기댄다네. 그리고 절친한 친구야말로 최상의 버팀목이네"라고 했다.(제23장 제88절; 마르쿠스 툴리우스 키케로 저, 천병희 역, 위의 책, 166면) 제66장도 『명언과 예화』에 출처를 둔 것으로, 키케로의 말을 줄여서 인용한 것이다. 제79장도 『명언과 예화』에서 인용한 것으로, 키케로의 『우정론』에 나오는 말이다. 키케로는 "인생에서 우정을 앗아가는 자들은 말하자면 세상에서 태양을 앗아가는 것이나 다름없네"라고 했다.(제13장 제47절; 마르쿠스 툴리우스 키케로 저, 천병희 역, 위의 책, 138면)

색을 공유하므로 '제2의 나'라고 할 수 있는 벗과 사별한 슬픔은 상처한 슬픔조차 비교가 되지 않을 만큼 고통스럽다는 논리가 성립되는 것이다.

(2) 『교우론』의 영향을 넘어서

이상에서 살핀대로, 연암의 우정론은 『교우론』과 상통하는 면이 다분하며, 이는 서학의 영향을 받은 결과로 볼 수 있다. 하지만 원래 우정이란 인류 사회가 보편적으로 추구해 온 도덕적 가치이므로, 동양과 서양의 우정론에는 자연히 공통점이 많다. 게다가 마테오 리치의 『교우론』은 중국의 문화를 존중하는 이른바 '적응주의'適應主義 선교 전략과 천주교로써 유교를 보완한다는 '보유론'補儒論에 따라, 가급적 종교적인 색채를 감추고 유학자들에게 호소력이 큰 세속적 윤리를 설파하는 방식을 취했다.[30] 이 점이 주효하여 『교우론』은 동·서양의 우정론의 소통을 시도한 유례없는 저작으로 받아들여지면서 널리 읽히게 된 것이다.[31]

한편 명대 후기에 양명학파를 중심으로 우정에 관한 담론이 성행

---

30. 『교우론』에는 '하느님'(Deus)을 뜻하는 '上帝'가 두 군데(제16장, 제56장)밖에 등장하지 않는다.
31. 「刻交友論序」에서 馮應京은 『교우론』을 음미해 보고 나서 "동해에서나 서해에서나 이 마음과 이 이치는 똑같다"(東海西海, 此心此理, 同也)는 말을 더욱 믿게 되었다고 했다.(李之藻 編, 앞의 책, 『교우론』, 292면) 즉 『교우론』을 통해 동양과 마찬가지로 서양도 우정을 매우 중시함을 알게 되었다는 뜻이다. 여기서 풍응경이 인용한 말은 『宋名臣言行錄』 중 陸九淵이 한 말에 전거를 둔 것으로, 천하에는 공통의 心과 理가 있음을 강조한 것이다.

했듯이, 조선 후기의 일부 실학자들 사이에 우정에 대한 관심이 고조되었다.[32] 연암도 당시 양반 사대부들의 윤리적 타락에 대한 타개책의 하나로 우정의 가치를 중시하고 이를 한껏 고양하고자 했다. 이와 같은 문제의식은 『방경각외전』「자서」自序의 첫머리에 잘 드러나 있다.

友居倫季,	우도友道가 오륜의 끝에 놓인 건
匪厥疎卑.	박대해서 그런 게 아니라네
如土於行,	마치 오행 중에서 토土가
寄王四時.	사계절에 다 왕성한 것과 같다네
親義別敍,	부자유친, 군신유의, 부부유별, 장유유서도
非信奚爲.	신信이 아니면 어찌하리오
常若不常,	오상五常이 정상에서 벗어나면
友迺正之.	벗이 즉시 바로잡네
所以居後,	우도가 뒤에 놓인 까닭은
迺殿統斯.	최후방에서 통솔하기 위함이네[33]

위의 「자서」에서 오륜 중 '신'의 지위가 오행 중의 '토'와 같다고 한

---

32. 呂妙芬, 『陽明學士人社群 — 歷史, 思想與實踐』, 臺北: 中央研究院近代史研究所 專刊(87), 2003, 第7章「講學同志的聯屬」; Martin W. Huang, *Male Friendship and Jiangxue(philosophical Debates) in Sixteenth-Century China*, Martin W. Huang, edit., *Male Friendship in Ming China*, Leiden; Boston; Brill, 2007; 이홍식, 앞의 논문 등 참조.
33. 신활자본, 『연암집』 권8, 『방경각외전』, 「자서」. 五行說에서는 오행을 사계절에 안배할 때 土에만 지정된 계절이 없는 모순을 해결하기 위해 각 계절(90일)에서 18일씩을 덜어서 토에 배당하고는, 木은 봄, 火는 여름, 金은 가을, 水는 겨울에 기운이 왕성하지만, 토는 나머지 四行에 寄託하여 사계절에 모두 왕성한 것으로 간주했다.

것은 주자朱子의 설을 따른 것이다.³⁴ 주자는 『맹자집주』孟子集註에서 맹자가 '사단'四端만 논하고 '신'에 대해서는 언급하지 않은 의문과 관련하여 "성심으로 사단을 행하면, 신은 그중에 있다"³⁵는 정자程子의 설을 인용한 뒤 덧붙여서, "사단과 신의 관계는, 오행의 토가 지정된 자리도 없고 정해진 이름도 없으며 전담하는 기氣도 없으나, 수·화·금·목이 모두 토에 힘입어 생기는 것과 같다. 그러므로 토는 나머지 사행에 있지 않음이 없고, 사계절에 모두 왕성하다. 신의 이치도 이와 같다"고 주장했다.³⁶

또한 「자서」에서 연암은 '신'이 오륜의 최하위에 있지만 나머지 사륜四倫이 모두 그에 의존하고 있다고 주장했다. 퇴각하는 군대를 최후방에서 통솔하듯이, 오륜에서 어긋나면 벗이 바로잡아 주기 때문이라는 것이다. 벗을 최후방의 장수에 비유한 기발한 표현을 제외하면, 이 역시 주자의 설에서 취한 것이다. 주자는 「발황중본붕우설」跋黃仲本朋友說에서 이렇게 말했다.

군신과 부자와 형제와 부부 사이에 반드시 사귐이 그 도리를 다해서

---

34. 임형택, 「朴燕巖의 우정론과 윤리의식의 방향—「마장전」과 「예덕선생전」의 분석」, 『한국한문학연구』 1, 한국한문학연구회, 1976, 97~98면에서는 이러한 「자서」의 논법은 정자의 학설에서 따온 것이며 이 학설은 주자에게 계승되었다고 했으나, 이것은 조금 부정확한 진술이라 생각된다.
35. 『맹자집주』, 「公孫丑」 上, 제6장, "既有誠心爲四端, 則信在其中矣." 이는 원래 『二程遺書』(권24)에 수록된 발언이다.
36. 위의 책, "四端之信, 猶五行之土, 無定位, 無成名, 無專氣, 而水火金木, 無不待是以生者. 故土於四行無不在, 於四時則寄王焉. 其理亦猶是也." 洪樂純(1723~1782)도 연암의 妻叔이자 스승인 李亮天에게 보낸 장문의 편지에서 "盖五倫之朋友, 如土之五行, 五行無土, 不能成歲功, 五倫無朋友, 不能盡人道"라고 하여 『맹자집주』에 의거해서 '朋友之道'의 중요성을 역설했다.(홍낙순, 『大陵遺稿』 射, 『大陵雜書』 권7, 「與李修撰亮天書」)

어그러짐이 없고자 한다면, 붕우가 책선함으로써 보인輔仁하지 않으면 대체 누가 그렇게 만들 수 있겠는가? 그러므로 붕우는 인륜 중에서 세력은 가벼운 듯하나 연계된 바가 몹시 무거운 것이 되고, 분야는 먼 듯하나 소관은 지극히 가까운 것이 되며, 명분은 작은 듯하나 맡은 바가 몹시 큰 것이 된다. 이것이 옛 성인들이 수도하고 교육할 때 반드시 이를 중시하고 감히 소홀히 하지 않은 까닭이다. ……

인륜에는 다섯 가지가 있으되 그 이치는 하나이다. 붕우란 또한 그것에 힘입어 이 이치를 유지하고 인륜이 어그러짐에 이르지 않게 하는 수단이다. 나머지 사륜이 그 도리를 다하기를 추구하지 않기 때문에 붕우가 쓸모없는 것으로 폐기되는 것이다. 그런즉 붕우의 도리가 전폐되어 버리고 책선하고 보인하는 직분이 거행되지 않으면, 저 사륜은 또 어떻게 혼자의 힘만으로 오래 존속할 수 있겠는가?[37]

이와 같이 주자는 그 이전의 유학자들과 달리 우정의 윤리가 나머지 사륜의 기강을 잡아 준다고 봄으로써, 오륜의 틀 안에서나마 우정의 중요성을 강조하고 그 지위를 격상시키고자 했다. 명대 후기 양명학자들의 우정 담론은 이러한 주자의 주장을 계승하여 극대화한 것으로 볼 수 있다.[38]

『방경각외전』의 「자서」에서 보듯이, 연암의 우정론은 『교우론』의

---

37. 朱熹, 『晦庵集』 권81, 「跋黃仲本朋友說」, "必欲君臣夫子兄弟夫婦之間, 交盡其道而無悖焉, 非有朋友以責其善, 輔其仁, 其孰能使之然哉? 故朋友之於人倫, 其勢若輕而所繫爲甚重; 其分若疏而所關爲至親; 其名若小而所職爲甚大. 此古之聖人, 修道立教, 所以重於此而不敢忽也. …… 夫人倫有五而其理則一. 朋友者又其所藉以維持是理, 而不使至於悖焉者也. 由夫四者之不求盡道, 而朋友以無用廢. 然則朋友之道盡廢, 而責善輔仁之職不擧, 彼夫四者, 又安得獨力而久存哉?"

일방적인 영향을 받아 형성된 것이 아니라, 주자학과 같은 전통적 사상을 기반으로 해서 서양의 우정론을 받아들인 것이다. 뿐만 아니라 이처럼 동·서양 우정론의 소통을 추구한 결과 일정한 사상적 발전이 이루어졌다고 본다. 마테오 리치의 『교우론』이나 명대 후기 양명학파의 주장과 비교할 때, 연암의 우정론은 다음과 같은 몇 가지 특징을 보여 준다.

우선, '벗이란 함께 살지 않는 아내요 핏줄을 같이하지 않은 형제'라든가, '벗의 죽음이 아내의 죽음보다 더 애통하다'고 한 연암의 발언은 가족 윤리보다 우정을 우선시한 점에서 전통적인 우정론의 한계를 상당히 넘어선 것이라 볼 수 있다. 여기에는 벗을 '제2의 나'로까지 강조한 『교우론』의 영향이 작용했을 것이다. 다만 연암은 하심은何心隱과 같은 명대 후기의 양명학자처럼 오륜 중에서 우정의 윤리가 가장 중요하다는 극단적인 우정 중시론[39]을 펴지는 않았다.

또한 연암은 이 세상을 함께 살아가는 '당세의 벗'을 구해야 한다고 역설했다. 전통적인 우정론에서는 당세에 벗 삼을 만한 사람이 없어 '천고의 옛사람을 벗 삼는다'(尙友千古)거나 '후세에 자기를 알아줄 사람을 기다린다'거나 '제 자신과 사귄다'(我與我周旋)는 식의 논의가 면면히 이어져 왔다. 연암은 이와 같은 고답적인 우정론을 비판하고, 바로 '지금 이 세상에서' 벗을 적극적으로 구하라고 한 것이다.[40] 이 역시,

---

38. 呂妙芬, 앞의 책, 318~324면 참조.
39. 容肇祖 편, 『何心隱集』, 「論友」; 呂妙芬, 위의 책, 321~322면 참조. 하심은의 극단적인 우정 중시론에 대해서는 李贄조차도 오륜 중에서 사륜을 버린 '偏枯'한 주장이라고 비판했다.(李贄, 『焚書』, 「何心隱論」)
40. 신활자본, 『연암집』 권3, 「회성원집발」. 이덕무도 앞서 언급한 「적언찬」의 제7수에서 "先民莫覿, 後賢難逮. 邈然無群, 我衷誰啓? 大有因緣, 幷生斯世. 藹接鬚眉, 洞暎心肺"라고

벗 없이는 결코 살 수 없으며 아무런 즐거움도 없다는『교우론』의 주장을 전제로 할 때 성립되는 논리라 할 수 있다.

하지만『교우론』에서는 연암처럼 반드시 당세에서 벗을 사귀라고는 하지 않았다. 옛 친구를 버리거나 잊지 말라(제48장, 제75장), 빈천해진 친구를 더욱 공경하라(제59장), 새로운 벗을 사귀려고 힘쓰라(제81장), 제 자신을 먼저 벗 삼으라(제86장)고만 했을 뿐이다. 그러므로 고답적인 우정론을 비판하고 당세의 벗을 구하라고 한 것은 어디까지나 연암의 독자적인 주장으로서, 복고주의 문풍을 비판하고 '지금 조선의 시를 쓰라'고 한 그 자신의 문학론[41]과도 상통하는 것이다.

뿐만 아니라 연암은 조선의 양반 사대부 간의 우정에 국한하지 않고, 신분과 화이華夷의 차별을 넘어선 우정을 추구했다.『방경각외전』의「민옹전」閔翁傳,「우상전」虞裳傳 등에서 그는 무반 출신의 재담꾼 민영감이나 역관 출신의 시인 이언진李彦瑱처럼 자신과 신분이 현격히 다른 인물들과의 우정을 감동적으로 그렸다. 또「회우록서」에서는 당파가 다르고 신분이 다르면 서로 벗이 될 수 없는 조선의 현실을 개탄하면서, 홍대용이 청국인 엄성 등과 화이의 구별을 초월하여 결교한 사실을 예찬했다. 그리고「회성원집발」에서는 청국인 곽집환과 비록 글을 통해서나마 당세의 벗이 되기를 열망했다. 실제로도 연암은 이덕무·유득공·박제가·서상수徐常修·이희경李喜經 등 서얼 출신 문사들과 절친하게 지낸 탓에 "사람을 가리지 않고 사귄다"(交不擇人)는 비난을

하여, 당세의 벗을 사귀어야 한다고 했다. 연암의 처숙 이양천과 절친했던 홍낙순도「二友贊」에서 '尙友千古' 대신 당세의 벗을 적극 사귀라고 하여 연암과 혹사한 우정관을 피력했다.(홍낙순,『大陵遺稿』御,『大陵雜書』권8) 홍낙순과 연암 간의 사상적 영향 관계를 상정해 볼 수 있다.

41. 신활자본,『연암집』권7,「嬰處稿序」.

받았다고 한다.[42] 1780년 중국 여행 중에는 열하와 북경에서 청국인 왕민호·유세기俞世琦 등과 깊은 우정을 맺기도 했다.[43]

그런데 마테오 리치의 『교우론』에서는 화이 차별은 물론, 신분 차별을 넘어선 우정을 논하지 않았다. 문명의 중심과 변방에 사는 사람 간에도, 귀족과 평민이나 노예 간에도 우정을 추구해야 한다는 말은 찾아볼 수 없다. 『교우론』에는 '벗'과 '원수'의 구별이 있을 따름이다.[44] 예컨대 벗과 원수는 음악과 소란騷亂의 관계와 같으니 하모니를 이루도록 노력하라(제10장), 벗이 원수가 되고 원수가 벗이 되기도 하니 우정도 믿기 어렵다(제13장), 책선하지 않는 벗은 해악을 끼치는 원수와 마찬가지다(제23장), 원수에게 복수하기보다는 은혜를 베풀어 그를 친구로 만드는 편이 낫다(제99장)[45]고 했을 뿐이다.

한편 명대 후기의 양명학자들은 강학과 강회를 통해 '천하의 훌륭한 선비들을 벗 삼는다'(友天下之善士)는 『맹자』 이래의 유가적 이상을 실천하고자 했다. 즉 향당鄕黨의 지역적 한계에서 벗어나 천하 사방을

---

42. 김윤조 역주, 『역주 과정록』, 태학사, 1997, 76~79면; 박희병 옮김, 『나의 아버지 박지원』, 돌베개, 1998, 57면.

43. 연암의 초기 필사본인 『燕巖散稿(二)』 중의 「天涯結鄰集」에는 북경 체류 중의 연암에게 청국인 馮秉健·單可玉·俞世琦 등이 보낸 편지가 수록되어 있어, 연암과 그들 간의 우정을 엿볼 수 있다.(본서 3부, 198~209면 참조)

44. 『교우론』에서 '友'라고 번역한 말은 고대 그리스어의 'philos'에 해당하는 것으로서, 원래 이는 좁은 의미의 벗뿐만 아니라 가족이나 동료 시민도 포함하여 자기와 절친한 사람을 두루 지칭하는 말이다. 따라서 그것과 짝이 되는 말은 'ekhthros'(원수)이다. 그런 연유로 『교우론』에서도 '벗/원수'의 대립항이 설정된 것이다.(David Konstan, *Friendship in the Classical World*, Cambridge University Press, 1997, p.12)

45. 이는 리디아의 왕 크레수스에게 그리스의 현자가 한 말인데, 원문 중 "……不如惠友而用恩, 俾仇爲友"에서 "惠友"는 "惠仇"의 오류로 판단된다.(方豪, 앞의 논문, 1870면)

두루 여행하며 적극적으로 학문적 동지를 구하고자 한 것이다.⁴⁶ 그러나 그들에게서도 신분 차별이나 화이 차별을 문제시한 우정 담론을 찾아보기는 힘들다. 이는 양명학자들의 강학 활동이 주로 사대부 권내에 국한되었으며, 그들 역시 중국이 곧 '천하'라고 보는 중국 중심주의에서 벗어나지 못한 때문일 것이다.

이렇게 볼 때 연암의 우정론은 『교우론』이나 양명학파의 한계를 넘어선 사상적 발전을 보여 준다고 하겠다. 연암이 신분 차별을 초월한 우정을 추구한 것은, 신분제 사회가 점차 해체되면서 장차 근대적인 시민 윤리가 태동할 것을 예감케 하는 선구적인 노력으로 평가할 수 있을 것이다. 『방경각외전』의 「예덕선생전」에서 보듯이, 그는 '엄행수'처럼 건실하게 살아가는 하층 민중과의 참된 우정을 염원했으며, 나아가 노비의 처지를 개선하도록 건의하고, 서얼 차별에 반대하는 상소문을 짓기도 했다.⁴⁷ 또한 연암이 화이 차별을 초월한 우정을 추구한 것은, 임壬·병丙 양란과 명·청 교체 이후 새로운 국제 질서가 모색되는 가운데 동아시아의 평화와 연대를 지향한 것으로 그 역사적 의미를 부여할 수 있으리라 본다. 연암을 비롯한 북학파는 청국인에 대한 종래의 배타적 자세에서 벗어나 그들과 동아시아 문명을 공유한 지식인으로서 참된 우정을 맺고 양국 간의 문화 교류를 활발히 추진하고자 했다. 이같은 노력은 동아시아의 평화에 나름으로 기여했을 뿐만 아니라, 후일 서양 열강의 진출에 맞서 국제적 연대를 추구할 때에도 아름다운 전통으로 호출되었다.⁴⁸

---

46. 呂妙芬, 앞의 책, 304~311면; Martin W. Huang, edit., op.cit., pp.149~154 참조.
47. 신활자본, 『연암집』 권2, 「賀三從姪宗岳拜相因論寺奴書」, 권3, 「擬請疏通庶孼疏」.
48. 김명호, 『환재 박규수 연구』, 창비, 2008, 361~452면 참조.

3. 염세주의 및 천주만물창조설 비판과 『천주실의』

(1) '호곡장론'과 염세주의 비판

『열하일기』「도강록」渡江錄 7월 8일자 기사의 전반부에서 연암은 동행인 정 진사를 상대로 요동 벌판이야말로 통곡하기에 좋은 장소라는 '호곡장론'好哭場論을 폈다. 여기에서 정 진사가 도대체 요동 벌판을 보고 어떤 감정이 격앙되었길래 통곡하려 하느냐고 묻자, 연암은 갓난아기가 태어나자마자 우는 까닭과 마찬가지라고 답한다.

> 갓난아이한테 물어보시오! 갓난아이가 처음 태어날 적에 어떤 감정을 느꼈겠소? 처음으로 해와 달을 보고, 다음으로 아빠 엄마를 보며, 친척들은 눈앞에 가득 모여 모두들 기뻐하고 즐거워하지요. 이와 같은 기쁨과 즐거움은 늙을 때까지 둘도 없으니, 슬픔이나 노여움이 있을 리 없고, 인정상 즐겁고 웃음이 나와야 할 텐데, 도리어 한없이 울부짖으며 분노와 원망이 속에 가득하오. 이는 아마도, 인간이란 신성한 제왕이든 어리석은 백성이든 예외 없이 죽게 마련이고, 살아있는 동안에는 실수나 죄를 저지르고 온갖 근심 걱정을 겪게 되니, <u>아이가 제가 태어</u>

난 것을 후회하고는 미리 스스로 통곡하며 애통해하는 것이라고 생각할 수도 있소.⁴⁹

여기에 제시된바 '갓난아기가 태어날 적에 우는 까닭은 인생을 미리 비관한 때문'이라는 염세적인 주장은 마테오 리치의 『천주실의』에서 기원한 것이다.

『천주실의』는 예수회 선교사 마테오 리치가 중국의 식자층을 천주교로 끌어들이기 위해 한문으로 저술한 천주교 입문서로, 1603년 북경에서 처음 간행되었다. 이후 중국 각지에서 여러 차례 간행되었으며, 한문 서학서 19종을 모은 총서인 『천학초함』(1628)에도 수록되었다. 조선에서도 『지봉유설』에 이미 거론되어 있을 정도로 일찍감치 소개되고 널리 읽혀, 성호星湖 이익李瀷은 그 책에 대해 논평한 「발천주실의」跋天主實義를 남기기도 했다. 하지만 정조 치세 후기에 천주교 문제가 불거지면서 『천주실의』는 집중적인 지탄을 받았고, 안정복安鼎福의 『천학문답』天學問答 등 천주교를 배척하는 벽사서류辟邪書類에서 비판의 주 대상이 되었다.⁵⁰

『천주실의』는 '중국 선비'(中士)와 '서양 선비'(西士)의 가상적인 문답으로 이루어져 있다. 그중 제3편 「사람의 영혼은 불멸하며 짐승과 크게 다름을 논함」(論人魂不滅 大異禽獸)에서 마테오 리치는 스콜라철학의 영혼론을 집중적으로 소개하면서 그에 앞서 현세의 고통에 대해 길

---

49. 신활자본, 『연암집』 권11, 『열하일기』, 「도강록」, "問之赤子! 赤子初生, 所感何情? 初見日月, 次見父母, 親戚滿前, 莫不歡悅. 如此喜樂, 至老無雙. 理無哀怒, 情應樂笑. 乃反無限啼叫, 忿恨殑中. 將謂人生神聖愚凡, 一例崩殂, 中間尤咎, 患憂百端. 兒悔其生, 先自哭弔."
50. 이원순, 앞의 책, 99~107면 참조.

게 논했다. 즉 제3편의 첫 부분에서 그는 중국 선비의 입을 빌려, 만물의 영장이라는 인간의 삶이 실은 짐승의 삶보다 더 고달프다고 주장했다. 짐승은 태어나면서 바로 자립할 수 있고 본능에 따라 욕구를 충족하며 여유 있게 사는 데 비해, 인간은 그렇지 못하다는 것이다.

> 사람이 태어날 때 어미는 고통을 맛보고, <u>모태에서 벗어난 갓난아기는 입을 열자 먼저 울어대니, 세상살이가 힘들다는 것을 이미 스스로 아는 것처럼 보입니다.</u> 처음 태어나면 약해서 걸음도 떼지 못하다가, 3년이 지나야 겨우 어미 품을 면하지요. 장년이 되면 저마다 사역을 당하니 고생스럽지 않은 일이 없습니다. 농부들은 사철 내내 농토에서 흙을 갈아엎고, 행상들은 여러 해 동안 산과 바다를 두루 건너며, 각종 장인들은 팔다리를 부지런히 움직이고, 선비들은 밤낮으로 정신을 쥐어짜지요. 이른바 "군자는 정신노동을 하고, 소인은 육체노동을 한다"는 것이 그 말입니다. 50년의 수명을 누리면 50년 동안 고통을 겪는 셈이지요. ……[51]

마테오 리치는 또한 서양 선비의 입을 빌려서, 근고近古의 어떤 나라에서는 "자식을 낳은 집이 있으면 친척과 벗들이 찾아와서 통곡하고

---

51. 李之藻 編, 앞의 책, 『천주실의』, 422면, "人之生也, 母嘗痛苦, <u>出胎赤身, 開口先哭, 似已自知生世之難.</u> 初生而弱, 步不能移, 三春之後, 方免懷抱. 壯則各有所役, 無不苦勞. 農夫四時, 反土于畎畝; 客旅經年, 徧度于山海; 百工勤動手足; 士人晝夜劇神殫思焉. 所謂: '君子勞心, 小人勞力'者也, 五旬之壽, 五旬之苦. ……."
인용문 중 "군자는 정신노동을 하고, 소인은 육체노동을 한다"(君子勞心, 小人勞力)는 것은 『좌전』, 襄公 9년 10월조에서 知武子(荀罃)가 한 말이다. 이와 유사하게, 『맹자』, 「滕文公」上에서도 "정신노동을 하는 자는 남을 다스리고, 육체노동을 하는 자는 남에게 다스림을 받는다"(勞心者治人, 勞力者治於人)고 했다.

조문하는데, 그 사람이 괴로운 세상에 태어났다고 해서 그런답니다"라고 했다. 반대로 초상이 났을 때에는 풍악을 울려 괴로운 세상을 떠난 것을 축하한다고 하면서, 이러한 그 나라의 예법은 "현세의 실정"에 통달한 것이라고 평했다.[52]

이와 같이 현세를 지극히 비관하는 『천주실의』의 염세주의는 연암과 교분이 있던 시인 이언진李彥瑱(1740~1766, 자 우상虞裳)에게도 다분히 영향을 끼쳤던 듯하다. 연암은 이언진의 요절을 애도하며 지은 「우상전」에서 그가 남긴 명시를 여러 편 소개했는데, 그중 「해람편」海覽篇을 보면 마테오 리치가 제작한 세계지도인 〈곤여만국전도〉坤輿萬國全圖를 거론하고 있음을 볼 수 있다. 즉 그 시에서 이언진은 "곤여坤輿(대지大地—인용자) 안에 만국은, 바둑알처럼 별처럼 벌여 있네"라고 하고, "지구에 대한 시비곡직과, 해도海島에 대한 갑론을박에 관해선, 서태西泰(마테오 리치의 자) 이마두利瑪竇가, 치밀하고 명쾌하게 밝혀 놓았네"라고 하여, 마테오 리치와 서학에 대한 지식을 드러냈다.[53]

---

52. 李之藻 編, 앞의 책, 『천주실의』, 426~427면, "凡有産子者, 親友共至其門, 哭而吊之, 爲其人之生于苦勞世也."
53. 신활자본, 『연암집』 권8, 「우상전」, "坤輿內萬國, 碁置而星列." "地毯之同異, 海島之甲乙, 西泰利瑪竇, 線織而刃割." 이언진의 유고집 『松穆舘燼餘稿』에는 "地毯之同異"가 "地毯之非是"로 되어 있다. "지구에 대한 시비곡직"은 서양의 地圓說과 중국의 天圓地方說이 대립을 가리킨다. "海島에 대한 갑론을박"은 대해에 떠 있는 대륙(大洲)을 일종의 '海島'로 본다면, 서양의 五大洲說과 불교의 四大部洲說의 대립을 가리키는 것이 아닐까 한다. 〈곤여만국전도〉 중의 해설에서 마테오 리치는 지원설과 오대주설을 소개하고 천원지방설과 사대부주설을 비판했다. (이 해설은 마테오 리치의 『乾坤體義』 상권에 「天地渾儀說」로 수록되어 있다.) 혹은 줄리오 알레니(艾儒略)의 『職方外紀』에서 전 세계의 海島에 관해 소개한 내용을 가리키는 것일 가능성도 있다. 「해람편」에서 이언진은 '思及'의 '圖說' 즉 세계지도를 갖춘 『직방외기』도 언급했다. '사급'은 줄리오 알레니의 字이다. (신호열·김명호 옮김, 앞의 책, 하, 206면 참조)

뿐만 아니라 이언진은 그의 시 「호동거실」衚衕居室에서 "아이가 태어나자마자 울어대니, 아빠도 엄마도 걱정일세. 병아리는 태어나자 쪼아먹어 젖 줄 필요 없고, 송아지는 태어나자 걸으니 안아 줄 필요 없는데"[54]라고 노래했다. 이는 바로 위에서 언급한 『천주실의』 제3편의 첫 부분에서 시상을 취하여 염세주의적 인생관을 피력한 것이다. 또한 이언진은 "조물주가 우리를 총애하사 사람으로 만드셨으니, 재배再拜하며 하늘과 땅에 감사드리네. 오만 가지 형상으로 우리 눈을 즐겁게 하고, 오만 가지 소리로 우리 귀를 즐겁게 하시네"[55]라고 노래했다. 이 역시 『천주실의』에서 시상을 취한 것이다. 『천주실의』의 제5편에서 마테오 리치는 불교의 살생 금지 계율을 비판하면서, 천주가 만물을 창조하신 것은 우리 인류가 이를 사용하도록 하기 위해서라고 주장했다. 그리고 "오색五色은 우리 눈을 즐겁게 하고, 오음五音은 우리 귀를 즐겁게 한다. ……"고 하면서, "따라서 우리는 항상 천주의 높으신 은혜에 감사하며, 항상 공손히 만물을 사용해야 한다"고 했다.[56]

---

54. "兒墮地便啼哭, 阿爸悶阿婆惱. 雞生啄不待乳, 犢生走不待抱." 여기에서 닭 '雞' 자는 송아지 '犢' 자와 대구를 이루고 있으므로, 병아리 '雛' 자의 오자가 아닌가 한다. 이 시는 『松穆舘燼餘稿』에 「衚衕居室」의 총 157수 중 제63수로 실려 있다. 박희병 평설, 『저항과 아만』, 개정판: 돌베개, 2012, 145면에는 「호동거실」의 총 170수 중 제42수로 소개하면서, "당시 시인은 한창 아이를 낳아 기를 때였다. ……병에 시달리던 젊은 시인은 애 키우기가 참 힘들었던 듯하다"라고 해설했다.
55. "造物寵我爲人, 再拜謝天謝地. 出萬象媚吾目, 有萬聲樂吾耳." 여기에서 '我'는 '나'가 아니라 '우리'(인류)로 번역되어야 온당할 것이다. 이 시는 『松穆舘燼餘稿』에 「衚衕居室」의 제84수로 실려 있다. 박희병 평설, 위의 책, 209~210면에서는 「호동거실」의 제74수로 소개하면서, 이 시가 "인간중심주의"를 드러낸 것으로, 이는 "이언진의 존재론과 관련이 있음이 분명하다. ……양명좌파적 사고의 귀결일 수도 있다"고 보았다.
56. 李之藻 編, 앞의 책, 『천주실의』, 505면, "五色悅我目, 五音娛我耳. ……故我當常感天主尊恩, 而時謹用之." 여기에서 '時' 자는 앞 구절의 '常' 자와 호응하므로 '時常'(항상)

이언진과 마찬가지로, 연암도 『천주실의』로부터 상당한 영향을 받았다. 그 영향은 앞서 인용한 '호곡장론'의 한 대목뿐만 아니라, 『열하일기』 중의 명문인 「호질」虎叱에서도 느낄 수 있다. 「호질」은 연암의 창작이기는 하지만,[57] 『맹자』·『주역』周易·『서경』書經·『시경』詩經·『예기』禮記·『사기』史記·『장자』莊子 등 고전들에 전거를 둔 표현으로 점철되어 있을뿐더러, 작품의 첫머리처럼 왕사정王士禎의 『향조필기』香祖筆記와 같은 근세의 저술을 인용한 부분도 있다.[58] 그런데 「호질」 중 범이 타락한 선비인 '북곽선생'을 상대로 인간의 부도덕성을 성토하는 대목 역시 『천주실의』를 전거의 하나로 삼은 것으로 보인다. 여기에서 범은, 도끼나 톱에 코가 베이고 발이 잘리거나 자자刺字를 한 죄인들로 넘쳐나는 세상과, 천재지변을 당해 서로 잡아먹고 수많은 전쟁을 벌여 서로 살상한 사례를 들어 인간을 규탄하는가 하면, 갖가지 칼과 창과 대포를

의 뜻으로 새겨야 온당할 것이다. 藍克實·胡國楨 譯註, 英譯 『天主實義』, 臺北: 利氏學社, 1985, 259면에서도 "constantly"라고 영역했다.
『천주실의』의 제2편에서도 "우주 안에는 우리 인간을 양육하기 위한 수단이 아닌 사물은 하나도 없다. 우리는 천지 만물의 은혜로운 주님께 감사해야 하며, 정성을 다해 존경해야 옳다"(宇宙之間, 無一物非所以育吾人者. 吾宜感其天地萬物之恩主, 加誠奉敬之, 可耳)고 했다. 이언진이 접했던 『직방외기』의 「自序」에서 알레니도 "조물주가 우리 인류를 세상에 살게 한 것은, 그들을 넓은 뜰로 나가게 하여 풍성한 잔치를 누리게 하고, 또한 노래하고 춤추는 쾌락을 즐기게 한 것과 같다"(造物主之生我人類於世也, 如進之大庭中, 令饗豐腆, 又娛歌舞之樂也)고 했다.(謝方 校釋, 『職方外紀校釋』, 北京: 中華書局, 1996, 1면)
57. 연구자 사이에 「호질」의 원작자에 관한 논란이 계속되어 왔지만, 유만주의 『흠영』을 보면 당대의 독자들은 이 작품을 연암의 전적인 창작으로 간주했음을 엿볼 수 있다.(유만주, 『흠영』 권6, 303면, 407~408면, 416면, 丙午[1786] 윤7월 26일, 11월 1일, 2일, 14일 조)
58. 「호질」의 첫 부분이 『향조필기』 권5 "虎爲西方猛獸……" 조를 인용한 사실은 李學堂, 「『열하일기』 중의 필담에 관한 연구」, 성균관대 석사논문, 2000, 27면; 정학성, 「「호질」에 대한 재성찰」, 『한국한문학연구』 40, 한국한문학회, 2007, 220~224면 참조.

만들고 붓대를 놀려 서로 공격하니 "잔혹하게 서로 잡아먹기로는 누가 너희들보다 심하겠느냐?"고 질타했다.[59]

이와 흡사하게 『천주실의』 제3편의 첫부분에서 '중국 선비'도 인간의 삶이 짐승의 삶보다 더 고달프다고 주장한 데 이어, 다음과 같이 동족 살상을 일삼는 인류를 성토했다.

우주 안에는 크고 작은 벌레나 짐승을 막론하고 모두 서로 동맹을 맺기나 한 듯이 마구 독한 도구를 써서 사람에게 능히 해를 끼치니, 한 치에 불과한 벌레도 9척의 거구를 충분히 해칩니다. 인류 중에도 또 서로 해치는 일이 있지요. 흉기를 만들어 사람의 손과 발을 자르고, 사람의 팔다리와 몸을 자르니, 제명에 죽지 못한 경우는 대개 사람들이 살육한 겁니다. 그런데도 지금 사람들은 옛날 무기가 예리하지 않다고 싫어해서, 더욱 흉악한 새것을 다시 만들려고 하지요. 그러므로 심지어 시체가 들판과 성을 가득 채우도록 살해를 멈추지 않습니다.[60]

이처럼 중국 선비가 현세에서 살아가는 고통을 호소하자, 마테오 리치는 서양 선비의 입을 빌려, 현세는 짐승들의 본거지라서 사람은 평생 고통스러울 수밖에 없으며, 또한 현세는 잠시 머무는 곳일 뿐이

---

59. 신활자본, 『연암집』 권12, 『열하일기』, 「호질」, "其相食之酷, 孰甚於汝乎?"
60. 李之藻 編, 앞의 책, 『천주실의』, 422~423면, "即宇宙之間, 不拘大小虫畜, 肆其毒具, 能爲人害, 如相盟詛, 不過一寸之虫, 足殘九尺之軀. 人類之中, 又有相害. 作爲凶器, 斷人手足, 截人肢體, 非命之死, 多是人戕. 今人猶嫌古之武器不利, 則更謀新者益凶. 故甚至盈野盈城, 殺伐無已." 본문 중 "盈野盈城, 殺伐無已"는 『맹자』 「離婁」 上의 "……爭地以戰, 殺人盈野; 爭城以戰, 殺人盈城"에서 유래한 표현이다.(송영배 외 5인 옮김, 『천주실의』, 서울대 출판부, 1999, 114면, 주5)

므로 사람은 그의 본집인 '후세'(내세)에 가야 영생을 누리게 된다고 역설했다.[61] 갓난아기가 태어날 적에 우는 까닭은 인생의 고달픔을 비관한 때문이라는 주장과 마찬가지로, 인류사를 잔인한 살상의 역사로만 보는 염세주의적 역사관 역시 현세를 부정하고 내세를 지향하는 천주교 교리에 기인한 것이다.

그러나 이언진이 「호동거실」 중의 시에서 『천주실의』의 염세주의적 인생관에 대해 전폭적인 공감을 드러냈다면, 연암은 『열하일기』 중의 '호곡장론'에서 이를 하나의 기발한 견해로 간주하면서도 비판하고 거부하는 논의로써 결론을 삼았다.

> 하지만 이것은 결코 갓난아이의 본심이 아니오. 아이가 막에 싸여 탯속에 있을 적에는 어둠 속에 갇혀서 얽매이고 짓눌리다가, 하루아침에 텅 비고 드넓은 데로 솟구쳐 나와, 손을 펴고 다리를 뻗게 되며 정신이 시원스레 트이니, 어찌 참된 목소리를 내질러서 감정을 남김 없이 한바탕 쏟아내지 않으리오![62]

즉 갓난아기가 태어날 적에 우는 진정한 이유는 슬픔 때문이 아니라 기쁨 때문이라는 것이다. 『천주실의』에서 주장하듯이 인생을 미리 비판해서가 결코 아니요, 오랫동안 탯속에 갇혀 지내다가 드넓은 세상으로 나오게 된 해방의 기쁨이 극에 달해 마침내 통곡으로 터져 나온 것이 갓난아기의 울음이라는 것이다. 이처럼 연암은 『천주실의』의 염

---

61. 李之藻 編, 위의 책, 『천주실의』, 427~428면.
62. 신활자본, 『연암집』 권11, 『열하일기』, 「도강록」, "此大非赤子本情. 兒胞居胎處, 蒙冥沌塞, 纏糾逼窄, 一朝迸出寥廓, 展手伸脚, 心意空闊, 如何不發出眞聲, 盡情一洩哉!"

세주의적 인생관을 비판하고, 요동 벌판처럼 드넓은 이 세상에서 자유롭게 살아가는 낙천주의적 인생관을 제시했다. 이는 천지자연이 만물을 "부단히 생육한다"(生生不息)고 보는 주자학의 '생생적'生生的 세계관에 바탕을 둔 것이라 할 수 있다. 그에 의하면 이 세상에는 '천리'天理가 구현되어 "솔개가 높이 날고 물고기가 뛰어오르듯이"(鳶飛魚躍) 만물은 각자의 본성을 실현하며 생기발랄하게 살아간다고 본다. 연암은 이와 같은 주자학의 '생생적' 세계관에 근거하여, 문학 창작에서 복고주의 문풍에 따른 고전의 모방과 상투적인 표현을 비판하고, 현실 세계의 부단한 변화·발전과 풍부한 다양성을 표현할 수 있는 '창신'創新을 강조했던 것이다.[63]

「호질」에서 연암이 범의 입을 빌려 인류를 성토한 것도『천주실의』의 염세주의에 동조해서가 아니라, 조선 후기 주자학의 한 분파로서 인성人性과 물성物性의 동일성을 강조한 낙론洛論의 주장에 기반을 둔 것이었다.[64] 그러므로 「호질」에서 연암은 "무릇 천하의 리理란 하나이다. 범이 실로 악하다면 인성도 악할 것이요, 인성이 선하다면 범의 본성도 선할 것이다", "하늘이 부여한 본성으로 보자면, 범이나 사람이나 만물의 하나일 뿐이다"라고 역설했다.[65]

---

63. 김명호,「연암 문학사상의 성격—주자 사상과 관련하여」,『박지원 문학 연구』, 성균관대 대동문화연구원, 2001, 160~162면 참조.
64. 낙론은 金昌協에서 비롯된 학설을 李柬(權尙夏의 제자)이 계승한 것이며, 이간의 주장을 李縡(김창협의 제자)와 朴弼周가 지지함으로써 '湖論'과 대립하는 독자적 학파를 이루었다. 연암의 학문을 지도한 장인 李輔天은 魚有鳳(김창협의 제자)의 사위로서 김창협의 학통을 계승한 학자였다. 박필주는 연암의 조부 朴弼均과 사촌 간으로 연암의 季父 朴師近을 양자로 들였다. 연암은 儒學으로 가문을 빛낸 선조로 박필주를 추앙했다.(신활자본,『연암집』권10,「輿族弟準源書」참조)
65. 신활자본,『연암집』권12,『열하일기』,「호질」, "夫天下之理, 一也. 虎誠惡也, 人性亦

(2) 「상기」와 천주만물창조설 비판

마테오 리치의 『교우론』의 영향을 논하며 살펴보았듯이, 연암은 어디까지나 주자학과 같은 전통적 사상 위에서 서학을 주체적으로 수용하고자 했다. 이와 마찬가지로 연암은 『천주실의』가 현세의 고통을 강조함으로써 인생의 어두운 일면에 대한 진실을 전하고 있음을 인정하면서도, 현세를 철저히 부정하는 염세주의적 인생관을 받아들이는 것은 거부했다. 서학에 대해 개방적 자세를 취하면서도 이를 무비판적으로 수용하지는 않았던 것이다.

그러므로 연암의 사상에 서학이 미친 영향을 간과해서는 안 되겠지만, 그와 동시에 주자학이 강고한 사상적 기반을 이루고 있는 점도 결코 간과해서는 안 될 것이다. 이는 『열하일기』 중의 또 하나의 명문인 「상기」象記에서도 확인할 수 있다. 여기에서 연암은 '하늘'(天)이 만물을 창조했다는 설을 풍자·비판했다.

> 아! 이 세상의 사물 중에 겨우 털끝만 한 미미한 것들조차 모두 하늘의 뜻에 따라 생겨난 것이라 일컫는다. 그러나 하늘이 어찌 일일이 그렇게 명령한 적이 있으랴?
> '하늘'이란 그 형체로써 말한 것이요, 성정性情(본성—인용자)으로 말하자면 '건'乾(강건剛健함)이요, 만물을 주재하는 점으로 말하자면 '상제'上帝요, 오묘하게 작용하는 점으로 말하자면 '신'神이라 한다. 명칭이 구구하고 너무 잡스럽다. 그래서 마침내 '리'理와 '기'氣를 용광로의 풀무(爐鞴)처럼 여기고, 명령을 선포하는 것이 조물주라 여겼다. 이는 하늘

惡也; 人性善, 則虎之性亦善也." "自天所命而視之, 則虎與人乃物之一也."

을 솜씨 좋은 장인으로 간주하는 셈이니, 하늘은 망치질하고 끌로 파고 도끼로 다듬느라 조금도 쉴 새가 없었을 터이다.

그러므로 『주역』에 이르기를, "하늘이 만물을 태초의 혼돈 속에서 만드셨다"(天造草昧)고 하였다. 여기에서 말하는 '태초의 혼돈'(草昧)이란 그 색깔이 시커멓고 그 형태가 흙비와 같다. 마치 장차 날이 샐락말락 할 때 사람인지 아닌지를 구별하지 못하는 상태나 마찬가지다. 하지만 나는 하늘이 시커먼 흙비 속에서 만들어 냈다는 것이 과연 무엇인지 모르겠다. 밀가루 음식을 만들어 파는 집에서 밀을 빻을 때 크고 작고 곱고 거친 밀가루들이 뒤섞여 땅에 흩어지니, 맷돌이 하는 일이란 회전하는 것뿐이다. 애당초 어찌 곱거나 거칠게 빻으려는 의도를 품은 적이 있으랴?[66]

여기에서, 하늘이 만물의 창조자로서 '솜씨 좋은 장인'과 같다고 한 설은 바로 『천주실의』 중의 천주에 관한 논의를 거론한 것이다. 앞서 언급한바 『교우론』을 인용한 「회성원집발」 등의 글에서 그러했듯이, 「상기」에서도 연암은 논의의 대상이 된 서학서의 존재를 문면에 드러내지 않았을 뿐이다.

『천주실의』의 수편首篇에서 마테오 리치는 토마스 아퀴나스의 논

---

66. 신활자본, 『연암집』 권14, 『열하일기』, 「상기」, "噫! 世間事物之微, 僅若毫末, 莫非稱天, 天何嘗一一命之哉? 以形體謂之天, 以性情謂之乾, 以主宰謂之帝, 以妙用謂之神, 號名多方, 稱謂太褻, 而乃以理氣爲爐鞴, 播賦爲造物. 是視天爲巧工而椎鑿斧斤, 不少間歇也. 故易曰: '天造草昧.' 草昧者, 其色皁而其形也霾, 譬如將曉未曉之時, 人物莫辨. 吾未知天於皁霾之中所造者, 果何物耶. 麪家磨麥, 細大精粗雜然撒地. 夫磨之功轉而已, 初何嘗有意於精粗哉?" 본문 중의 "爐鞴"(용광로의 풀무)가 『연암집』 중의 『열하일기』를 제외한 대다수의 『열하일기』 이본들에는 '造化'로 되어 있다.

증에 의거해서 천주가 우주 만물의 주재자主宰者일 뿐 아니라 창조자라고 주장했다.[67] 첫째, 누대樓臺나 가옥도 "공장의 손"(工匠之手)에 의해 완성되는데, 하물며 거대한 우주가 스스로 완성될 수는 없으니 그 제작자로서 천주가 반드시 있어야 한다. 둘째, 훌륭한 저택은 반드시 "솜씨 좋은 장인"(巧匠)이 지어야 하듯이, 우주 만물이 질서 있게 배치되어 순서와 법도가 있음은 천주가 그렇게 만들었기 때문이다. 셋째, 만물은 천주와 무관하게 자생하는 듯이 보이지만, 각기 그 종種의 시조에서 파생된 것으로 만물의 종의 시조들을 만든 분이 곧 천주이니, 이는 나무 그릇을 만든 것이 톱과 끌이 아니라 "장인"인 것과 같다. 여기에 덧붙여, 마테오 리치는 아리스토텔레스의 4원인설原因說[68]을 끌어와, 천주는 만물의 '작자'作者(운동인運動因)이자 '위자'爲者(목적인目的因)라고 주장하면서, 사람을 태우려는 목적을 가지고 수레를 제작한 장인에다 천주를 비유했다.[69]

이와 같이 마테오 리치는 천주가 만물의 창조자임을 논증하면서 거듭 '장인'의 비유를 들었다. 물론 「상기」에서 연암은 '천주'라 하지 않고 '하늘'이라고만 했으나, 이는 '천주'와 같은 뜻으로 쓴 것이다. 마테

---

67. 토마스 아퀴나스는 『신학대전』에서 「神 존재 증명의 다섯 가지 길」을 제시했다. 그런데 『천주실의』에서 마테오 리치는 그중 두 번째, 만물은 그 자신의 원인이 될 수 없으므로 신은 원인들의 연쇄를 낳은 최초의 원인이라는 '인과론적 논증'과, 다섯 번째, 만물은 고유한 목적에 따라 질서를 이루고 있으므로 신은 궁극적 목적을 가지고 만물을 창조한 우주의 설계자라는 '목적론적 논증'을 활용해서, 천주가 우주의 창조자라고 주장했다.(김선희, 「중세 기독교적 세계관의 유교적 변용에 관한 연구」, 이화여대 박사논문, 2007, 98~106면 참조)
68. 아리스토텔레스에 의하면 만물에는 質料因, 形相因, 運動因, 目的因의 네 가지 원인이 있다. 『천주실의』에서는 이를 각각 '質者', '模者', '作者', '爲者'로 표현했다.
69. 李之藻 編, 앞의 책, 『천주실의』, 384~392면; 송영배 외 5인 옮김, 앞의 책, 49~61면.

오 리치는 『천주실의』에서 '천주'는 서양어 'Deus'(陡斯)의 번역어로, 유가 경전에서 말하는 '상제'와 동의어이며, 만약 '천'을 물리적인 자연이 아니라 '상제'로 이해한다면 '천'을 공경해도 좋다고 했다. 그리고 '천'은 '일'一과 '대'大의 뜻을 합친 회의자會意字라고 하여,[70] 천주가 지고무상한 존재임을 표현한 말이라고 암시했다. 요컨대 '천주' 대신 '상제'나 '천'이라는 명칭을 쓸 수도 있다고 했다.[71]

「상기」에서 연암은 이러한 '천'의 만물창조설을 논박하고자 정자程子와 주자朱子의 설을 끌어왔다. 우선, 「상기」에서 "하늘이란 그 형체로써 말한 것이요, 성정으로 말하자면 '건'이요, 만물을 주재하는 점으로 말하자면 '상제'요, 오묘하게 작용하는 점으로 말하자면 '신'이라 한다"는 구절은 바로 정자가 한 말로서,[72] 『천주실의』에도 인용되어 있다. 즉 『천주실의』의 제2편에서 중국 선비가 말하기를, 유가 경전에 대한 주자의 주석에서는 '제'帝는 '천'이고 '천'은 '리'理라고 풀이했으며, 정자(정이程頤)는 "형체로써 말하자면 '하늘'이요, 만물을 주재하는 점으로 말하자면 '상제'요, 성정으로 말하자면 '건'이다"라고 더욱 자상하게 해설했다고 하였다.[73]

---

70. 李之藻 編, 위의 책, 『천주실의』, 381면, 415면, 417면; 송영배 외 5인 옮김, 위의 책, 45면, 99면, 104면. '천' 자에 대한 마테오 리치의 풀이는 『설문해자』에 의거한 것이다.
71. 그러나 1704년 교황 클레멘트 11세는 칙령을 내려 천주를 '천'이나 '상제'로 부르지 못하게 했다. 따라서 그 이후에 간행된 『천주실의』에는 '천'과 '상제' 등의 글자가 제거되었다.(徐宗澤 編, 『明淸間耶蘇會士譯著提要』, 中華書局, 1989, 144면)
72. 程頤, 『伊川易傳』 권1, 「周易上經」, "夫天, 專言之則道也. 天且弗違, 是也. 分而言之, 則以形體謂之天, 以主宰謂之帝, 以功用謂之鬼神, 以妙用謂之神, 以性情謂之乾."; 楊時 撰, 『二程粹言』 卷下, "或問天帝之異. 子曰: '以形體謂之天, 以主宰謂之帝, 以至妙謂之神, 以功用謂之鬼神, 以性情謂之乾. 其實一而已. 所自而名之者, 異也. 夫天, 專言之則道也.'"
73. 李之藻 編, 앞의 책, 『천주실의』, 416~417면, "程子更加詳曰: '以形體謂天, 以主宰謂帝, 以性情謂乾.'"(송영배 외 5인 옮김, 앞의 책, 103~104면 참조)

그런데 연암은 이처럼 종래 유가에서 '하늘'을 '건', '상제', '신' 등으로 잡다하게 지칭한 까닭에, '리'와 '기'를 도구 삼아 만물을 만든 조물주로서의 '하늘'설이 나오게 된 것이라고 보았다.[74] 하지만 이는 '하늘'을 '솜씨 좋은 장인'으로 간주하는 셈으로, 그렇다면 '하늘'은 만물을 일일이 만들어 내느라고 무척이나 바빴을 것이라고 풍자했다.

또한 연암은 "하늘이 만물을 태초의 혼돈 속에서 만들었다"는 『주역』 준괘屯卦의 구절을 들어, 하늘이 일정한 목적 하에 만물을 질서 있게 창조했다는 설을 반박했다. 그리고 이를 뒷받침하기 위해 '맷돌'의 비유를 들었다. 맷돌로 간 밀가루들이 고르지 않듯이, 만물은 스스로 운동하여 무작위적으로 생성되었을 뿐, 하늘의 의도에 따라 질서 있게 창조되지는 않았다는 것이다.

여기서 연암이 든 맷돌의 비유 역시 정자와 주자의 설을 따른 것이다. 주자는 말하기를, "조화의 운행은 맷돌의 위짝이 항상 회전하며 중지하지 않는 것과 같고, 만물의 생성은 맷돌에서 흩어져 나오는 곡식에 거친 것도 있고 고운 것도 있어서 당연히 고르지 않은 것과 유사하다"고 했다.[75] 그보다 앞서 정자도 다음과 같이 말한 적이 있다.

---

74. 주자학에서 '天'의 개념이 물리적 측면과 도덕적 측면의 다양한 의미를 지니고 있는 점에 대해서는 김영식, 『주희의 자연철학』, 서울대출판부, 183~193면 참조. 한편 『천주실의』의 제2편에서는 '太極' 또는 '理'를 만물의 근원으로 보는 주자학설을 논박했고, 제4편에서는 만물이 '氣'로써 만들어진다는 설을 논박했다. 아리스토텔레스의 4원인설에 의거한다면, '理'와 '氣'는 각각 形相因과 質料因에 해당하며, 따라서 만물에 내재한 원인에 불과하다. 그러나 천주는 만물의 運動因이자 目的因으로서, 만물을 초월한 최초의 원인(제1원인; 원인 없는 원인)이다. 이런 논리에서 보자면 천주는 理와 氣를 도구 삼아 만물을 창조한다고 볼 수 있다.

75. 朱熹, 『朱子語類』, 북경: 中華書局, 1983, 제1책, 8면, "造化之運如磨, 上面常轉而不止, 萬物之生, 似磨中撒出, 有粗有細, 自是不齊."
또 주자는 '游氣'(만물을 생성하는 氣)에 대해서 "흡사 밀가루를 만드는 맷돌과 닮았다. 맷

'천지 중의 음양陰陽의 변화는 곧 두 짝(위짝과 아래짝—인용자)의 맷돌과 같다. 상승하다가 하강하고, 가득 차다가 텅 비고, 강하다가 부드러워지기를 애당초 그친 적이 없다. 양陽은 가득 차고, 음陰은 항상 이지러진다. 그러므로 곧 고르지 않다. 예를 들면 맷돌이 움직이는데 톱니 부분이 모두 고르지 않고, 그 부분이 고르지 않다 보니 오만 가지 변화를 산출하는 것과 같다. 그러므로 만물이 고르지 않은 것이 만물의 실정이다. 그런데도 장주莊周는 만물을 고르게 보도록 강요했다. 그러나 만물은 끝내 고르지 않다.[76]

이상에서 알 수 있듯이, 연암은 『천주실의』의 천주론을 비판하기 위해 주자학설에 의거했다. 『천주실의』에서 만물을 창조한 천주를 '솜씨 좋은 장인'으로 비유한 데 맞서, 연암은 만물을 생육하는 천지자연을 '맷돌'에 비유하며, 만물이 특정한 목적에 따라 제작된 것이 아니라 무질서하게 자연적으로 발생했다고 주장한 것이다. 위에서 인용한 정자의 말에 드러나 있듯이 주자학파에서 맷돌의 비유를 들어 만물이 불균등하게 생성되었다고 주장한 것은, 『장자』의 「제물론」齊物論에서 주

돌의 네 변이 마음대로 층층이 가루를 뿌려대는 것은 마치 천지의 氣가 끊임없이 運轉해서 마음대로 층층이 사람과 사물을 만들어 내는 것과 같다. 그중에는 거친 것도 있고 고운 것도 있다. 그러므로 사람과 사물에는 편벽된 것도 있고 올바른 것도 있으며, 정밀한 것도 있고 거친 것도 있다"(正如麨磨相似. 其四邊只管層層撒出, 正如天地之氣, 運轉無已, 只管層層生出人物. 其中有麤有細. 故人物有偏有正, 有精有粗. 朱熹, 위의 책, 제7책, 2507면)고 했다.
76. 程顥·程頤, 『二程遺書』 권2(上); 『二程集』, 北京: 中華書局, 1983, 제1책, 32~33면, "天地陰陽之變, 便如二扇之磨. 升降盈虛剛柔, 初未嘗停息. 陽常盈, 陰常虧. 故便不齊. 譬如磨旣行, 齒都不齊; 旣不齊, 便生出萬變. 故物之不齊, 物之情也, 而莊周强要齊物. 然而物終不齊也." '升降', '盈虛', '剛柔'는 모두 『주역』의 괘 풀이에서 만물의 변화를 설명할 때 즐겨 구사하는 표현이다.

장한 바 만물을 동등하게 보는 도가의 상대주의적 세계관을 비판하기 위해서였다.[77] 「상기」에서 연암은 도가의 '만물제일'萬物齊一론에 맞서 '만물부제'萬物不齊론을 주장한 주자학설을 서학에 대한 비판의 논리로 활용했던 것이다.[78]

연암은 서학뿐만 아니라 도가나 불교에 대해서도 개방적인 자세를 취했지만, 어느 경우든 자신의 사상적 기반으로서 주자학을 떠난 적은 없다. 이 점은 『열하일기』 「산장잡기」山莊雜記 편에 「상기」와 함께 수록되어 있는 「일야구도하기」一夜九渡河記를 통해서도 확인할 수 있다. 여기에서 연암은 한밤중에 위험한 강물을 아홉 번이나 건너야 했던 경험을 통해 얻은 정신적 깨달음을 이렇게 설파했다.

나는 이제야 도를 깨달았도다! 마음을 차분히 다스린 사람에게는 귀와 눈이 누를 끼치지 못하지만, 제 귀와 눈만 믿는 사람에게는 보고 듣는

---

77. 또한 『二程遺書』 권2(上)에서 정자(程顥)는 "만사에는 善도 있고 惡도 있으니 모두 천리이다. 천리 중의 만물에는 반드시 美와 惡이 있다. 대개 만물이 고르지 않는 것이 만물의 실정이기 때문이다. 다만 그것을 성찰해야 하며, 악에 빠져들고 一物에 쏠려서는 안 된다"(事有善有惡, 皆天理也. 天理中物, 須有美惡. 蓋物之不齊, 物之情也. 但當察之, 不可入於惡, 流於一物)고 했다.(程顥·程頤, 『二程集』, 北京: 中華書局, 1983, 제1책, 17면) 이 역시, 선과 악은 어디까지나 상대적·주관적이라고 보는 도가를 비판한 발언으로 해석될 수 있다.

78. 토마스 아퀴나스의 논증에 의거한 '천주만물창조설'의 문제점은 일단 논외로 하더라도, 그에 대한 연암의 비판에도 문제점이 없는 것은 아니다. 『천주실의』에서는 천주가 만물의 각각의 種들의 시조를 창조했을 뿐이고 그 이후로 만물들은 자생한다고 보았으므로, 천주가 만물을 일일이 창조하느라고 바빴을 것이라는 연암의 풍자는 마테오 리치의 주장을 부정확하게 파악한 셈이다. 또 '맷돌'의 비유도 '집 짓는 장인'의 비유 못지않게 반격을 받을 수 있는 허점이 있다. 맷돌은 자동으로 회전하지 않으므로, 그것을 만들고 움직이는 더욱 궁극적인 주체(천주)를 상정할 수 있기 때문이다.

3. 염세주의 및 천주만물창조설 비판과 『천주실의』

것이 자세하면 할수록 병폐가 되는 법이다. 방금 내 마부가 말에게 발을 밟혔으므로, 뒤따라오는 수레에 그를 태웠다. 그러고 나서 말의 굴레를 풀어 주고 말을 강물에 둥둥 뜨게 한 채로, 두 무릎을 바짝 오그리고 발을 모두어 말안장 위에 앉았다. 한 번 추락했다 하면 바로 강이다. 나는 강을 대지처럼 여기고, 강을 내 옷처럼 여기고, 강을 내 몸처럼 여기고, 강을 내 성정(본성－인용자)처럼 여겼다. 그리하여 마음속으로 한번 추락할 것을 각오하자, 나의 귓속에서 마침내 강물 소리가 없어지고 말았다. 그리고 무려 아홉 번이나 강을 건너는 데도 아무런 걱정이 없어, 마치 안석 위에 앉거나 누워서 지내는 듯했다.

옛적에 우禹임금이 강을 건너는데, 황룡黃龍이 배를 등에 업는 바람에 몹시 위험했다. 그러나 죽고 사는 문제에 대한 판단이 먼저 마음속에 분명해지자, 용이든 도마뱀붙이든 그의 앞에서는 대소를 논할 것이 못 되었다.[79] 이천伊川(정이程頤) 선생이 부강涪江을 배로 건널 때에도 이와 같았을 따름이다. 그리고 순舜은 광대한 산림에 들어갔을 때 폭풍과 뇌우에도 미혹되지 않았으니, 이는 다름이 아니라 그것에 몸을 맡긴 때문이었다.[80]

---

79. 이는 『淮南子』「精神訓」에 나오는 고사이다. 우임금은 남쪽 지방을 순시하던 중 그같은 위험에 직면했는데도 태연히 웃으며, "삶이란 잠시 더부살이하는 것이요, 죽음이란 본래 상태로 돌아가는 것이다"라고 말하면서 용을 도마뱀붙이처럼 여기자, 그 기세에 눌려 용이 달아났다고 한다.

80. 『열하일기』,「일야구도하기」, 단국대 연민문고 소장 일재본, 上; 수당본, 제5책; 다백운루본, 제6책, "吾乃今知夫道矣! 冥心者, 耳目不爲之累, 信耳目者, 視聽彌審而彌爲之病焉. 今吾控夫, 足爲馬所踐, 則載之後車. 遂縱鞚浮河, 攣膝聚足於鞍上, 一墜則河也. 以河爲地, 以河爲衣, 以河爲身, 以河爲性情. 於是心判一墜, 吾耳中遂無河聲. 凡九渡無虞, 如坐臥起居於几席之上. 昔禹渡河, 黃龍負舟, 至危也. 然而死生之辨, 先明於心, 則龍與蝘蜓, 不足大小於前也. 伊川先生之渡涪, 若是而已矣. 舜入于大麓, 烈風雷雨不迷, 此無他, 任之也." 부강은 四川省의 岷山에서 발원하여 重慶에서 嘉陵江과 합류하는 강이다. 순의 고사는 『서

여기에서 연암은 "마음을 차분히 다스린 사람" 즉 "명심자"冥心者 만이 도를 깨달을 수 있다고 주장하고 있다. 하지만 이 '명심'冥心이라는 핵심어가 구체적으로 무엇을 뜻하는지에 관해서는 지금까지 해석이 구구하다.[81] 이 문제를 해결하기 위한 단서는 위의 인용문 중 밑줄 친 부분에서 찾을 수 있다. 이는 연암이 '명심'의 경지를 설명하기 위해 중국 고사를 끌어온 단락의 뒷부분인데, 우임금의 고사에 이어서 정자와 순의 고사를 인용하고 있다. 단 이 대목은 필자가 검토한 바에 의하면, 단국대 연민문고 소장 연암 관련 문헌들 중에서 일재본一齋本, 수당본綏堂本, 다백운루본多白雲樓本 등 『열하일기』의 초기 필사본 몇 종에만 보존되어 있다.[82]

여기에서 주목할 것은 연암이 정자의 고사를 인용한 점이다. 그 고사에 의하면, 정자가 부주涪州(사천성四川省)로 좌천되어 강을 건널 때 배가 전복될 듯하여 배에 탄 사람들이 모두 소리치며 통곡했다. 그러나

경』, 「舜典」과 『사기』 「五帝本紀」, 그리고 『회남자』 「泰族訓」 등에 나온다. 원문 중의 '大麓'에 대해 경학가들은 대체로 '大錄(萬機之政)'으로 해석했으나, 사마천이나 『회남자』를 주석한 高誘는 이를 '山麓'으로 해석하고 요임금이 순을 시험하기 위해 그러한 험지로 몰아넣었다고 보았다.

81. '감성 인식'의 한계를 넘어선 '이성 인식'이라는 설(임형택, 「朴燕巖의 인식론과 미의식」, 『한국한문학연구』 11, 한국한문학연구회, 1988, 18~23면), "선입견과 감각적 인식에 좌우되지 않는 주체적인 시고"라는 설(김명호, 『열하일기 연구』, 창작과비평사, 1990, 135면), 『장자』에서 연원한 主客合一, 物我一體의 심경이라는 설(박희병, 「연암사상에 있어서 언어와 冥心」, 논문집간행위원회 편, 『한국의 경학과 한문학』, 태학사, 1996, 662~663면), 「華山記」에 나타난 袁宏道의 사유 방식에 공감한 결과로서 "마음의 영활성을 회복시키"는 것이라는 설(심경호, 「조선 후기 한문학과 袁宏道」, 『한국한문학연구』 34, 한국한문학회, 2004, 141~143면) 등이 있다.

82. 『雜錄(下)』에는 이 대목이 먹으로 지워져 있다.(『잡록(하)』, 단국대 동양학연구원, 연민문고 소장 연암박지원작품필사본총서 3, 문예원, 2012, 310면)

그만은 평소처럼 옷깃을 반듯이 여미고 단정하게 앉아 있었으므로, 누군가가 어떻게 그럴 수 있었는가 하고 묻자, 정자는 "마음에 성誠과 경敬을 보존했을 뿐이오"(心存誠敬耳)라고 답했다고 한다.[83] 즉 정자는 '한사존성'閑邪存誠하고 '거경집의'居敬集義하는 평소의 수양법으로써 마음을 차분히 다스렸을 뿐이라는 것이다.

「일야구도하기」의 초고에서 연암은 '명심'의 경지를 설명하기 위해 우임금과 정자와 순의 고사를 인용했다. 하지만 정자의 고사는 배가 전복될 뻔한 위기를 태연하게 극복했다는 점에서 우임금 고사와 아주 흡사하다. 또 순은 요堯—순舜—우禹로 계통이 이어지는 인물이므로 그의 고사는 우임금 고사와 유사한 내용을 반복하는 느낌을 줄뿐더러 강을 건널 때 겪은 위기와도 무관하다. 아마도 이런 이유로 연암은 글을 더욱 간결하게 다듬고자 정자와 순의 고사를 인용한 대목을 삭제했으리라 짐작되지만, 그 결과 이 글에서 연암이 말한 '명심'의 사상적 연원이 실은 주자학에 있음을 알아차리기 힘들게 된 것이다.

---

83. 이 고사는 邵伯溫, 『聞見錄』 권19; 『二程外書』 권12, 「傳聞雜記」; 『性理大全書』 권39, 諸儒 1, 「程子」; 『古今事文類聚』 前集 권17, 「心存誠敬」; 『山堂肆考』 권20, 「舟中危坐」; 『丹鉛總錄』, 권10, 「蜀之隱逸」 등 여러 문헌에 기록되어 있다. 한편 홍낙순은 丹陵 李胤永(자 胤之)이 바다에서 표류할 때 지은 시들에 대해 써 준 서문에서 연암의 「일야구도하기」와 마찬가지로, 순의 고사와 우임금의 고사에 이어 정자의 고사를 인용했다. 즉 "舜不迷於大麓雷雨, 禹視負舟之龍如鼴鼪, ……叔子涪江, 整襟危坐"라고 했다.(홍낙순, 『大陵遺稿』禮, 『大陵雜書』 권1, 「李胤之浮海詩序」) 연암은 홍낙순의 이 글을 읽었을 가능성이 있다.

4. '경계'의 철학과 『기하원본』

(1) '도강논도'와 『기하원본』

연암은 마테오 리치의 『교우론』과 『천주실의』뿐 아니라 『기하원본』도 읽고 그로부터 영향을 받았던 듯하다. 『열하일기』「도강록」의 첫머리인 6월 24일자 기사를 보면, 연암이 압록강을 건너며 수역 홍명복洪命福을 상대로 '도'를 논하는 대목이 있다. 깊은 철리를 함축하고 있어 이해하기 쉽지 않은 대목이다. 바로 이 '도강논도'渡江論道 대목에서 그는 '태서인'泰西人(서양인)의 주장이라고만 하고 책 이름을 밝히지는 않은 채 『기하원본』의 일부 내용을 거론하고 있다.

내가 홍명복 군(수역-원구)에게 말했다.
"그대는 도를 아는가?"
그러자 홍이 공수拱手(공경을 표하기 위해 두 손을 맞잡음-인용자)하며 말했다.
"오호라, 이 무슨 말씀이신지요?"
"도는 알기 어렵지 않네. 단지 저쪽 강 언덕에 있지."

"이른바 '앞장서 강 언덕에 오르라'(誕先登岸)는 뜻입니까?"

"그걸 말한 게 아닐세. 이 강은 바로 저들(청나라)과 우리가 경계를 접하고 있는 곳(交界處)으로서, 언덕이 아니면 강물이지. 이 세상의 모든 윤리와 물리는 강물이 언덕과 경계를 접하고 있는 것과 같네. 도는 딴 데서 구할 게 아니라, 바로 그 경계에 있네."

"무슨 말씀인지 감히 여쭙습니다."

"① 인심人心은 위태롭고, 도심道心은 은미隱微하네. ②<u>서양인은 기하 도형의 한 획을 분별하여 하나의 선으로 비유했으나, 그것의 은미함을 충분히 표현할 수 없자 '빛이 비친 부분과 비치지 않은 부분의 경계'라고 설명했지.</u> ③또한 부처는 그에 대하여, "하나인 것도 아니고 분리된 것도 아니다"(不卽不離)라고 했네. ④그러므로 그 경계에 잘 대처하는 것은 도를 아는 사람만이 할 수 있나니, 정鄭나라의 자산子産이 바로 그런 사람이지."(숫자와 밑줄—인용자)[84]

---

84. 신활자본, 『연암집』 권11, 『열하일기』, 「도강록」, "余謂洪君命福(首譯)曰: "君知道乎?" 洪拱曰: "惡! 是何言也?" 余曰: "道不難知. 惟在彼岸." 洪曰: "所謂誕先登岸耶?" 余曰: "非此之謂也. 此江乃彼我交界處也, 非岸則水. 凡天下民彛物則, 如水之際岸. 道不他求, 卽在其際. 洪曰: "敢問何謂也." 余曰: "人心惟危, 道心惟微. 泰西人辨幾何一畫, 以一線諭之, <u>不足以盡其微, 則曰: '有光無光之際'.</u> 乃佛氏臨之曰: '不卽不離.' 故善處其際, 惟知道者能之, 鄭之子産."

인용문 말미의 '鄭之子産'을 서술부가 없는 불완전한 문장으로 간주하고, 연암이 미처 말을 마치기도 전에 배가 건너편 강 언덕에 도착한 까닭에 그와 같이 표현한 것으로 해석하기도 한다.(김혈조 역, 『열하일기』, 돌베개, 2009, 제1권, 40면에 "정鄭나라 자산子産이란 사람이……"라고 번역되어 있다.) 또 연암은 당시의 실제 상황이 그러했을뿐더러 독자들의 상상력을 불러일으키고자 의도적으로 그처럼 표현했을 것이라 추측하기도 한다.(김혈조, 「연암 散文에서 문자 운용의 몇 가지 특징」, 『대동한문학』 20, 대동한문학회, 2004, 271~272면, 주20) 하지만 과연 '鄭之子産'이 중도에 그친 말이라면, 그다음에 '言未訖'(말을 미처 마치기도 전에)과 같은 문장이 첨가되어야 온당할 것이다. 뿐만 아니라 『열하일기』 이본들을 살펴보면, 이 구절에는 아무런 수정이 가해지지 않았다. 다만 단국대 연민문고 소장,

위의 인용문에서 밑줄친 부분은 『기하원본』의 내용을 거론한 것이다. 즉 『기하원본』 제1권의 권수卷首에서 평면기하학의 기본 단위인 '점'과 '선'과 '면'을 차례로 정의하는 가운데, "선은 길이만 있고 폭은 없는 것이다"(線有長無廣)라는 '선'에 대한 유클리드의 정의에 덧붙인 주해 중에서, "시험 삼아 한 평면에 빛을 비추면, 빛이 비친 부분과 비치지 않은 부분의 경계에는 어느 것 하나도 허용되지 않는다. 이것이 선이다"(試如一平面, 光照之, 有光無光之間, 不容一物. 是線也)라고 한 구절의 일부를 인용한 것이다.[85]

그런데 이처럼 연암이 '도'를 논하면서 굳이 서학서인 『기하원본』을 거론한 까닭은 무엇인가. 우선 대화의 상대인 홍명복은 '저쪽 강 언덕에 도가 있다'는 연암의 뜬금없는 주장에 대해 "이른바 '앞장서 강 언덕에 오르라'(誕先登岸)는 뜻입니까?"라고 응수했다. 여기에서 홍명복이 인용한 구절은 『시경』 대아大雅 「황의」皇矣에 나온다. 「황의」는 주周나라의 건국 시조들을 예찬한 노래로서, "앞장서 강 언덕에 오르라"(誕先登岸)는 천제天帝가 주나라 문왕文王에게 밀수국密須國에 대한 정벌을 명하면서 한 말이라 한다. 종래 이 구절에 대한 해석은 매우 구구한데, 주자는 '인욕人欲에 휩쓸리지 말고, 도의 지극한 경지에 가장 먼저 도달하라'고 훈계한 뜻으로 해석했다. 이는 도의 실천을 강 건너는 일에 비

『杏溪雜錄(3)』에서 "洪君命福(首譯)"이 "洪僉樞曰(名命福, 行中一堂上)"으로 되어 있고, 『행계잡록(1)』과 『행계잡록(3)』, 그리고 충남대본 『열하일기』 등에서 "洪拱曰"이 "洪曰"로 되어 있을 따름이다. 즉 『행계잡록』 이외의 대다수 이본들에는 홍명복의 위상을 조금 격하하는 쪽으로 미세한 수정이 가해져 있을 뿐이다. 그러므로 본고에서는 가급적 원문을 존중하여 해석하고자 한다.

85. 구만옥, 「마테오 리치 이후 서양 수학에 대한 조선 지식인의 반응」, 『한국실학연구』 20, 한국실학학회, 2010. 309~310면 참조. 연암은 "有光無光之間"을 "有光無光之際"로 바꾸어 인용했으나, 뜻은 똑같다.

유한 말로 보고, '강 언덕'을 '도의 지극한 경지'로 풀이한 것이다.[86]

홍명복은 비록 신분이 낮은 역관이지만, 『시경』과 그에 대한 주자의 해석에 의거해서 즉각 응수할 수 있을 정도로 학문적 소양을 갖춘 인물이다.[87] 또 그의 말투는 "오호라, 이 무슨 말씀이신지요"(惡! 是何言也), "무슨 말씀인지 감히 여쭙습니다"(敢問何謂也)라고 하여, 『맹자』에서 보는 바 맹자와 그 제자 간의 문답체를 취하고 있다.[88] 이와 같이 진지한 철학적 대화에서 연암은 홍명복의 전형적인 주자학적 발상을 뛰어넘어, 청과 조선의 국경인 압록강을 건너면서 느낀 자신의 심오한 생각을 설명하고자 애쓴다. 모든 도덕 법칙과 물리 법칙을 포괄하는 '도'[89]는 대립물의 어느 한쪽이 아니라 양자의 경계에서 찾아야 함을 양국의 경계인 압록강을 건너며 깨달았다는 것이다.

이어서 연암은 홍명복의 요청에 따라 자신의 생각을 더욱 자세히 설명하기 위한 방편으로, 사상적 원천을 달리하는 명제들을 잇달아 제시했다. 첫 번째 명제인 ①은 『서경』「대우모」大禹謨 중의 유명한 '인심도심'人心道心 장에서 인용한 것이다. 그런데 연암은 처음 두 구절만 인용하고, 압록강을 건너며 얻은 자신의 깨달음과 이 구절이 어떻게 연

---

86. 胡廣等 撰, 『詩傳大全』 권16, 大雅, 「皇矣」, "岸, 道之極至處也. ……人心有所畔援, 有所歆羨, 則溺於人欲之流而不能自濟. 文王無是二者. 故獨能先知先覺, 以造道之極至. 蓋天實命之, 而非人力之所及也.", "慶源輔氏曰: '……誕先登于岸, 以涉水爲譬也.'"
87. 홍명복은 1733년생으로, 연암보다 4살 연상이다. 1753년 漢學(중국어)으로 譯科에 급제한 뒤 燕行에 오랫동안 종사하고 堂上官에 오른 유능한 역관이었다. 연암의 연행에 앞서 홍대용의 연행(1765)이나 이덕무의 연행(1778)에도 동행한 바 있다. 홍대용은 그가 몹시 총명하다고 했다.(홍대용, 『燕記』, 「劉鮑問答」) 저서로 중국어·만주어·몽골어·일본어를 한글로 표기한 『方言集釋』이 있고, 만주어 사전인 『漢淸文鑑』 편찬에도 관여했다.
88. 『맹자』, 「公孫丑」上, "敢問何謂浩然之氣." "惡! 是何言也?"
89. 이는 주자학에서 말하는 '도'의 개념이다. 주자학에서는 인간 사회의 도덕 법칙을 자연계까지 확대 적용함으로써 倫理와 物理를 하나로 통합하고 있다.

결되는지에 대해서는 아무런 설명을 더하지 않았다.

주지하다시피, "인심은 위태롭고 도심은 은미하니, 정밀하고 전일專一해야 진실로 그 중中을 잡으리라"(人心惟危, 道心惟微, 惟精惟一, 允執厥中)는 말은 순임금이 요임금에게서 받아 자신의 후계자인 우禹에게 전했다는 교훈이다. 청대淸代에 이르러 이는 『서경』에 원래 있던 내용이 아니라 후세의 위작의 일부로 판명되었지만, 주자학파에서는 천하를 다스리는 '성인聖人의 심법心法'을 전한 것으로 여기고 이를 대단히 중시했다. 주자의 해석에 의하면 '인심'은 우리의 육체적 욕구를, '도심'은 도의적 지향志向을 가리킨다. 인심은 사리사욕으로 치닫기 쉬워 위태로우나, 이를 통제해야 할 도심은 잘 드러나지 않아 파악하기 어렵다. 따라서 인심의 발로인지 도심의 발로인지를 정밀하게 살핀 뒤, 오로지 도심을 지켜 나가야만 모든 언동에서 '과불급'過不及이 없는 중도中道를 견지할 수 있다는 것이다.[90]

또 주자는 정자처럼 인심은 곧 '인욕'人欲이요 도심은 곧 '천리'天理라고 본다면, 사람에게 마치 두 개의 마음이 있는 것처럼 오해될 소지가 있다고 비판했다. 인심과 도심은 "한 사람의 마음일 뿐으로, 도리와 합치하는 것이 '천리'이고 정욕을 따르는 것이 '인욕'이니, 그 경계가 나뉘는 곳(分界處)을 이해해야 한다"고 했다. 마음은 "천리와 인욕이 경계를 접하고 있는 곳(交界處)이지, 둘이 아니다" "인심과 도심은 단지 경계를 접하고 있는 것(交界)이지, 두 개의 사물이 아니다"라고 거듭 말했다.[91] 아마도 연암은 바로 이러한 주자의 견해를 염두에 두고 『서경』을

---

90. 蔡沈, 『書傳集註』, 「大禹謨」의 朱註를 요약했다. 인심과 도심의 개념에 대해서는 大濱晧, 『朱子の哲學』, 東京大學出版會, 1983, 156~164면 참조.
91. 朱熹, 『朱子語類』, 北京: 中華書局, 1983, 제5책, 2010면, 2015면, "若說道心天理, 人

인용했던 것이 아닌가 한다. 청과 조선이 경계를 접하고 있는 압록강을 건너며 연암은 인심과 도심의 경계를 연상했던 것으로 짐작된다.

이렇게 볼 때 '도는 딴 데에서 구할 게 아니라, 바로 그 경계에 있다'는 연암의 주장은 인심과 도심, 인욕과 천리의 '분계처'分界處이자 '교계처'交界處를 정밀하게 살펴야 한다는 주자의 해석과 상통하는 것이다. 그런데 인심과 도심의 경계를 판별하는 것은 대단히 어렵다. 이는 인심과 도심이 본래 하나의 마음인데다가 도심이 은미한 까닭이다. "위태로움과 은미함의 경계에는 터럭 하나도 허용되지 않는다." 따라서 정밀하게 가리지 않으면 천리와 인욕이 뒤섞여 버리고 중도中道 역시 상실하게 된다.[92] 연암은 이와 같은 도심의 '은미함'을 연결 고리로 삼아 두 번째 명제인 ②로 나아간다. 『서경』에서 말한 도심과 마찬가지로, 서학서인 『기하원본』에서 정의한 '선'도 은미하다는 것이다.

마테오 리치가 구두로 번역하고 서광계徐光啓가 한문으로 기술한 『기하원본』은 유클리드(B.C. 330~B.C. 275)의 원저를 클라비우스C. Clavius(1538~1612)가 라틴어로 번역하고 주해한 『유클리드의 원론原論 15권』Euclidis Elementorum Libri XV의 초판본(1574)을 저본으로 한 것이다.[93] 클라비우스의 역주본은 유클리드의 원저 13권에다 2권을 추가해

心人欲, 却是有兩箇心. 人只有一箇心.", "……只是一人之心, 合道理底是天理, 徇情欲底是人欲, 正當於其分界處理解.", "天理人欲是交界處, 不是兩箇.", "大抵人心道心, 只是交界, 不是兩箇物."

92. 蔡沈, 『書傳集註』, 「大禹謨」, 人心道心章, 備旨, "危微之介, 間不容髮. 苟擇之不精, 將理欲混淆." 『日講書經解義』 권2에서도 "危微二者, 間不容髮. 擇之不精, 則理欲混淆, 中道亦淪于晦"라고 하였다. 이처럼 천리와 인욕, 도심과 인심은 "그 사이에 터럭 하나도 허용되지 않는다"(間不容髮)든가, 인심과 도심의 경계를 뜻하는 "危微之間"이나 "危微之際"라든가 하는 표현은 주자학자들의 글에 흔히 보인다.

93. Peter M. Engelfret, op.cit., pp.111~114, p.132; 安大玉, 『明末西洋科學東傳

모두 15권인데, 마테오 리치는 그중 평면기하학을 다룬 전반부 6권만 번역했다. 또 그는 클라비우스가 유클리드의 원저에 추가한 방대한 양의 주해를 대부분 축약하여 소개했다. 『기하원본』은 중국에서 1607년에 초판본이 간행되었으며, 마테오 리치 사후인 1611년에 재교본再校本이 간행되었다. 『천학초함』에 수록된 것은 재교본이다.

『기하원본』이 출간되자 중국에서는 그에 자극받아 『기하용법』幾何用法(손원화孫元化), 『환서』圜書(왕석천王錫闡), 『기하통해』幾何通解·『기하보편』幾何補編(매문정梅文鼎) 등 수많은 기하학 관련 서적들이 명말 청초에 잇달아 출간되었다. 『기하원본』은 일본에도 1720년대 이전에 나가사키長崎를 통해 유입되었다고 한다.[94] 조선에서는 남구만南九萬·홍계희洪啓禧·이익李瀷 등이 『기하원본』을 최초로 접한 인물들로 전해진다. 18세기 후반에 이르면 진취적인 지식인들 사이에서 『기하원본』이 널리 읽히기 시작한 듯하다.[95]

史―『天學初函』器編の硏究』, 東京; 知泉書館, 2007, 57~60면 참조. 마테오 리치가 수학했던 로마학원(Collegio Romano)의 스승인 수학자 클라비우스는 그레고리오 역법 제정에 공헌하고 갈릴레오에게도 영향을 준 저명한 천문학자이기도 하다. 그가 역주한 『기하원본』은 1574년에 처음 간행된 이후 수차 판을 거듭하며 수정·증보되었다. 클라비우스는 이 역주본으로 인해 '16세기의 유클리드'라는 명성을 얻었다고 한다. 마테오 리치는 『기하원본』의 서문에서 클라비우스를 '丁先生'으로 소개했다.(「譯幾何原本引」) 그의 독일어 이름이 '못'을 뜻하는 'Klau'이므로 못 '釘' 자에서 쇠금 변을 없애 '丁' 자로 音譯한 듯하다. '못'을 뜻하는 라틴어 'Clavus'와 이름이 비슷해서 그와 같이 의역했을 것이라는 설도 있다.(히라카와 스케히로, 『마테오 리치』, 동아시아, 2002, 375면; 조너선 D. 스펜스, 『마테오 리치, 기억의 궁전』, 이산, 1999, 191~192면) 서광계의 「刻幾何原本序」나 『四庫全書總目』의 '幾何原本' 조에서도 클라비우스를 마테오 리치의 스승 '丁氏'로 소개하고 있다.

94. 안대옥, 위의 책, 110면; 안대옥, 「滿文 『算學原本』과 유클리드 初等整數論의 東傳」, 『중국사연구』 69, 중국사학회, 2010, 367면.

95. 李用休, 李家煥, 李承薰, 李蘗, 丁若銓, 丁若鏞 등 남인계 학자들뿐만 아니라 노론계인 洪量海, 소론계인 徐浩修, 중인 출신인 觀象監 관원 文光道, 金泳 등도 『기하원본』을 연

연암의 주변에는 『기하원본』에 조예가 깊은 유금柳琴(1741~1788)
이 있었다. 그는 자신의 당호조차 '기하실'幾何室이라고 지었다. 유득공
柳得恭의 숙부인 유금은 연암을 종유한 서유본徐有本·서유구徐有榘 형제
의 숙사塾師였으며, 그들의 부친인 서호수徐浩修에게 기하학을 배웠다.
서유본은 부친에게서 물려받은 희귀한 『기하원본』을 소장하고 있었으
며, 그 역시 『기하원본』에 통달했다고 한다. 연암의 벗인 정철조鄭喆祚
도 그의 매부인 이가환李家煥과 함께 『기하원본』을 탐구한 바 있다. 홍
대용 역시 천문 수학에 관한 마테오 리치의 업적을 잘 알고 있었고, 중
국 여행 중 교분을 맺은 반정균을 통해 『천학초함』을 입수했던 점으로
미루어 『기하원본』을 읽었으리라 짐작된다.[96]

『열하일기』 「망양록」忘羊錄에서 연암은 필담의 상대인 청국인 윤
가전尹嘉銓의 말을 빌려, 서양인들은 모두 역법曆法에 정통하며 그들의
'기하지술'幾何之術은 매우 정밀해서 모든 물건을 제작하는 데 그 법을
쓴다고 소개하고 있다. 또 「곡정필담」에서는 그를 기하학에 정통한 줄
로 믿고 있는 청국인 왕민호에게 자신은 "기하幾何의 반 글자도 본 적
이 없다"고 잡아떼고 있으나,[97] 앞서 인용한 「도강록」 6월 24일자 기사

구했다고 한다. 그중 특히 홍양해는 '東國之利瑪竇'라는 평을 얻기도 했으며 『幾何補編』을
저술했다고 한다.(李圭景, 『五洲衍文長箋散稿』, 人事篇, 技藝類, 算數, 「幾何原本辨證說」;
구만옥, 앞의 논문, 341~342면) 참고로 유만주의 『흠영』에도 마테오 리치가 쓴 『기하원
본』의 서문인 「譯幾何原本引」을 보았다는 기록이 있다.(유만주, 『흠영』, 권1, 278면, 丙申
[1776] 12월 27일조)

96. 徐瀅修, 『明皐全集』 권8, 「幾何室記」; 서유본, 『左蘇山人文集』 권8, 「金引儀泳家傳」;
서유구, 『楓石鼓篋集』 권2, 「幾何室記」; 李圭景(1959), 「幾何原本辨證說」; 홍대용, 『燕
記』, 「劉鮑問答」; 반정균, 「湛軒大兄先生書」, 『燕杭詩牘』; 오수경, 『연암그룹 연구』, 한빛,
2003, 221~243면, 247~271면; 구만옥, 위의 논문, 331면 참조.
97. 신활자본, 『연암집』 권13, 『열하일기』, 「망양록」, 장49앞뒤; 권14, 『열하일기』, 「곡정
필담」, 장4뒤~5앞, "未曾窺幾何半個字."

에서 이미 연암은 『기하원본』에 관한 지식을 은근히 드러냈다.

유클리드의 『기하원본』은 명시적인 정의定義를 만들어 용어들을 분명히 함으로써 사람들이 모든 단어와 기호를 서로 동일하게 이해할 수 있도록 했다. 이는 『기하원본』이 이룬 중요한 학문적 혁신의 하나로 평가된다.[98] 클라비우스의 라틴어 역주본을 저본으로 한 마테오 리치의 한문 역주본은 『기하원본』 제1권의 권수에서 "계설界說 36칙三十六則"이라 하여 모두 36개의 정의를 제시하고 있다.[99] 그중 "제2계"第二界 즉 두 번째 정의인 '선'의 정의에 대해 마테오 리치 역주본에서는 다음과 같이 유클리드의 원저에는 없는 주해를 덧붙였다.

ⓐ 시험 삼아 한 평면에 빛을 비추면, 빛이 비친 부분과 비치지 않은 부분의 경계에는 어느 것 하나도 허용되지 않는다. 이것이 선이다.
ⓑ 완전한 평면과 완전한 원구圓球가 접촉하면, 접촉하는 그곳에는 단지 하나의 점이 있게 된다. 점이 움직이면 단지 하나의 선이 있게 된다.(그림 갑──을)
ⓒ 선에는 직선과 곡선이 있다.(알파벳─인용자)[100]

---

98. 레오나르드 믈로디노프, 『유클리드의 창: 기하학 이야기』, 까치, 2002, 39면.
99. 『기하원본』의 결정판이라 할 수 있는 Thomas L. Heath의 『The Thirteen Books of Euclid's Elements』에서는 이를 모두 23개의 정의로 통합했다. 즉 클라비우스=마테오 리치 역주본의 제19~22칙을 제19칙으로, 제23~25칙을 제20칙으로, 제26~28칙을 제21칙으로, 제29~33칙을 제22칙으로 통합했다. 제35·36칙은 유클리드의 원저에 없는 정의를 클라비우스가 첨가한 것이다.(Peter M. Engelfret, *Euclid in China*, Leiden·Boston·Köln; Brill, 1998, pp.168~169 참조).
100. 李之藻 編, 吳相湘 主編, 『天學初函(四)』, 臺北: 臺灣學生書局, 1965, 『기하원본』, 1950면, "試如一平面, 光照之, 有光無光之間, 不容一物. 是線也. 眞平眞圓相遇, 其遇處止有一點, 行則止有一線.(그림 甲──乙) 線有直有曲." 송영배, 「마테오 리치가 소개한 서양학문관의 의미」, 『한국실학연구』 17, 한국실학학회, 2009, 31면에서는 "예를 들면, 평면에

이는 대체로 클라비우스 역주본의 해당 주해를 축약한 것이지만,[101] 후자에 없는 내용도 일부 포함하고 있다. 주해 ⓑ에서 '점이 움직이면 선이 된다'고 하여 '선'을 '점'의 '유동流動(fluxus)으로 정의한 것은, 유클리드의 원저 제1권에 대한 방대한 주해를 남긴 프로클루스 Proclus(A.D. 415~485)의 견해에서 기원한 것이다. 클라비우스는 『기하원본』에 대해 주해하면서 프로클루스의 견해를 크게 참조했다. 하지만 수학적으로 완전한 평면과 구체가 단 하나의 '점'에서 접촉한다는 주장은 아리스토텔레스의 견해를 계승한 중세의 학설에서 파생한 것으로, 클라비우스의 주해에는 없는 내용이다. 이는 마테오 리치가 클라비우스 역주본 외의 문헌도 참고하여 주해했음을 시사한다.[102]

그런데 '선'의 정의에 대한 주해 중에서 연암이 주목한 것은 바로 ⓐ이다. "선은 길이만 있고 폭은 없는 것이다"라는 정의는, 기하학에서 다루는 '선'은 실재하는 구체적인 선을 가리키는 것이 아님을 뜻한다. 실제의 선은 폭이 없을 수 없지만 그 점을 무시하고 순전히 길이만 있

빛이 비치면 빛은 있지만 빛에 공간이 없어서 어느 것도 수용하지 못한다. 이 선은 정말 평평하거나 둥글다. 선이 서로 만나는 곳은 다만 하나의 점일 뿐이고 뻗어 나가면 하나의 선이다. 선은 곧기도 하고 굽기도 하다"라고 부정확하게 번역했다. 김혈조, 앞의 논문, 269면에서는 '有光'을 "존재하는 것 혹은 보이는 것", '無光'을 "존재하지 않는 것 혹은 보이지 않는 것"이라고 해석했다.
101. 클라비우스 역주본에는 마테오 리치 역주본보다 긴 주해가 있으며, 직선의 그림(A—B)뿐 아니라 곡선의 그림(A⌢B)도 함께 제시되어 있다.(http://mathematics.library.nd.edu/clavius/에서 'First Volume — *Commentary on Euclid*' 참조. Google eBook에서도 클라비우스 역주본의 초판 전문을 볼 수 있다.)
102. Peter M. Engelfret, op.cit., p.156; Thomas L. Heath, *The Thirteen Books of Euclid's Elements*, New York: Dover Publications, Inc., 1956, vol.1, p.159; Proclus, *A Commentary on The First Book of Euclid's Elements*, Princeton University Press, 1970, pp.79~80.

는 추상 개념으로서 '선'을 논하겠다는 뜻이다.[103] 상식에 반反하는 이같은 정의를 설명하기 위해 마테오 리치는 주해 ⓐ를 추가했다.

ⓐ는 물체에 광선을 투사하여 평면 위에 나타난 그림자로써 그 물체의 모양을 나타내는 투영도법投影圖法을 예로 들어 '선'을 설명한 것이다. 투영도법은 〈곤여만국전도〉와 같은 서양식 세계지도나 혼개통헌의渾蓋通憲儀와 같은 서양식 천문 관측기구의 제작에 두루 응용되었다. 투영도법에 따라 물체에 광선을 투사했을 때 평면 위에 나타난 그림자와 그 나머지 빛이 비친 부분의 경계가 바로 '선'이라는 것이다. 이러한 설명 역시 클라비우스의 주해에 의거한 것이나, 이는 원래 프로클루스의 견해를 수용한 것이었다. 일찍이 프로클루스는 빛이 비친 구역과 그늘진 구역의 경계를 보면 '선'에 대한 구체적인 개념을 얻을 수 있다고 했다.[104] 그런데 마테오 리치의 역주본은 빛이 비친 부분과 그림자의 경계에는 "어느 것 하나도 허용되지 않는다"(不容一物)는 구절을 첨가했다. 이는 아마도 주자학에서 인심과 도심의 경계에는 '터럭 하나도 허용되지 않는다'(不容一髮)고 한 표현을 염두에 둔 것이 아닌가 한다. 다시 말해 주자학적 소양을 갖춘 중국 사대부들의 이해를 돕기 위해 첨가한 구절로 짐작된다.

---

103. 이러한 '선'의 정의는 유클리드가 창안한 것이 아니고 그 이전의 플라톤 학파에서 만들었을 것이라고 한다.(Thomas L. Heath, ibid., vol.1, p.158; Proclus, ibid., p.79, footnote 13) 참고로 유클리드도 플라톤주의자였음은 물론이고, 프로클루스 역시 유명한 新플라톤주의자였고, 클라비우스도 플라톤주의적 성향이 강한 학자였다.

104. "……그리고 우리가 달에서든 지구에서든 빛이 비친 구역과 그늘진 구역이 나뉘는 중간 차원을 바라본다면, '선'에 대한 시각적 지각을 얻을 수 있다. 왜냐하면 양자의 경계에 있는 그 부분은 폭은 확장되어 있지 않으나, 빛과 그늘을 따라서 쭉 곧게 있으므로 길이는 가지고 있기 때문이다."(Proclus, ibid., p.82에서 필자가 번역한 것임. Thomas L. Heath, ibid., vol.1, p.159에도 간략히 언급되어 있다.)

연암은 앞서 인용한 『열하일기』 중의 기사에서 '서양인은 기하 도형의 한 획을 분별하여 하나의 선으로 비유했다'고 말했다. 그가 말한 '기하 도형의 한 획'이란 곧 기하학적으로 정의한 '선'을 가리킨다. 이것을 실재하는 구체적인 '선'에 비유한다면, 전자의 '은미함', 즉 폭은 없고 길이만 있는 추상 개념으로서의 '선'의 특성을 제대로 표현할 수 없다. 따라서 서양인은 '빛이 비친 부분과 비치지 않은 부분의 경계'(有光無光之際)를 예로 들어 기하학적인 '선'의 개념을 설명하려 했다고 본 것이다.

그리하여 연암은 마테오 리치가 역주한 『기하원본』의 '선'에 대한 정의에서 서학과 주자학이 소통하는 지점을 찾아냈다. 도심이 은미하듯이 기하학의 '선'도 은미하고, 인심과 도심의 경계에 우리의 마음이 놓여 있듯이 '유광'有光과 '무광'無光의 경계에 '선'이 있다는 것이다. 그런데 『기하원본』에서 연암이 인용한 것은 오직 '선'의 정의에 대한 주해 ⓐ 중의 "빛이 비친 부분과 비치지 않은 부분의 경계"(有光無光之間)라는 구절이다.

마테오 리치 역주본 『기하원본』에는 '경계'를 뜻하는 '계'界 자가 정의에서 빈번히 쓰이고 있다. 우선 '정의'를 '계설'界說이라고 번역하고, "제1계"第一界, "제2계"第二界 등으로 정의들을 차례로 소개했다. 이때의 '계'는 '정의'를 뜻함이 분명하다. 하지만 제3계(정의 3)에서 "線之界是點"(선의 경계가 점이다), 제6계(정의 6)에서 "面之界是線"(면의 경계가 선이다), 제7계(정의 7)에서 "平面, 一面平在界之內"(평면은 경계 안에 평평하게 있는 면이다)라고 했다. 또 제13계(정의 13)에서 "界者一物之始終"(경계란 어떤 것의 둘레이다), 제14계(정의 14)에서 "或在一界, 或在多界之間, 爲形"(하나의 경계 또는 여러 경계에 둘러싸인 것이 도형이다)라고 했다.[105] 이처럼 『기하원본』에서 '계'는 '계설'(정의)의 약자일 뿐 아니라, 도형의 둘레나 선분線分의 종점終點 등을 뜻하는 '경계'의 개념으로 사용되었다.[106] 그러므로 연암이 '유광'有光과 '무광'無光의 '경계'로서 '선'을 설명한 주해에 각별히 주목한 것은 『기하원본』에서 '경계'의 개념이 매우 중요한 역할을 하고 있음을 간취한 때문이 아닐까 한다.

(2) '경계'의 철학의 확대 발전

앞서 인용한 『열하일기』 「도강록」의 '도강논도' 대목 중 세 번째 명제인 ③에서 연암은 "하나인 것도 아니고 분리된 것도 아니다"(不卽不離)라는 불경佛經의 한 구절을 인용하고 있다. 이 구절은 『원각경』圓覺經의 '보안보살'普眼菩薩 장에 보인다.[107] 여기에서 석가는 몸과 마음이 환영幻影임을 깨닫게 되면 "법法(현상계의 사물들―인용자)에 속박되지도 않고 법에서 해탈하려고 하지도 않는다"(不與法縛, 不求法脫)고 하면서, 이러한 깨달음의 경지에서는 모든 부처님 세계도 허공의 꽃과 마찬가지이니, "하나인 것도 아니고 분리된 것도 아니며, 속박된 것도 아니요 해탈한

---

105. 이밖에도 圓, 半圓, 삼각형, 사각형, 다각형 등과 관련된 정의에서 '界' 자를 사용했다.(第15界, 第17~22界) 또 圓周를 '圓界'라 표현했다.
106. Peter M. Engelfret, op.cit., p.147, p.162 참조. '界' 자가 『기하원본』의 영역본들에는 'extremity', 'boundary', 'limit' 등으로 번역되어 있다.
107. 물론 이 구절은 『攝大乘論釋』, 『成唯識論』, 『宗鏡錄』 등 후대의 불경에도 자주 보인다. 연암은 「觀齋記」에서 사람이 죽으면 육신의 "움직임은 바람으로 돌아간다"(動轉歸風)는 『원각경』 '보안보살' 장의 한 구절을 인용하고 있다.(신활자본, 『연암집』 권7) 「관재기」는 1765년 금강산 여행 때 摩訶衍에서 보고 들은 俊大師와 童子僧의 선문답을 기록한 글로, 연암이 20대 후반 무렵에 이미 불교에 대해 상당한 관심과 식견을 가졌음을 보여 준다.

것도 아니다"(不卽不離, 無縛無脫)라고 했다. 그래서 중생과 부처가 본래는 하나이고, 생사生死와 열반涅槃이 모두 환몽幻夢임을 알게 된다고 했다.[108]

『원각경』에서 말한 '부즉불리'不卽不離는 나가르주나(龍樹)가 『중론』中論에서 제시한 8종의 부정否定[109] 중 '불일불이'不一不異(하나인 것도 아니고 다른 것도 아니다)와 같은 뜻이다. 『중론』에서는 제법諸法의 실상은 실체가 없는 '공'空이므로 '불생불멸不生不滅, 부단불상不斷不常, 불일불이不一不異, 불출불래不來不出'한다고 주장했다. 이와 같이 불교에서는 'A도 아니고 비非A도 아니다'라는 독특한 부정의 논리로써 제법諸法이 '공'空이라는 '중도'中道를 논증하고자 한다. '중도'는 서로 대립하면서도 의존하는 관계에 있는 A와 비A 양자를 모두 부정하고 초월한 차원에서만 파악될 수 있다고 보는 것이다.[110]

연암은 이미 「낭환집서」蜋丸集序에서 이러한 불교의 논리를 패러디하여, '부즉불리'와 유사하게 '불리불츤'不離不襯이란 표현을 썼다. 옛날에 황희黃喜 정승은 이(蝨)가 '옷에서 생긴다'는 딸의 주장과 '피부에서 생긴다'는 며느리의 주장에 대해, "떨어져 있지도 않고 붙어 있지도 않은"(不離不襯) 옷과 피부의 경계에서 이가 생긴다고 단안을 내렸다는 것이다.[111] 이로 미루어 볼 때 『열하일기』에서 연암이 『기하원본』에 이어

---

108. 『원각경』 '보안보살' 장의 '不卽不離'에 대해 唐 고승 宗密은 "이 세계가 圓覺과 하나인 것도 아니고 원각과 분리된 것도 아님을 밝힌 것"(明此世界不卽圓覺亦不離圓覺)이라고 풀이했다.(宗密 疏, 『大方廣圓覺修多羅了義經略疏』, 上海古籍出版社, 1991, 100면)
109. '八不中道', '八不中觀', 줄여서 '八不'이라고도 한다.
110. 吳汝鈞, 「印度中觀學的四句邏輯」, 『中華佛學學報』 第5期, 臺北: 佛學研究所, 1992, 156~158면; 中村元, 『空の論理』, 東京: 春秋社, 1994, 71~108면; 中村元, 『論理の構造』, 東京: 靑土社, 2000, 上, 457~471면 참조.
111. 신활자본, 『연암집』 권7, 「낭환집서」. 이 글은 원래 유금의 詩稿인 『蛣蜣轉』의 서문

불경을 인용한 것은, 기하학에서 말하는 '선'이란 '유광'有光도 아니고 '무광'無光도 아닌 그 경계에 있듯이 불교에서 말하는 '중도' 역시 '부즉'不卽과 '불리'不離의 경계에 있음을 설파하기 위함이었을 것이다.[112] 이는 "그러므로 그 경계에 잘 대처하는 것은 도를 아는 사람만이 할 수 있다"는 문장이 바로 이어지고 있는 점으로도 짐작할 수 있다.

앞서의 '도강논도' 대목 중 마지막 명제인 ④에서 연암은 정나라의 자산을 거론하는 것으로 발언을 마무리하고 있다. 즉 춘추시대 정나라의 명재상인 자산이야말로 '도'를 알아서 '경계'에 잘 대처한 대표적인 인물이라는 것이다. 그러나 어째서 자산을 그러한 인물로 볼 수 있는지에 대해서 연암은 아무런 설명을 남겨 놓지 않았다.

주지하다시피, 자산은 춘추시대 제齊나라의 재상인 관중管仲과 더불어 법가法家의 선구자로 평가되는 인물이다. 그는 '봉혁'封洫과 같은 토지제도 정비, '구부'丘賦와 같은 조세제도 신설 등 내정 개혁을 과감하게 추진했을 뿐 아니라, '형서'刑書를 주조鑄造하여 최초로 형법을 제정·공포함으로써 법치를 확립하고자 했다.[113] 그러나 자산은 후대의

으로 지어진 것이다. 유금의 『幾何室稿略』에는 「蛞蜣轉序」로 수록되어 있으며, 1771년경에 지은 것으로 추정된다.(김윤조, 「유득공 관계자료」, 『한문학연구』 19, 계명한문학회, 2005, 262~263면 참조)

112. 참고로, 『중론』에 대한 주석에서 찬드라키르티(月稱)는 諸法이 서로 대립하면서도 의존하는 관계에 있음을 '등불'과 '어둠'의 관계에 비유하고 있다.(中村元, 『空の論理』, 東京: 春秋社, 1994, 131~132면)

113. 張國華 編, 『중국법률사상사』, 임대희 외 옮김, 아카넷, 2003, 58~61면 참조. 관련 사실은 『左傳』, 襄公 30년, 昭公 4년, 6년조 기사에 기록되어 있다. '封洫'은 토지의 경계를 바로잡아 사유권을 확립하는 것이고, '丘賦'는 행정단위인 '丘'마다 토지 소유자들에게 일정한 군비 부담을 지우는 세법이라고 한다. 연암은 법가에 속하는 관중과 商鞅이 제도와 법령을 통해 '富國裕民'을 추구한 점을 높이 평가했다. 李在誠은 연암의 「洪範羽翼序」가 관중과 상앙의 학설을 따른 글로 보았다.(김윤조 역주, 앞의 책, 229~230면; 신활자본, 『연

법가들처럼 가혹한 법치주의를 추구하지는 않았다. 법치法治와 예치禮治, 형정刑政과 덕정德政을 절충하고자 했으므로, 공자도 그를 백성에게 자혜를 베푼 정치가라고 칭송했다.[114] 이 점은 자산의 최후를 서술한 『좌전』 소공昭公 20년조의 기사에 특히 잘 드러나 있다.

『좌전』에 의하면, 자산은 병사하기 전에 태숙大叔에게, "덕이 있는 사람만이 관정寬政(관대한 정치—인용자)으로 백성을 복종시킬 수 있으니, 차선책으로는 맹정猛政(가혹한 정치)이 낫다"고 했다. 그런데도 후임 재상이 된 태숙은 자산의 유언을 따르지 않고 관정을 베풀다가 도적떼가 날뛰자 이를 후회하고 도적들을 대대적으로 소탕했다. 이에 대해 공자는 "잘했도다! 정치가 관대하면 백성이 방자해지니, 방자해지면 가혹하게 규제해야 한다. 정치가 가혹하면 백성이 쇠잔해지니, 쇠잔해지면 관대함을 베풀어야 한다. 관정으로써 맹정을 보완하고 맹정으로써 관정을 보완해야 정치가 조화를 이룬다"고 논했다. 그리고 이러한 주장을 뒷받침하는 근거의 하나로, 『시경』 상송商頌「장발」張發에서 "조이지도 않고 느슨하지도 않으며, 억세지도 않고 부드럽지도 않아, 정사를 조화롭게 펴시니, 온갖 복이 모이도다"(不競不絿, 不剛不柔, 布政優優, 百祿是遒)라고 하여 탕湯임금의 통치를 예찬한 구절을 인용했다.[115]

암집』 권1, 「홍범우익서」)
114. 자산은 禮야말로 하늘과 땅의 常道로서 백성이 이를 본받아 살아가는 것이라고 강조했으며(『좌전』, 昭公 25년), 晉나라 韓宣子에게 "반드시 덕으로써 정치를 하라"(爲政必以德)고 충고했고, 정나라 定公이 화재를 물리치기 위해 하늘에 제사를 지내려 하자 "덕을 닦는 편이 낫다"(不如修德)고 간언했다.(『史記』 권42, 「鄭世家」) 공자는 자산이 鄕校를 철폐하지 않고 여론을 존중한 데 대해 '仁人'이라고 극찬했으며(『좌전』, 襄公 31년), '君子之道'를 갖추어 "백성을 자혜롭게 돌보고, 정당하게 부렸다"(其養民也惠, 其使民也義)고 그를 칭찬하고(『논어』, 「公冶長」), '자혜로운 사람'(惠人)이라고 높이 평가했다.(『논어』, 「憲問」)
115. 『좌전』, 소공 20년, "唯有德者能以寬服民, 其次莫如猛.", "仲尼曰: '善哉! 政寬則民

이처럼 공자는 자산의 정치사상의 핵심을 '관정으로써 맹정을 보완하고, 맹정으로써 관정을 보완한다'는 '관맹상제'寬猛相濟로 요약했다. 상商나라 탕임금의 통치가 조이지도 않고 느슨하지도 않으며(不競不絿), 억세지도 않고 부드럽지도 않았듯이(不剛不柔), 정나라 자산의 정책 역시 '관대하지도 않고 가혹하지도 않았다'(不寬不猛)는 것이다. 그런데 자산은 이와 같은 중도 노선을 내정內政뿐만 아니라 외교에서도 일관되게 추구했다고 볼 수 있다. 천하의 패권을 다투는 진晉나라와 초楚나라 사이에 낀 약소국 정나라의 안보를 지키기 위해 자산은 양국에 대해 사대事大의 예의를 준수하면서도 그들의 무리한 요구에는 무력으로 맞섰기 때문이다. 강대국들에 대해 무례하지도 않고 비굴하지도 않은 '불항불비'不亢不卑의 외교 자세를 견지했던 것이다.[116] 요컨대 '관맹상제', '불관불맹'不寬不猛의 중도 노선은 자산의 정치 외교의 대원칙이었다고 할 수 있다.

이렇게 볼 때 불경의 한 구절을 인용한 명제 ③과 정나라의 자산을 거론한 마지막 명제 ④가 상통하는 면을 발견할 수 있다. 석가가 '부즉불리'의 중도를 제시했듯이, 자산은 '불관불맹'의 중도 노선을 견지했다. 그러므로 '관정'과 '맹정'의 양극단을 모두 피하고 양자의 경계에 잘 대처한 자산은 '도'를 아는 사람인 것이다.[117]

慢, 慢則糾之以猛. 猛則民殘, 殘則施之以寬. 寬以濟猛, 猛以濟寬, 政是以和.'"
116. 김혈조, 앞의 논문, 272면에서는 연암이 정자산의 이야기를 끌어들인 까닭은, 진나라와 초나라 사이에서 "외교적 줄타기"를 하여 "어느 한쪽에 붙지도 떨어지지도 않은, 그야말로 국제 관계에서 중中을 취하는 지혜와 자세가 필요함을 말하고 싶었던" 때문이라고 보았다.
117. 方克, 『中國辨証法思想史(先秦)』, 北京: 人民出版社, 1985, 225~226면에서는 중국 역사상 최초로 관정과 맹정의 결합을 제기한 점에서 자산의 변증법 사상을 발견할 수 있다고 했다.

이상에서 살펴보았듯이 『열하일기』에서 연암은 동행한 수역 홍명복을 상대로 '도'를 논하며 유교 경전과 서학서와 불경을 잇달아 인용한 뒤 자산을 거론하기까지 했다. 이는 주자학적 통념에 머물러 있는 홍명복에게 자신이 압록강을 건너면서 느낀 심오한 생각을 설명하기 위한 고심에서 나온 발언이었다. 그런데 이는 유교와 불교와 법가뿐 아니라 심지어 서학까지도 포함한 상호 이질적인 사상들이 근본적으로 동일한 진리를 말하고 있다는 매우 대담한 발언이기도 했다.

　연암은 청과 조선 양국의 경계인 압록강을 건너면서, '도'는 서로 대립하는 사물의 어느 한쪽이 아니라 양자의 경계에 있다는 '경계'의 철학을 주장했다고 할 수 있다. 그리고 이를 설명하기 위해 먼저 『서경』에서 '인심도심' 장의 첫 구절을 인용했다. 도심은 은미하므로 인심과 도심의 경계를 정밀하게 살펴야 한다는 주자의 설을 철학적 근거로서 제시하고자 한 것이 연암의 의도였으리라 짐작된다. 이어서 그는 『기하원본』에서 '선'에 대한 정의의 주해를 인용했다. 기하학의 '선'은 도심처럼 은미하므로 '유광'有光과 '무광'無光의 경계라고밖에 설명할 수 없다는 것이다. 다음으로 연암은 『원각경』의 한 구절을 인용했다. 기하학의 '선'이 '유광'도 아니고 '무광'도 아닌 그 경계에 있듯이 불교의 '중도' 역시 '부즉'과 '불리'의 경계에 있다는 뜻으로 인용했으리라 짐작된다. 끝으로 연암은 '도'를 파악하여 경계에 잘 대처한 대표적 인물로 자산을 들었다. 이는 '부즉불리'의 중도를 제시한 석가처럼, 정나라의 내정과 외교에서 자산이 '불관불맹'의 중도 노선을 견지한 사실을 높이 평가한 때문이라 짐작된다.

　그렇다면 연암은 주자학의 '인심도심'설을 '경계'의 철학으로 새롭게 재해석한 것이라 볼 수 있다. 그리고 이같은 해석을 뒷받침하고자 서학서와 불경을 인용하고 자산을 거론함으로써, '인심도심'설에 근거한 '경계'의 철학이 서학이나 불교와 같은 이질적인 사상들에서도 보편타당하게 성립된다고 주장한 셈이다. 또한 그렇게 함으로써, 연암은 '경계'의 철학을 '인심도심'설과 같은 심성수양론에서 자산의 정치 사상과 같은 '경국제민'經國濟民의 정치론으로까지 확대했다고 볼 수 있을 것이다.

사실 연암이 『열하일기』에서 피력한 '경계'의 철학은 그의 문학과 사상에서 두루 발견된다. 예컨대 「초정집서」楚亭集序에서 그는 "고문古文을 본받으면서도 변통할 줄 알고, 새롭게 지어내면서도 법도에 맞을 수 있다면, 지금의 글이 바로 고문인 것"이라고 주장했다.[118] 이러한 연암의 '법고창신'法古創新론은 고문의 모방에 그치기 쉬운 '법고'法古와 경박하게 신기한 것만 좇는 '창신'創新의 양극단을 지양하고 양자의 장점을 종합하고자 한 문학론이다. 따라서 이는 오늘날의 바람직한 문학은 '법고'과 '창신'의 경계에 있다고 주장한 것이라 하겠다.

뿐만 아니라 연암은 대청관對淸觀에서도 '경계'의 철학을 견지했다. 당시 조선에서는 세계적인 대제국으로 발전한 만주족 치하의 청나라를 어떻게 대할 것인가 하는 문제가 큰 논쟁거리였다. 『열하일기』 「도강록」 6월 27일자 기사를 보면, 중국 국경의 작은 고을조차 문물이 몹시 발달한 것을 보고 기가 꺾이고 울분을 느낀 연암이 하인 장복張福을 돌아보며 '중국 땅에 태어나고 싶지 않느냐'고 묻자, 장복이 대뜸 '숭국은 오랑캐라서 싫다'고 답하는 대목이 있다. 여기에서 연암은 청나라의 문물에 경탄하여 선망과 질투에 빠지는 태도나, 반면 '오랑캐'라고 배척한 나머지 그들의 선진 문물조차 무시하는 태도를 모두 비판

---

118. 신활자본, 『연암집』 권1, 「초정집서」, "苟能法古而知變, 刱新而能典, 今之文猶古之文也."

했다. 그리고 청나라에 대한 지나친 숭모나 배타적 태도에서 벗어나, 석가여래가 시방세계十方世界를 바라보듯이 만사를 평등하게 보는 '평등안'平等眼을 가져야 한다고 역설했다.[119] 이는 '경계'의 철학에 입각해서 바람직한 대청관을 제시하고자 한 것이다.

---

119. 신활자본, 『연암집』 권11, 『열하일기』, 「도강록」, 장10앞; 김명호, 『열하일기 연구』, 창작과비평사, 1990, 136면.

5. 맺음말

이상과 같이 필자는 조선 후기의 실학이 서학을 주체적으로 수용함으로써 유학을 혁신하고자 한 학술운동이었다는 견지에서, 연암의 실학사상에 미친 서학의 영향을 고찰했다. 서학은 '서도'와 '서기'의 혼합이라 할 수 있는데, 종래 연암은 '서도'를 배격하고 '서기'만 수용하고자 한 '제한적 수용론자'로 인식되어 왔다. 그러나 『열하일기』 초기 필사본들에 삭제되지 않은 채 남아 있는 서학 관련 내용들을 통해 엿볼 수 있듯이, 연암에게 서학은 지금까지 알려진 것보다 훨씬 더 깊은 영향을 미쳤던 것으로 보인다.

  연암의 글에서 서학의 영향을 찾아내려면 치밀한 텍스트 연구와 아울러 매우 세심한 독해가 요구된다. 이것은 연암이 서학 관련 내용들을 개작함으로써 그 영향을 은폐했을 뿐 아니라, 서학을 받아들이되 자기 사상의 일부로 완전히 용해한 때문이다. 이에 필자는 마테오 리치의 『교우론』과 『천주실의』, 『기하원본』이 미친 영향을 중심으로 연암의 글을 면밀하게 분석함으로써, '서기'뿐 아니라 '서도'에 대해서도 개방적 자세를 취하고 동·서양 사상의 적극적 소통을 통해 사상적 혁신을 추구했던 연암의 새로운 면모를 부각해 보고자 했다.

우정을 논한 연암의 몇몇 글들에서 마테오 리치의 『교우론』의 영향을 엿볼 수 있다는 주장이 최근 제기된 바 있다. 필자는 이에 동의하면서, 「회성원집발」이 『교우론』을 전거로 삼은 사실을 초기 필사본인 『열하피서록』에 의거하여 더욱 확실하게 입증했다. 또한 「예덕선생전」이나 「여인」與人뿐 아니라 「회우록서」 등에도 『교우론』의 영향이 드러나 있음을 구체적으로 논했다.

그러나 연암의 우정론이 『교우론』의 일방적인 영향으로 형성된 것은 결코 아니다. 『방경각외전』 「자서」에서 연암은 오륜의 틀 안에서나마 우정의 중요성을 강조하고 그 지위를 격상시키고자 한 주자의 설을 자신의 우정론의 근거로 삼았다. 이처럼 연암은 유학의 전통에 기반해서 서양의 우정론을 주체적으로 수용하고자 했다. 『교우론』과 비교할 때, '당세의 벗'을 적극적으로 구하고 신분과 화이華夷의 차별을 넘어선 우정을 추구한 것은 연암의 우정론에서만 볼 수 있는 특징이다. 이는 연암이 동·서양의 우정론을 소통시킴으로써 『교우론』의 한계를 넘어 사상적 발전을 이룬 결과라고 볼 수 있다.

『열하일기』 「도강록」 중 '호곡장론'에 제시된바 '갓난아기가 태어날 때 우는 까닭은 인생을 미리 비관한 때문'이라는 염세적인 주장은 『천주실의』에서 유래한 것이다. 그러나 연암은 이를 하나의 기발한 견해로 간주하면서도, 갓난아기가 우는 진정한 이유는 드넓은 세상에 태어난 해방의 기쁨 때문이라고 주장했다. 이는 『천주실의』의 염세주의적 인생관을 비판하고, 주자학에 기반을 둔 낙천주의적 인생관을 제시한 것이라 할 수 있다.

또한 『열하일기』 중의 「상기」에서 연암은 하늘이 솜씨 좋은 '장인'처럼 만물을 질서 있게 창조했다는 설을 풍자하고, '맷돌'의 비유를 들어 만물은 무질서하게 자연적으로 발생할 뿐이라고 주장했다. 이는 천주가 만물의 창조자임을 논증하면서 그를 '장인'에다 비유한 『천주실의』의 천주만물창조설을 비판한 것이다. 이를 위해 연암은 만물을 생육하는 천지자연을 '맷돌'에 비유한 주자학설을 끌어와 서학에 대한 비판의 논리로 활용했다.

『열하일기』「도강록」중 연암이 수역 홍명복을 상대로 '도'를 논한 대목에는 『기하원본』의 영향이 드러나 있다. 여기에서 연암이 유교 경전과 서학서와 불경을 인용하고 자산子産을 거론한 것은, 주자학적 통념에 머물러 있는 홍명복에게 청나라와 조선의 경계인 압록강을 건너면서 느낀 자신의 심오한 생각을 설명하기 위해서였다. 이를 통해 연암은 '도'는 서로 대립하는 사물들의 경계에 있다는 '경계'의 철학을 주장했다고 할 수 있다.

연암이 『서경』의 '인심도심'人心道心 장을 인용한 것은, 인심과 도심의 경계를 정밀하게 살펴야 한다는 주자의 설을 철학적 근거로서 제시하고자 한 것이다. 이어서 연암은 『기하원본』에서 '선'에 대한 정의의 주해를 인용하여, 기하학의 '선'은 '유광'有光과 '무광'無光의 경계에 있다고 했다. 또 불경을 인용하여, 불교의 '중도' 역시 '부즉'不卽과 '불리'不離의 경계에 있다고 했다. 자산을 거론한 것은 그가 정나라의 내정과 외교에서 '불관불맹'不寬不猛의 중도 노선을 견지했기 때문이다. 이렇게 볼 때 연암은 주자학의 '인심도심'설을 '경계'의 철학으로 새롭게 재해석하고, 이를 심성수양론에서 정치론의 영역으로까지 확대 발전시켰다고 할 수 있다.

3부   『열하일기』 '보유'의

탐색

1. '보유' 6편의 행방

현전하는 『열하일기』의 이본 수십 종 가운데 『열하일기』가 『연암집』의 일부 즉 '별집'別集으로 편성되어 있는 필사본들은 체제와 내용 면에서 정본에 가장 가까운 텍스트라고 할 수 있다.[1] 이러한 『연암집』별집 계열 『열하일기』 이본들(이하 '별집 계열' 텍스트로 약칭)은 여타 이본들에서는 하나의 편篇으로 독립되어 있던 「희본명목」戲本名目을 「희본명목기」戲本名目記라고 제목을 고쳐 「산장잡기」山莊雜記 편에 포함시키고, 기존의 「금료소초」金蓼小抄 편은 『열하일기』에서 제거했다. 그리하여 여타 이본들에서는 전26편(26권)이던 『열하일기』를 전24편(24권)으로 정비하고, 「도강록」渡江錄부터 「동란섭필」銅蘭涉筆까지 편차를 확정했다. 뿐만 아니라 별집 계열 텍스트들은 「열하일기 총목總目」 끝에 '보유'補遺라 하여, 현재는 전하지 않으나 장차 찾아내어 보완해야할 글 6편의 제목을 소개했다. 『열하일기』 '보유' 6편의 제목은 다음과 같다.

---

[1] 단국대 연민문고 소장 溪西本 『연암집』, 일본 東洋文庫 소장 『연암집』, 국회도서관 소장 『연암집』, 숭실대 소장 自然經室本 『연암집』, 국립중앙도서관 소장 勝溪文庫本 『연암집』 등은 '별집'인 제17권에서 제40권까지가 『열하일기』로 편성되어 있다.

「천애결린집」天涯結隣集

「양매시화」楊梅詩話

「금료소초」金蓼小抄

「열하궁전기」熱河宮殿記

「열하태학기」熱河太學記

「단루필담」段樓筆談[2]

이 중에서 「금료소초」는 실은 전문全文이 전하고 있다.[3] 「천애결린집」과 「양매시화」와 「단루필담」은 그 제목으로 미루어, 「금료소초」와 마찬가지로 하나의 편이었으리라 짐작된다. 그리고 「열하궁전기」와 「열하태학기」는 「산장잡기」 편이나 「막북행정록」 편에 소속됨직한 한 편의 독립된 기記였을 것이다.

1932년 신활자본으로 간행되어 널리 보급된 『연암집』은 연암의 5대손인 박영범朴泳範 소장 필사본을 저본으로 삼았다고 한다.[4] 하지만

---

2. 『연암집』 편찬 이전에 만들어진 選集 중의 하나인 『煙湘閣集』(성균관대 소장)에도 「熱河日記補遺目錄」이 있다. 단 여기에는 "「금료소초」, 「양매시화」, 「천애결린집」, 「열하궁전기」, 「열하태학기」, 「단루필담」, 「祭李士龍文」"이라 하여, 1640년 淸의 요청으로 출병한 조선군의 砲手로서 松山 전투에서 明軍을 향해 空砲를 쏘다가 淸軍에 발각되어 처형된 李士龍에 대한 제문을 추가하고 있다. 연암은 중국 使行 도중 松山을 지날 때 그의 혼을 위로하기 위해 이 제문을 지었다고 한다. 그러나 『열하일기』 「동란섭필」에 그 사실만 밝혀져 있고 제문은 수록되어 있지 않아 존재 여부를 알 수 없다.

3. 『열하일기』의 초기 필사본에 속하는 단국대 연민문고 소장 『雜錄(下)』와 『열하일기(貞)』에 이미 「금료소초」가 수록되어 있다. 그리고 현전하는 대다수의 이본들에 모두 「금료소초」가 수록되어 있다. 그런데 유독 별집계 텍스트들만은 「금료소초」를 수록하지 않고 이를 '보유'의 대상으로 간주한 까닭을 알 수 없다.

4. 홍기문, 「연암집에 대한 해제」, 『박지원 작품 선집 1』, 국립문학예술서적출판사, 1960, 22면.

신활자본은 이를 그대로 출간하지 않고, 전57권 23책을 재편하여 전 17권 6책으로 통합한 것이다. 이러한 재편 과정에서 『열하일기』 24편 외에 「금료소초」편을 1911년 조선광문회朝鮮光文會에서 간행한 『열하일기』로부터 전재轉載했다. 신활자본의 「연암집목록」 말미에 "……또 「열하일기총목」 중 '보유' 6칙則이 있는데, 원고에는 제목만 있고 글은 없다. 널리 글을 찾았으나 얻지 못해, 부득이 「금료소초」 1편을 광문사光文社 간행본에서 취해 편말編末에 붙인다"는 편자의 말이 있다.[5] 최후의 『열하일기』 이본이라 할 수 있는 신활자본이 간행된 1930년대까지도 『열하일기』의 '보유' 중 「금료소초」를 제외한 나머지 글들의 행방은 묘연한 상태였던 것이다.

이와 같은 『열하일기』 중의 일문逸文에 대해 최초로 언급한 것은 이가원 선생의 논문이다.[6] 이 논문에서 소개한 바 박영범 옹이 소장하다가 이가원 선생에게 기증했다는 연암 관련 문헌들 가운데 『양매시화』와 『열하일기보유』熱河日記補遺가 있다. 이 두 책은 『열하일기』 '보유'와 관계 있는 자료가 분명한데, 안타깝게도 소략한 소개에 그쳐 그에 대한 더 이상의 정보를 알 수가 없다. 그 논문의 결어에서, 이 두 책을 포함한 전체 문헌들의 내용을 상세히 밝힌 연구 논문을 쓰겠노라고 공언했으나, 그로부터 40년이 넘은 지금까지도 후속 논문이 나오지 않았다. 그 사이에 이가원 선생은 타계하고 관련 자료들은 단국대 연민문고淵民文庫로 이관되었다.

---

5. 박영철본, 『연암집』, 「연암집목록」, 장16뒤, "……且熱河日記總目中, 有補遺六則, 而原稿有目而無文. 廣搜而不得, 只得金蓼小抄一篇於光文社所刊本, 附于編末. 編者識."
6. 이가원, 「『연암집』 逸書·逸文 및 부록에 대한 소고」, 『국어국문학』 39·40 합병호, 국어국문학회, 1968.

최근 단국대 연민문고 소장 필사본에 대한 해제 사업의 일환으로, 예전에 이가원 선생이 비장秘藏했던 연암 관련 문헌들이 대거 영인影印·공개되었다.7 필자도 그 해제 사업에 참여함으로써 『양매시화』를 비롯하여 『열하일기』 중의 일문과 관계됨직한 자료들을 비로소 검토할 수 있었다. 이제 최소한의 자료는 확보되었다고 판단되어, 오랫동안 미해결 과제로 남겨진 『열하일기』 '보유'의 행방을 탐색해 보고자 한다.

---

7. 2012년 문예원에서 단국대 연민문고 소장 연암박지원작품필사본총서로 전20책이 간행되었다.

2. 「양매시화」

단국대 연민문고 소장 『양매시화』는 32장의 필사본 1책으로, 서문과 32개 단락의 본문으로 구성되어 있다.[8] 책 제목은 북경의 '양매서가楊梅書街'에서 중국 문사들과 나눈 시화라는 뜻이다. 양매서가는 곧 양매죽사가楊梅竹斜街를 가리킨다. 이는 현재 북경 선무구宣武區 동북쪽 매시가煤市街와 연수가延壽街 사이에 있는 비스듬히 뻗은 거리로, 길을 따라 서남쪽으로 가면 바로 유리창琉璃廠과 연결된다. 청대淸代 전기前期에 중매를 잘 선 양매파楊媒婆가 살았다고 해서 '양매사가'楊媒斜街로 불리다가, 후대에 발음이 비슷한 '양매죽사가'로 바뀌었다고 한다. 민국民國 시기에 양매죽사가는 유리창과 함께 문화의 거리로 유명하여 이름난 출판사들이 많았다.[9] 이로 미루어, 연암이 북경에 갔던 18세기 후반에도 유리창과 마찬가지로 서점들이 많았을 것이며, 그래서 '양매서가

---

8. 『양매시화』, 단국대 동양학연구원, 연민문고 소장 연암박지원작품필사본총서 5, 문예원, 2012, 319~386면. 일찍이 이가원 선생의 국역 『열하일기』에 그중의 극히 일부인 서문과 단락(1) 및 단락(3)의 前半만 소개된 바 있다.
9. 王彬·徐秀珊 主編, 『北京地名典』, 中國文聯出版社, 2001, 350~351면.

라고도 불리웠던 듯하다.

『열하일기』「관내정사」關內程史 8월 3일자 일기를 보면, 연암이 양매서가에 있던 '육일루'六一樓라는 서점에서 유세기俞世琦와 그의 동행 서황徐璜·진정훈陳庭訓을 처음 만나 교분을 맺은 사실이 기록되어 있다. 또 『열하일기』「피서록」避暑錄에도 유세기를 '육일재'六一齋(=육일루)에서 처음 만났을 때 그와 필담을 통해 주고받은 시화가 기록되어 있다. 그 뒤 8월 5일 열하로 떠났다가 8월 20일 다시 북경으로 돌아온 연암은 유세기 등과 양매서가에 있는 단씨段氏의 백고약포白膏藥鋪에서 자주 만나 필담을 나누었다고 한다.[10]

『양매시화』를 보면 권수제卷首題가 "열하일기 권지○熱河日記卷之○/양매시화楊梅詩話"라고 씌어 있다. 이 책이 아직 『열하일기』의 권차卷次도 부여되어 있지 않은 초기 필사본임을 알 수 있다. 이어서 별도의 제목 표시 없이 서문이 실려 있다. 아래에 『양매시화』의 서문을 소개한다.

나는 황포黃圃 유세기를 유리창에서 처음 만났다. 그는 자가 식한式韓이며, 거인擧人이다. 열하에서 북경으로 돌아온 뒤, 즉시 황포와 양매서가에서 만나 대화하기로 약속하고, 모두 일곱 번 만났다. 황포는 거인 능야凌野, 태사太史(한림편수翰林編修—인용자) 고역생高棫生, 한림翰林(서길사庶吉士) 초팽령初彭齡, 한림 왕성王晟, 거인 풍승건馮乘健(풍병건馮秉健과 동일인임)과 같은 중국의 명사들을 많이 이끌고 왔다. 그들은 모두 재주가 높고 운치가 맑아, 글 한 자 말 한 마디라도 모두 입에서 향

---

10. 신활자본, 『연암집』 권13, 『열하일기』, 「班禪始末」, 장35뒤~36앞; 권14, 「피서록」, 장49뒤~50뒤, 장50앞뒤; 권15, 「동란섭필」, 장40앞 참조.

기가 나는 듯했다. 하지만 필담한 초고는 명사들이 많이 빼앗아 가 버렸다. 귀국할 때 가져온 보따리를 점검하니까 그중 겨우 10분지 3, 4가 남았을 뿐이다. 그나마도 술 취한 뒤에 휘갈겨 썼거나, 날이 어둡기 전에 재빨리 쓴 것들이었다. 예를 들자면 여산廬山이 새벽 구름에 가려 진면목을 찾아보기 어렵고, 소옹小翁(少翁의 오기)이 휘장을 치자 패옥佩玉 소리가 어렴풋이 들려오는 것과 같았다.[11] 엄화계罨畵溪[12]에서 한가한 날을 틈타 며칠을 뒤적거려 보고 나서야 필담한 초고의 순서를 정할 수 있었다.

아! 당시를 상상해 보니, 홀로 붉은 난간에 기대어 손님들을 둘러보고 있노라면, 수레나 말을 타고 잇달아 와서 반갑게 만난 즉시 주연酒宴을 벌이고, 흉금을 터놓고 농담하던 일이 눈앞에 선하다. 그때 화제가 만발하여 우담화優曇花가 흐드러지게 핀 것 같았고, 해가 긴 날에 신명 나서 이야기하며 손과 팔을 놀려 필담하던 모습이 사랑스러웠다. 인간 세상의 이같은 즐거움을 어느 날인들 잊으리오?[13]

---

11. 蘇軾의 시 「題西林壁」에 "不識廬山眞面目, 只緣身在此山中"이라고 했다. 또 『史記』, 「孝武本紀」에, 漢武帝가 총애하던 王夫人이 죽자 方士 少翁이 方術로 밤에 왕부인의 혼을 불러 들이니, 한무제가 휘장 안에서 그녀를 바라보았다고 했다.
12. 황해도 金川郡의 산골짜기에 있던 연암의 은거처 바로 앞의 계곡이다.
13. 『양매시화』, 앞의 책, 325~326면, "余初遇兪黃圃世琦于琉璃廠中, 字式韓, 擧人也. 旣自熱河還皇城, 卽約黃圃會話于楊梅書街, 凡七遭. 黃圃多引海內名士, 如凌擧人野·高太史棫生·初翰林彭齡·王翰林晸·馮擧人乘[秉]健, 皆才高韻淸, 其隻字片語, 無不芬馥牙頰. 然其談艸多爲諸名流所掠去. 及檢歸裝, 僅存其十之三四, 而或醉後亂墨, 或迫曛走筆, 譬如廬山曉雲, 眞面難尋, 小[少]翁施帳, 珮聲遲遲. 罨溪暇日, 繙閱累朝, 始能第次. 噫! 像想當日, 獨憑紅欄, 眄徠[睞]諸客, 而車騎後先, 逢迎初開, 暢襟詼諧, 如在眼中. 其談屑霏微, 曇花歷亂, 永日揮麈, 手腕可念. 人間此歡, 何日而忘?" 이가원 선생의 국역본에서 소개한 원문에는 오탈자가 적지 않다. 번역문의 일부 오류도 바로잡았다.

요컨대 『양매시화』는 연암이 열하에서 북경으로 돌아온 뒤인 정조 4년(1780) 8월 20일 이후 9월 17일 북경을 떠나기 전까지, 중국 문사 유세기 등과 양매서가에서 일곱 차례나 만나 나눈 필담의 일부를 정리한 것이다. 이제 단락별로 본문의 내용을 살펴보기로 한다.

(1) 청나라 시인 전방표錢芳標의 「내직잡시」內直雜詩에 조선의 특산물로 소개된 백추지白硾紙와 낭호필狼毫筆 및 조선의 외교문서 서체書體에 대해 논했다.

(2) 안질眼疾의 비방을 소개했다. 이 비방은 일찍이 육비陸飛가 홍대용洪大容에게 가르쳐 준 것으로, 연암은 홍대용에게 이를 배워 누차 효험을 봤는데, 능야에게 가르쳐 주었더니 그도 안질이 곧 나았다고 한다.

(3) 왕사진王士禛(왕사정王士禎의 초명)의 『감구집』感舊集에 수록된 김상헌金尙憲의 시들 중에 윤색·산절刪截한 부분이 많다고 하면서, 구체적인 예로 「효발평도」曉發平島 등의 시를 들었다.

(4) 왕사진의 『어양시화』漁洋詩話에 의거하여, 김상헌이 조공 가는 길에 장연등張延登의 집에 유숙했으며, 장연등이 김상헌의 『조천록』朝天錄을 간행했다고 했다.

(5) 『감구집』에도 강희康熙 때 조선의 한시를 수집한 『조선채풍록』朝鮮採風錄을 편찬한 사실과 아울러, 장연등이 김상헌의 『조천록』을 간행한 사실이 기록되어 있다고 했다.

단락 (3)~(5)에 언급된 김상헌의 조천시朝天詩에 대해서는 『열하일기』 「피서록」에도 관련 기사가 있다.

(6) 배시황裵是幌의 『북정일록』北征日錄을 간추려 소개했다. 12장이 넘는 장문이다. 배시황은 효종 9년(1658) 청의 요청으로 제2차 나선羅禪(러시아) 정벌에 참전하여 전공을 세운 인물이다. "나는 학산鶴山 신돈

복辛敦復 씨로부터 배시황이 기록한 북정시말北征始末을 얻은 적이 있는데, 번다하고 거친 부분을 잘라내고 줄거리를 다음과 같이 대략 소개한다"고 했다.[14]

단락 (6)은 연암이 신돈복에게 얻은 배시황의 기록을 축약·소개한 것으로 짐작된다. 연암은 『열하일기』「피서록」에서도 신돈복에게 들은 신선 남주南趎의 이야기를 소개하고 있다. 그런데 이규경李圭景의 『오주연문장전산고』五洲衍文長箋散稿 중 「나선변증설」羅禪辨證說을 보면, 배시황의 『북정일록』을 인용하고 나서, "이는 배시황이 스스로 기록한 것이다. 신돈복이 축약하여 『학산한언』鶴山閑言에 수록한 것을, 나의 조부 형암공炯庵公(이덕무—인용자)이 다시 축약하여 남겨 두었다"[15]고 하였다. 이는 공교롭게도 단락 (6) 중의 인용 구절과 내용상 합치한다. 따라서 단락 (6)은 연암이 이덕무의 축약본을 전재한 것일 가능성도 배제할 수 없다.

(7) 『북정일록』의 뒤에 붙인 글인 「제배시황북정록후」題裵是幌北征錄後이다. "나는 나이가 쉰 살에 가까운데도 아직 우리나라에 배시황이란 사람이 있어 외국에서 큰 공을 세웠다는 이야기를 들은 적이 없다"고 하면서, "금년 초여름에 우연히 진사 민유閔瑜로부터 배시황의 『북정일록』을 얻어 읽어 보았더니 몹시 장쾌했다"고 했다. 그리고 "근자에 금산金山(지금의 경북 김천시)의 진사 박주승朴柱承 경부擎夫를 만나서 배

---

14. 『양매시화』, 위의 책, 330~331면. "余嘗從辛鶴山(敦復氏)得是幌所錄北征始末, 刪繁芟蕪, 略見梗槪如右焉." 배시황의 활약상은 『星湖僿說』에 인용된 『車漢日記』에도 기록되어 있다. 이를 바탕으로 한 소설 「배시황전」이 있으며, 배시황의 상관인 申瀏의 『北征日記』도 전하고 있다. 계승범, 「나선 정벌과 申瀏의 『北征錄』」, 『軍事史』 5, 국방부 군사편찬연구소, 2008 참조.
15. "此裵是幌之自記者. 辛敦復刪節載於鶴山閑言者, 我王考炯庵公更爲刪削以置."

시황 고사를 언급했더니" 경부가 배시황에 관한 뒷이야기를 들려주었다고 한다. 끝으로, "그의 일록日錄이 몹시 번다하고 거칠므로, 내가 그를 대신해 축약하고 윤색하여 세상에 전함으로써 배시황의 이름이 후세에 묻히지 않게 하고자 한다"고 하여, 배시황의 『북정일록』 축약본을 만든 동기를 밝혔다.[16]

이로 미루어, 단락 (7)은 배시황의 『북정일록』 축약본을 만든 뒤 지은 신돈복의 발문을 전재한 것으로 추측된다. 단락 (7)의 '나'(余)는 '진사' 민유에게 배시황의 『북정일록』을 얻었다고 했고, '진사' 박주승에게 배시황의 기록이 사실이라는 말을 들었다고 했다. 『국조사마방목』國朝司馬榜目에 의하면, 민유는 1711년생으로 1740년에 진사 급제했으며, 박주승은 신돈복과 마찬가지로 1692년생으로 1754년에 진사 급제했다.[17]

(8) 중국과 우리나라에서 이름이나 자가 가장 많은 사람으로, 각각 남궁괄南宮括(공자의 제자)과 김시습金時習을 들었다.

(9)~(13) 모두 위구르족에 관한 기사로 고염무顧炎武의 『일지록』日知錄 권29 「토번회흘」吐蕃回紇에서 전재한 글이다.

(14) 고대 중국에서는 말襪(버선)을 가죽으로 만들었다고 한다.

(15) 용자유龍子猶(풍몽룡馮夢龍의 호)의 「고려승령」高麗僧令을 소개했

---

16. 『양매시화』, 앞의 책, 355~358면, "余年近五旬, 而未聞我東有裵是幌者立大功於殊域, ……今年初夏, 偶從進士閔瑜得裵是幌北征日錄, 讀之甚可壯也.", "近遇金山進士朴柱承擎夫, 言及是幌事. 擎夫曰, ……", "其日錄頗繁蕪, 故余乃爲之刪削修潤, 以傳於世, 使是幌之名不泯沒於後耳." 박주승은 朴柱天의 初名이다. 자는 擎夫이고, 본관은 淸州이다.
17. 글의 첫머리에서 자신의 나이가 쉰 살에 가깝다고 했으므로, 필자가 만약 신돈복이라면 이 글을 쓴 시기는 1740년경으로 추정된다. 하지만 그때는 아직 박주승이 진사가 되기 이전이므로 만약 '쉰 살'(五旬)이 오기가 아니라면, 이 글의 필자가 신돈복일 수 없다는 문제가 여전히 남는다.

다. 고려의 중이 행한 주령酒令에 중국 사신使臣이 응수를 잘했다는 소화笑話이다.[18] 이 단락은 『열하일기』 「성경잡지」盛京雜識 중 「상루필담」商樓筆談에서 중국 상인 비치費穉가 연암에게 질문한 대목과 내용이 똑같다.

입옹笠翁의 『소사』笑史에 용자유의 「고려승령」을 기록하기를, "조정의 사신이 고려에 갔더니, 고려는 승려 한 사람을 연회에 배석하게 했다. 그 승려가 주령을 행하기를, '항우項羽와 장양張良이 산傘 하나를 두고 다투네'(項羽張良爭一傘)라고 했다. 항우는 그것을 '우산'이라고 우기고 장양은 '양산'이라고 우긴다는 뜻이었다. 그러자 사신이 창졸간에 대답하기를, '허유許由와 조조鼂錯가 호로胡盧(호리병) 하나를 두고 다투네'(許由鼂錯爭一胡盧)라고 했다. 허유는 그것을 '유호로' 油胡盧(기름병)라 우기고 조조는 '조호로' 醋胡盧(식초병)라 우긴다는 뜻이었다"고 했습니다. 그 고려 승려의 이름이 무엇입니까?[19]

이처럼 「고려승령」은 고려의 승려가 장난 삼아 주령으로 "항우장양쟁일산"項羽張良爭一傘이라는 수수께끼 같은 시구를 부르자, 중국의

---

18. 小註로 "笠翁 李漁 『古笑史』"라고 하여 출전을 밝혔다 (『양매시화』, 앞의 책, 362면) 그러나 『고소사』는 풍몽룡이 편찬한 책으로, 강희 6년(1667)에 李漁의 서문을 덧붙여 출간한 탓에 이어가 『고소사』의 편찬자로 오인되기도 했다. 「高麗僧令」은 『고소사』 談資部에 수록되어 있다. (『笑史』, 北京: 中國戲劇出版社, 1999, 『『笑史』導讀』 참조)
19. 신활자본, 『연암집』 권11, 「열하일기」, 「성경잡지」, 장50앞, "笠翁笑史錄龍子猶高麗僧令云: '朝使出高麗, 高麗使一僧陪宴, 行一令曰: 項羽張良爭一傘, 羽曰雨傘, 良曰凉傘. 朝使倉卒對曰: 許由鼂錯爭一胡盧, 由曰油胡盧, 錯曰醋胡盧.' 僧僧何名?"(『양매시화』는 이와 몇 자 차이남) 鼂錯는 한나라 景帝 때 御史大夫를 지냈다. 그의 이름 '조'錯는 '초醋와 중국어로 발음(cù)이 똑같다.

사신이 "허유조조쟁일호로"許由鼂錯爭一胡盧라는 대구對句로 기민하게 응수했다는 내용인데, 기존 국역서들에는 그 뜻을 제대로 파악하지 못해 부정확하게 번역되어 있다.

(16) 청나라 시인 왕평王苹과 그의 시를 소개했다. 이는 『열하일기』 「피서록」에서 풍병건馮秉健과 능야가 왕평에 대해 소개한 필담 내용을 거두절미하고 인용한 것이다.

(17)~(21) 명나라 때의 생원生員 제도의 변천을 소개한 것으로, 『일지록』 권17 「생원액수」生員額數에서 전재한 글들이다.

(22)와 (23) 역시 각각 『일지록』 권17 「중식액수」中式額數와 「대신자제」大臣子弟에서 전재한 글들이다.

(24) 인조仁祖 때 이괄李适의 난에 가담했다가 피살된 귀성 부사龜城府使 한명련韓明璉의 두 아들 한난韓瀾과 한윤韓潤이 망명해서 병자호란 때 청나라 군대에 종군한 사실을 소개하고, 한명련의 아들 중 이친왕怡親王에 봉해졌다는 '한의'韓義가 곧 한난일 것으로 추측했다. 그런데 이에 관한 훨씬 더 자세한 기사가 『열하일기』 「구외이문」口外異聞, '명련자봉왕'明璉子封王 조에 보인다.

(25) 병자호란 때 끌려간 삼학사三學士가 순절한 정확한 날짜를 추정했다. 이와 거의 동일한 기사로 『열하일기』 「구외이문」에 '삼학사성인지일'三學士成仁之日이 있다.

(26) 당시 청나라의 명사로 기윤紀昀을 포함한 5인을 꼽았다. 『열하일기』 「구외이문」의 '당금명사'當今名士 조와 거의 똑같다.

이로 미루어, 『열하일기』 「구외이문」의 해당 기사들은 『양매시화』에서 위의 세 단락을 발췌한 뒤 가필한 것이 아닌가 한다.

(27) 명나라가 망할 때 조선에 망명하여 귀화한 중국인 강세작康世爵의 「자술」自述을 전재했다. 7장 가까이 되는 많은 분량이다.

(28) 강세작의 가계와 약력을 소개한 뒤, 남구만南九萬과 박세당朴世堂이 각각 편찬한 「강세작전」康世爵傳, 최창대崔昌大가 편찬한 「강군세작묘지명」康君世爵墓誌銘, 이기홍李箕洪이 지은 전후서傳後序가 있다고 했다.

단락 (27)과 (28)에서 소개한 강세작의 고사는 『열하일기』「도강록」 6월 26일자 기사에도 자세히 언급되어 있다.

(29)~(32)는 모두 중국의 상제喪制에 관한 논의이다.

이상에서 살펴본 바와 같이, 『양매시화』는 『열하일기』의 다른 편篇들에도 있는 내용을 많이 포함하고 있다. 따라서 만약 『양매시화』가 그대로 『열하일기』에 하나의 독립된 편으로 편입된다면 내용상의 중복을 피할 수 없을 것이다.

또 『양매시화』는 단락 (9)~(13), (17)~(23) 등 모두 12개 단락이나 『일지록』에서 기사를 전재했다. 이는 그만큼 연암이 고염무의 영향을 깊이 받았음을 보여 주는 또 하나의 증거가 될 것이다. 『열하일기』 중 청나라의 학술과 관련한 논의에서 자주 거론된 학자가 바로 고염무이다. 『열하일기』「산장잡기」 중의 명문인 「야출고북구기」夜出古北口記에서도 연암은 고북구古北口의 지리와 역사를 서술하면서 고염무의 『창평산수기』昌平山水記를 대폭 인용했다.

뿐만 아니라 『양매시화』는 시화詩話의 범주에 속하기 어려운 내용도 다수 포함하고 있다. 예컨대 안질의 비방을 소개한 단락 (2)는 「금료소초」 편에 더 적합한 내용이라 할 수 있다. 더욱이 배시황의 『북정일록』이나 강세작의 「자술」은 연암이 중국 문사들과 나눈 필담 초고에는 없던 자료임이 분명한데도 『양매시화』에 포함되어 있다. 이와 같이 『양매시화』는 『일지록』에서 전재한 글이나 『열하일기』의 다른 편들과 중복되는 내용이 많고, 시화에 어울리지 않는 이질적인 자료도 다수 수록하고 있다. 아마도 이 때문에 『열하일기』의 한 편으로 통합되지 못하고 만 것이 아닌가 한다.

3. 「열하태학기」와 「천애결린집」

연암의 글들을 수습한 초기 필사본 중 단국대 연민문고 소장 『연암산고(2)』燕巖散稿(二)는 『양매시화』와 마찬가지로 『열하일기』 중의 일문과 관련이 깊은 글들을 포함하고 있어 주목된다. 이는 모두 83장의 필사본 1책이다.[20] 정식 표지도 없이, 첫 장에다가 쪽지를 덧붙여 책 제목을 쓰고는 필사한 작품들의 일부 목록을 작은 글자로 적어 놓았다. 그 목록에 「태학기」大學記[21]와 「천애결린집」이 포함되어 있다.

『연암산고(2)』에 수록된 「태학기」는 『열하일기』 '보유'에 속하는 「열하태학기」의 초고로 짐작되는 매우 중요한 글이다. 『열하일기』 「막북행정록」 8월 9일자 일기를 보면, 그날 열하에 도착한 조선 사행은 태학을 숙소로 배정받았다고 했다. 그리고 이 태학은 작년에 창건되었는데 제도가 북경과 똑같다고 하면서 "따로 「승덕태학기」承德太學記가 있다"고 했다.[22] 열하를 '승덕'承德이라고도 불렀으므로, 「승덕태학기」는

---

20. 『연암산고(2)』, 단국대 동양학연구원, 연민문고 소장 연암박지원작품필사본총서 14, 문예원, 2012, 244~406면.
21. '大學記'는 '태학기'로 읽는다. 이때 '大'는 '太'의 古字이다.

바로「열하태학기」를 가리킨다.『연암산고(2)』에 수록된「태학기」의 전문(1장)을 소개하면 다음과 같다.

건륭乾隆 42년(1777) 황제가 열하에 있으면서 다음과 같은 조서를 내렸다.

"성조聖祖(강희제-인용자)의『어제산장시』御製山莊詩에 '모여든 백성이 일만 가구에 이르렀네'(聚民至萬家)라고 한 것은,[23] 이 사실을 기뻐하신 것이다. 지역이 황량하고 구석져 만리장성 이북의 오지가 되었으며, 예전에는 전쟁터여서 중원의 사대부들은 그곳까지 갈 수 있는 이가 드물었다. 성조께서 30년을 경영하여 비로소 일만 가구의 취락을 이루고, 몹시 기쁜 나머지 시를 지어 그 기쁨을 표현하신 것이다. 그러나 학교에 관한 사업은 미처 할 겨를을 얻지 못하셨다. 아마 장차 부유하게 한 뒤에 가르치려 하신 것이고, 뒤를 잇는 천자에게 그 일을 기대하신 것이 아닌가 한다.

그런데 지금 짐이 중원을 차지하니 북쪽 끝의 불모지조차 복종하지 않은 곳이 없어 모두 문교文敎를 우러러 보고 있다. 승덕부承德府의 백성이 10만여 가구에 이르니, 삼가 성조께서 경영하던 초기에 비해 보아도 부유해지고 번성해졌다. 이제 백성들이 열 배나 되었으니 그들의 도덕을 진작시킬 방도를 생각해야 하지 않겠는가? 짐은 조종朝宗의 뜻을 계승하지 못할까 밤낮으로 두려워하고 있다. 조정의 신하들은 모두

---

22. 신활자본,『연암집』권12,『열하일기』,「막북행정록」, 장71앞, "別有承德太學記."
23. 『어제산장시』란 곧 강희제의『御製避暑山莊詩』(2권)를 가리킨다. 강희제가 피서산장에서 36경을 선정하여 각 1수씩 지은 시를 모은 것으로, 강희 51년(1712)에 간행되었다. "聚民至萬家"는 황제의 寢宮인 烟波致爽殿을 노래한 제1수「烟波致爽」의 마지막 구절이다.

짐이 문교를 숭상하는 정치를 하도록 보좌할 능력이 있으니, 그 일을 도모하여라!"

이에 대학사大學士 신臣 서혁덕舒赫德, 신臣 우민중于敏中, 신臣 조혜兆惠[24]가 승덕부학承德府學의 건립을 청하니, 황제가 조서를 내리기를,

"천자가 수도로 삼은 곳을 '경사'京師라고 부른다. 수도의 '도'都 자는 통치한다는 뜻이다. '경사'란 사람들이 많은 곳이라는 뜻이다. 짐은 근년에 이곳에 주필駐蹕하며 많은 사람들을 통치하고 있다. 천자가 학교를 세운다는데 '부학'府學이라 불러서야 되겠는가? 그 제도는 경사京師(북경)를 본받으라!"

고 하였다. 작년 기해己亥(1779)년 겨울에 공사가 완공되자, '태학'으로 부르라고 명했다.

금년 봄에 황제가 양자강 이남 지역을 순시하면서 하천 시설을 시찰하다가, 절강성浙江省 동부와 서부에 이르자 곧장 북향하여 열하로 돌아와서, 몸소 석채釋菜를 지내고 과거를 실시하여 생원 80인을 태학에 두었다.[25] 그런데 지금 우리나라 사신을 태학에 묵게 한 것은 황제의 뜻을 따른 것으로, 우리나라를 예의지방禮義之邦으로 여긴 때문이다. 천자가 과거를 실시한 지 겨우 10여 일이 지났다.

대성전大成殿은 처마가 이중이고, 황색 유리기와를 덮었다. 대성문大成門도 처마가 이중이고 황색 유리기와를 덮었으며, 동쪽과 서쪽에 문을 설치했다. 대성문 밖에 삼공교三空橋(구멍이 셋인 아치형 다리)가 있는데 흰 돌로 난간을 했다. 다리 아래에 언월지偃月池(반달 모양의 못)를 파

---

24. 協辦大學士 兆惠는 건륭 29년(1764)에 이미 사망했다. 착오가 있는 듯하다.
25. 당시 정사 박명원과 부사 정원시가 올린 장계에, 건륭제가 5월 9일에 南京에서 어가를 돌려 22일에 열하로 行幸했다고 보고했다.(『정조실록』, 4년 9월 17일)

고, 괴석怪石을 쌓아 제방을 만들었다. 황제가 짓고 친필로 쓴 어제비御製碑[26]가 있는데, 황색 기와로 덮은 비각碑閣을 세워 비를 보호했다. 강희 때부터[27]

여기에서 본문이 중단되어 전모를 알 수 없는 것이 안타깝다. 나머지를 필사한 부분이 어떤 연유로 망실되어 『연암산고(2)』에 함께 수록되지 못했는지는 알 수 없다. 그러나 현재 남아 있는 부분만 보아도 『연암산고(2)』의 「태학기」는 곧 「열하태학기」의 초고임을 짐작할 수 있다.

「태학기」 다음에 「천애결린집」이 이어진다. '천애결린집'이란 제목은 "천하에 날 알아주는 이 있으면, 하늘 끝에 가더라도 가까운 이웃이 있는 것과 같네"(海內存知己, 天涯若比鄰)라는 당나라 시인 왕발王勃의 시구에서 따온 것으로, 머나먼 중국 땅에서 이웃처럼 다정한 우의를 맺은 사람들의 편지를 모았다는 뜻이다. 여기에는 「풍승건서」馮乘騝書,

---

26. 건륭 44년(1779)에 지은 「御製熱河文廟碑記」를 가리킨다.
27. 『연암산고(2)』, 앞의 책, 315~316면, "乾隆四十二年, 皇帝在熱河, 詔曰: '聖祖御製山莊詩曰: 聚民至萬家, 喜之也. 地荒僻爲塞北奧區. ●●在昔戎馬之場, 中原士大夫罕得以至焉. 聖祖經營三十年, 始得萬家之聚, 而喜之至, 發於吟詠之間, 而猶未遑於學校之事. 蓋將富而後教之, 有待乎嗣辟也. 今朕撫有函夏, 窮髮之北, 莫不賓實, 咸仰文教. 承德府民, 至十餘萬戶, 仰比聖祖經始之初, 旣富且庶矣. 今以十倍之民, 不思所以振德之乎? 朕蚤夜以不能繼述朝宗之志爲懼. 廷臣悉能佐朕以右文之治, 其圖之!' 大學士(臣)舒赫德·(臣)于敏中·(臣)兆惠請立承德府學. 皇帝詔曰: '天子所都, 稱京師. 都字一統也; 京師者大衆也. 朕比歲駐蹕于此, 一統大衆矣. 今為天子建學而稱府, 可乎? 其制視京師!' 去年己亥冬功成, 命曰: '太學.' 今年春皇帝巡江南視河, 至兩浙直北, 還熱河, 親釋菜, 視學, 置生員八十人. 今我使之舘太學, 取皇帝旨, 爲其禮義之邦也. 其視學, 纔過十餘日. 大成殿重簷, 黃琉璃瓦. 大成門重簷, 亦覆黃琉璃瓦, 東西立闕. 大成門外有三空橋, 白石欄, 穿僞月池於橋下, 築怪石爲堤. 有御製碑, 皇帝幷書, 建黃瓦閣覆之. 自康"

「선가옥서」單可玉書,「유세기서」俞世琦書와 아울러, 특이하게도 만주滿洲 문자로 쓴 「하란태서」荷蘭泰書 등 모두 4종의 편지가 수록되어 있다.

「풍승건서」를 보면 첫 장의 우측 여백에 "열하일기 권지○熱河日記 卷之○/반남 박지원 미재 저潘南朴趾源美齋著/천애결린집天涯結隣集"이라고 추기追記되어 있다.[28] 이로 미루어, 연암이 장차 『열하일기』의 한 편篇으로 삼기 위해 「천애결린집」을 편찬하고자 했음을 알 수 있다. 그런데 단국대 연민문고에 소장된 『열하일기』의 초기 필사본인 『연행음청(건)』燕行陰晴(乾)을 보면, 표지 우측에 "천애결린집 탈거天涯結隣集 脫去, 재산고제이책중在散稿第二册中"이라 씌어 있다.[29] 「천애결린집」은 원래 『연행음청(건)』에 수록되어 있었으나 이를 떼어 내 『연암산고』 제2책에 수록했다는 뜻이다. 따라서 『열하일기』 중의 일문의 하나인 「천애결린집」은 『연암산고(2)』에 수록된 바로 이 편지들을 가리키는 것으로 추측된다.

연암의 아들 박종채朴宗采의 『과정록』過庭錄에 의하면, 연암이 북경 체류 중에 사귄 중국 명사로 왕성·고역생·초팽령·허조당許兆薰·유세기·서황·능야·진정훈·육가초陸可樵(이름 미상)·이면李冕·풍승건·선가옥 등 10여 인이 있으나, 그들과 주고받은 필담과 왕복 편지들은 모두 잃어버려 전하지 않는다고 했다.[30] 그런데 『연암산고(2)』의 「천애결린집」은 그중의 일부인 풍승건·선가옥·유세기 등의 편지를 보존하고 있는 것이다.

---

28. 『연암산고(2)』, 위의 책, 317면.
29. 『연행음청』, 단국대 동양학연구원, 연민문고 소장 연암박지원작품필사본총서 4, 문예원, 2012, 435면.
30. 김윤조 역주, 『역주 과정록』, 태학사, 1997, 69~70면; 박희병 옮김, 『나의 아버지 박지원』, 돌베개, 1998, 51면.

첫 번째로 소개할 「풍승건서」는 북경에서 사귄 중국인 풍병건[31]이 연암에게 보낸 편지로, 모두 3통이다.

① 연암 선생께. 청심환과 부채 각각 다섯을 하사하셨는데, 사양하자니 불손하고 받자 하니 실로 부끄럽습니다. 선생께 올린 편지에 전혀 객기는 없사오며, 『원류지론』源流至論 전함全函은 특히나 중국에서 구하기 어렵기 때문에, 일부러 신중하게 진심을 말씀드린 것입니다. 그런데 실로 문망文望 높으신 상경上卿[32] 같은 분조차 속견俗見을 품으시고, 게다가 반드시 100권 내외로 제한하실 줄은 몰랐습니다. 그렇다면, 유리창琉璃廠 서문西門의 오류거五柳居에 소장된(원주: 문수당文粹堂[33]도 훌륭합니다) 신간서와 고서 중에 구하기 힘든 책들이 매우 많으니, 만약 가격에 구애받지 않는다면 만 권이라도 구입할 수 있습니다. 무식하고 고루한 저를 외면하지 않으시는 은혜를 입었는데, 또 제 정성을 다하지 못하니 안타까운 마음을 어디다 비기겠습니까?

이제 백약白約[34]을 받자왔으나, 일이 있어 만나뵐 수 없으므로 따로 시

---

31. 풍병건의 이름은 이 편지나 『양매시화』의 서문에는 '乘騝' 또는 '乘健'으로 되어 있다. 『과정록』에도 그의 자가 '乘驥', 이름은 '乘騝'으로 소개되어 있다.(김윤조 역주, 위의 책, 70면) 그러나 『열하일기』의 「반선시말」, 「피서록」, 「동란섭필」 등에는 모두 '秉健'으로 표기되어 있다. 청나라 시인 黃景仁의 『兩當軒集』에 馮秉騝은 자가 健一이며, 通州 출신의 擧人으로 소개되어 있다.(황경인, 『양당헌집』, 上海古籍出版社, 1983, 314면, 635면)
32. 연암의 8촌 형님인 正使 朴明源을 가리키는 듯하다. 참고로 『열하일기』 「太學留館錄」 8월 9일조 기사에 奇豊額이 연암의 5대조 朴瀰에 대해 '문망이 높으신 상경'(文望上卿)이라고 찬탄한 대목이 있다.
33. 『열하일기』 「黃圖紀略」 '유리창' 조에, 유리창에 있는 가장 큰 서점으로 문수당과 오류거, 先月樓, 鳴盛堂을 꼽았다.
34. '白契'와 동의어로 판단된다. 백계는 官에 납세하여 인가를 받지 않은 매매 계약서를 말한다. 『韓淸文鑑』에는 '私事文書'라고 번역했다.(『한청문감』 권10, 産業部, 貿易類)

집 2종을 증정하오니 어르신 면전에 바치도록 부탁합니다. 혹시 어제 올린 각종 서적 중에 그래도 쓸 만한 게 있다면 반드시 곧 알려주십시오. 저의 하찮은 정성을 다해 유감이 없도록 하겠습니다.

선생은 범속한 예절이 아니라 진심으로 우정을 맺으셨습니다. 대방大邦(중국—인용자)의 온갖 물건들은 이곳(북경)에서 바라는 것을 모두 얻을 수 있습니다만, 선생의 주옥같은 휘호揮毫는 또한 떠날 날이 촉박하여 써 주시겠다는 허락을 얻지 못하니, 어쩌면 좋을지요!

'천지 사이에 살아가는 인생이란, 바쁘기가 먼 길 가는 나그네와 같으니,'³⁵ 겨우 수십 년의 수명을 다툴 따름입니다. 다행히 만나뵐 수만 있다면 이별도 그다지 괴롭지는 않을 것입니다. 어차피 이 세상에 오래 머물 수는 없을 테니까요. 대충 아뢰오며, 할 말을 다 여쭙지 못합니다. 15일 건일健— 올림.³⁶

①은 조선 사행이 북경을 떠나기 이틀 전인 9월 15일에 풍병건이 쓴 편지로, '건일'은 그의 자이다. 연암이 풍병건에게 그 전질의 구입을 부탁한 『원류지론』은 곧 『고금원류지론』古今源流至論을 가리킨다. 이는 송나라 말에 방각본坊刻本으로 간행된 백과전서류에 속하는 책이다. 모

---

35. 『文選』의 「古詩十九首」 중 제3수에 있는 구절이다.
36. 『연암산고(2)』, 앞의 책, 317~318면, "燕岩先生左右. 賜丸扇各五, 却之不恭, 受實愧也. 所奉書, 並無客氣, 而源流至論全函, 尤以中華難得故, 故珍重輪誠. 未料至誠如文望上卿, 亦存俗見, 且必限以百卷外內云. 然則琉璃廠西門之五柳居所存(文粹堂亦佳)新舊難得書顆[夥의 오자]甚. 如不限直, 萬卷可得矣. 蒙不棄荒陋, 復不盡鄙人之誠, 恨也奚似? 兹承白約, 因事不得謀面, 另呈詩集二種, 托尊親面致. 儻日昨所奉各種, 尙有可用, 務卽示知, 當盡此區區爲無憾. 先生與友, 以誠不以俗. 大邦種種, 此地皆可得所望者. 珠玉揮毫, 又以行促不獲命, 如何如何! 人生天地間, 忽如遠行客, 僅爭數十年耳. 會面其幸, 別離亦非甚苦. 盖不可沾滯於此中也. 草草上達, 不盡不盡. 十五日. 健一拜手."

두 40권인데, 명대明代 판본 몇 종이 현재까지 전하고 있다. 이에 대해 『사고전서총목』四庫全書總目에서는 비록 과거 준비용 참고서이기는 하지만 송대宋代의 조장국전朝章國典을 상세히 서술하여 고증가考證家가 참고할 만한 책이라고 높이 평가하고 있다.[37]

위의 편지 내용으로 미루어, 연암은 아마 그의 8촌형인 정사 박명원의 부탁을 받고 풍병건에게 『고금원류지론』 등의 서적 구입을 의뢰했던 듯하다. 당시 북경에서 서적을 구매하려면 조선 사행의 접대를 맡은 중국측 말단 관원인 서반序班을 끼지 않으면 안 되었다. 서반들은 서적 거래 알선을 독점하고 그 댓가를 중요한 수입원으로 삼았기 때문에, 그들 몰래 서적을 구매하기가 무척 힘들었다고 한다.[38] 아마 이와 같은 폐단을 피하기 위해 연암은 풍병건을 통해 서적을 구입하고자 했던 듯하다.

② 박연암 선생께 바치는 서적 4종(원주: 『경완』經玩, 『잡록』雜錄, 『괘도설』卦圖說)은 모두 신간서입니다. 『원류지론』은 송대 판본으로, 오래전부터 진기하게 여겨져 왔습니다. 제가 몹시 아끼던 것을 바칩니다. 어제 작별한 뒤에 또 몹시 취하여, 지금 외출할 수가 없습니다. 내일 떠나는 행차를 반드시 전송하겠습니다. 대충 아뢰오며, 예의를 다 갖추지 못합니다. 풍승건 올림.[39]

---

37. 『四庫全書總目』 권135, 子部 類書類 1.
38. 王振忠, 「朝鮮燕行使與十八世紀北京的琉璃廠」, 『동아시아문화연구』 47, 한양대 동아시아문화연구소, 2010, 41~56면; 신익철, 「연행록을 통해 본 18세기 전반 한중 서적교류의 양상」, 『태동고전연구』 25, 한림대 태동고전연구소, 2010, 233~238면 참조.
39. 『연암산고(2)』, 앞의 책, 318면. "奉贈朴燕岩先生書四種(原註: 經玩·雜錄·卦圖說) 皆新書. 源流至論係宋版, 珍之久矣. 割愛上陳. 昨別後又大醉, 刻下不能出門. 明日當奉送

②는 9월 16일자 편지로 짐작된다. 내용으로 미루어, 그 전날 풍병건은 연암에게 편지 ①을 보낸 뒤에 연암을 직접 만났던 듯하다. 편지 ②에서 풍병건은 자신의 애장서인『고금원류지론』과 함께,『경완』,『잡록』,『괘도설』등의 신간서를 보낸다고 했다.

『경완』은 청초淸初의 학자 심숙沈淑이 편찬한 책으로, 모두 20권이다.『경전석문』經典釋文 및 경전經傳 중의 문자 차이,『좌전』左傳 중의 국명·지명·직관職官·궁실宮室, 십삼경 주소十三經註疏 중의 쇄어瑣語 등을 자세히 조사·검토한 책이다.[40]『잡록』은 명말明末의 저명한 문인 학자인 풍시가馮時可가 편찬한『우항잡록』雨航雜錄을 가리키는 듯하다.『우항잡록』의 상권은 주로 역대의 시문詩文과 학술에 관해 논평하고, 하권은 처세와 양생법 등 잡사와 각종 물산을 주로 기록했다.[41]『괘도설』은 『주역』의 괘에 대해 그림을 그려 풀이한 책으로 짐작되나, '괘도설'로 약칭되는 저술이 많아 누구의 어떤 저술을 가리키는지 판단하기 어렵다.

③ 구입할 수 있는 거질巨帙이 간혹 있긴 합니다. 다만 갑자기 준비하기 어려워 감히 부탁을 들어드리지 못합니다. 어제 만나뵐 수 있어 기뻤습니다. 한 자가 넘는 책들을 절반이나 돌려보내셨는데 혹시 귀처貴處에 남은 책들이 있는지요? 이제 별종의 책 2권을 동봉하오니 살펴보

行旌也. 草草達左右, 不備. 馮乘驂頓."
40. 『四庫全書總目』권34, 經部 五經總義類存目,「經玩」. 沈淑은 雍正 1년(1723) 진사 급제했으며, 저서로『周官翼疏』등이 있다.
41. 『四庫全書總目』권122, 子部 雜家類 6,「雨航雜錄」. 풍시가는 隆慶 5년(1571)에 진사 급제한 뒤, 벼슬은 湖廣布政司參政에 이르렀다. 明末에 '後七子'를 계승한 '中興五子'의 한 사람으로 꼽힌다.『열하일기』「동란섭필」에 풍시가와 그의 저술인『蓬窓續錄』이 소개되어 있으며, 이덕무의『盎葉記』에도『우항잡록』이 인용되어 있다.(이덕무,『청장관전서』권55,『앙엽기』2,「雨航雜錄魚名」)

고 간직하여 주십시오. 또 이만 줄입니다. 승건 올림.

〔추신〕 지금 술로 인해 탈이 난데다가 좌중에 손님이 있어, 몸을 빼어 즉시 제 시간에 가 닿을 수가 없습니다.[42]

③은 ②와 같은 날짜의 편지로 판단된다. 이 편지에서 풍병건은 서적 구입 문제로 인한 고충을 토로했다. 또한 빌려준 책들의 절반을 연암에게서 돌려받고 나서 별종의 책 2권을 다시 보낸다고 했다. 추신에서는 급히 만나고 싶다는 연암의 요청에 부응할 수 없는 사정을 밝히고 있다.

두 번째 편지인 「선가옥서」는 중국인 선가옥[43]이 연암에게 보낸 편지로, 모두 3통이다. 선가옥은 『열하일기』에는 전혀 등장하지 않지만, 앞서 언급했듯이 『과정록』에 연암이 북경에서 사귄 인사 중의 한 사람으로 소개되어 있다.

① 갑자기 좋은 선물을 받잡고, 몹시 감사하면서도 부끄러웠습니다. 이에 음식 두 쟁반, 껍질 깐 호두 한 바구니, 꿀배(玻梨) 두 쟁반을 선생께

---

42. 『연암산고(2)』, 앞의 책, 318~319면, "巨帙可購者, 或有之. 但倉猝難辦, 不敢奉敎. 昨日以得接文光爲幸. 盈尺之書, 又璧其半, 或貴處有存者? 今附奉別種二卷, 望鑒存此. 復不一一. 乘驄頓首. 刻下病酒, 又坐中有客, 故未能脫身, 卽來又及."
원문 중 '文光'은 '耿光'과 같은 말로, 상대방에 대한 美稱이다. '盈尺之書'는 한 자 남짓 되는 짧은 편지라는 뜻 이외에도, 한 자 이상 쌓인 적지 않은 책들이라는 뜻도 있다.
43. 선가옥(1746~1814)은 山東省 高密 출신의 저명한 시인으로, 자는 夢璞, 호는 師亭이다. 벼슬은 衛輝府 通判을 지냈다. 문집으로 『容安齋詩鈔』와 『萊鷗亭詩餘』가 있다. 徐有林・曹夢九・王照靑 纂修, 『民國高密縣志』(『中國地方志集成・山東府縣志輯 41』, 鳳凰出版社・上海書店・巴蜀書社, 2004), 480면, 486면, 496면; 單可玉, 『容安齋詩鈔』(山東文獻集成編纂委員會 編, 『山東文獻集成』 제3집, 제44책, 山東大學出版社, 2009) 참조.

삼가 바치오니, 웃으며 받아 주시면 감사하겠습니다. 선가옥 올림.[44]

② 얼마전에 아이의 병에 대해 지시를 내려 주셔서 감사함을 이루 다 말할 수 없습니다. 다만 사신 행차가 급히 출발하므로, 가르치시는 말씀을 항상 들을 기회가 없는 것이 서글픕니다. 병의 증세를 기록한 쪽지를 보내오니, 보시고 또 버리시기 바라오며, 축수를 베풀어 주십시오.[45]

③ 이별한 지 벌써 한 달이 지났습니다. 엎디어 살피건대 편안히 지내시리라 믿습니다. 사신 행차가 북경에 온 뒤부터, 어린애는 즉시 처방에 따라 약을 복용했으나 아직 효험이 없습니다. 중국의 초약草藥은 약재를 채취해서 만드는지라 간혹 진짜가 아닌 것이 있으며, 게다가 생각건대 정해진 운수는 만회할 수 없고 사람 힘으로 어쩔 수가 없습니다. 간절하게 구원해 주시려는 마음을 저는 오로지 가슴 깊이 새기고 잊지 않겠습니다. 이보다 앞서 사의를 표하기 위해 저녁에 달려가 면전에 아뢰겠습니다. 이만 줄입니다. 고밀인高密人 선가옥 올림.[46]

위의 편지들 중 ①은 날짜 미상의 편지로, 연암이 선물을 보낸 데

---

44. 『연암산고(2)』, 앞의 책, 319면, "俄承佳惠, 感愧並深. 玆備食物二盤, 露瓢核桃一簍, 玻梨二盤, 敬呈左右, 哂入是荷. 單可玉拜手."
45. "頃以兒病辱賜指示, 感莫可喩. 唯以旌車遄發, 不獲常聆警咳, 爲悵也. 病錄小紙送上, 閱復仍祈擲, 賜爲壽."
46. "別已經月矣. 伏審興居, 諒備和暢. 自旌車赴都, 小兒卽照方服藥, 尙無效驗. 中華艸藥採製, 或非其眞, 且意定數莫挽, 人力難施. 殷殷拯拔之懷, 僕唯刻勒弗忘也. 先此布謝, 晚當走謁諸面. 悉不備. 高密人單可玉拜手."

대한 답례로 음식과 과일 등을 보낸다는 내용이다. 연암과 처음 만나 교분을 맺었을 무렵에 쓴 편지로 짐작된다. ② 역시 날짜 미상의 편지이나, '사신 행차가 급히 출발' 운운한 점으로 보아 8월 5일 조선 사행이 북경을 떠나 열하로 향하기 직전에 보낸 편지로 짐작된다. 선가옥의 병든 자녀에 대해 연암이 처방을 가르쳐 준 데 대해 감사하는 내용이다.

③도 날짜 미상의 편지이나, 그 첫머리에 "이별한 지 벌써 한 달이 지났습니다"라고 한 점으로 미루어, 연암이 8월 5일 열하로 떠났다가 8월 20일 다시 북경에 돌아온 뒤인 9월 초의 어느 날에 쓴 것으로 짐작된다. 선가옥은 8월 초에 연암과 만난 뒤, 9월에 들어서야 연암과 다시 연락을 통하게 된 모양이다. 자신의 병든 어린애를 위해 연암이 처방을 내려 주었으나 별 효험을 보지 못해 안타까워하면서도, 그에 대해 감사를 표하기 위해 곧 방문하겠다는 내용이다. 『열하일기』 중 각종 질병의 치료법을 소개한 「금료소초」에서 보듯이, 연암은 의약에 대해 깊은 관심과 지식을 갖추고 있었으므로, 선가옥의 병든 자녀를 위해서도 기꺼이 처방을 내려 주었던 듯하다.

세 번째 편지인 「유세기서」는 연암이 북경에서 가장 자주 만났고 가장 친밀한 우정을 맺었던 유세기[47]가 보낸 편지로, 모두 2통이다.

① 박 노선생老先生께 올립니다. 천지의 크기와 사해의 넓이를 어찌 계량할 수 있겠습니까만 그 안에 땅이 사방 천 리인 나라가 백 군데인데,

---

47. 『열하일기』 「앙엽기」에는 유세기가 閩中人(福建省 출신)으로 소개되어 있다. 그러나 그의 증손인 兪明震의 『觚庵詩存』에 의하면 본적이 浙江 紹興이었는데, 유세기가 順天 宛平으로 옮겼다고 한다. 유세기는 順天府學 庠生을 거쳐, 四庫全書館謄錄과 廣東 海陽縣丞을 지냈다. (유명진, 『고암시존』, 上海古籍出版社, 2008, 前言, 1면, 153면, 478면)

도리道里로써 계산하면 북경에서 멀리 떨어진 곳은 2, 3만 리쯤 되어, 말이 통하지 않는 나라가 모두 얼마나 되는지 알 수 없습니다. 귀국은 비록 외국에 속하지만, 같은 문자를 쓰고 같은 윤리를 행하니, 중역重譯을 해야만 하는 먼 나라들과 비교하면, 어찌 혈육과 같은 사이일 뿐이겠습니까? 만약 유자儒者의 가르침을 우리나라에 번창하게 한다면, 천년 뒤에도 사람들이 그 사람의 시를 낭송하고 그 사람의 책을 읽을 것이니, 천 리 밖에 있어서 성인聖人의 가르침을 친히 받을 수 없었던 경우와 결코 다르지 않을 터입니다.

선생은 문자로는 성색聲色과 정경情景을 남김없이 표현할 수 없다고 하시고[48] 중국에서 읽을거리를 구하시니, 선생의 뜻인즉 독실하다 하겠습니다. 문자와 언어는 형상을 남김없이 표현하기 어려운 법이니, 선생께 하늘에 관해 말씀드리고자 합니다. 대롱으로 하늘을 엿보면 하늘이 작아 보이는 것은 당연합니다. 드넓은 광야에서 널리 보아도 하늘이 하늘다운 점을 밝혀 낼 수 없고, 높은 산 꼭대기에 올라 바라보아도 하늘이 하늘다운 점을 밝혀 낼 수 없습니다. 이것은 어찌 하늘을 살펴보는 이가 모두 장님이라서 그렇겠습니까?

저는 책을 읽어도 깊은 이해를 추구하지 않고 글을 지어도 작법을 준수하지 않으며, 사람됨인즉 대범하고 거침없다 보니, 우리나라 선비 중에 혹은 저를 보고 비웃는 자들도 있습니다. 그런데 선생께서 저를 정성스럽게 대해 주실 줄은 생각도 못했습니다. 어제 여러 친구들을 만났더니 선생에 대해 극구 칭찬을 하는데, 선생께서 편지에서 쓰신 내용과 꼭 들어맞더군요. 그중 어떤 친구는 직무상 일이 있어서 아직

---

48. 이는 신활자본, 『연암집』 권5 「答京之」(2), 권7 「鍾北小選自序」 등에 피력되어 있는 연암의 持論인 문학론이다.

선생을 찾아뵐 겨를이 없었고, 어떤 친구는 우리 왕조(청조淸朝―인용자)의 인사들이 귀국 사람들과 교제하는 일이 드물기 때문에 몇 번이나 억측을 사기도 했답니다. 저는 남을 따르지 않을뿐더러 남에게 강요하지도 않습니다. 25일 아침에 혹시 동조자가 있으면 함께 찾아뵙고 실컷 회포를 풀까 합니다.

청심환은 이미 삼가 받았습니다. 감사합니다. 이에 답장을 올리니 읽어 보아 주시기 바랍니다. 세기世琦 올림. 미중美仲 노선생께.[49]

② 보내 주신 안부 편지와 함께 종이와 부채와 청심환을 잘 받았습니다. 간곡하신 후의와 갖가지 우정 어린 선물을 어떻게 감당할 수 있을지요? 28일에 만나 뵙고 인사드리겠습니다. 이에 아침 문안을 여쭈며, 이만 줄입니다. 세기 올림. 미중 노선생께. 27일 진각辰刻(오전 7시~9시).[50]

---

49. 『연암산고(2)』, 앞의 책, 320~322면, "藉呈朴老先生麾下. 天地之大, 四海之廣, 何可計量? 內地方千里者百, 以道里相計, 去都城遠者可二三萬里. 語言不通者, 不知凡幾. 貴國雖列外邦, 書同文, 行同倫, 較之重譯諸邦, 何啻骨肉? 若以儒者之敎, 昌于我國, 千載後, 人誦其詩, 讀其書, 未始不同于千里外之不能親炙也. 先生以文字不能盡聲色情境, 而求所讀於中國, 先生之志則篤矣. 夫文字話[語의 오자]言, 難以盡狀. 請與先生言天, 管中窺天, 以爲天小, 固也. 放目于寬閒之野, 未能究天之所以爲天也. 登眺于高山之巓, 仍未能究天之所以爲天也. 豈視天者之盡盲乎! 僕讀書不求甚解. 作文不准繩墨, 而爲人也則落落不羈. 我國之士, 或見而笑之. 不意足下之拳拳也. 昨見諸同遊, 極爲揄揚, 頗契先生字札. 或以職司有事, 未暇往謁, 或以我朝人士, 罕有與貴國人交者, 幾經猜度. 僕旣不從人, 亦不之强. 廿五早, 或有同調者, 當偕往奉拜, 以盡餘情. 丸已謹領, 謝謝. 藉此布復, 伏唯淸鑒. 世琦頓首, 上美仲老先生麾下."
50. 위의 책, 322면, "辱承存問, 幷惠紙扇丸藥, 厚意諄諄, 隆情種種, 何以克當? 統容廿八日回謝, 此候朝安. 不具. 世琦頓首, 呈美仲老先生足下. 廿七日辰刻."

위의 편지들 중 ①은 8월 24일경에 쓴 편지로 짐작된다. 여기에서 우선 유세기는, 성인의 가르침을 직접 받은 유교 문명의 중심지이자 하늘처럼 광대한 영토를 지닌 중국에 대해, 연암이 오로지 책을 통해 아는 데 만족하지 않고, 중년의 나이에도 불구하고 몸소 견문하고자 북경까지 찾아온 점을 칭송했다. 그리고 연암이 자신과 우정을 맺고 친절하게 대해 준 데 감사하면서, 청국 인사들 간에는 조선인과 교제하는 것을 꺼리는 풍조가 있지만 자신은 그에 개의치 않고 뜻 맞는 친구와 함께 8월 25일 연암을 방문하겠노라고 했다. ②는 며칠 뒤인 8월 27일에 쓴 편지인데, 연암이 보내 준 선물에 감사를 표하면서 그다음 날인 8월 28일에 연암을 방문하겠노라는 내용이다.

마지막 네 번째 편지인 「하란태서」는 '하란태'란 이가 만주 문자로 써서 보낸 편지이다. 만주어 표기 방식에 따라 편지 본문은 한문의 경우와 달리 좌측에서 우측으로 씌어져 있는데, '하란태서'라는 제목만은 먼저 수록된 한문 편지들과 형식을 맞추기 위해 편지 우측에 붙였으므로, 편지 제목이 편지 말미에 붙은 특이한 모양새가 되었다. 또 만주어의 표기법은 해서체楷書體와 행서체行書體(필기체)의 두 종류가 있는데, 이 편지는 판독하기 쉽지 않은 행서체로 씌어 있을 뿐 아니라, 필사자가 만주 문자에 능통하지 못한 경우라면 원문을 부정확하게 베껴 적었을 가능성도 배제하기 어렵다. 따라서 이 만주문 편지를 완벽하게 번역하기란 불가능하다고 판단되지만, 시험 삼아 직역하여 소개하고자 한다.[51]

---

51. 편지의 판독과 해석은 거의 전적으로, 국내외 만주어 전문가 몇 분의 도움을 받았다. 중국 長沙 民政學院 許放 교수도 필자를 크게 도와주었다. 원문과 대조하기 쉽도록 번역문은 원문 그대로 행갈이를 했다. 만주 문자로 된 편지 원문(사진 참조)은 알파벳으로 변환하

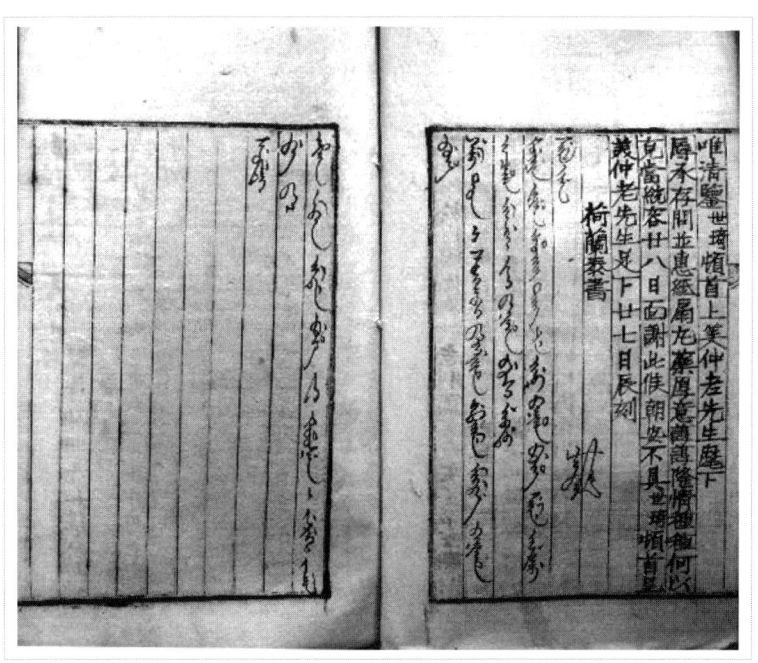

『연암산고(2)』「천애결린집」 중의 「하란태서」

당신들의

버배bebai[52]는

세 대신大臣[53]이 나에게 준 붓, 종이 등의 물품을

주었습니다.

모두 숫자대로 받았습니다. 삼가 감사드립니다.

만난 뒤에 다시 감사드리고 싶습니다. 많이

여 각주에 소개했다.

52. 또는 'bepai'로 판독될 가능성도 있다. 고유명사의 음역으로, 사행 중의 어떤 직책을 맡은 사람을 가리키는 듯하다. '白牌' 즉 白牌通事를 음역한 것일 가능성이 있다.

53. 'ilan amban'으로 판독한 부분으로, 정사·부사·서장관의 '三使'를 가리키는 듯하다.

마음을 써 준 홍당洪堂(hūngtang)⁵⁴에게도 감사했다고 전해 주기 바란다고 전해 주오.⁵⁵

　　이는 조선 사신들이 보낸 예단을 받고 감사를 표하면서, 아울러 중간에서 주선하느라 애쓴 '홍당'洪堂에게도 감사의 뜻을 전해 달라고 당부한 편지로 짐작된다. 여기에 거론된 '홍당'은 아마도 당상역관堂上譯官인 수역首譯 홍명복洪命福일 것이다. 조선 사행은 북경에 도착해서 회동사역관會同四譯館의 제독提督 이하 대소 관원들에게 붓·종이 등 예단을 주는 것이 관례였다. 그렇다면 이 편지의 발신자로 적힌 '하란태'는 당시 회동사역관 제독이던 만주인 '나란태'那蘭泰(Narantai)의 오기誤記가 아닐까 한다. 정사 박명원과 부사 정원시鄭元始가 본국에 보낸 장계를 보면, 8월 5일 북경을 떠나 열하로 갈 때 제독 나란태가 동행한 사실을 알 수 있다.⁵⁶

54.　'hūng'의 'ū'는 음성 모음인 'u'와 달리 양성 모음으로, k, g, h 뒤에서 '오'에 가까운 음을 나타낸다. 'tang'은 '堂'의 음역이다. 堂上譯官을 호칭할 때 그의 姓과 함께, '朴堂', '卞堂', '洪堂' 등으로 불렀다.

55.　suweni
　　bebai
　　ilan amban minde buhe fi hoošan i jergi jaka
　　buhe.
　　gemu ton i songkoi bargiyaha. gingguleme mimbe baniha.
　　acaha manggi jai baniha buki. labdu
　　gūnin fayaha hūngtang de inu baniha buhe seme alareo
　　seme ala.

56.　『승정원일기』, 정조 4년 9월 17일, "……故臣等與書狀官臣趙鼎鎭, 通事三人, 從官四人, 從人六十四名, 初五日巳時, 自北京離發. 提督郁〔那〕蘭泰, 通官烏霖佈·朴寶樹·徐宗顯等, 亦爲隨去是白乎旅." 참고로 만주족의 성씨는 무려 600종이 넘는데 그중 荷氏는 소수민족인 錫伯族에서 유래한 매우 드문 성씨인데 비해, 那氏는 만주족의 8대 성씨 중의 하나였

조선 사행의 접대와 감독을 맡은 회동사역관의 최고위직인 제독은 만주족이 맡았다. 예부의 낭중郎中인 만주족 관리로 하여금 홍려시鴻臚寺 소경少卿의 직함을 겸하게 하여 회동사역관의 일을 총찰하도록 한 것이다.[57] 『열하일기』 「막북행정록」漠北行程錄에서 연암은 열하로 갈 때 발을 다쳐 낙오한 자신의 마두馬頭(말몰잇군) 창대昌大에게 제독이 온정을 베푼 사실을 칭송하면서, "그의 관직은 회동사역관(제독)이자 예부 정찬사精饌司 낭중이요 홍려시 소경이고, 그의 품계는 정4품이며 관계官階는 중헌대부中憲大夫이지만, 나이는 예순 살에 가깝다"고 소개하고 있다.[58]

이처럼 제독 나란태가 연암의 마두에게 온정을 베풀기는 했어도, 그가 연암과 직접 교분을 맺은 적은 없었다. 게다가 만주어를 전혀 모르는 연암에게 그가 구태여 한문이 아닌 만주 문자로 편지를 썼을 리도 없을 것이다.[59] 따라서 위의 편지는 제독 나란태가 조선 사행 중에서 만주어를 할 줄 알고 예단 전달에도 관여했을 법한 인물에게 보낸 것으로 보아야 마땅하다. 앞서 언급한 정사 박명원과 부사 정원시의 장계에 의하면, 8월 11일 제독이 말하기를 오늘은 황제가 반드시 불러 볼 것이라고 하기에 피서산장避暑山莊에 나아갔더니, 황제가 "이 중에 만주어를 할 줄 아는 자가 있는가?"라고 물어, 청학淸學 상통사上通事 윤갑종尹甲宗이 "약간 압니다"라고 답했다고 한다.[60] 이로 미루어, 아

다. 淸代의 저명 官人 중에 那蘭泰라는 동명이인도 여럿 있다.
57. 『淸史稿』 권114, 志 89, 職官 1, 會同四譯館.
58. 신활자본, 『연암집』 권12, 『열하일기』, 「막북행정록」 8월 8일, 장68앞뒤, "其官則會同四譯館, 禮部精饌司郎中, 鴻臚寺少卿. 其品則正四, 其階則中憲大夫, 顧其年則近六十矣."
59. 연암은 『열하일기』의 여러 곳에서 자신이 만주 문자를 모른다고 말했다.(「일신수필」 7월 21일; 「관내정사」 8월 1일; 「환연도중록」 8월 17일; 「구외이문」 '武烈河' 등 참조)

마도 위의 편지는 회동사역관 제독 나란태가 윤갑종과 같은 만주어 역관에게 보낸 편지가 아니었을까 한다. 비록 연암에게 보낸 편지는 아니었지만, 만주 문자로 씌어진 대단히 진귀한 자료라고 판단해서, 연암이 이를 필사해 두었던 것으로 추측된다.

---

60. 『승정원일기』, 정조 4년 9월 17일. 『열하일기』, 「태학유관록」 8월 11일자 기사에도 동일한 내용이 기술되어 있다.

4. 「열하궁전기」와 「단루필담」

「열하궁전기」에 대해서는 그 행방을 짐작할 수 있는 단서를 아직 찾지 못했다. 아마도 앞서 소개한 「열하태학기」와 유사하게, 열하의 행궁인 피서산장을 소개한 기記였을 것으로 짐작된다. 『열하일기』「피서록」의 서문을 보면, 강희제가 피서산장의 경승지에 세운 연파치상전烟波致爽殿 등 36개 전각의 명칭을 나열한 뒤 강희제의 「피서산장기」를 대폭 인용하고 있다. 「열하궁전기」는 이 「피서록」의 서문으로 대체되었거나 이와 내용상 중복되는 글이라서 『열하일기』에 수록되지 않았을 가능성이 있다.

「단루필담」의 '단루'段樓는 북경의 양매죽사가에 있던 '단가루'段家樓 즉 백고약白膏藥을 파는 단씨의 약방을 가리킨다. 홍대용의 벗으로 연암이 만나 보고 싶어한 반정균潘庭筠의 집이 바로 그 맞은편에 있었다고 한다.[61] 『열하일기』「반선시말」班禪始末을 보면, 열하에서 북경으로 돌아온 연암이 고역생과 함께 단씨의 점포에서 술을 마실 때 고역생이 연암의 질문을 받고 판첸 라마에 관해 말하려고 하자 동석한 풍

---

61. 신활자본, 『연암집』 권14, 『열하일기』, 「피서록」, 장50앞뒤.

병건이 눈짓하며 만류하더라는 대목이 있다. 또 「동란섭필」에도 연암이 초팽령·고역생과 함께 단씨의 점포에서 술을 마시며 『시경』의 「소서」小序에 관해 토론을 벌인 내용이라든가, 연암이 단씨의 점포에서 술을 마시며 왕사정의 고증考證에 대한 이덕무의 비판을 소개했더니 왕사정보다 이덕무가 더 박식하다고 풍병건[62]이 칭송한 내용이 소개되어 있다. 그리고 연행을 다녀온 지 10여 년 뒤인 안의安義 현감 시절에 지은 「공작관기」孔雀館記에서도 연암은 북경 체류 중 중국 문사들과 날마다 단씨의 점포에서 술을 마시고 글을 논했던 일을 추억했다.[63]

이로 미루어, 「단루필담」은 연암이 열하에서 북경으로 돌아온 뒤 단씨의 약방에서 유세기·고역생·초팽령·풍병건 등과 여러 차례 만나 나눈 필담을 정리한 것으로 짐작된다. 하지만 연암이 양매죽사가에서 유세기 등 중국 문사들과 나눈 필담의 일부는 이미 살펴본 『양매시화』에 수록되어 있다. 그리고, 비록 만난 곳이 명시되어 있지는 않으나, 「피서록」을 보면 『명시종』明詩綜에 수록된 연암 5대조 박미朴瀰의 시에 대해 유세기가 연대상의 오류를 고증하고, 전겸익錢謙益이 『황화집』皇華集에 수록된 시를 들어 조선 한시의 수준을 폄하한 데 대해 연암이 반박한 내용이라든가, 고역생·풍병건·능야가 연암에게 청나라 시인 왕평에 대해 소개한 대목들이 있다.[64] 이 역시 단씨의 점포에서 필담을 통해 주고받은 시화의 일부일 것이다. 또 「동란섭필」에도 『시경』의 「소

---

62. 원문에는 '漏明齋'라고 하여 漏씨로 되어 있으나(신활자본, 『연암집』 권15, 『열하일기』, 「동란섭필」, 장60앞뒤), 이는 오기이다. 풍병건의 호가 明齋이다. 신활자본, 『연암집』 권14, 『열하일기』, 「피서록」, 장67뒤에는 '馮明齋秉健'이라고 바르게 표기되어 있다.
63. 신활자본, 『연암집』 권13, 『열하일기』, 「반선시말」, 장35뒤~36앞; 권15, 『열하일기』, 「동란섭필」, 장40앞, 장59뒤~60앞; 권1, 「공작관기」, 장18앞뒤.
64. 위의 책 권14, 『열하일기』, 「피서록」, 장52뒤~53앞, 장57앞, 장67앞뒤.

서」에 관해 토론한 내용과, 이덕무가 왕사정의 고증을 비판한 내용뿐 아니라 연암이 예전에 이덕무의 『앙엽기』에서 보았던 '여자위남자관'女子爲男子官 조의 내용을 이야기하자 능야와 고역생이 연암의 박식을 칭찬하더라는 내용이 있다.[65] 이것도 「단루필담」에 수록되었을 법한 내용이라 하겠다.

일찍이 이가원 선생이 학계에 소개한 『열하일기보유』는 아마도 「단루필담」과 관련 있는 자료가 아닐까 한다. 이는 난초亂草 세자細字로 씌어진 필사본 1책인데, 여기에는 '연암집보유'燕巖集補遺라는 표제에다 '열하일기보유제3'熱河日記補遺第三이라는 작은 제목이 씌어 있었으며, 그 첫 장의 '열하일기보유'熱河日記補遺라는 제하에 다음과 같은 박종간朴宗侃(박종채의 초명)의 소기小記가 붙어 있었다고 한다.

오래된 책 상자를 열어 살피다가 필담 초고 수백 장을 발견했으나, 난잡하게 씌어 있어 상고詳考할 수 없었다. 그러나 겨우 필법과 문답 사건問答事件에 의거해서 구별할 수는 있었다. 다만 누구와 주고받은 것인지 아무런 표시가 없다. 그래서 이제 원서元書를 선대인先大人(연암―인용자)의 문답으로 하고, 한 글자 낮추어 쓴 것을 화인華人(중국인)의 문답으로 하는 것으로 범례를 삼는다. 아들 종간 삼가 씀.[66]

박종채의 윗글로 짐작건대 『열하일기보유』는 연암이 북경 양매서

---

65. 위의 책 권15, 『열하일기』, 「동란섭필」, 장59뒤. 원문에는 『앙엽기』가 『耳目口心書』로 잘못 소개되어 있다.
66. "披閱舊筐, 得談艸數百頁, 雜書胡亂, 不可考. 然只憑筆法及問答事件, 可得區別. 但無標別某人酬酌. 故今以元書爲先大人問答, 低一字書爲華人問答, 以爲凡例. 男宗侃謹書."(이가원, 앞의 논문, 165~166면에서 재인용)

가의 단씨 약방에서 유세기 등과 나눈 필담, 즉「단루필담」의 초고일 가능성이 높다고 하겠다. 그 표제에『연암집』의 '보유'라 하고 소제小題에서 다시『열하일기』의 '보유제3'補遺第三이라 한 것은, 이 책이『연암집』에『열하일기』를 통합한 별집 계열 텍스트들의「열하일기총목」'보유'에서 열거한 일문逸文의 하나라는 의미일 것이다. 다만『양매시화』와 마찬가지로,「단루필담」도『열하일기』중의 다른 편들과 중복되는 내용이 적지 않았을 것으로 짐작된다.「단루필담」에 수록되었을 법한 내용들이『열하일기』의「피서록」이나「동란섭필」등에서 적지않게 발견되는 점으로 미루어, 아마도 연암은「단루필담」을 해체하여 그중 일부 내용만을『열하일기』의 다른 편들에 분산·편입했던 것이 아니었을까 한다.

5. 잠정적 결론

현전하는 『열하일기』의 이본들 중 정본에 가장 가까운 별집 계열 텍스트들은 「도강록」에서 「동란섭필」까지 모두 24편으로 구성되어 있다. 그러나 그 「총목」에서는 '보유'라는 제하에 「천애결린집」, 「양매시화」, 「금료소초」, 「열하궁전기」, 「열하태학기」, 「단루필담」 등 6편의 제목을 소개함으로써, 『열하일기』에 미처 수록되지 못한 채 행방을 알 수 없게 된 일문들이 다수 있음을 밝혔다. 본고는 최근에 공개된 『양매시화』와 『연암산고(2)』 등 새로운 자료를 바탕으로 이러한 『열하일기』 중의 일문들의 행방을 탐색해 본 것이다.

단국대 연민문고 소장 필사본인 『양매시화』는 『열하일기』 일문 중의 하나인 「양매시화」의 초고로 판단된다. 이는 연암이 북경에 체류할 때 양매죽사가에서 중국 문사들과 나누었던 필담을 정리한 것이다. 그런데 그 내용을 살펴보면, 『열하일기』의 「피서록」이나 「구외이문」 등과 중복되는 것이 많다. 또 고염무의 『일지록』에서 전재한 기사도 상당수 있으며, 배시황의 『북정일록』처럼 시화도 아니고 필담의 일부도 아닌 자료가 뒤섞여 있기도 하다. 이로 미루어 보면, 연암은 애초에 「양매시화」 편을 기획하기는 했으나, 『양매시화』의 잡다한 내용 중 일부만 발췌하여 『열하일기』의 여러 편들에 분산·편입하고 말았던 것이 아닌가 한다.

단국대 연민문고 소장 『연암산고(2)』에 포함되어 있는 「태학기」와 「천애결린집」은 각각 『열하일기』 중의 일문인 「열하태학기」와 「천애결린집」의 초고로 판단된다. 그중 「태학기」는 글의 앞부분만 남아 있어 전모를 알 수 없으나, 열하의 태학에 관한 한 편의 완결된 기記였음에 틀림없다. 『열하일기』 「막북행정록」 8월 9일자 일기에 "따로 「승덕태학기」가 있다"고 했는데, 이 「승덕태학기」가 바로 「열하태학기」이다.

『열하일기』는 여정을 대체로 날짜별로 기술하되, 해당 날짜의 일기에 포함하기 힘든 중요한 내용은 별도의 형식으로 독립시켜 편중篇中 또는 편말에 배치하는 방식을 취하고 있다. 「막북행정록」 8월 7일자 일기에도 "따로 「야출고북구기」가 있다", "따로 「일야구도하기」一夜九渡河記가 있다"고 하고, 8월 8일자 일기에도 "따로 「만국진공기」萬國進貢記가 있다"고 했는데, 이 3편의 기들은 모두 「산장잡기」 편에 수록되어 있다. 그러므로 8월 9일자 일기에 거론된 「열하태학기」도 「산장잡기」 편에 수록되든가, 아니면 「막북행정록」의 편말에 배치되었을 법한 기이지, 「산장잡기」나 「환희기」幻戲記처럼 독립된 하나의 편은 아니었을 것이다.

『연암산고(2)』 중의 「천애결린집」은 연암이 북경에서 사귄 풍병건·선가옥·유세기의 한문 편지와 아울러, 하란태의 만주문 편지를 수록한 것이다. 하란태의 편지는 실은 회동사역관 제독인 만주인 '나란태'가 조선 사신의 예단을 받고 쓴 감사 편지로, 연암에게 보낸 것은 아니지만 진귀한 문헌 자료라서 수록되었던 것이 아닌가 한다. 풍병건·선가옥·유세기의 편지 역시 대개 서적 구입 문제나 주고받은 선물과 관련된 단찰短札로서, 문학적으로나 사상적으로나 큰 의미를 부여하기는 어려운 것들이다.

 『열하일기』「성경잡지」 7월 12일자 일기에 성경盛京의 상인 전사가田仕可가 연암과 작별하면서 준 편지 1통이 수록되어 있다. 북경에 가거든 자신의 벗인 한림편수 허조당을 만나 보라고 한 소개 편지인데, 박종채의 『과정록』에 의하면 허조당은 연암이 북경에서 사귄 중국 명사 중의 한 사람이었다. 따라서 연암은 허조당과도 편지 왕복을 했으리라 짐작되지만, 현재 전하는 편지가 없다. 이처럼 『연암산고(2)』의 「천애결린집」은 연암이 중국인들과 주고받은 편지의 극히 일부만을 수록하고 있을뿐더러 내용상 중요한 편지들은 포함하고 있지 않다. 『과정록』에 의하면, 연암이 중국 명사들과 주고받은 편지들은 모두 잃어버려 전하지 않는다고 했다. 이로 미루어, 연암은 원래 「천애결린집」을 『열하일기』의 한 편으로 기획했으나, 관련 자료의 빈곤으로 인해 결국 『열하일기』에 편입하기를 포기하지 않았나 한다.

 「열하궁전기」와 「단루필담」은 아직까지 행방을 알 수 없는 글들이다. 「열하궁전기」는 「열하태학기」와 마찬가지로, 열하의 행궁인 피서산장에 관한 한 편의 기였으리라 짐작된다. 「단루필담」은 연암이 북경의 양매죽사가에 있던 단씨의 백고약포白膏藥舖에서 중국인들과 만나 나눈 필담을 정리한 것이므로, 「양매시화」와 유사한 성격의 편이었을 것이다. 일찍이 이가원 선생이 학계에 소개한 『열하일기보유』가 「단루필담」의 초고에 해당하는 필사본일지 모른다. 그러나 단씨의 점포에서 나눈 필담의 일부가 『열하일기』의 「피서록」이나 「동란섭필」 등에 수록되어 있는 점으로 미루어, 『양매시화』와 마찬가지로 「단루필담」도 원고가 해체되어 『열하일기』의 다른 편들에 분산·편입되었을 가능성을 배제하기 어렵다.

 『열하일기』 중의 일문 중 오늘날 온전한 모습을 전하는 것은 「금료소초」뿐이다. 「금료소초」만은 별집 계열 이외의 수많은 이본들에 수록되어 있다. 별집 계열 필사본을 저본으로 한 신활자본은 조선광문회본 『열하일기』에서 「금료소초」를 전재하여 '보유'의 일부를 보완한 텍스트이다. 박종채는 『과정록』의 추기追記에서 『열하일기』가 모두 24권이라고 했다.[67] 이는 『열하일기』가 「도강록」 이하 「동란섭필」까지 전 24편으로 구성되었음을 뜻한다. 그러나 『과정록』의 본문에서는 연암이 "『열하일기』를 저술했는데, 모두 25편이다"라고 했다.[68] 이와 같은 진술상의 앞뒤 모순은 애초에 연암이 「금료소초」를 포함한 전 25편으로 『열하일기』를 구성했으나, 연암의 사후에 『연암집』을 편찬하면서 『열하일기』에서 이를 제거했기 때문에 빚어진 것이라 추측된다. 이렇게 볼 때, 별집 계열 『열하일기』에서 진정으로 보완될 가치가 있는 일문은 「금료소초」 1편 정도라고 할 수 있다. 하지만 이는 장차 『열하일기보유』와 같은 관련 자료들이 나타난다면 수정될 여지가 있는 잠정적 결론이라 하겠다.

---

67. 김윤조 역주, 앞의 책, 303면; 박희병 옮김, 앞의 책, 270면.
68. 김윤조 역주, 위의 책, 65면; 박희병 옮김, 위의 책, 47면.

4부

『연암집』 텍스트의 재검토

1. 텍스트 연구 현황

지금까지 학계에서 연암 문학에 대한 연구는 1932년 신활자본新活字本으로 간행된 『연암집』(이하 '신활자본'으로 약칭)을 기본 텍스트로 삼아 왔다. 이는 연암의 5대손인 박영범 소장 필사본을 저본으로 삼아 17권 6책으로 간행한 것이었다.[1] 이 신활자본은 그동안 필사본으로만 전해 오던 연암의 전全 저술을 모아 최초로 공간公刊한 점에서 큰 의의가 있는 텍스트라고 할 수 있다.[2]

그러나 신활자본에는 필사본 원문 판독이나 인쇄 과정에서 발생

---

1. 홍기문, 「연암집에 대한 해제」, 『박지원 작품 선집 1』, 평양: 국립문학예술서적출판사, 1960, 22면. 신활자본은 친일파로 유명한 巨富 朴榮喆(1879~1939)의 재정 지원으로 간행되었기 때문에 '박영철본'이라고도 한다. 박영철은 충주박씨로, 전북 전주에서 출생했다. 1928년 조선상업은행 副頭取를 거쳐 1931년 이후 사망할 때까지 두취로 재임했다. 신활자본 『연암집』의 外題도 친일파인 宋之憲의 글씨이다. 신활자본의 저본이 되었다는 박영범 소장 필사본은 현재 숭실대 기독교박물관에 소장되어 있는 自然經室本 『연암집』이라는 설이 있다. 그러나 자연경실본은 원래 楓石 徐有榘 집안의 필사본인데다가 현재 낙질이 많아서 상호 대조하여 그 설을 확증하기가 쉽지 않다.
2. 滄江 金澤榮이 1900년 『연암집』(6권 2책, 全史字本 즉 구활자본), 1901년 『燕巖續集』(3권 1책, 전사자본), 1917년 『重編燕巖集』(7권 3책, 신활자본)을 간행했으나, 이는 전집이 아니고 선집이었다. 게다가 김택영은 종종 원문을 임의로 윤색하기도 했다.

한 오자·탈자가 적지 않고, 필사본 원문 자체의 오류들이 시정되어 있지 않다.[3] 또한 『연상각선본』煙湘閣選本 등 연암의 기존 시문 선집들을 그러모으는 데 그친 필사본 『연암집』의 체제를 답습한 결과 편차編次가 정연하지 못하고 혼란스러우며, 실은 여기에도 누락된 연암의 작품들이 적지 않다. 그러므로 연암의 일시逸詩·일문逸文들을 적극 발굴하여 추가하는 한편, 전 작품들을 문학 양식과 창작 시기에 따라 정연하게 재편성할 필요가 있다. 앞으로 신활자본과 필사본들을 망라한 종합적이고 정밀한 텍스트 연구를 바탕으로 완벽한 『연암집』 텍스트가 새로 출간되어야 할 것이다.

종래 『연암집』 텍스트에 대한 연구는 『열하일기』를 중심으로 이루어져 왔다. 이는 『열하일기』가 연암의 문학을 대표하는 저술인 때문만이 아니라, 연암의 일반 시문詩文들보다 『열하일기』에서 텍스트들 간의 차이가 두드러게 나타나 있기 때문이다. 따라서 『열하일기』의 텍스트에 대한 치밀한 연구를 통해 이본異本들의 계통과 특징을 파악하고, 그 위에서 『연암집』 텍스트 전반全般으로 연구를 확대하는 것이 바람직한 방법이다. 요컨대 『열하일기』 텍스트 연구는 『연암집』 텍스트 연구의 관건이 된다고 할 수 있다.

조선 시대의 한문학 작품 중 『열하일기』만큼 수많은 이본들이 산생産生된 경우도 흔치 않을 것이다. 연암 스스로 『열하일기』를 계속 수정 보완했을 뿐 아니라 그의 사후에 후손들이 『연암집』을 편찬하면서 『열하일기』에 수차 손질을 가했다. 또한 『열하일기』가 인기리에 널리 전사傳寫되는 과정에서도 적잖은 변개變改가 이루어졌으리라 짐작된

---

3. 그밖에 '倭奴'가 '倭'로 되거나 아예 삭제된 경우처럼, 일제 총독부의 검열로 인한 變改도 있다.

다. 그 결과 수많은 이본들이 생겨나 국내외에 전하고 있는데, 현재까지 필자가 입수하여 직접 검토해 본 것만도 40여 종에 달한다.

　이와 같이 수많은 이본들 중 어느 것을 정본定本으로 삼을 것인가. 이는 한갓 서지학의 관심사에 그치지 않고, 『열하일기』의 정확한 번역이나 사상적·문예적 특징 해명에 직결되는 매우 중요한 문제라고 할 수 있다. 현전하는 이본들 중에서는 신활자본『열하일기』가 가장 정비整備된 텍스트에 속하지만, 여기에서도 일부 미비한 점들이 개선되지는 못했다. 뿐만 아니라 신활자본과 마찬가지로『열하일기』가 『연암집』의 일부 즉 '별집'別集으로 편성되어 있는 필사본들이 다수 현전하는데도 현재까지 이들에 대한 면밀한 검토가 이루어지지 않았다. 게다가 최근 단국대 연민문고에 소장된『열하일기』의 초기 필사본들이 대거 공개됨에 따라, 이 새 자료들을 포함하여『열하일기』이본들의 계통과 정본을 추정하는 문제가 새로운 연구 과제로 떠오르게 되었다.

　『열하일기』의 이본에 관한 연구는 이가원 선생에 의해 처음 시도되었다. 일찍이 이가원 선생은 연암 후손인 박영범 옹으로부터 기증받은 가장家藏 필사본들을 학계에 소개한 바 있는데, 그중에는『양매시화』등 종전에 알려지지 않았던 자료가 다수 포함되어 있었다.[4] 한편 이가원 선생은『열하일기』를 국역하면서, 신활자본뿐 아니라 '수택본'手澤本 등 여러 필사본들을 참조하여 일종의 교합본校合本을 만들고, 텍스트들 간의 차이를 주석으로 밝혀 두기도 했다.[5] 다만 이러한 선구

---

4. 이가원, 「『연암집』逸書·逸文 및 부록에 대한 소고」, 『국어국문학』 39·40 합병호, 국어국문학회, 1968.
5. 서현경, 「연민 선생과『열하일기』번역」, 『열상고전연구』 26, 열상고전연구회, 2007 참조.

적인 시도는 본격적인 텍스트 연구를 바탕으로 한 것이 아니기 때문에 불철저한 점이 적지 않았던 것이 사실이다. 게다가 자료가 공개되지 않은 탓으로 다른 연구자들에 의한 후속 연구가 나오기도 어려웠다.

그러던 중 1990년을 전후하여 『열하일기』가 '북학北學'을 집대성한 사상서로서만이 아니라 조선 후기 한문학의 최고봉을 이루는 문예 작품으로 주목받기 시작하면서, 그 이본에 관한 연구도 재개되었다. 강동엽은 '광문회본'光文會本 등 11종의 『열하일기』 이본을 신활자본과 비교하는 시도를 했다.[6] 이처럼 새 이본들을 추가해 비교 대상을 확대한 것은 진일보한 점이라 할 수 있다. 하지만 『열하일기』의 편차를 대조한 표를 제시하는 데 그치고 있으며, 이러한 편차 대조만으로 "『열하일기』 내용을 충실하게 수록한 필사본"은 국회도서관본·충남대본·전남대본이라고 주장한 것은 속단이라 하지 않을 수 없다.

필자는 『열하일기』의 주요 이본으로 신활자본과 광문회본 등 7종을 선정하여, 편차뿐 아니라 본문의 세부적인 차이까지 검토했다.[7] 그 결과 특정 텍스트들에서 중요한 개작이 이루어진 사실을 발견하고, 이러한 개작 여부에 따라 텍스트들을 '초고본 계열'과 '개작본 계열'로 나누어 그 특징을 고찰했다. 결론적으로, 위의 이본들은 어느 것도 정본이라 하기 어렵지만, 초고본 계열에서는 충남대본이 『열하일기』의 초고에 가장 가깝고 개작본 계열에서는 신활자본이 가장 정비된 텍스트라고 보았다. 이와 아울러, 양반 체모에 어긋난 연암의 언동, 서학西學과 청나라 배척 풍조에 저촉되는 내용, 과도한 세부 묘사와 해학적 표현 등에 대해 개작이 이루어진 사실을 밝힘으로써, 텍스트 연구가 서

---

6. 강동엽, 『열하일기 연구』, 일지사, 1988, 23~29면.
7. 김명호, 『열하일기 연구』, 창작과비평사, 1990, 27~47면.

지적 고찰에 그치지 않고 『열하일기』의 사상적·문예적 특징을 해명하는 데에도 기여할 수 있음을 보여 주었다고 생각한다.

하지만 당시 필자로서는 주요 텍스트에 대한 집중적 분석을 시도하다 보니 비교 대상을 더 이상 확대하기 어려웠고, 『열하일기』에 대한 종합적 연구의 일부로서 텍스트 비교를 시도한 것이라 충분히 논할 지면상의 여유도 갖지 못했다. 그러한 관계로 필자 스스로 미흡함을 느끼고 있던 차, 이가원 선생이 단국대에 기증한 『열하일기』 이본들 중 일부를 열람할 수 있게 됨에 따라 종전의 연구 결과를 수정 보완할 필요를 더욱 절실히 느끼게 되었다. 그러나 텍스트 연구는 그 성과에 비해 시간과 품이 유달리 많이 드는 고단한 작업이다. 아마도 그런 탓인지 필자 이후 오랫동안 『열하일기』 텍스트 연구에 나서는 사람이 없었다. 필자 역시 당시에 주요 텍스트 7종을 검토하는 작업에만 꼬박 2년의 세월을 바쳤던 터라, 다시 텍스트 연구에 착수하는 것을 주저하지 않을 수 없었다.

한편 김윤조는 국립중앙도서관 승계문고본勝溪文庫本 『연암집』을 신활자본과 비교하여, 양자의 자구상字句上의 차이를 밝히고 신활자본에 수록되지 않은 연암의 일시·일문 몇 편을 소개했다.[8] 김혈조는 활자본 2종과 필사본 8종을 대상으로 『연암집』 텍스트에 대한 더욱 광범한 연구를 시도했다.[9] 이는 『열하일기』와 『과농소초』課農小抄를 제외한 연암의 일반 시문만을 대상으로 한 연구이기는 하지만, 이를 통해 『연

---

8. 김윤조, 「박영철본 『연암집』의 착오·탈락에 대한 검토」, 『한문학논집』 10, 단국한문학회, 1992, 303~322면.
9. 김혈조, 「『연암집』 異本에 대한 고찰」, 『한국한문학연구』 17, 한국한문학회, 1994, 157~191면.

암집』에 수록된 시문들은 『열하일기』와 달리 텍스트 간에 심한 차이가 있지는 않은 사실이 확인되었다.

2000년대에 들어 서현경은 『열하일기』의 정본을 탐색하는 텍스트 연구를 시도했다.[10] 그는 단국대 연민문고 소장본 일부 등을 포함하여 비교 대상을 확대하고 자구상의 차이를 비교함으로써, '원原초고본 계열'→'초고본 계열'→'개작본 계열'과 '비非개작본 계열'→'정본 계열'로 이본들의 계통을 추정했다. 또 '개작본 계열'에서는 전남대본을, '정본 계열'에서는 일본 동양문고본을 중시하고, 동양문고본이 전남대본을 바탕으로 한 『열하일기』의 정본이라고 주장했다.

이와 같은 서현경의 연구는 『열하일기』 이본 연구에서 새로운 진전을 이루었다고 할 수 있다. 그러나 편차나 자구상의 차이에 한정하여 텍스트를 비교했고, 이른바 '비개작본 계열'에 속하는 텍스트들은 소홀하게 다루었다. 또한 '정본 계열'에 속하는 텍스트들은 『연암집』의 일부로서 존재하는 만큼, 『열하일기』뿐 아니라 『연암집』 전체로 확대해서 비교해야만 그중의 어느 것이 과연 정본인지, 또는 정본에 가장 가까운지를 확실하게 판단할 수 있을 것이다.

양승민은 경기도 안산시의 성호기념관星湖記念館에 소장된 『열하일기』 필사본(이하 '성호기념관본'으로 약칭)을 학계에 소개했다.[11] 그는 성호기념관본은 '정초본定草本 계열' 즉 '정본 계열'에 가장 가까운 '개수교정본'改修校訂本으로서, 이와 유사한 이본인 전남대본보다 먼저 필사되었

---

10. 서현경, 「『열하일기』 정본의 탐색과 서술분석」, 연세대 박사논문, 2008.
11. 양승민, 「燕巖山房 校訂本 『열하일기』의 발견과 그 자료적 가치」, 한국고전문학회 학술발표회 자료집, 2009. 6. 27.

다고 주장했다.[12]

필자는 이와 같은 신진 학자들의 의욕적인 연구에 자극받는 한편, 2009년부터 '단국대 소장 연민문고 〈동장귀중본〉東裝貴重本 해제 사업'에 참여하게 된 것을 계기로, 『열하일기』 텍스트 연구에 다시 착수하게 되었다. 이 해제 사업은 단국대 연민문고에 소장된 총 370여 종의 우리나라 고서 중 180종을 대상으로 3개년에 걸쳐 진행되었다. 필자가 참여하여 해제를 맡은 필사본 중에는 아직 공개되지 않은 『열하일기』 이본들이 다수 포함되어 있다. 이러한 귀중본들과 아울러 해외에 있는 이본들까지 널리 수집·검토한다면, 종전의 수준을 넘어서는 연구 성과를 기대할 수 있지 않을까 한다.

본고에서는 우선 단국대 연민문고에 소장된 텍스트들을 중심으로 『열하일기』 이본의 계통과 특징을 재검토하고자 한다. 이는 대개 가장 초창기에 필사된 것들이어서 『열하일기』 텍스트가 생성되어 가는 과정을 생생하게 보여 주는 매우 흥미로운 자료라 할 수 있다. 다음으로는 일본 동양문고 소장본에 대한 최초의 전면적인 검토를 바탕으로 『연암집』 텍스트 전반에 대한 연구를 시도하고자 한다. 신활자본과 승계문고본 등 국내 소장 『연암집』 필사본들에 대해서는 어느 정도 연구가 이루어졌으나, 정본으로 추정되기까지 한 일본 동양문고본에 대해서는 정작 본격적인 고찰이 이루어지지 않았기 때문이다.

---

12. 그 후 2009년 9월 필자도 성호기념관측의 요청으로 필사본 원본을 직접 검토한 바 있다. 성호기념관본의 자료적 가치를 올바로 판단하려면 전남대본 등 몇몇 이본들과 비교하는 데 그쳐서는 안 되고 현전하는 『열하일기』 필사본 전체의 계통과 개작 및 자구 수정 등을 파악하고 있어야 하기 때문에 단안을 내리기가 쉽지 않다. 그 점을 전제하고 논하자면, 성호기념관본은 본래 전남대본과 동일 계열에 속하는 텍스트이지만, 거기에 재차 수정을 가한 결과 '정본 계열'에 가깝게 된 독특한 이본이 아닌가 한다.

2. 단국대 연민문고 소장본의 검토

단국대 연민문고에 소장된 고서 중 연암과 관련된 필사본은 『연암집』과 『열하일기』 및 기타, 총 33종인 것으로 보고되었다.[13] '단국대 소장 연민문고 〈동장귀중본〉 해제 사업'의 제1차년도는 이를 주대상으로 했다. 필자는 그중에서 12종에 대한 해제를 맡았다. 『공작관집』孔雀館集과 『총계잡록』叢桂雜錄을 제외한 나머지 10종이 모두 『열하일기』의 이본이다. 그러므로 이들의 자료적 가치를 판단하기 위해서는 개략적이나마 먼저 『열하일기』 이본의 계통을 파악할 필요가 있다.

현재까지 필자는 단국대 연민문고 소장본을 포함하여 국내외에 있는 『열하일기』 이본 40여 종을 검토했다. 편차나 개작 여부, 자구 수정뿐 아니라 『연암집』의 체제와 『열하일기』 각 편篇의 소편차小編次 등을 포함하는 다각도의 기준에 비추어 보면, 이러한 텍스트들을 일단 다음과 같은 네 가지 계열로 나눌 수 있다.[14]

---

13. 김문식, 「단국대 소장 연민문고 필사본의 자료적 가치」, 『동양학』 43, 단국대 동양학연구소, 2008.
14. 그 밖에 일본 東京大 小倉文庫本과 명지대학교 한국학연구소 소장본 등 한글본 『열

(가) 초고본 계열: 가장 초창기에 필사되었으며, 아직 『열하일기』의 독립적인 체제를 갖추지 못한 이본들.

(나) 『열하일기』 계열: 『열하일기』의 체제를 갖추어 독자적인 권차卷次도 부여되었으나, 아직 『연암집』에는 통합되지 않은 이본들.[15]

(다) 『연암집』 외집外集 계열: 『열하일기』를 『연암집』의 '외집'으로 통합하고자 한 이본들.[16] 그러나 실제로는 통합이 이루어지지 않아 아직 『연암집』의 권차가 부여되지 못한 경우가 대부분이다. (나)에 대해 부분적 또는 전면적 개작을 시도했다.

(라) 『연암집』 별집別集 계열: 『열하일기』가 『연암집』의 '별집'으로 통합되면서, 『연암집』의 권차가 부여된 이본들.[17] 정본에 가장 가깝다고 할 수 있다. 서현경이 말한 '정본 계열'이 여기에 해당한다.

위의 구분에 따르면, 단국대 연민문고 소장 『열하일기』 필사본들은 대개 (가)의 '초고본 계열'에 속하는 텍스트들이다. 이 필사본들은

하일기』 2종이 있으나 여기서는 일단 논외로 했다.
15. 단국대 연민문고 多白雲樓本, 綏堂本(玉溜山莊本), 一齋本, 朱雪樓本(孼星燕茶齋本), 서울대 古圖書本, 서울대 규장각본, 성균관대 尊經閣本, 충남대본, 일본 동양문고 『燕彙』本 등이 있다.
16. 국립중앙도서관본(乾坤), 성호기념관본, 연세대 『燕彙』본, 전남대본, 조선광문회본, 한국학중앙연구원 장서각본, 臺灣本(中華叢書委員會刊本), 일본 九州大本, 東京都立日比谷圖書館 谷村文庫本, 미국 버클리대 『燕彙』본 등이 있다. 기타 抄本으로, 단국대 연민문고 『연암집』(100장본), 『熱河紀』(46장본), 숭실대 기독교박물관 『寬居外史: 燕巖熱河記要』, 한국은행 도서관 『燕稗鈔删』, 일본 宮內廳 書陵部 소장 『遊華聞見』, 미국 버클리대 소장본 등이 있다.
17. 국회도서관본, 단국대 연민문고 계서본, 숭실대 기독교박물관 자연경실본, 실학박물관 소장본, 승계문고본, 연세대본, 영남대본, 신활자본(박영철본), 일본 동양문고본, 大阪中之島圖書館 芸田艸舍本 등이 있다.

〈표2〉 연민문고 소장 「열하일기」 필사본의 판식

유형	특징	해당 필사본
Ⓐ	사주쌍변四周雙邊, 유계有界, 10행 20자, 상하향흑어미上下向黑魚尾	『행계잡록(1)』杏溪雜錄(一), 『행계잡록(3)』, 『행계잡록(5)』, 『잡록(상)』雜錄(上), 『열하일기(원元)』, 『열하일기(형亨)』, 『열하일기(정貞)』, 『열하피서록』熱河避暑錄
Ⓑ	사주단변四周單邊 좌우쌍변左右雙邊, 유계, 10행 20자	『잡록(하)』, 『열하일기(리利)』
Ⓒ	사주단변, 무계無界, 10행 20자	『연행음청』燕行陰晴[18]
Ⓓ	사주쌍변, 유계, 11행 20자, 상하내향사엽화문흑어미上下內向四葉花紋黑魚尾	『행계잡록(6)』, 『행계집』杏溪集, 『양매시화』楊梅詩話[19]
Ⓔ	상하단변上下單邊 좌우쌍변, 유계, 10행 20자, 상하향흑어미, 판심제版心題 '연암산방'燕岩山房[20]	『황도기략』黃圖紀略, 『고정망양록』考定忘羊錄, 『연암집(15)』燕岩集(十五)

〈표2〉와 같이 다양한 판식版式을 취하고 있다.

이와 같이 판식의 유형이 동일한 텍스트들은 같은 시기에 함께 필사되었을 가능성이 높다는 점에서 판식은 이본들의 계통과 선후 관계를 추정하는 데 유효한 지표가 될 수 있다. 한편 이러한 연민문고 소장 '초고본 계열' 텍스트들은 아래와 같은 공통점을 지니고 있다.

첫째, 연암 친필로 짐작되는 독특한 해서체로 필사된 경우가 많다.

둘째, 『열하일기』의 권차조차 부여되지 않은 경우가 대부분이다.

---

18. 단 총 24장 중 7장은 Ⓐ의 판식을 취하고 있다.
19. 단 총 32장 중 처음의 2장은 Ⓔ의 판식을 취하고 있다.
20. 연암 집안의 私稿紙에 필사된 것으로, 판심제를 따라서 '연암산방본'으로 칭하기도 한다.

셋째, 『열하일기』의 각 편의 순서 즉 소편차도 뒤죽박죽이라 할 수 있고, 같은 편이 한 책에 중복 수록된 경우도 종종 있다.

넷째, 「상기」象記와 「희본명목」戱本名目이 「산장잡기」山莊雜記 편에 통합되지 않은 채 하나의 독립된 편으로 취급되고 있으며, 나머지 「야출고북구기」夜出古北口記 등 7편의 기記 역시 아직은 「산장잡기」라는 편명 아래 묶이지 않았다.

이제 시간적 순서상 먼저 필사되었을 것으로 추정되는 텍스트부터 차례로 개별적 특징을 살펴보고자 한다.

(1) 『행계잡록』[21]

『행계잡록』에 수록된 「도강록」, 「성경잡지」, 「일신수필」, 「관내정사」, 「막북행정록」, 「태학유관록」, 「경개록」, 「상기」, 「환희기」, 「피서록」 등은 『열하일기』의 최초의 원고에 가장 가까운 텍스트라 할 수 있다. 따라서 여타 텍스트들에서는 삭제되거나 수정된 부분들을 보존하고 있

---

21. 제4책이 빠져 모두 5책이다. 수록 내용을 소개하면 다음과 같다.
제1책: 「도강록」ⓐ, 「성경잡지」ⓙ.
제2책: 「馹汛隨筆」, 「관내정사」.
제3책: 「도강록」ⓑ, 「막북행정록」, 「太學留館錄」.
제5책: 「銅蘭涉筆」ⓐ, 「幻戱記」ⓐ, 「상기」ⓐ, 「避暑錄」ⓐ.
제6책: 「傾蓋錄」, 「黃敎問答」, 「行在雜錄」, 「班禪始末」, 「희본명목」, 「환희기」ⓑ, 「상기」ⓑ, 「피서록」ⓑ, 「동란섭필」ⓑ.
'杏溪'가 어딘지 알 수 없다. 『열하일기』에서 연암은 '平溪'(한양 盤松坊에 속한 동네. 처남 이재성의 집이 있었음)나 '罨畵溪'(황해도 金川 燕巖峽에 있던 罨畵溪)에서 『열하일기』 원고를 집필했다고 하였다.

는 경우가 많다.

『행계잡록(1)』의 「도강록」ⓐ는 책의 편성 순서와는 무관하게, 『행계잡록(3)』의 「도강록」ⓑ보다 나중에 필사된 수정본으로 판단된다. 예컨대 제3책은 7월 1일자 기사의 전문을 보존하고 있으나, 제1책은 그 기사의 말미에서 병충해를 막고자 털을 몽땅 뽑아 버린 중국 닭의 추악한 모습을 자세히 묘사한 대목의 원문을 58자나 지우고 그 대목을 간략하게 고쳤다.[22]

또한 「성경잡지」의 목록은 "○○○○목록目錄"이라 하여 4자가 지워져 있고 ○ 옆의 난외에 '열하일기' 4자가 추기追記되어 있다. 「성경잡지」 본문의 권수제卷首題 역시 '연행음청'燕行陰晴을 지우고 '열하일기'로 고쳐져 있다.[23] 이로 미루어, 『열하일기』가 애초에는 '연행음청'으로도 일컬어졌음을 알 수 있다. 또한 「성경잡지」의 본문과 달리 그 목록에는 '속재필담'粟齋筆談과 '상루필담'商樓筆談이 각각 '속재야화'粟齋夜話와 '상루야화'商樓夜話로 되어 있다.[24] 원래 '~야화'였던 글의 제목을 '~필담'

---

22. 『행계잡록(3)』, 단국대 동양학연구원, 연민문고 소장 연암박지원작품필사본총서 1, 문예원, 2012, 474~475면, "鷄皆拔去尾羽, 兩翼間氄毛, 抽鑼一空, 往往肉鷄蹣跚, 所以助長也, 且禁虱也. 夏月雞生黑虱, 緣尾附翼, 必生鼻病, 口吐黃水, 喉中痰響, 謂之雞疫. 故拔其毛羽, 踈通涼氣云. 其形醜惡不忍見."; 『행계잡록(1)』, 위의 책, 94면, "鷄皆尾羽脫落, 一如抽鑼, 往往肉鷄蹣跚, 其形醜惡不忍見."
이와 같은 개작은 서울대 고도서본, 서울대 규장각본, 주설루본, 성균관대 존경각본, 장서각본, 충남대본, 광문회본, 자연경실본, 大阪中之島圖書館 芸田艸舍本, 신활자본 등에 계승되고 있다. 일재본, 다백운루본 등은 『행계잡록(3)』과 마찬가지로 기사의 전문을 보존하고 있다. 여타 『연암집』 외집 계열과 별집 계열에 속하는 이본들은 대개 7월 1일자 기사 자체를 전면 개작했다.
23. 『행계잡록(1)』, 위의 책, 127면, 129면. 또 권수제 '열하일기 권지○'의 상단 여백에 '燕岩外集', 권수제 다음 행에 '열하일기 권2'라고 추기되어 있다. 이는 『행계잡록(1)』을 『연암집』 외집 계열의 텍스트로 재편하고자 시도한 흔적이라 판단된다.

으로 고친 흔적이라 판단된다.

『행계잡록(2)』에 필사된 「관내정사」 '호질'虎叱의 본문 중 두 군데에 도합 80자가 지워져 있다.[25] 이처럼 지워진 부분의 원문은 현전하는 어떤 이본에서도 찾아볼 수 없다. 이로 미루어, 『행계잡록(2)』 중의 '호질'은 최초의 원고에 가장 가까운 텍스트임을 알 수 있다.

『행계잡록(3)』에 필사된 「도강록」ⓑ를 보면 그 목록 및 권수卷首에 『열하일기』의 제목이 '연행음청기'燕行陰晴記로 적혀 있다.[26] 『열하일기』가 애초에는 '연행음청기'로도 일컬어졌음을 알 수 있다.

『행계잡록(5)』의 「상기」ⓐ 및 『행계잡록(6)』의 「상기」ⓑ의 본문에 대해 각각 20개 남짓의 평어評語가 두주頭註로 첨부되어 있다.[27] 평어를 가한 사람이 누구인지 알 수 없으나, 「상기」의 예술성을 정밀하게 분석한 평어로서 간주되어 여러 필사본들에도 전재轉載되었던 듯하다.[28] 그 말미에 "천하의 지극히 기이한 문장이다"라는 유득공의 평어가 있는 점

---

24. 위의 책, 127면. 다백운루본, 주설루본, 국립중앙도서관본(건곤), 장서각본 등도 그와 같이 되어 있다.
25. 『행계잡록(2)』, 위의 책, 362~363면. "此兵一動, 百鬼夜哭." 다음에 30자가 □로, 後識 중 "與胅篌盜跖同旨, 然" 다음에 50자가 ●로 지워져 있다.
26. 『행계잡록(3)』, 위의 책, 405면, 409면.
27. 『행계잡록(5)』, 단국대 동양학연구원, 연민문고 소장 연암박지원작품필사본총서 2, 문예원, 2012, 139~143면. "直說起/不動象/動象/不相干涉/幽怪張本/始說象/牙/鹽/不知象/知象/象事/理/淋漓/辨/理幾乎勝/醜詆/理屈/又龍鳳龜獜 非象可及/再駁理/又有不可知之物 非龍鳳龜獜可及/歸之於正" 등 21개의 두주가 있다; 『행계잡록(6)』, 위의 책, 339~342면. "直說起/不動象/動象/忽叙不相干涉/海中有怪物事 爲地上詼奇詭譎對證/始說象/牙/鼻/不知象者/知象/象事/理/易 艸音早/辨/理幾乎勝/到此理 不覺自屈/又龍鳳龜獜 亦非象所可及/再駁理/又有不可知之物 亦非龍鳳龜獜所可及也/歸之於正" 등 20개의 두주가 있다.
28. 이와 대동소이한 두주가 단국대 연민문고 『百尺梧桐閣集(乾)』, 실학박물관 『煙湘閣集』, 서울대 고도서본 『열하일기』 등에도 있다.

으로 미루어,²⁹ 유득공이 두주를 가했을 가능성이 있다.

『행계잡록(5)』의 「피서록」ⓐ 및 『행계잡록(6)』의 「피서록」ⓑ는 서문과 총 53개 단락(ⓐ) 또는 52개 단락(ⓑ)의 본문으로 구성되어 있어, 현전하는 여타의 이본들에 비해 본문이 3~4개 단락이 적다. 『행계잡록』의 편찬 이후에 「피서록」에 약간의 내용이 보완되었음을 알 수 있다. 『행계잡록(6)』의 「경개록」은 연암이 열하 체류 중에 사귄 윤가전尹嘉銓 등 중국인 11인을 소개한 것인데, 마지막의 왕삼빈王三賓은 성명만 기재되어 있다. 역시 나중에 내용이 보완되었음을 알 수 있다.

『행계잡록(6)』의 「황교문답」, 「행재잡록」, 「반선시말」도 초고본의 모습을 다분히 간직하여, 현전하는 여타 이본들과 비교하면 자구상의 차이가 상당히 크다. 이 세 편에 대해서도 나중에 세심한 수정이 가해졌음을 짐작할 수 있다.

(2) 『행계집』³⁰

『열하일기』의 「곡정필담」은 원래 서문과 총 29개 단락의 본문으로 구성되어 있는데, 『행계집』에는 본문 단락(2)부터 단락(11)의 일부까지가 누락되어 있다.³¹

---

29. 『행계잡록(5)』, 위의 책, 143면; 『행계잡록(6)』, 위의 책, 342면, "冷齋曰: 天下至奇之文." 冷齋는 유득공의 호이다.
30. 1책이다. 「鵠汀筆談」, 「玉匣夜話」, 「忘羊錄」, 「筆談義例」(즉 「審勢篇」), 「札什倫布」를 수록했다.
31. 단락(2) "鵠汀曰: 公子當精幾何之學"부터 단락(11) "余曰: 先生痞證, 可以道破" 이하 "余曰: 永樂時蒐訪天下群書, 爲永樂大全等書"의 바로 앞 문장까지가 누락되었다.(신활

『행계집』의「옥갑야화」는 '허생전'許生傳 부분의 본문 옆에 작고 검붉은 글씨로 11개의 평어(방비旁批)가 씌어 있는 점이 특색이다. 평자가 누구인지는 알 수 없지만, 작품 이해에 큰 도움이 된다.[32]

　　『열하일기』중「망양록」은 이본 간의 차이가 심한 편篇이다.[33] 『행계집』의「망양록」은 원래 충남대본과 마찬가지로 서문과 총 35개 단락의 본문으로 구성되어 있었던 것으로 판단된다. 그러나 서문과 본문의 단락(1) 및 단락(2)의 대부분에 해당하는 총 359자가 누락되었으며, 단락(8)도 초반 110자가 삭제되었다.[34]

　　후술할『잡록(상)』의「망양록」과 마찬가지로,『행계집』의「망양록」은 단락(19)의 말미에 이서구李書九의 세주細註[35]가 있지만, 그의 친필이 아니라 본문과 동일한 필체를 취하고 있다. 이로 미루어,『행계집』의「망양록」은『잡록(상)』의「망양록」을 정서한 것이 아닌가 한다. 그러나 단락(5)·(6)·(17) 등에서 보듯이 다시 자구를 수정한 흔적들이

자본,『연암집』권14,『열하일기』,「곡정필담」, 장4뒤~장11뒤;『행계집』, 단국대 동양학연구원, 연민문고 소장 연암박지원작품필사본총서 3, 문예원, 2012, 22~23면)

32. 『행계집』, 위의 책, 83~89면. "奈何一妙", "奈何二妙", "只此兩奈何, 天人性命之原", "照後權盜", "吾亦惜之", "子弟賓客眼中寫許生", "求官冤債人醜態", "卞富人眼中口中寫許生, 便形容一極得意人", "好官不如多得錢, 況富家翁乎!", "可惜七年", "奈何三妙. 只此二字, 便是天人性命之際." 등의 평어가 첨가되어 있다.

33. 충남대본을 기준으로 하면,「망양록」은 서문과 총 35개 단락의 본문으로 구성되어 있다. 그에 비해 신활자본은 일부 단락을 더욱 세분하거나 통합하거나 하여 서문과 총 40개 단락의 본문으로 구성되어 있으며, 내용상으로도 충남대본과 차이가 적지 않다.

34. 『행계집』, 앞의 책, 97면, 104~105면. 즉 충남대본을 기준으로 할 경우 서문부터 단락(2) "余曰: 五音爲正名, 六律爲虛位. 聲出而度之其中者爲律, 不中者非律, 則宜無古今之異雅俗之別, 而代"까지가 삭제되고, 단락(8)에서 "余問: 天琴紅籤所書工尺, 是何所標?"부터 "敞邦元有伽倻琴"의 바로 앞 문장까지가 삭제되었다.

35. 위의 책, 126면, "薑山曰: 房兼二義, 藝祖受禪, 遷周恭帝于房州. 鵠汀之言, 正指此也. 尤詩右招我由房, 注房東房也."

있다. 게다가 『잡록(상)』의 「망양록」 중 단락(32)에 있는 두주頭註[36]가 『행계집』에는 없어, 『행계집』의 「망양록」과 『잡록(상)』의 「망양록」의 선후 관계는 판단을 내리기가 쉽지 않다.

『행계집』의 「심세편」은 「망양록」의 부록인 양, 편명을 "필담의례 부"筆談義例 附라고 했다. 『행계집』의 겉표지에서 '필담의례' 아래에 '즉 심세편'卽審勢篇이라고 작은 글자로 밝힌 바와 같이, '필담의례'는 「심세 편」의 원래 편명이다. 이는 중국의 실정을 관찰하는 법과 청조의 통치 술에 관해 논한 글인데, 원래는 「망양록」이나 「곡정필담」과 같은 필담 의 범례凡例로서 집필되었음을 알 수 있다. 단 『잡록(상)』과 달리, '필 담의례'라는 편명을 아직 '심세편'으로 고치지 않은 점을 보면 『잡록 (상)』보다 먼저 필사된 이본으로 보이지만, 『잡록(상)』에서 수정 가필 한 부분들이 본문에 반영된 점으로 보면 그보다 나중에 필사되었을 가 능성도 배제하기 어렵다.

『행계집』은 삭제되거나 누락된 부분들이 많은 점이 큰 특색이다. 「곡정필담」에서 본문 단락(2)부터 단락(11)의 일부까지 대거 누락되 어 있는 것은 서학西學과 관련된 내용 때문인 듯하다. 즉 연암이 중국 인 왕민호 등을 상대로 하여, 달에도 지구와 마찬가지로 생명체가 사 는 세계가 있고, 지구 역시 우주의 중심이 아니라 허공에 뜬 작은 별에 불과하며, 지구상의 모든 물질과 생명은 먼지로부터 생겨났다는 등의 기발한 학설을 주장한 내용, 그리고 지구자전설地球自轉說을 역설하면

---

36. 『잡록(상)』, 위의 책, 267면. "齊王肅初入魏, 不食羊肉, 常飯鯽魚. 高祖問: 羊肉何如 魚羹? 肅對曰: 羊比齊魯大邦, 魚比邾莒小國. 彭城王勰曰: 卿不重齊魯大邦, 愛邾莒小國. 明日爲卿設邾莒之食. 鵠汀見余不食羊肉, 本譏余出自小邦, 不識大邦之味. 及大邦羶膩之 對, 還觸所忌, 故有愧色." 여타의 이본들에는 「망양록」의 단락(35)의 말미에 小註로 첨부 되어 있다.(신활자본, 『연암집』 권13, 『열하일기』, 「망양록」, 장66뒤)

서 김석문金錫文과 홍대용洪大容의 천문학설을 소개하고, 천주교의 교리와 중국에 전래된 경위에 관해 토론한 내용이 모두 누락되어 있는 것이다. 더구나 연암이 왕민호 등에게 서양의 기하학에 정통한 인물로 간주되었을 뿐 아니라, 열하에 와 있을 서양인 천주교 선교사들을 소개해달라고 왕민호에게 요청하기까지 한 사실이 누락된 단락들에 기록되어 있다.

「망양록」에서 서문과 본문의 단락(1)·(2)에 해당하는 총 359자가 누락된 것도 마찬가지 이유에서인 듯하다. 단락(1)은 마테오 리치가 중국에 전래한 양금洋琴과 관련하여 서양의 역법曆法·기하학·알파벳·음악 등의 우수성을 소개한 내용이다. 이처럼 서학을 예찬한 내용을 삭제하기 위해 서문과 본문 단락(2)의 대부분을 포함한 1장張을 통째로 제거한 것이 아닌가 한다.[37] 단락(8)에서 초반 110자가 삭제된 것도 동일한 조치로 판단된다. 연암이 양금의 음률을 구송口誦해 보이는 장면이 살아남기는 했지만, 앞부분이 대거 삭제됨으로써 서학과 관련된 내용임을 알아차리기 힘들게 되었다.

(3) 『잡록』[38]

『삽록(상)』의 「망양록」은 원래 중남대본과 마찬가지로 서문과 총 35개 단락의 본문으로 구성된 것으로 판단된다. 그러나 본문 단락(1)의 대부분과 단락(2) 전체 및 단락(3)의 전반부가 없는데, 이는 필사 누락이

---

37. 『행계집』의 겉표지에도 '망양록' 아래에 "초두에 몇 엽이 빠졌다"(頭闕幾頁)라고 명기하였다.

나 낙장落張으로 인한 것으로 짐작된다. 마찬가지로 단락(7)의 후반부와 단락(8)도 낙장으로 인해 없어졌다.[39]

이는 앞서 살펴본 『행계집』의 경우와 마찬가지로, 고의적인 조치에 의한 것으로 추측된다. 「망양록」의 단락(1)은 마테오 리치가 중국에 전래한 양금洋琴과 관련하여 서학의 우수성을 소개한 내용이다. 이와 같은 내용을 삭제하기 위해 단락(2)와 (3)의 일부를 포함한 1장을 통째로 제거한 것이 아닌가 한다. 단락(7)의 후반부와 단락(8)이 낙장이 된 것도 마찬가지 이유일 것으로 짐작된다. 이 부분이 보존되어 있는 『열하일기(원)』이나 충남대본 『열하일기』를 보면, 단락(8)에는 조선에 양금이 전래된 경위와 홍대용이 국내 최초로 양금 연주법에 통달한 사실뿐만 아니라, 연암이 윤가전과 왕민호의 부탁으로 양금의 음률을 직접 구송해 보이는 장면이 포함되어 있기 때문이다. 그러므로 단락(8)을 제거하기 위해 단락(7)의 후반부를 포함한 1장을 통째로 제거한 것이 아닌가 한다.

「망양록」의 단락(19) 말미의 세주는 『행계집』과 『잡록(상)』에만 있다.[40] 『잡록(상)』의 세주는 이서구가 가한 것으로, 그의 친필로 판단된다. 「망양록」의 도처에 주묵朱墨 비점이 있는데, 본문에 세주를 가한 점으로 미루어 이 비점 역시 이서구가 가한 것일 가능성이 있다. 『잡록

---

38. 상·하 2책으로 되어 있다. 수록 내용을 소개하면 다음과 같다.
상책:「망양록」,「심세편」.
하책:「口外異聞」,「산장잡기」에 속하는 7편의 記,「還燕道中錄」,「金蓼小抄」,「옥갑야화」,「곡정필담」.
39. 『잡록(상)』, 앞의 책, 205~206면, 단락(1) "余問: 歐邏銅絃小琴, 行自何時代? 鵠汀曰: 不知起自" 이하부터 단락(3) "律也聲之出乎口者." 바로 앞 문장까지 누락; 위의 책, 213~214면.
40. 『행계집』, 위의 책, 126면; 『잡록(상)』, 위의 책, 237면.

(상)』의 「심세편」은 『행계집』과 마찬가지로 편명을 '필담의례 부'筆談義例 附라고 썼다가, 삭제 표시를 하고 '심세편'으로 고쳤다.⁴¹

『잡록(하)』의 「구외이문」은 연암이 만리장성의 관문인 고북구古北口와 열하 사이를 오가며 들은 기이한 이야기를 기록한 것이다. 신활자본은 몽골이 판첸 라마에게 주라고 황제에게 바친 줄무늬사슴인 '반양'盤羊을 비롯하여 모두 60개 단락의 기이한 이야기를 소제목과 함께 수록하고 있는데, 『잡록(하)』는 각 단락에 소제목이 없으며 10번째 단락인 '초사'樵史까지만 수록하고 있다. 이로 미루어 「구외이문」의 가장 초기의 원고에 속함을 알 수 있다.

『잡록(하)』에 수록된 「야출고북구기」 등 7편의 기는 퇴고한 흔적이 심하다. 이와 같은 퇴고의 흔적을 통해 7편의 기를 각기 한 편의 작품으로 완성하기까지 연암의 고심을 엿볼 수 있으므로, 작품 이해에 큰 도움이 된다. 「야출고북구기」의 후지後識도 현전하는 필사본들과 크게 다를 뿐 아니라 퇴고의 흔적이 역력하다.⁴² 「일야구도하기」一夜九渡河記 역시 작품 이해에 긴요한 몇 군데에 퇴고의 흔적을 보여 준다.⁴³

---

41. 『잡록(상)』, 위의 책, 280면.
42. 『잡록(하)』, 위의 책, 304~306면, "今余此行, 尤有自幸●●●●●(於稼齋湛軒)者, 出長城至漠北, 先輩之所未嘗有也. 然而深夜追程, 晉行夢過, 其山川之形勝, 關防之雄奇, ●(固)未得以周覽. ●(此)時微月斜照. (但記其)關內兩崖●●(斗削), 百丈壁立, 路出其中. (谷長如函, 徑深如井, 秦之函谷, 趙之井徑, 爲關爲口者, 當如是也.) 余自幼時, 膽薄性怯. 或晝入空室, 夜遇昏燈, 未嘗不髮動脈跳, (如夢裏鬼追, 聲不出口, 走自軟脚.) 今年四十四●(歲), 其●(所)畏性如幼時也.", "是●(余)尤(所)自幸者也. ●●●●●●(所可恨者, 硯小)筆織, ●●(石蘚)墨焦, 恨未能大書題名, 且不及題詩爲長城故事也. (所謂大書者特大言耳, 擬作是記. 往返七千餘里之間, 未嘗一日不念句鍊字, 而及其一篇纔圓, 其所成就如是其衰弱懦屢.) 今讀是記, 全無夜出雄關之氣, (始知作文之難如是.) 余於是倂錄之, 而識當時遇景之奇作文之難. 燕岩識." 괄호 안은 『잡록(하)』 「야출고북구기」의 선행본인 一齋本의 「渡古北口河記」를 참조하여 삭제되거나 수정된 글자를 복원한 것이다.

『잡록(하)』의 「만국진공기」는 일재본과 마찬가지로 원래 '진공만거기'進貢萬車記였던 제목을 고친 것이다. 제목 아래에 쌍행雙行의 작은 글자로 "'만거'라는 두 글자로 제목을 지은 것은 아마 온당하지 않은 듯하다. '이물'異物 등의 글자로 바꿀 수 있지 않을까?"라고 적혀 있다.[44] 연암은 아마도 이와 같은 누군가의 의견을 고려하여 제목을 '만국진공기'로 고친 듯하다.

『집록(하)』의 「환연도중록」 중 8월 17일자, 19일자, 20일자 기사는 여타 이본들에서 개작된 부분들을 보존하고 있어, 가장 초기의 원고 상태를 보여 준다. 특히 8월 20일자 기사는 『열하일기(정貞)』 및 충남대본을 포함한 대다수의 이본들과 크게 다르다. 예컨대 연암이 자신의 술 친구인 '이주민'李朱民을 소개한 대목을 보면, 그를 '이성흠'李聖欽으로 부르고 있으며, 여타 이본들과 달리 훨씬 간략하게 서술하고 있다.[45] 따라서, 종래 누구인지 알 수 없었던 '이주민'은 '이성흠' 즉 이희

---

43. 『잡록(하)』, 위의 책, 307~310면. 一齋本에 의하면, 예컨대 "余嘗閉戶而臥, 比類而請之"에서 '比類'는 원래는 '說法'이었던 자구를 수정한 것이다. 그리고 "紙窓風鳴, 此聽疑也. ●●●● ●●●● 皆聽不得其正"에서 '紙窓風鳴' 역시 원래는 '槞格風動'이었던 구절을 수정한 것이고, 삭제된 8자는 "紙窓風鳴 此聽愁也"를 지운 것이다. 또한 "仰首黙禱于天" 다음에 "以祈其須臾之命也. 嘗晝日四三渡, 而車騎如貫魚, 在吾前者, 輒皆視天"이라는 28자가 모두 지워져 있다. 더욱 중요한 수정은 "龍輿蝘蜓, 不足大小於前也" 다음에 "伊川先生之渡涪, 若是而已矣. 舜入大麓, 烈風雷雨不迷. 此無他, 任之也"라는 구절이 지워진 점이다. 「일야구도하기」에서 연암이 역설한 '冥心'에 대해서는 해석이 구구한데, 이 구절을 보면 그것이 성리학과 관련된 개념임을 알 수 있다. 본서 2부, 151~154면 참조.
44. 『잡록(하)』, 위의 책, 311면, "萬車二字作題目, 恐未穩矣. 可以異物等字換之耶?"
45. 신활자본, 『연암집』 권13, 『열하일기』, 「환연도중록」 8월 20일, "朱民常抵賴曰, 杜子美亦覆酒耳. 呼兒且覆掌中杯, 豈不是張口而偃臥, 使兒童覆酒耶? 嘗大笑閧堂. 萬里他鄕, 忽思故人, 未知朱民今辰此刻, 坐在何席, 左手把杯, 復能思此萬里遊客否. 還寓舊棲, 壁上所留數聯及座右所留笙簧鐵琴, 俱無恙, 却望幷州是故鄉, 正道此也."; 『잡록(하)』, 위의 책, 361면, "如偕是行, 自當亟改飲法, 良可恨也."

명李喜明임을 알 수 있다. 이희명은 연암의 문하생으로 이희경李喜經의 동생인데 그의 자가 성흠이다. '주민'은 그의 또 다른 자로 짐작된다. 이로 미루어, 『잡록(하)』를 필사한 이후의 어느 시기에 연암은 「환연도중록」 8월 20일자 기사에서 '이성흠'을 '이주민'으로 고치고 내용을 크게 보완했음을 알 수 있다.

『잡록(하)』의 「금료소초」 서문은 '서양西洋이란 글자가 들어간 두 구절을 삭제하고 있다.[46] 이 역시 서학과 관련된 내용을 삭제하기 위한 조치라 하겠다.

『잡록(하)』의 「옥갑야화」는 편명이 '옥갑야어'玉匣夜語라고 적혀 있는 점이 특이하다. 그 중 '허생전'에 삭제 수정된 부분이 더러 있다.[47] 또한 '허생전'에는 박제가가 붙인 두주[48]와 미평尾評[49]이 있다. 이처럼 『행계집』에는 없던 박제가의 두주와 미평이 『잡록(하)』에 있는 사실은 『잡록(하)』가 『행계집』 이후에 필사되었음을 말해 준다. 그런데 박제가의 이름이 지워져 버려 누구의 평어인지 알 수 없게 된 것은, 아마도 그가 순조 즉위 초에 정치적 박해를 받아 유배된 끝에 불우하게 죽은 사실과 무관하지 않을 것으로 추측된다.

「곡정필담」은 서문과 총 29개 단락의 본문으로 구성되어 있는데,

---

46. 『잡록(하)』, 위의 책, 363~364면, "此出西南海中荷○○○○○○(蘭陀, 又西洋收)露方極精", "荷蘭小兒方及○○○○(西洋收露)方" 괄호 안은 삭제된 글자를 복원한 것임.
47. 예컨대 『행계집』에 "奪金壟張維家以處之"라고 되어 있는 구절이 "奪●●●●家以處之"로 고쳐져 있다.(『잡록(하)』, 위의 책, 398면)
48. 『잡록(하)』, 위의 책, 390면, "一斤爲一金. 此所云金, 指一百錢耳. 古今輕重弌甚. 次修."
49. 위의 책, 400면, "大略以虯髥客配貨殖, 而中有重峰封事·柳氏隨錄·○○○○(李氏僿說)所能道者. 行文尤跌宕悲慎, 鴨水東有數文字. ○○(齊家)" 괄호 안은 충남대본을 참고하여 삭제된 글자를 복원한 것임.

『잡록(하)』의「곡정필담」은 서문부터 단락(12)의 전반부까지가 없다.[50] 『행계집』의 경우와 마찬가지로, 서학과 관련된 내용 때문에 대거 누락된 듯하다. 또한『잡록(하)』의「곡정필담」은 내용과 관련된 두주가 35개나 있는 점이 특색이다.[51] 이와 같은 두주들은「곡정필담」을 이해하는 데 큰 도움이 된다.「옥갑야화」중의 박제가의 두주 및 미평과 필체가 동일한 점으로 보아, 이 역시 박제가가 가한 것이 아닐까 한다.

(4)『열하일기』[52]

『열하일기(원)』은『잡록(상)』과 편차가 똑같다.『열하일기』중「망양록」은 이본 간의 차이가 심한 편篇이다. 앞서 살폈듯이『행계집』과『잡록(상)』의「망양록」은 충남대본과 같이 서문과 총 35개 단락의 본문으로 구성되어 있었던 것으로 판단되나, 그중 일부 단락이 누락되어 있다. 그에 비할 때『열하일기(원)』의「망양록」은 서문과 총 35개 단락의 본문을 완비하고 있는 초고본이다. 자구상의 차이를 비교해 보면,『행계집』이나『잡록(상)』과 같은 선행본先行本을 일부 수정했으며, 그 결과 충남대본과 유사한 점이 많다.「심세편」도『행계집』및『잡록(상)』

---

50. 위의 책, 403면. '곡정필담'이라는 제목 표시조차 없다.
51. 위의 책, 404~456면.
52. (원)·(형)·(리)·(정) 4책으로 되어 있다. 수록 내용을 소개하면 다음과 같다.
(원):「망양록」,「심세편」.
(형): 동란섭필ⓐ
(리): 동란섭필ⓑ
(정):「구외이문」,「산장잡기」에 속하는 7편의 記,「환연도중록」,「금료소초」,「옥갑야화」

과 가까우며, 충남대본과는 자구까지 완전히 일치하고 있다.

『열하일기(형)』은 『행계잡록(5)』와 『행계잡록(6)』의 「동란섭필」 및 『열하일기(리)』와 가까운 필사본이다.[53] 자구상의 차이를 비교해 보면, 『열하일기(형)』은 『열하일기(리)』를 수정한 필사본으로 추정된다. 『열하일기(리)』에는 이덕무가 가한 45개의 두주가 있는 데 비해, 『열하일기(형)』에는 모두 5개의 두주가 있다.[54] 이 두주들은 전자와 유사한 것도 있고 상이한 것도 있다. 누군가가 『열하일기(리)』의 두주를 선별하여 필사하면서 일부 수정 보완했던 것으로 짐작된다.[55] 이 두주들은 본문 이해에 도움이 될 뿐 아니라, 다백운루본·전남대본·성호기념관본·대만본·장서각본 등에도 계승되고 있어 이본들의 계통과 선후 관계를 짐작하는 데 중요한 단서가 될 수 있다.

『열하일기(리)』는 자구상의 차이로 미루어 볼 때, 가장 이른 시기에 「동란섭필」을 필사한 것이라 판단된다. 「동란섭필」은 서문과 총

---

53. 『열하일기(리)』가 『행계잡록(5)』와 마찬가지로 독특한 해서체로 필사된 데 비해, 『열하일기(형)』은 『행계잡록(6)』과 마찬가지로 雅正한 해서체로 필사되어 있다.
54. 『열하일기(형)』, 단국대 동양학연구원, 연민문고 소장 연암박지원작품필사본총서 4, 문예원, 2012, 125~131면.
55. 예컨대 「동란섭필」 본문의 단락(5)를 보면, "洪湛軒之入燕也, 以道袍已招乞僧之名. 余之入燕也, 著緇布冠. 序班初見, 笑曰, 這道人, 眷屬何在? 蓋道士常率妻子而住也, 我國士夫, 辟夷俗而侮僧風. 然男著比丘之袍, 女戴蒙古之髻, 巍然自處以華人, 未知其何由也. 僧袍非方領, (領)端不斜偃耳"라는 두주가 있다.(『열하일기(형)』, 위의 책, 126~127면. 괄호 안은 원문에는 중복 표시만 된 글자로, 다른 필사본들에는 없는 글자임) 이 두주는 같은 단락에 있는 『열하일기(리)』의 두주, 즉 "昔者, 湛軒以笠子道袍, 游行燕市, 則人指笑爲乞僧. 余嘗裹網巾, 仍著緇布冠, 燕坐烏鸞館. 有一商人來見, 而謂譯官曰, 這道士, 離妻別子, 胡爲遠來? 聞來不覺葫盧. 我國道敎, 自古無之. 至若僧徒, 待之賤薄. 士夫裝束, 未勉道釋一般, 亦可異也."(위의 책, 216면)와 내용상 매우 유사하기는 하지만, 별개의 두주라 할 수 있다.

85개 단락의 본문으로 구성되어 있는데, 『열하일기(리)』는 서문부터 본문의 단락(40)까지 모두 45개의 두주가 있는 점이 큰 특색이다. 누가 이 두주들을 가했는지는 명시되어 있지 않으나, 이는 이덕무가 가한 것임에 틀림없다.

우선 두주(1)에서 "내가 서소분徐紹芬의 집에서 오목烏木과 강진향降眞香 등을 보았더니" 운운했는데, 서소분은 이덕무가 1778년 연행 도중 영평부永平府 무령현撫寧縣에서 만난 중국인이다.[56] 또 두주(12)에서 "부환傅桓의 집에 상아로 만든 국화가 있다"고 했는데,[57] 이는 청나라 각로閣老인 부환의 집안에 상아로 만든 국화가 있었다는 이덕무의 『입연기』 하, 정조 2년 5월 21일자 기사와 부합한다. 그리고 두주(26)에서 "내가 손수 초록抄錄한 것이 천 권 이하는 아닐 터이니 심인사沈麟士와 나란히 일컬어질 만하다"고 자부하고 있는데, 이덕무의 묘지명에서 이서구는, 이덕무가 초사鈔寫의 벽癖이 있었으므로 매번 그를 중국 남제南齊의 심인사와 비견했다고 하였다.[58] 뿐만 아니라 두주(27)에서는 "나는 금년 여름에 『내각시강의』內閣詩講義를 교열했다"고 했는데, 이는 1783년 음력 5월 이덕무가 『내각모시강의』內閣毛詩講義를 교열한 사실과 부합한다.[59]

---

56. 『열하일기(리)』, 위의 책, 213면, "余於徐紹芬家, 見烏木降眞香等"; 이덕무, 『青莊館全書』 권11, 『雅亭遺稿』 3, 詩 3, 「題撫寧縣徐紹芬家」; 『청장관전서』 권66, 『入燕記』 上, 정조 2년 5월 8일.
57. 『열하일기(리)』, 위의 책, 220면, "傅桓家有象牙菊花."
58. 위의 책, 228면, "不佞所手鈔, 當不下千卷, 可與沈麟士幷稱."; 刊本 『雅亭遺稿』 권8, 부록, 「墓誌銘」, 參判李書九撰, "家貧不能蓄書, 遂癖於鈔寫, ……余每比南齊之沈騏士." 沈騏士는 『南史』에는 '沈麟士'로 표기되어 있다.
59. 『열하일기(리)』, 위의 책, 229면, "余於今夏, 校閱內閣詩講義."; 이덕무, 『청장관전서』 권12, 『아정유고』 4, 詩 4, 「校內閣毛詩講義」; 『청장관전서』 권69, 『寒竹堂涉筆』 下, 「毛詩

본문의 단락(25)에서 임진壬辰(1772)년에 홍대용의 양금 연주를 들은 지 지금 9년이 되었다고 했으므로, 연암은 「동란섭필」의 초고를 1781년에 집필했음을 알 수 있다. 그리고 두주(27)을 보면, 이덕무는 1783년에 여기에 두주를 가했음을 알 수 있다. 따라서 본문에 가해져 있는 수많은 비점批點들도 이덕무가 가한 것으로 추정된다. 다만 두주가 단락(40)에 그치고 있고, 비점 역시 단락(35)에 그치고 있는 점으로 미루어, 당시 이덕무는 이 필사본 전체를 검토하지는 못한 듯하다.

요컨대 『열하일기(리)』는 연암의 친필본이자 이덕무가 손수 두주와 비점을 가한 필사본이라는 점에서 서지적 가치가 매우 높다고 하겠다. 이덕무가 가한 두주는 「동란섭필」을 이해하는 데 적잖은 도움이 될 뿐 아니라, 그의 사상과 학문을 연구하는 데에도 참고가 될 것이다.

이덕무는 두주를 통해 본문의 오자를 교정하거나, 내용에 대해 비평을 가하고 고증을 추가했다. 예컨대 두주(15)에서 "명백하고 통쾌하다. 지극히 공정한 말이다"라고 하거나, 두주(31)에서 "우리나라 사람들은 일 벌이기를 좋아하지 않을뿐더러 차기箚記에 게을러서 무한한 가화佳話가 흔적도 없이 사라져 버린다. 사람들이 연암과 같다면 어찌 문헌이 없을 수 있겠는가"라고 하여, 연암의 논의를 칭송했다.[60]

그러나 두주(23)에서는 "연암은 원래 조선의 선비라, 때로 소견이 좁다. 대해大海에 작은 섬들이 별처럼 바둑돌처럼 즐비한데 어찌 이런 나무가 없음을 알리오?"라고 반박하기도 했다.[61] 이는 마테오 리치의

講義」;『청장관전서』권70,「年譜」上, 癸卯 5월 5일.
60. 『열하일기(리)』, 위의 책, 223면, "明白痛快. 至公之言", 233면, "東人不好事, 且懶箚記, 無限佳話, 銷鑠無痕. 人皆如燕岩, 安得不文獻?"
61. 위의 책, 227면, "燕岩故是東土, 有時有局見. 海中小島, 星羅棊置, 安知無此木耶?"

〈곤여만국전도〉에 의거한 세계지리 지식[62]으로 연암의 견해를 비판한 것이다. 그리고 두주(22)에서는 "경서經書는 마땅히 석경石經의 본래 한자음을 써야 하고 고염무의 『음학오서』音學五書를 준수해야 한다. 성인이 부활하더라도 내 말을 따를 것이다. 오호라!"라고 하여,[63] 경서 해석에 있어 고염무가 『음학오서』에서 주장한 바 한자漢字의 고음古音에 관한 학설을 따를 것을 주장했다.

또한 몇몇 두주에는 이덕무의 연행燕行 체험이 반영되어 있기도 하다. 예컨대 두주(6)에서 연행 당시 홍대용이 갓과 도포를 착용했다가 중국 사람들에게 걸승乞僧으로 놀림 받았듯이, 이덕무 자신도 망건과 치포관緇布冠을 착용하여 중국 상인에게 도사道士로 오인되었던 우스꽝스러운 경험을 기록했다. 두주(7)에서도 조선과 청나라의 의관衣冠 제도의 차이와 청나라 사람들의 반응을 소개하고, 자신의 소감을 피력했다.[64]

『열하일기(정)』은 『잡록(하)』와 편차가 거의 똑같다. 후자에 있는 「곡정필담」이 없을 뿐이다. 한편 「산장잡기」에 속하는 7편의 기를 제외하면, 충남대본과 편차가 똑같다. 후자 역시 「구외이문」—「환연도중록」—「금료소초」—「옥갑야화」라는 독특한 순서로 편성되어 있다.

신활자본의 「구외이문」은 '반양盤羊' 이하 모두 60개 단락의 기이한 이야기를 소제목과 함께 수록하고 있는데, 『열하일기(정)』은 각 단

---

62. 이언진의 「海覽篇」에서도 "대지 안에 널려 있는 1만 나라가, 바둑알 놓이듯 별이 깔리듯"(坤輿內萬國, 碁置而星列)이라고 노래했다.(신호열·김명호 옮김, 『연암집』, 개정판; 2012, 하, 201면)
63. 『열하일기(리)』, 앞의 책, 226면, "經書當用石經本音, 當遵顧亭林音學五書. 聖人復起, 當從吾言, 嗚呼!"
64. 『열하일기(리)』, 위의 책, 216면, 217면.

락에 소제목이 없으며 22번째 단락인 '육청'六廳까지만 수록하고 있다. 소제목이 없는 점은 『잡록(하)』와 같으나, 후자보다 단락이 12개 더 많다. 『잡록(하)』를 필사한 이후 연암이 내용을 추가했음을 알 수 있다.

또 『열하일기(정)』에 「야출고북구기」 이하 7편의 기가 「산장잡기」라는 편명이 없이 수록되어 있는 점은 『잡록(하)』와 동일하다. 그러나 곳곳에 퇴고의 흔적이 역력한 후자와 달리, 연암의 친필로 짐작되는 독특한 해서체로 정서되어 있다. 이로 미루어 『열하일기(정)』이 『잡록(하)』의 수정본임을 알 수 있다.

『열하일기(정)』의 「환연도중록」 역시 『잡록(하)』를 일부 수정 보완한 필사본으로 판단된다. 예컨대 8월 19일자와 8월 20일자 기사를 보면, 『잡록(하)』의 일부 대목을 크게 수정 보완했으며, 그 결과 '열하일기' 계열'의 필사본인 충남대본 등과 같아졌음을 알 수 있다.[65] 『열하일

---

[65] 『열하일기(정)』, 「환연도중록」 8월 19일, 위의 책, 372~373면, "因謬襲陋, 天下之士大夫, 眞以學問歸之. 蓋所謂學問者, 愼思明辨審問博學也. 德性不足以徒尊, 則乃復道之以問學. 雖以大禹之拜昌惜陰, 顏子之弗貳弗遷, 猶議其心麤, 則其於學問之極功, 猶有些客氣存焉耳. 除此客氣, 須用克己復禮. 己者, 人欲之私也. 若一毫著於己, 則聖人視之若仇讎盜賊, 必欲剪剝殄滅而後已. 書曰, 戎商必克, 易, 高宗伐鬼方, 三年克之. 用兵至於三年之久, 而必克乃已者. 誠以不克, 則國不可以爲國矣. 克己, 然後禮始得而復焉. 復者, 無一毫未盡之辭也. 如日月之蝕, 而復其圓. 還推旣失之物, 錙銖不減, 若非三達德, 未有能成此學問. 雖公之義勇, 不待克己而禮可復. 然但今之稱公以學問者, 以公之明於春秋. 公旣厭於吳魏之僭賊, 則亦安可自安於妄尊之帝號哉! 公之精靈, 千載如生, 必不受此匪分, 如其無靈, 佞之何益?"(밑줄은 『잡록(하)』와 차이 나는 부분)
『열하일기(정)』, 「환연도중록」 8월 20일, 381~383면, "旣夕飯, 趙主簿明渭, 自詑其炕中陳設異翫, 余卽同赴. 戶前列十餘盆花草, 俱未識名. 白琉璃甕高二尺許, 沉香假山高二尺許, 石雄黃筆山高尺餘. 復有青剛石筆山, 有棗根天成魁罡, 以烏木爲趺座, 價銀爲花銀三十兩云. 奇書數十種, 知不足齋叢書, 格致鏡源, 皆値太重, 趙君燕行二十餘次, 以北京爲家, 最嫺漢語, 且賣買之際, 未甚高下. 故最多主顧, 例於其所居, 爲之陳列, 以供淸賞, 而前年昌城尉黃仁點正使時, 乾魚衕衕朝鮮館失火. 諸大賈之預入物貨者, 盡爲灰燼, 而趙炕比他尤酷者.

기(정)』의 「금료소초」도 『잡록(하)』의 수정 사항을 반영한 필사본이라 판단된다. 그리고 그 결과 충남대본과 가깝게 되었다. 「금료소초」의 서문도 『잡록(하)』와 비슷하게 '서양'이라는 글자가 들어간 두 구절을 삭제했다.[66] 이로 미루어 『잡록(하)』→『열하일기(정)』→충남대본으로 텍스트가 진화했으리라고 가정해 볼 수 있다.

『열하일기(정)』의 「옥갑야화」는 편명이 '옥갑야어'로 되어 있는데, 이는 『잡록(하)』 및 충남대본과 일치한다. 자구상의 차이를 비교해 보면, 『행계집』과 『잡록(하)』 및 충남대본과 유사한 점이 많다.[67] 또한 '허생전'은 본문에 성대중成大中의 두주[68]와 후지後識에 박제가의 미평[69]이 있으며, 본문에 적색과 흑색 두 종류의 비점이 다수 가해져 있다. 그러므로 이는 성대중과 박제가가 열람하고 평비를 가한 필사본으로 짐작된다. 다만 『잡록(하)』와 유사하게, 박제가의 미평에서 그의 자와 이름

賣買物件之外, 凡遭回祿者, 俱是稀奇器玩書册兌撥, 則可値三千兩. 花銀皆隆福寺及琉璃廠中物, 而諸主顧旣爲借設, 則無所徵價. 然亦不以此爲戒, 今其借排, 又復如昔, 爲娛心目, 足見大國風俗不齷齪如此. 夜留館諸譯, 盡會余炕, 略有酒饌, 而行役之餘, 全失口味. 諸人者, 皆睨坐securBefore封裹, 意其中有物. 余遂令昌大解裸細檢, 無他物, 只是帶去筆硯. 哷然者皆筆談觀草, 遊覽日記. 諸人者俱釋然頗頤曰, 吾果怪其去時無裝, 歸橐甚大也. 張福亦憮然謂昌大曰, 別賞銀安在?"(밑줄은 『잡록(하)』와 차이 나는 부분)
66. 『열하일기(정)』, 위의 책, 385~386면, "此出西南海中荷蘭陀 又○○○(西洋收)露方極精," "荷蘭小兒方及○○○○○(西洋收露方)"
67. 예컨대 '허생전'에서 『행계집』에는 "奪金壄張維家以處之", 『잡록(하)』에는 "奪●●●●家以處之"로 되어 있는 구절이 "奪李貴金壄家以處之"로 되어 있는 점(『열하일기(정)』, 위의 책, 420면)은 충남대본과 같다. 이밖에도 자구상에서 충남대본과 일치하는 경우가 많다.
68. 『열하일기(정)』, 위의 책, 410면, "知我東前有如此人物, 後有如此文字. 大中."
69. 위의 책, 425면, "○○(次修)曰, 大略以蚓髯客配貨殖, 而中有重峰封事柳氏隨錄○○○○(李氏僿說)所不能道者. 行文尤踈宕悲憤, 鴨水東有數文字. ○○(厸家)"(괄호 안은 충남대본에 의거하여 삭제된 글자를 복원한 것임. '厸家'는 '齊家'와 같은 글자로 판단된다.)

이 지워져 버려 누구의 평어인지 알 수 없게 되었다.

(5) 『연행음청』[70]

'연행음청' 또는 '연행음청기'는 『열하일기』의 최초의 제목이다. 일찍이 이가원 선생은 『연행음청』에 대해 "경자庚子 5월 초10일부터 9월 30일에 이르는 일기"라고 하고, 「수사소인」廋詞小引이 "『연행음청』 제4책 끝에 실려 있었다"고 소개했다.[71] 그러나 연민문고 소장 『연행음청』은 건·곤 2책의 체제로 되어 있으며, 그중의 건책에 2종의 「황도기략」이 필사되어 있다. 이는 비록 난고亂稿이기는 하지만, 연암의 친필본이자 가장 이른 시기의 초고에 해당하는 필사본으로서 가치가 높다고 하겠다.

그 표지를 보면 '연행음청(건)'이라는 표제 우측에 "관내정사關內程史 본초本艸 / 천애결린집 탈거天涯結隣集 脫去 재산고제2책중在散稿第二册中"이라 씌어 있다. 「천애결린집」은 『연암산고』燕巖散稿 제2책에 수록되어 있다는 뜻이다. 실제로 「천애결린집」은 현전하는 『열하일기』 이본들에는 모두 없는 일편逸篇으로, 단국대 연민문고 소장 『연암산고(2)』에만 수록되어 있다.[72]

또 '열하일기'라는 제목과 '황도기략 / 천애결린집'이라는 편명이 적힌 속표지에 이어서 「황도기략」과 「알성퇴술」謁聖退述 및 「앙엽기」盎葉

---

70. 건·곤 2책인데 건책만 남았다. 「황도기략」, 「學生崔公墓表陰記」(崔鎭寬), 「玉蛱遊錄」, 「虎叱」 등을 수록했다.
71. 이가원, 앞의 논문, 166면, 168면.
72. 본서 3부, 199면 참조.

記의 목록이 차례로 소개되어 있다.[73] 「황도기략목록」은 '황성구문'皇城九門 이하 '화초포'花草舖까지 모두 39개 항목의 소제목 중에서, 처음 두 항목의 소제목 즉 '황성구문'과 '서관'西館이 없고 '금오교'金鰲橋부터 시작된다. 또한 여타 이본들에서 '풍금'風琴과 '양화'洋畫로 되어 있는 소제목이 각각 '천주당'天主堂과 '천주당화'天主堂畫로 되어 있다. 「알성퇴술목록」은 '순천부학'順天府學부터 '조선관'朝鮮館까지 10개 항목의 소제목을 완비했다.[74] 「앙엽기목록」은 '홍인사'弘仁寺 이하 '이마두총'利瑪竇塚까지 모두 20개 항목의 소제목 중에서 마지막 '이마두총'이 없어, '진각사'眞覺寺로 끝나고 있다.

「황도기략」은 총 39개 항목 중 11개 항목이 없을뿐더러 제대로 편철되지 않아 항목들의 순서가 매우 어지럽다.[75] 항목의 소제목 및 순서뿐 아니라 본문의 자구상에서도 여타 이본들과 적지 않은 차이를 보인다.[76] 특히 '풍금'과 '양화'는 소제목이 각각 '천주당'과 '천주당화'로 되

---

73. 『연행음청(건)』, 단국대 동양학연구원 연민문고 소장 연암박지원작품필사본총서 4, 문예원, 2012, 489~493면. 연암박지원작품필사본총서 4에 수록된 『연행음청(건)』은 원본의 제책을 다시 하여 나름으로 순서를 바로잡아 영인한 것으로 판단된다. 그 결과 원본과 순서가 크게 달라졌는데, 원본에는 목록이 표지와 속표지 다음에 있다.
74. 신활자본 등 『연암집』 별집 계열 텍스트들에서는 '문승상사'가 '문승상사당기'로 제목이 바뀌고 새 글 '문승상사'가 추가되어 「알성퇴술」이 모두 11개 항목으로 되어 있다.
75. 연암박지원작품필사본총서 4에 수록된 『연행음청(건)』의 「황도기략」은 원본의 錯簡을 바로잡아 영인한 것으로 판단되나, 여기에도 적잖은 착간이 있어 주의를 요한다. 이 책, 462면('虎圈') 다음에는 465~466면('천주당'), 그 다음에는 463~464면, 그 다음에는 481~482면('천주당화'), 그 다음에는 479~480면('象房'), 그 다음에는 467~468면('황금대')이 와야 한다. 또 478면('구룡벽') 다음에는 483면('태액지')이 와야 한다.
76. 신활자본의 「황도기략」은 '皇城九門', '西館', '金鰲橋'의 순서로 시작하는데, 『연행음청(건)』은 '금오교'부터 시작하고 있다. 『연행음청(건)』에는 '황성구문'의 초고로 판단되는 '皇城'이 별도로 필사되어 있다.(『연행음청(건)』, 위의 책, 497~498면)

어 있으며, 후술할 『황도기략(1)』 및 『황도기략(2)』와 달리 그 전문全文이 보존되어 있다. 단 신활자본과 비교하면 '양화' 즉 '천주당화' 조의 전반부 109자가 없으며, 자구상의 차이가 적지 않다.[77] '황금대'(즉 신활자본의 '황금대기')도 말미 부분이 여타 이본들과 크게 다르다.[78]

또한 『연행음청(건)』에는 제목과 찬자撰者를 알 수 없는 누군가의 묘도문자墓道文字가 수록되어 있다.[79] 현전하는 탁본 자료에 의거하면, 이는 1789년에 최진관崔鎭寬이 짓고 한경기韓敬琦가 글씨를 쓴 「조선국학생 최공휘성 묘표음기」朝鮮國學生崔公輝星墓表陰記의 초고임이 분명하다. 최진관(호 나창蘿窓, 1747~1812)은 개성開城 출신의 진사進士로, 황해도 금천金川 연암협燕巖峽 은거 시절의 연암을 종유從遊하면서 그의 어려운 생활을 돕기도 했던 인물이다.[80] 연암은 1789년 최진관의 청탁으로 그의 생부 최순성崔舜星의 묘갈명인 「치암 최옹 묘갈명」癡庵崔翁墓碣銘을 지어주었다.[81] 최진관이 지은 그의 계부季父 최순성崔輝星(자 계협季協, 1728~1758)의 묘표 음기는 아마도 이 글을 짓기 위한 자료로 제공된 것을 연암이 필사해 두었던 것이 아닌가 한다.

---

77. 위의 책, 482면. "凡爲畵圖者"로 시작하는 전반부 109자가 없는 채, "天主堂中墙壁藻井之間, 所畵雲氣人物"부터 시작하고 있다. 또한 신활자본에는 "逼而視之, 筆墨麤疎. 但其耳目口鼻之際, 毛髮腠理之間, 暈而界之, 較其毫分, 有若呼吸轉動. 蓋陰陽向背, 而自生顯晦耳"로 되어 있는 대목이, "吾畏之, 始欲逡巡而退避. 彼固愛我也, 乃屛息, 整容貌而前 五色雲中, 朱衣而正立者, 其所謂耶蘇像耶?"로 되어 있어 크게 다르다.
78. 신활자본, 『연암집』 권15, 『열하일기』, 「황도기략」, '황금대기', 장14앞, "我願天下之人, 有之不必喜, 無之不必悲, 無故而忽然至前, 驚若雷霆, 嚴若鬼神, 行遇草蛇, 未有不髮竦而卻立者也."; 『연행음청(건)』, 위의 책, 471면, "我願天下有金者, 必感此哀痛之語, 亟散于海內不望報之人, 可也."
79. 『연행음청(건)』, 위의 책, 441~442면.
80. 박철상, 「開城의 進士 崔鎭寬과 燕巖」, 『문헌과 해석』 32, 2005 참조.
81. 신활자본, 『연암집』 권2; 신호열·김명호 옮김, 앞의 책, 상, 345~351면.

『연행음청(건)』에는 「옥동유록」玉蝀遊錄과 '호질'의 일부도 필사되어 있다. 「옥동유록」에는 첫 항목으로 '대광명전'大光明殿이 필사되어 있다.[82] '대광명전'은 신활자본에서는 「황도기략」의 총 40개 항목 중 26번째에 해당한다. 이로 미루어 아마도 가장 초기의 「황도기략」은 편명을 '옥동유록'이라고 했으며, '황성구문'이나 '금오교'가 아니라 '대광명전'부터 시작되었던 듯하다. 그 이후 항목이 추가되면서 순서도 크게 바뀌었던 듯하다. '호질'은 비록 제목이 없지만, 「관내정사」 중 '호질'의 일부인 140여 자를 필사하다가 중단한 것이 분명하다. 그 후반부는 현전하는 '호질'에는 없는 부분이다.[83] 이로 미루어, 이 글은 가장 초기에 속하는 '호질'의 일부를 필사한 것이 아닌가 한다.

(6) 『황도기략』[84]

판심에 '연암산방'이라 씌어 있는 '연암산방본'이다. 제목과 달리 「알성퇴술」과 「앙엽기」도 필사되어 있다.

---

82. 『연행음청(건)』, 앞의 책, 439~440면.
83. 위의 책, 437면. 첫 문장인 "師子食虎于巨木之岫"부터 "虎之威其嚴乎"까지의 71자는 '호질'의 초두에 속하고, 그 다음 "計虎之食人, 不若人之相食"은 '호질'의 후반부에 속하는 구절이다. 그러나 이어지는 구절 즉 "人不惡人而惡虎, 此虎之所以日夜搤腕奮臂, 腐心痛骨, 思欲詔於天下也. 衡山之虎嗜巫, 泰山之虎嗜儒, 虎以狗爲醴, 以人爲幣, 食狗則醉, 食人則智"는 신활자본 '호질'에 없다.(단 그 중 "食狗則醉, 食人則智"만은 그와 흡사한 문장인 "虎食狗則醉, 食人則神"이 신활자본 '호질'의 초두에 있음).
84. 2책으로 되어 있다. 수록 내용을 소개하면 다음과 같다.
제1책: 「황도기략」ⓐ, 「알성퇴술」ⓐ, 「앙엽기」ⓐ
제2책: 「황도기략」ⓑ, 「알성퇴술」ⓑ, 「앙엽기」ⓑ

『황도기략(1)』에 수록된 「황도기략」ⓐ의 목록을 보면, 신활자본의 '풍금'과 '양화'에 해당하는 항목이 각각 "○○○(천주당)" "○○○(천주당)화"로 지워져 있다.[85] 단 전자의 제목이 본문에는 '풍금'으로 명기되어 있다.[86] 그런데 '풍금' 조의 본문 역시 '서양'이나 '천주당'과 같은 글자를 포함한 여러 군데가 지워져 있다.[87] 그리고 말미에는 본문과 무관한 엉뚱한 구절이 덧붙여져 있다.[88] 또 「황도기략」ⓐ의 목록 중 '○○○화'로 되어 있는 항목 즉 '천주당화' 조는 그에 해당하는 본문이 아예 없다.

이는 '천주당'(즉 '풍금')에서 '서양'과 '천주'라는 글자를 삭제할 뿐만 아니라 이어지는 '천주당화'(즉 '양화') 전체를 삭제하고자 한 결과, '천주당화' 말미의 구절만 남아서 '천주당'의 말미에 덧붙여진 셈이 된 것이다. 이와 같은 삭제 조치는 신유사옥辛酉邪獄과 관련이 있을 듯하다. 당시 대대적인 천주교 박해가 벌어지자, 『열하일기』 중 그와 관련된 내용이 물의를 빚을까 염려하여 이러한 조치를 취했던 것이 아닌가 한다.

『황도기략(2)』는 『황도기략(1)』과 동일한 내용을 필사한 것이다. 그러나 후자가 대체로 단정한 해서체로 필사되어 있는 데 비해, 『황도기략(2)』는 연암의 친필로 추정되는 독특한 해서체로 필사되어 있다.

---

85. 『황도기략(1)』, 단국대 동양학연구원 연민문고 소장 연암박지원작품필사본총서 5, 문예원, 2012, 21면. 이하 괄호 안은 삭제된 글자를 복원한 것임.
86. 위의 책, 49면.
87. 위의 책, 49면, "余友洪德保嘗論○○(西洋)人之巧", "然其記○○○(天主堂)", "亦無不先觀○○○(天主堂)", 52면, "卽尋○○○(天主堂)", "湧○○○○○○○○(出閻閻者, 乃天主)堂也.", "此堂○○○○○○○(乃西主也. 天主)者…", 53면, "進西洋人利瑪竇方物及○○(天主)女像", "○○(西洋)之通中國"
88. 위의 책, 54면, "觀者, 莫不驚號錯愕, 仰首張手, 以承其隕落也." 이는 '천주당화' 즉 '양화'의 마지막 문장이다.

그리고 「황도기략」ⓑ의 목록 및 본문에서 '서양'과 '천주'라는 글자를 말살하고자 일부 구절들을 지우고 '천주당화' 조 전문을 삭제한 점은 『황도기략(1)』과 똑같지만, 삭제 정도가 더 심하다.[89] 이와 아울러 「알성퇴술」, 「앙엽기」 등의 자구상의 차이로 미루어 볼 때, 『황도기략(2)』는 『황도기략(1)』보다 나중에 필사된 텍스트로 판단된다.

(7) 『열하피서록』

1책으로, 연암산방본이다. 권수卷首에 "삼한총서 권○三韓叢書卷○/반남 박지원 미재 집潘南朴趾源美齋輯/열하피서록熱河避暑錄/반남 박지원 미재 저潘南朴趾源美齋著"라고 씌어 있듯이, 『열하피서록』은 『삼한총서』의 일부로서 편성된 것이다. 박종채의 『과정록』에 의하면, 『삼한총서』는 연암이 중국에 다녀온 직후인 1780년대 전반에 주로 한중韓中 관계와 관련된 양국의 문헌 자료를 뽑아 편찬한 것이었다. 책으로 완성한 것이 20~30권에 달했으나 흩어져 거의 없어지고, 목록의 초고 일부만 남았다고 했다. 현재 『삼한총서』의 일부로서 겨우 7종의 책이 전하는 것으로 알려져 있는데, 그 희귀한 책 중의 하나가 바로 『열하피서록』이다.[90] 표지에 씌어진 연암 손자 박규수朴珪壽의 글[91]에 의하면, 이는 연암의 친필본이자 박규수의 교열을 거친 필사본임을 알 수 있다.

---

89. 『황도기략(2)』, 위의 책, 135면, 163면, 166~167면, '풍금' 조 중 "宣武門內, 東面而望, 有屋頭圓如鐵鐘" 이하의 문장은 모두 28자나 지워져 있으며, 『황도기략(1)』 중 '풍금' 조 말미에 덧붙여져 있던 "觀者, 莫不驚號錯愕, 仰首張手, 以承其嚥落也"라는 구절이 마저 삭제되었다.
90. 김영진, 「조선 후기 실학파의 총서 편찬과 그 의미」, 이혜순 외 공편, 『한국한문학 연

신활자본을 기준으로 하면, 「피서록」은 서문과 총 56개 단락의 본문으로 구성되어 있다. 그런데 박규수의 글에 의하면 『열하피서록』의 '반권'半卷 즉 전반부에 해당하는 이 필사본은 서문이 없으며, 모두 22개의 단락으로 구성되어 있다. 또한 각 단락마다 소제목이 부여되어 있는 점이 특색이다. 각 단락의 내용과 순서에서 신활자본과 상당히 큰 차이가 있다. 특히 단락(4), (7)~(9), (11), (15)~(17), (20), (22) 등 10개 단락은 신활자본에는 전혀 없는 내용이다.[92]

신활자본 「피서록」에는 없는 내용 중에서 단락(20) 「항사정교」杭士訂交는 6장이 넘는 장문으로, 특히 주목할 만한 가치가 있다. 이는 1766년 홍대용과 김재행金在行이 북경에서 항주杭州 출신 선비 엄성嚴誠·반정균潘庭筠·육비陸飛와 결교한 사실과, 엄성의 사후에도 양국 문사들의 우정이 이어지고 확대되어 간 미담을 자세히 기록한 것이다. 물론 이에 관해서는 홍대용의 『간정동필담』乾淨衕筆談과 이덕무의 『청비록』淸脾錄 등에도 자세히 전하고 있지만, 『열하피서록』의 「항사정교」에는 그와 같은 문헌들에는 없는 내용이 적지 않다. 예컨대 1778년 이덕무·박제가가 중국에 갈 때 연암이 지은 송별시 2수가 소개되어 있는데, 이 오언절구 2수는 연암의 일시逸詩에 속한다. 이 시들은 영남대본과 승계문고본 『연암집』에만 「송이무관·박차수입연」送李懋官朴次修入燕

구의 새 지평』, 소명출판, 2005 참조. 단 『과정록』에 전하는 『삼한총서』의 목록 초고에 『열하피서록』은 열거되어 있지 않다.
91. 『열하피서록』, 앞의 책, 255면, "避暑錄手稿半卷. 此是先王考手藁也. 與今本小異而加詳, 未知元本出後更起此艸者歟. 當與今本參互, 更爲考定者. 庚子暮春, 孫珪壽識." '庚子'는 1840년이다.
92. 이들 단락에 대한 내용 소개는 김명호, 「『열하피서록』 해제」, 위의 책, 249~251면 참조. 이가원 선생의 국역 『열하일기』에 그중 일부(4·7·8·15·16·17)가 「避暑錄補」라는 제하에 번역·소개된 바 있다.

이라는 제목으로 추록追錄되어 있다. 그 출처는 아마도 바로 이 『열하피서록』이었을 것이다.[93]

원래 『열하일기』의 「피서록」은 이덕무의 『청비록』과 유사한 내용이 많지만, 전자에는 없고 『열하피서록』에만 있는 내용들 역시 『청비록』과 유사한 경우가 많다.[94] 이러한 사실은 연암과 이덕무의 밀접한 학문적 영향 관계를 입증하는 것이다. 그리고 『열하피서록』 중의 일부 내용이 『열하일기』의 「피서록」에 실리지 않은 이유도 이처럼 『청비록』과 중복되는 점이 많았던 때문이 아닐까 한다.

(8) 『양매시화』[95]

1책이다. 표지에 '공작관집'孔雀館集이라는 표제가 씌어 있고,[96] 그 우측에 '열하일기/양매시화'라 씌어 있다. 또한 공백으로 남아 있는 첫 장에 『열하일기』의 원본에 빠져 있으므로 등서하여 편차에 넣으라'는 뜻

---

93. 『열하피서록』, 앞의 책, 306면; 본서, 1부 95면 참조.
94. 예컨대 「三韓婦人盤髮」은 『청비록』 3 「朝鮮詩選」과, 「春帖喧藉」는 『청비록』 2 「中朝人歎賞」과, 「輒思東來」는 『청비록』 1 「字文虛中」과 유사하다. 또한 「袁·程·陸·汪·褚·蔣·紀」는 『청비록』 4 「袁子才」와, 「金人詩詠高麗」은 『청비록』 1 「中州集咏高麗」와, 「浦仙髥翁」은 『청비록』 4 「崔楊浦」와 유사하다.
95. 본서 3부 185면 참조.
96. '공작관집'이라는 표제를 갖춘 책은 『양매시화』를 포함하여 현재 3종이 알려져 있다. 金聖嘆과 袁宏道의 글을 주로 초록한 책이 일본 天理大에 소장되어 있고(국립중앙도서관 복사본 소장), 연암이 안의 현감과 면천 군수 시절에 쓴 편지를 주로 모은 책이 『열하일기(공작관집 書)』라는 제목으로 단국대 동양학연구원 연민문고 소장 연암박지원작품필사본총서 15, 문예원, 2012에 영인 수록되어 있다.

의 지시가 쪽지로 붙어 있다.[97]

「양매시화」는 현전하는 『열하일기』 이본들에는 없는 일편逸篇이다. 그 서문에 의하면, 연암이 북경의 양매서가에서 중국 문사 유세기 등과 만나 나눈 필담의 초고를 정리한 것이다. 서문과 총 32개 단락의 본문으로 구성되어 있다. 『양매시화』는 이가원 선생에 의해 처음으로 학계에 그 존재가 알려졌으며,[98] 이가원 선생의 국역 『열하일기』에 일부 내용 즉 서문과 단락(1) 및 단락(3)의 전반前半이 소개되기도 했다. 따라서 『양매시화』는 여태까지 그 전모가 알려지지 않은 매우 희귀한 자료라고 하겠다.

다만 그 내용을 살펴보면, 출처를 밝히지 않은 채 고염무顧炎武의 『일지록』日知錄에서 전재한 글이 많다. 예컨대 위구르족에 관한 내용인 단락(8)~(12)는 『일지록』 권29 「토번회흘」吐蕃回紇에서 전재한 글이다.[99] 뿐만 아니라 『열하일기』의 다른 편篇과 중복되는 내용도 적지 않다. 예컨대 단락(23)~(25)는 각각 「구외이문」口外異聞 편의 '명련자봉왕'明璉子封王, '삼학사성인지일'三學士成仁之日, '당금명사'當今名士 조와 중복되는 내용이다.[100]

또한 단락(26)은 명나라가 망할 때 조선으로 망명한 중국인 강세작康世爵의 「자술」自述을 전재한 것이고, 단락(27)은 남구만과 박세당의 전傳 등에 의거하여 강세작에 관해 기술한 내용인데,[101] 이 역시 새로운 내용이라고 보기는 어렵다. 그리고 단락(5)와 (6)은 연암이 중국

---

97. 『양매시화』, 앞의 책, 321면, "元本中落漏, 謄入次."
98. 이가원, 앞의 논문, 165면.
99. 『양매시화』, 앞의 책, 358~361면.
100. 위의 책, 367~368면.
101. 위의 책, 369~384면.

문사들과 나눈 필담 초고에 속하지 않는데도 『양매시화』에 포함되어 있다. 단락(5)는 배시황의 『북정록』을 간추려 소개한 것이다. 1658년 청나라의 요청으로 제2차 나선羅禪(러시아) 정벌에 참여하여 전공을 세운 배시황이 남긴 기록을 신돈복辛敦復에게 얻어 그 줄거리를 소개한다고 했다. 단락(6)은 「제배시황북정록후」題裵是愰北征錄後이다. 진사 민유閔瑜에게 얻은 배시황의 기록을 축약하고 윤색했노라고 하였다.[102]

이상과 같이 『양매시화』는 『일지록』에서 전재한 글이나 『열하일기』의 다른 편과 중복되는 내용이 많고, 강세작의 「자술」이나 배시황의 『북정록』과 같은 이질적인 자료를 대폭 수록하고 있다. 아마도 이 때문에 『열하일기』의 한 편으로 통합되지 못하고 말았던 것이 아닌가 한다.

(9) 『고정망양록』

1책으로, 연암산방본이다. 별도의 표지 없이 오사란烏絲欄의 첫 장 중앙에 '정묘중정 연암집'丁卯重訂 燕岩集이라고 표제가 씌어 있고 우측에 '고정망양록'考定忘羊錄, 좌측에 '탁연재'濯硏齋라고 씌어 있다. '탁연재'는 박종채의 당호堂號이다. '정묘중정'은 박종채가 부친의 3년상이 끝난 직후인 정묘(1807)년에 『연암집』 편찬의 일환으로 『열하일기』 중의 「망양록」을 거듭 수정했다는 뜻으로 판단된다. 그러므로 '고정망양록'考定忘羊錄라고 명명했을 것이다. 표지뿐 아니라 본문도 박종채의 글씨일 가능성이 높다.

---

102. 위의 책, 330~358면.

신활자본을 기준으로 하면 「망양록」은 서문과 총 40개 단락의 본문으로 구성되어 있는데, 『고정망양록』은 단락(29)의 초두까지만 필사되어 있다.[103] 『고정망양록』은 곳곳에 두주가 가해져 있는 점이 한 특색이다. 자구 수정을 지시한 것인데, 확실한 판단을 내리기 어려운 경우에는 '고考' 자를 붙였다.[104] 이와 같은 본문 중의 두주나 오자 수정 역시 박종채가 가한 것으로 판단된다.

『열하일기』의 「망양록」은 이본 간의 차이가 심한 편篇이다. 신활자본과 달리, 앞서 살펴본 『행계집』과 『잡록(상)』, 『열하일기(원)』 등 '초고본 계열' 필사본들과 충남대본 등은 「망양록」이 서문과 총 35개 단락의 본문으로 구성되어 있다. 그런데 『고정망양록』은 「망양록」의 본문을 총 40개의 단락으로 재편했다.[105] 뿐만 아니라 초고본 계열 필사본 및 충남대본에는 없는 글자를 추가하거나 수정했으며, 글자를 삭제하기도 했다.[106] 예컨대 초고본 계열 「망양록」의 단락(18)을 보면, 『고정망양록』에서 4개의 단락으로 분화되었을뿐더러 도합 109자가 추가되

---

103. 즉 "余曰: 古樂終不可復歟"에서 "而至於歌詩古人"까지만 필사되어 있다. 마지막 葉의 좌측 난외에 "以下屬由中之語云云"이라고 하여, "由中之語, 不得已之事也. ……"라는 단락(29)의 나머지 내용이 이어짐을 밝혀 두었다.(『고정망양록』, 단국대 동양학연구원 연민문고 소장 연암박지원작품필사본총서 8, 문예원, 2012, 54면)
104. 예컨대 단락(4)의 두주 "蛙, 考娃"는 본문 중 "正蛙之別"의 '蛙' 자에 대해 '娃' 자가 아닌지 再考하라는 주이다.(위의 책, 20면)
105. 즉 초고본 계열 필사본들 및 충남대본의 단락(1)을 없앴고, 단락(4)·(5)·(17)을 각각 2개의 단락(신활자본의 (3)·(4), (5)·(6), (20)·(21)에 해당함)으로 나누었다. 또한 단락(7)은 3개의 단락으로 나누고(신활자본의 (8)~(10)에 해당함), 단락(18)은 심지어 4개의 단락으로 나누기도 했다.(신활자본의 (22)~(25)에 해당함). 반면에 단락(22)와 (23), 단락(28)과 (29)는 하나의 단락으로 통합했다.(박영철본의 (29)·(34)에 해당함).
106. 추가나 수정의 경우는 해당 글자 옆에 비점을 가했고, 삭제한 경우는 ◁ 표시를 했다. 자세한 사례는 김명호, 「해제」, 『고정망양록』, 앞의 책, 12~13면 참조.

어 내용이 크게 보완되었다.[107] 이처럼 『고정망양록』은 초고본 계열 필사본 및 충남대본에 필사되어 있는 초기의 「망양록」을 대폭 개작·수정한 것이다. 서울대 고도서본, 규장각본, 전남대본, 신활자본 등 현전하는 대부분의 『열하일기』 「망양록」은 이러한 『고정망양록』의 조치를 거의 그대로 따르고 있다.

(10) 『연암집(15)』[108]

표지에 '연암집(15)'라는 표제가 씌어 있고 우측에 "외집外集/열하일기 9/행재잡록/희본명목/구외이문/환연도중록"이라 씌어 있다. 표지 다음에 "연암집 권지○ 목록/열하일기 권○/행재잡록(유서有序)/희본명목"이라 쓴 목록이 있다.[109]

「행재잡록」의 권수에는 "연암집 권지○ 외집/반남 박지원 미재저/열하일기 권18/행재잡록"이라 씌어 있다. 그런데 「행재잡록」의 원래 편차인 '권17'을 '권18'로 고쳤음을 볼 수 있다.[110] 「희본명목」의 권

---

107. 4개로 분화된 단락 중 두 번째 단락(신활자본의 (23)에 해당함)에서 "莫適所用" 다음에 71자 즉 "所謂周尺, 最不可信. 新莽十五年中, 凡所制作, 必倣周爲名, 已多虛僞, 而又復師心, 朝作夕毁, 尺度無常. 後世名爲周尺者, 往往欵芬輩僞造, 而宇文氏又一假周, 則其所寶藏, 旋爲隋有"(위의 책, 48면)가 추가되는 등 네 군데에 109자가 추가되었다. 또 단락 (21)(신활자본의 (28)에 해당함) 역시 마지막 문장 "亨山大笑" 다음에 48자 즉 "因自題五言四句, 又印名字圖署於他紙, 割付左傍, 摺疊以贈余. (원주) 亨山詩. '綠竹瞻君子, 卷阿矢德音. 揮毫開便面, 握手得同心'"(위의 책, 54면)이 추가되었다.
108. 「行在雜錄」, 「희본명목」, 「구외이문」, 「환연도중록」을 수록했다.
109. 『연암집(15)』, 앞의 책, 65면, 67면.
110. 위의 책, 69면.

수에도 '열하일기 권19'의 '9'자가 굵은 글씨로 덧칠해져 있어 '8'자를 고친 것임을 알 수 있다.[111] 「희본명목」의 편차 역시 원래의 '권8'을 '권9'로 고친 것이다.

「구외이문」의 권수도 편차를 원래의 '권19'에서 '권20'으로 고친 흔적이 역력하다.[112] 또한 『연암집(15)』의 「구외이문」은 『잡록(하)』나 『열하일기(정)』과 달리, 60개 단락의 본문과 각 단락의 소제목을 완비하고 있다.

「환연도중록」의 권수에도 편차가 '권20'에서 '권7'로 고쳐져 있다. 그런데 '환연도중록' 아래에 적색 글씨로 "계유관기일"係留館起日이라 추기하고, 다시 "편차당재유관록하"篇次當在留館錄下라고 하여 흑색 글씨로 추기해 놓았다. 적색 글씨로 추기한 것은 『열하일기』의 제6권인 「태학유관록」에 이어서 기사가 시작된다는 뜻이다. 흑색 글씨로 추기한 것은 「환연도중록」의 편차가 「태학유관록」 다음, 즉 제7권이 되어야 한다는 수정 지시이다.[113]

이처럼 표지와 각 편의 권수제卷首題에서 알 수 있듯이, 『연암집(15)』는 『열하일기』를 『연암집』의 '외집'으로 통합하고자 한 기획의 소산이다. 표지에서 이 책이 『연암집』 중 제15책이자 『열하일기』 중 제9책이라고 명시했으나, 목록을 보면 아직 『연암집』의 권차와 『열하일기』의 권차가 부여되지 않은 상태이다. 각 편의 권수제에만 『열하일기』의 권차가 부여되어 있다. 이는 『연암집(15)』를 필사할 당시, 『열하일

---

111. 위의 책, 91면.
112. 위의 책, 101면.
113. 그러나 한편으로 표지에서는 '還燕道中錄' 아래 작은 글자로 "當在十一卷下"라고 쓴 것은 어떻게 된 영문인지 알 수 없다.

기』를 제외한 『연암집』과 『열하일기』 자체는 각각 일정한 편차를 갖추었으나, 양자를 어떻게 통합하여 일관된 권차를 부여할지에 관해서는 『연암집』 편찬자의 의견이 아직 확립되지 못한 상태였음을 시사한다.

그런데 『열하일기』에 부여된 권차도 수정된 흔적을 보여 준다. 즉 「행재잡록」은 제17권에서 제18권으로, 「희본명목」은 제18권에서 제19권으로, 「구외이문」은 제19권에서 제20권으로, 「환연도중록」은 제20권에서 제7권으로 각각 권차가 수정되어 있는 것이다. 현전하는 『열하일기』의 필사본 중 「행재잡록」, 「희본명목」, 「구외이문」, 「환연도중록」이 순차적으로 제17권~20권으로 편성되어 있는 것은 서울대 규장각본과 성균관대 존경각본 등이다. 한편 이 4편이 제18권~20권 및 제7권으로 편성되어 있는 것은 조선광문회본과 장서각본, 연세대『연휘』본 등이다. 그렇다면 『연암집(15)』는 『열하일기』 계열'에 속하는 규장각본 등의 편차를 수정하고자 한 것이며, '『연암집』 외집 계열'에 속하는 광문회본 등은 이러한 『연암집(15)』의 수정 조치를 따르고 있는 텍스트들이라 판단된다. 요컨대 『연암집(15)』는 '『열하일기』 계열' 텍스트에서 '『연암집』 외집 계열 텍스트'로 진화하는 도상에 있는 필사본이라고 하겠다.

이상에서 단국대 연민문고에 소장된 『열하일기』 이본들을 살펴보았다. 이들은 대개 '초고본 계열'에 속하는 필사본으로, 『열하일기』의 초창기 모습을 보여 주는 흥미로운 자료라 할 수 있다. 이들을 검토한 결과 새로 밝혀진 사실들을 종합 정리하고자 한다.

첫째, 『열하일기』의 최초의 제목과 체제 정비 과정을 알 수 있다.

『행계잡록』과 『연행음청(건)』을 보면, 『열하일기』의 최초의 제목이 '연행음청' 또는 '연행음청기'였음을 알 수 있다. 이는 유만주의 기록과도 합치한다. 그의 일기인 『흠영』에도 『열하일기』가 때로는 '연행음청기'나 '음청'(『연행음청』의 약칭)으로 기록되어 있다.[114] 『행계잡록』은 그러한 최초의 제목을 '열하일기'로 고치면서, 이와 아울러 『열하일기』의 체제를 정비해 가는 과정을 보여준다. 『행계잡록(3)』의 「도강록」ⓑ, 즉 『연행음청기』의 「도강록」에는 권차가 부여되지 않았지만, 『행계잡록(1)』의 「도강록」ⓐ, 즉 『열하일기』로 제목을 고친 「도강록」에는 '권1'이라는 권차가 부여되어 있음을 보면, 연암은 『연행음청』 또는 『연행음청기』였던 제목을 『열하일기』로 고치면서, 비로소 각 편들에 권차를 부여하기 시작했던 것 같다.

하지만 이때에도 권차는 일부 편들에만 부여되었으며, 필사본에 따라 각기 독자적으로 부여되었던 듯하다. 『행계잡록(3)』을 보면 권차가 없는 「도강록」ⓑ와 달리 「막북행정록」과 「태학유관록」에는 각각 '권1'과 '권2'라는 권차가 부여되어 있다. 이처럼 후자에만 독자적인 권차가 부여되어 있는 점으로 미루어, 『행계잡록(3)』은 「막북행정록」과 「태학유관록」으로만 편성된 『열하일기』 필사본에다가 『연행음청기』의 「도강록」을 합철한 것이 아닌가 한다. 유만주의 『흠영』에 "『열하일기』 권1 「막북행정록」을 읽었다"는 기록이 있음을 보면,[115] 「막북행정록」이 『열하일기』의 제1권으로 편성된 필사본이 존재했던 듯하다.

---

114. 유만주, 『흠영』 6, 서울대 규장각 영인, 1997, 丙午(1786) 10월 26일, 404면, "○ 閲燕行陰晴記第二(云云別部) ○ 夜閲燕行陰晴記第一"; 11월 26일, 424면, "其自許文章也, 則云, (…) 仍示其小序陰晴卷首效公穀者曰: 是古文也." 『흠영』에서 말한 "其小序陰晴卷首效公穀者"는 『春秋公羊傳』과 『穀梁傳』의 문체를 모방한, 『연행음청』 즉 『열하일기』 卷首의 서문인 「渡江錄序」를 가리킨다.

115. 유만주, 『흠영』 5, 서울대 규장각 영인, 1997, 癸卯(1783) 11월 24일, 98면, 삭제된 부분, "閲熱河日記卷之一曰漠北行程錄."

그런데 아마도 연암의 사후에 박종채가 『연암집』을 편찬하면서, 『열하일기』를 『연암집』의 '외집'으로 통합하고자 했던 듯하다. 『행계잡록(1)』의 「도강록」ⓐ와 「성경잡지」 권수의 난외에 '연암외집'이라 추기되어 있는 것이 그 증거이다.[116] 이처럼 『연암집』에 『열하일기』를 통합하고자 하면서, 각 책의 표지에서 보듯이 『행재잡록(1)』의 「도강록」ⓐ와 「성경잡지」, 『행계잡록(2)』의 「일신수필」과 「관내정사」, 『행계잡록(3)』의 「막북행정록」과 「태학유관록」에 차례로 권1~6의 편차를 부여했던 듯하다. 이 6편의 편차는 신활자본과 일치한다. 하지만 이러한 통합 작업은 『행계잡록(3)』까지만 이루어졌으며, 이 경우에도 『연암집』의 권차는 아직 부여되지 못했다. 즉 『연암집』의 '외집'으로 진정한 통합을 아직 이루지는 못한 것이다. 요컨대 『행계잡록』은 『열하일기』의 체제가 '초고본 계열'→'열하일기' 계열→'연암집' 외집 계열'로 진화하면서 점차 정비되어 가는 과정을 잘 보여 준다고 하겠다.

둘째, 연암의 동인同人과 후손에 의해 『열하일기』에 평비評批가 가해지고 개작 수정이 이루어졌음을 알 수 있다.

『행계잡록(5)』와 『행계잡록(6)』의 「상기」에는 유득공의 평어가 있고, 『행계집』과 『잡록(상)』의 「망양록」에는 이서구의 세주가 있다. 『잡록(하)』의 「옥갑야화」 '허생전'에는 박제가의 두주와 미평이 있으며, 『열하일기(정)』의 「옥갑야화」 '허생전'에는 성대중의 두주와 박제가의 미평이 있다. 그리고 『열하일기(리)』에는 무려 45개나 되는 이덕무의 두주가 있다. 이는 이덕무·성대중·유득공·박제가·이서구 등 연암의 동인들이 '초고본 계열'의 『열하일기』 필사본들을 열람하고 각자의 소

---

116. 『행계잡록(1)』, 단국대 동양학연구원 연민문고 소장 연암박지원작품필사본총서 1, 문예원, 2012, 「도강록」ⓐ, 29면, 「성경잡지」, 129면.

견을 평비를 통해 피력한 사실을 말해 주는 것이다.

또한 『고정망양록』과 『열하피서록』을 보면, 연암의 사후 아들 박종채와 손자 박규수가 『열하일기』의 개작 수정 작업을 맡아 추진한 사실을 알 수 있다. 박종채는 『열하일기』 「망양록」의 본문을 종전의 35개 단락에서 40개 단락으로 크게 재편했을 뿐 아니라, 내용을 일부 보완하고 자구를 수정하기도 했다. '초고본 계열'과 충남대본 등을 제외한 대부분의 텍스트들은 이러한 『고정망양록』의 개작 수정 조치를 그대로 따르고 있다. 그러므로 「망양록」의 개편 여부는 이본들의 선후 관계를 판단하고 계통을 추정하는 데 하나의 중요한 기준이 될 수 있을 것이다.

『열하피서록』의 표지에 씌어진 박규수의 글을 보면, 그가 『열하피서록』의 독자적 가치를 인식하고 『열하일기』의 「피서록」과 대조하여 이를 고정考定하고자 했음을 알 수 있다. 실제로 일부 단락의 소제목을 보면 바로 위에 ∘ 표시가 있는데,[117] 이는 『열하일기』의 「피서록」에는 없는 단락임을 표시한 것으로 판단된다. 또한 '편답중원'遍踏中原에 있는 두주[118]는 『열하일기』의 「피서록」에는 그 내용이 두 개의 단락, 즉 단락(44)와 단락(50)으로 나뉘어 실려 있는 사실을 지적한 것으로 짐작된다. 이와 같은 조치를 한 사람은 아마도 박규수였을 것이다.

셋째, 『열하일기』의 일부 편명 및 작품명·소제목명 등이 수정된 사실을 알 수 있다.

『행계집』을 보면 「심세편」이 「필담의례」로 되어 있다. 즉 이 글은 애초에는 「망양록」에 부속되는 필담의 범례로서 집필되었던 것이다.

---

117. 『열하피서록』, 단국대 동양학연구원 연민문고 소장 연암박지원작품필사본총서 5, 문예원, 2012, 262면, 265면, 266면, 267면, 282면, 283면, 307면.
118. 위의 책, 285면, "原本有上下端截錄, 並考."

『잡록(상)』은 이를 「심세편」으로 고침으로써 하나의 편으로 독립시켰다. 또한 『잡록(하)』와 『열하일기(정)』은 「옥갑야화」를 「옥갑야어」로 칭하기도 했으며, 『연행음청(건)』은 「황도기략」을 「옥동유록」으로 칭하기도 했다.

『연행음청(건)』을 보면 「황도기략」의 '풍금'과 '양화'는 원래 제목이 각각 '천주당'과 '천주당화'였음을 알 수 있다. 『잡록(하)』를 보면 「만국진공기」는 원래 「진공만거기」였던 제목을 고친 것이다. 이와 아울러 『잡록(하)』에서 「야출고북구기」를 포함한 7편의 기가 크게 수정된 흔적이나, 『열하일기(정)』의 「환연도중록」 일부 기사가 대폭 보완된 사실을 보면, 연암이 문예적 저작으로서 『열하일기』의 완성도를 높이기 위해 부단히 노력했음을 짐작할 수 있다.

넷째, 서학과 관련한 내용이 대거 삭제되었음을 알 수 있다.

『행계집』과 『잡록(하)』의 「곡정필담」에서 일부 내용이 누락되고, 『행계집』과 『잡록(상)』의 「망양록」에서도 일부 내용이 누락되었다. 이는 「곡정필담」에서 연암이 지구자전설과 천주교의 교리 및 중국에 전래된 경위 등에 관해 토론한 내용을 삭제하고, 「망양록」에서 마테오 리치가 중국에 전래한 양금과 그것이 다시 조선에 전래된 경위 등을 소개한 내용을 삭제하기 위한 조치였다. 이와 아울러 『고정망양록』에서 본문을 대대적으로 재편하면서 원래의 단락(1)을 없애고 단락(8)을 크게 수정한 것[119]도 서학과 관련된 내용을 제거하기 위해서였다고 하겠다.

또한 『잡록(하)』와 『열하일기(정)』의 「금료소초」 서문에서는 '서양' 2자를 지웠으며, 『황도기략(1)』과 『황도기략(2)』의 「황도기략」, '천

---

119. 『고정망양록』, 단국대 동양학연구원 연민문고 소장 연암박지원작품필사본총서 8, 문예원, 2012, 18면, 27~28면. 원래의 단락(1)과 (8)을 합쳐 새로운 단락을 만들었다.

주당'에서도 '서양'과 '천주'라는 글자를 삭제했다. 심지어 '천주당화'는 전문을 삭제해 버리기도 했다. 그 이후에 필사된 텍스트들은 「황도기략」에서 '천주당'과 '천주당화'의 제목을 각각 '풍금'과 '양화'로 바꾸고 나서야 본문을 온전하게 수록할 수 있었다.

이상과 같은 삭제 수정 조치는 아마도 신유사옥과 관련이 있을 듯하다. 즉 순조 1년(1801)에 천주교에 대한 대대적 탄압이 벌어지자,『열하일기』중 천주교와 관련된 내용이 물의를 빚을까 염려하여 그러한 조치를 취했던 것이 아닌가 한다. 이와 관련하여, 『잡록(하)』와 『열하일기(정)』의 「옥갑야화」중 '허생전'에 있는 박제가의 미평에서 그의 자나 이름이 지워져 누구의 평어인지 알 수 없게 된 것도 그가 그 무렵 정치적 박해를 받았던 사실과 무관하지 않을 것으로 추측된다.[120] 그 뒤 충남대본을 제외한 대부분의 필사본들은 박제가의 자를 삭제한 채 평어만 인용하거나 아예 평어를 삭제해 버렸다. 신유사옥 이후에도 기해사옥己亥邪獄(1839), 병인사옥丙寅邪獄(1866) 등 천주교 탄압이 끊이지 않았던 현실을 감안할 때, 서학과 관련된 이와 같은 삭제 수정 조치는 불가피했으리라 짐작된다.

---

120. 이와 함께 박제가의 평어에서 "李氏僿說" 즉 이익의 『성호사설』이 지워진 것도. 이익이 신유사옥 때 숙청된 이가환 등 남인계의 선대 학자라는 점 때문이었을 것이다.

3. 일본 동양문고 소장본의 검토

(1) 체제와 편성

서두의 텍스트 연구 현황에서 언급했듯이 서현경은 『열하일기』 이본들의 계통을 추정하면서 '정본 계열'에 속하는 일본 동양문고 소장 『연암집』(이하 동양문고본으로 약칭) 중의 『열하일기』야말로 정본이라고 주장했다. 그런데 그는 이와 같은 주장의 근거로, 마에마 교사쿠前間恭作의 『고선책보』古鮮冊譜 해제를 들었다. 즉 마에마가 소장하다가 후일 동양문고에 기증한 『연암집』(18책)은 연암의 아들 박종채가 편교編校한 것으로서, 조선광문회 간행 『열하일기』(이하 광문회본으로 약칭)에서 '정본'이라고 지칭한 바로 그 책이라고 단정한 마에마의 견해를 준신遵信했다.[121]

실제로 광문회본을 보면 「희본명목」戲本名目에 "정본은 「산장잡기」 중에 넣었다"는 주가 있고, 「금료소초」에 "정본은 탈거했다"라는 주가 있다.[122] 마에마는 이를 근거로 동양문고본이 곧 '정본'이라고 단정

---

121. 서현경, 앞의 논문, 국문요약, xi: 본문, 27~29면.
122. 광문회본, 『열하일기』 권19, 「희본명목」, 216면, "定本入於山莊雜記中."; 권22, 「금

한 것이다. 하지만 「희본명목」이 「산장잡기」에 편입되고 「금료소초」가 『열하일기』에서 탈거된 것은 동양문고본뿐만 아니라 이른바 '정본 계열' 즉 『연암집』 별집 계열'에 속하는 필사본들의 공통 특징이다.

그런데 바로 그 해제에서 마에마는 "광문회 인본光文會印本 중에 정본이라고 한 것은 이 책을 가리킴"이라고 진술한 뒤, 이어서 "동치중同治中에 선사繕寫된 듯함"이라고 했다.[123] 동양문고본이 청淸 동치제同治帝의 재위 기간에 해당하는 1862년에서 1874년 사이에 필사되었을 것으로 추측한 것이다. 하지만 이러한 추측은 박종채가 이미 1835년에 사망한 사실과 모순된다. 또한 마에마는 "선사繕寫 후 교수보입校讎補入의 부전付箋이 많음. 또 후년에 얻은 유문遺文이 부전으로 첨부된 것도 있음"이라고도 하였다.[124] 만약 동양문고본이 '동치중'에 필사되었다면, 그 뒤 수많은 부전을 붙여 『연암집』을 수정 보완하고자 한 사람 역시 박종채일 수가 없다. 마에마의 해제를 참고하더라도 거기에 모순과 오류가 없지 않은 점을 유의해야 할 것이다.

한편 서현경은 '정본 계열'에 속하는 이본들의 자구상 차이를 고찰함으로써 동양문고본이 『열하일기』의 정본임을 입증하고자 했다.[125] 그런데 동양문고본에 대해 고찰한 부분을 보면 『열하일기』 총 24편 중에서 「도강록」 등 수 편에 한정하여 비교의 결과가 제시되어 있을 뿐이다. 동양문고본에 대한 전면적인 검토가 이루어지지 않아, 이것만으로

료소초」, 237면, "定本脫去."
123. 前間恭作, 『古鮮冊譜』, 東洋文庫, 1944, 제1책, 60면. 藤本幸夫도 동양문고본에 대한 해제에서 "高宗初葉의 鈔本"이라고 하여, 마에마의 견해를 답습했다.(藤本幸夫, 『日本現存朝鮮本研究 集部』, 京都大學出版會, 2006, 198면)
124. 前間恭作, 위의 책, 60면.
125. 서현경, 앞의 논문, 87~107면.

는 '동양문고본 정본설'을 뒷받침하기에 미흡하다고 하겠다.

차제에 생각해 볼 것은 '정본'의 개념이다. 서현경은 "『열하일기』의 정본은 과연 없는가?"라고 자문한 뒤 "여기서 정본이라 함은 박지원의 저작에 대하여 그의 아들 박종채가 확정한 규범적 지위의 텍스트를 말한다"고 했다.[126] 하지만 '정본'을 그렇게 정의하는 것은 다소 문제가 있다고 본다. 박종채가 『연암집』 편찬을 주관한 것은 명백한 사실이지만, 저자의 아들이 확정한 텍스트라고 해서 자동적으로 규범적 지위를 얻는 것은 아닐 터이다. "저자가 손질한 결정판"[127]이 없을 경우, 현전하는 이본들 중 어느 것이 정본에 가까운가 하는 것은 쉽게 판단하기 어려운 문제이며, 때로는 엄밀한 학문적 검토를 거쳐 정본을 새로 만들 필요도 있다.

마에마가 해제에서 언급했듯이, 동양문고본에는 많은 부전(주로 두첨頭籤)이 있다. 이는 박종채가 『연암집』을 편찬한 뒤에 누군가가 수정 보완한 흔적이다. 서현경은 이러한 '동양문고본의 두첨'이 곧 '박종채의 두첨'일 것으로 판단했지만,[128] 과연 그런지는 재고의 여지가 있다. 예컨대 「답임형오 논원도서」答任亨五論原道書를 보면 박종채는 그 글 뒤에 24개조의 잡설雜說을 덧붙이고 나서, "부군이 만년에 손수 쓰신 것이다. 이밖에도 성리性理에 관하여 언급한 차록箚錄이 있으나, 원고가 흩어진 데다 시커멓게 지우고 고쳐 놓아 많은 부분이 미정고未定稿에 속하므로, 감히 여기에 부록附錄하지 않았다"고 밝혔다.[129]

---

126. 위의 논문, 8면.
127. 국립국어연구원, 『표준국어대사전』의 '정본'에 대한 두 번째 정의. 참고로, 연암과 경쟁 관계에 있던 문인 兪漢雋은 생전에 『自著』(10책)의 定本을 마련해 두었다.
128. 서현경, 앞의 논문, 298면.
129. 신활자본, 『연암집』 권2, 「答任亨五論原道書」; 신호열·김명호 옮김, 앞의 책, 상,

이처럼 박종채는 『연암집』을 편찬하면서 부친이 남긴 편언척자片言隻字라도 남김없이 수집하여 이를 가급적 모두 수록하려는 방침을 견지했다. 그런데 동양문고본을 보면, 24개조의 잡설 첫머리에 "이 조목들은 다시 검토해서 그중 약간을 삭제하면 어떤가?"라는 두첨이 있어[130] 박종채의 편찬 방침과 상반된 의견을 피력하고 있다. 이는 두첨을 가한 사람이 박종채가 아님을 시사한다. 이와 같이 수록 작품의 삭제를 지시한 두첨들이 동양문고본에 많이 있다는 사실은 이 필사본이 박종채 한 사람만의 손으로 이루어진 것이 아닐 가능성을 농후하게 보여 준다고 하겠다.

앞서 언급했듯이, 연암이 『삼한총서』의 일부로서 편찬한 『열하피서록』의 표지를 보면 다음과 같은 박규수의 글이 씌어 있다.

> 이는 작고한 조부님의 친필 원고이다. 금본今本과 조금 다르지만 더 상세하다. 원본元本이 나온 뒤에 다시 이 원고를 초하신 것인지도 모르겠다. 금본과 서로 참조하여 다시 고정考定해야 할 것이다.
>
> 경자庚子 3월 손자 규수 씀.[131]

위의 글은 박종채의 사후 몇 년 되지 않은 1840년에 이미 박규수가 연암의 저작을 수습하고 교열하는 작업을 계승하여 진행하고 있었음을 증언하고 있다. 이로 미루어 볼 때 동양문고본 역시 박종채에 의

233면.
130. 동양문고본, 『연암집』 권4, 장29앞, "此諸條更商略, 刪其若干則如何?"
131. 『열하피서록』, 단국대 동양학연구원, 연민문고 소장 연암박지원작품필사본총서 5, 문예원, 2012, 255면, "避暑錄手稿半卷. 此是先王考手藁也. 與今本小異而加詳, 未知元本出後更起此艸者歟. 當與今本參互, 更爲考定者. 庚子暮春, 孫珪壽識."

해 일단 편찬된 뒤 아마도 박규수와 같은 후인에 의해 다시 수정 보완되었을 가능성을 배제해서는 안 될 것이다.

서현경은 동양문고본을 『열하일기』의 정본으로 판단하고 높이 평가한 나머지, 신활자본(박영철본)을 비롯한 '정본 계열'의 여타 텍스트들은 모두 동양문고본에서 파생되어 나온 이본들이요, 정본이 아닌 교합본들이라고 하여 그 가치를 다소 폄하하고 있다.[132] 그러나 '정본 계열'의 『열하일기』 텍스트들은 예외 없이 『연암집』의 일부로서 편성되어 있으므로, 그중 어느 것이 과연 정본인지, 또는 정본에 가장 가까운지를 확실하게 판단하려면, 『열하일기』뿐만 아니라 『연암집』 전체로 확대해서 비교 검토해 보아야만 한다. 게다가 동양문고본은 『연암집』의 한 이본으로서도 흥미로운 특징들을 다분히 지니고 있기에 그에 대한 전면적인 고찰을 시도할 필요가 있다.

동양문고본을 살펴보면, 사주쌍변四周雙邊, 유계有界, 10행 20자이고, 상하향흑어미上下向黑魚尾에 '연암집'이라는 판심제가 있다. '재산루수서지일'在山樓蒐書之一이라는 장서인이 찍혀있는데, '재산루'는 마에마 교사쿠의 당호이다.

마에마의 해제는 동양문고본에 대한 최초의 소개라고 할 수 있다. 여기에서 마에마는 "전全24책 중 6책 결缺"이라고 하면서, 「공작관문고」孔雀館文稿 제1·2권, 『열하일기』 중 「관내정사」·「막북행정록」·「황도기략」·「알성퇴술」·「앙엽기」 및 「보유」補遺, 그리고 「고반당비장」考槃堂秘藏과 「엄화계수일」罨畫溪蒐逸이 누락되었음을 밝혔다.[133] 그중 「고

---

132. 서현경, 앞의 논문, 27면, 87면, 111면 등.
133. 前間恭作, 앞의 책, 60~61면. 「보유」는 「천애결린집」, 「양매시화」, 「금료소초」, 「열하궁전기」, 「열하태학기」, 「단루필담」 등 『열하일기』 중 逸文 6편의 제목을 소개한 것이다.

반당비장」과 「엄화계수일」은 『열하일기』 「보유」와 마찬가지로 "미성未成의 서書로서 총목總目에 열거되는 데 그친 듯함"이라고 해설했으나, 이는 승계문고본처럼 「고반당비장」과 「엄화계수일」을 엄연히 수록하고 있는 필사본이 있는 사실을 모르고 억측한 것이다.[134]

뿐만 아니라 마에마는 동양문고본의 편성상 특징을 간과했다. 동양문고본은 '정본 계열'에 속하는 여타 이본들과 동일한 편차로 구성되어 있기는 하지만, 그 분책分冊 상태를 점검해 보면 상이한 점을 발견할 수 있다. 즉 '정본 계열'의 여타 이본들은 「황도기략」, 「알성퇴술」, 「앙엽기」가 『연암집』 제37~39권이자 『열하일기』 제21~23권으로 편성되어 있다. 이 3편이 동양문고본에는 누락되어 있지만, 여기에서도 전자와 동일한 권차로 편성되어 있었을 것이다. 그런데 전자는 모두 이 3편을 1책으로 묶은 데 비해, 동양문고본은 2책으로 분책했다. 즉 「황도기략」 등 3편이 전자에는 『연암집』 제17책으로 한데 묶여있는 데 비해,[135] 동양문고본에는 『연암집』 제17책과 제18책으로 나뉘어져 있는 것이다.[136] 현재 이 2책이 누락되어 있으므로 단정하기는 어려우나, 분

---

134. 藤本幸夫는 마에마의 이러한 해제를 답습하면서 첨언하기를, 동양문고본이 '光文會本의 藍本'이라고 했지만(藤本幸夫, 앞의 책, 197~198면), 이 역시 부정확한 진술이다. 광문회본은 兪鎭哲 소장 필사본 11책을 원본으로 한 것으로, 「금료소초」를 포함한 全26편이고 편차도 상이하므로, 「금료소초」가 없고 전24편 12책인 동양문고본 『열하일기』와는 계통이 다른 이본이다.
135. 국회도서관본은 표지에 "연암집"이라 씌어 있고 1부터 11까지의 책수가 표기되어 있으나, 실은 『열하일기』만을 수록한 것이다. 따라서 「황도기략」, 「알성퇴술」, 「앙엽기」가 『연암집』 제10책에 수록되어 있기는 하지만, 이 3편이 1책으로 묶인 점은 '정본 계열'의 여타 이본들과 똑같다.
136. 이는 동양문고본에서 『연암집』 제35, 36권이자 『열하일기』 제19, 20권인 「구외이문」과 「옥갑야화」가 제16책으로 편성되어 있고, 『연암집』 제40권이자 『열하일기』 제24권인 「동란섭필」이 제19책으로 편성되어 있는 사실로부터 추론할 수 있다.

량을 가급적 균등하게 안배했다고 가정한다면, 동양문고본 제17책에
는「황도기략」이, 그리고 제18책에는「알성퇴술」과「앙엽기」가 수록되
어 있었을 것이다.

또한 '정본 계열'의 여타 필사본들에서『열하일기』「보유」는『연암
집』제17권 초두의「열하일기총목」말미에「천애결린집」등 6편의 제
목만 소개한 것인 데 비해, 동양문고본의 경우는 독립된 1책에 실제
로 6편의 글들을 수록하고 있는 것처럼 되어 있다. 즉 동양문고본을 보
면, 제19책에는『연암집』제40권이자『열하일기』제24권인「동란섭
필」이 수록되어 있고, 제21책에는『연암집』제41~44권인『과농소초』
제1~4권이 수록되어 있다. 그런데 마에마의 해제대로 '전24책 중 6책
결'하여 18책이 남았다면,[137] 제20책이 존재해야 마땅하며 거기에「보
유」가 수록되어 있었을 것으로 추론할 수 있다. 따라서 마에마도 해제
에서 "일기보유日記補遺 1권 차본此本 결缺"이라 소개하고, 이 책은「천
애결린집」등 "6문六文 합편合編"이라는 설명을 덧붙였다.

하지만 이처럼『열하일기』「보유」가 실제로『연암집』중의 1책으
로 편성되었다면 거기에도『연암집』의 권차가 부여되었을 터이다. 그
러나 제19책「동란섭필」에 '연암집 권지40'이라는 권차가 부여된 데 이
어, 제21책에 수록된『과농소초』제1권에 '연암집 권지41'이라 하여 연
속적으로 권차가 부여되어 있다.[138] 이는 동양문고본의 편찬자가 애초

---

137. 藤本幸夫도 "표지 右下 모서리에 '共二十四'라고 되어 원래 24책이지만, 그 아래에 別筆로 '共十八册'이라고 되어 있으므로, 舊藏者의 손에 들어온 때에는 이미 18책으로 6책을 缺하고 있었다. 前間恭作 舊藏書"라고 하였다.(藤本幸夫, 앞의 책, 198면) '共十八册'이라는 別筆은『연암집』제1책의 표지에만 있는데, 마에마의 加筆로 짐작된다.
138. 이는 제1책의 첫머리에 있는「연암집편차총목」도 마찬가지이다. "卷十七至四十/熱河日記号一至二十四" 다음에, 연속해서 "卷四十一至五十五/課農小抄号一之十五"가 기록

에 「보유」를 『연암집』 제20책으로 편성하려고 했다가, 실제로는 그러한 구상을 실천하지 않았음을 시사한다.

「열하일기총목」의 「보유」에 열거된 6편의 글 중 「금료소초」를 제외한 5편은 본문이 전하지 않으므로, 『연암집』에 수록되지 않은 것이 당연하다. 그렇지만 「금료소초」만은 '정본 계열'에 선행하는 여러 필사본들에 수록되어 본문이 전하므로, 『연암집』에 수록하자면 할 수 있었는데도 '정본 계열' 필사본들은 나머지 5편의 글과 마찬가지로 「금료소초」의 제목만 소개했다.[139] 따라서 「금료소초」의 수록 여부는 '정본 계열' 텍스트들과 그에 선행하는 텍스트들을 변별하는 중요한 기준이 된다. 동양문고본의 편찬자도 애초에는 「금료소초」를 『연암집』에 수록하려고 했다가 '정본 계열'의 여타 필사본들과 마찬가지로 수록하지 않기로 한 결과, 『연암집』 제20책은 구상만 되고 실물은 없는 '유령의 책'이 되고 만 것이 아닌가 한다. 이로 인해 동양문고본은 '전24책 중 6책 결'이 아니라 실제로는 '전23책 중 5책 결'인데, 마에마의 해제에서는 이러한 사실이 적시摘示되지 않았다.[140]

이와 아울러 주목할 것은, 동양문고본에 「공작관문고」 제1·2권이 누락된 것과 마찬가지로 단국대 연민문고 계서본溪西本에도 그 2권이 누락되어 있다는 사실이다. 또한 동양문고본에 『열하일기』의 「관내정사」와 「막북행정록」이 누락된 것과 마찬가지로 승계문고본에도 바로

되어 있다.

139. 이는 아마도 「금료소초」가 淸 王士禛의 『香祖筆記』에서 醫藥에 관한 내용을 抄錄한 것이어서 연암의 순수한 저작으로 보기 어렵다고 판단한 때문일 것이다.

140. 추가로 지적하자면, 藤本幸夫의 해제에서 闕卷의 일부로 『연암집』 제13·14권을 든 것도 오류이다. 제13권인 「서이방익사」는 『연암집』 제6책에, 제14권인 「종북소선」 제1권은 『연암집』 제7책에 수록되어 있다.

그 2편이 누락되어 있다. 이는 우연한 일치가 아니라, 동양문고본과 계서본 및 승계문고본의 영향 관계나 선후 관계를 말해 주는 하나의 단서가 될 것이다.

이상에서 살펴본 동양문고본의 편성을 표로 제시하면 〈표3〉(본서 281면)과 같다.

(2) 부전을 통한 수정 보완

마에마가 해제에서 언급했듯이 동양문고본에는 많은 부전이 있는 것이 큰 특징이다. 이러한 부전들을 살펴보면, 우선 수록 작품의 삭제를 지시한 내용이 많은 점이 주목된다. 예컨대 「연상각선본」 권4에 수록된 「현풍현 살옥의 원범을 잘못 기록한 데 대해 순찰사에게 답함」이란 편지를 보면, "이것과 그 아래 3편의 삭제를 검토하라"는 두첨이 있다.[141] 즉 살옥殺獄 관련 편지 4편을 모두 삭제할 것을 제안한 것이다. 이와 같이 동양문고본 중 삭제를 지시한 두첨이 있는 작품들을 소개하면 〈표4〉(본서 283면)와 같다.

〈표4〉에서 보듯이, 작품 삭제 지시의 두첨은 『열하일기』와 『과농소초』를 제외한 일반 시문 중에서 거의 편지에 국한되어 있다. 사직 의사를 표명하거나 살옥을 논한 공적인 편지, 연암과 불화했던 함양 군수 윤광석과 관계된 편지, 원문이 상당 부분 누락된 편지, 그리고 「영대정잉묵」에 수록된 소품문의 색채가 농후한 짧은 편지들이 주

---

141. 동양문고본, 『연암집』 권4, 「答巡使論玄風縣殺獄元犯誤錄書」, 장7앞, "此與下三篇商刪."

〈표3〉 동양문고본의 편성

책수	권수		편명	결권	비고
연암집 1	연암집 권지1 연암집 권지2	연암집편차총목 연상각선본 권1 연상각선본 권2			이하 권수卷首에 「목록」
연암집 2	연암집 권지3 연암집 권지4	연상각선본 권3 연상각선본 권4			
연암집 3	연암집 권지5 연암집 권지6	연상각선본 권5 연상각선본 권6			
연암집 4	연암집 권지7 연암집 권지8	공작관문고 권1 공작관문고 권2		● ●	계서본도 결권缺卷 계서본도 결권
연암집 5	연암집 권지9 연암집 권지10	공작관문고 권3 공작관문고 권4			
연암집 6	연암집 권지11 연암집 권지12 연암집 권지13	영대정잡영 영대정잉묵 서이방익사			이하 별집別集
연암집 7	연암집 권지14 연암집 권지15 연암집 권지16	종북소선 권1 종북소선 권2 방경각외전			
연암집 8	연암집 권지17	열하일기총목 열하일기 권1	도강록		말미에「보유」
연암집 9	연암집 권지18 연암집 권지19	열하일기 권2 열하일기 권3	성경잡지 일신수필		
연암집 10	연암집 권지20 연암집 권지21	열하일기 권4 열하일기 권5	관내정사 막북행정록	● ●	승계문고본도 결권 승계문고본도 결권
연암집 11	연암집 권지22 연암집 권지23	열하일기 권6 열하일기 권7	태학유관록 환연도중록		
연암집 12	연암집 권지24 연암집 권지25 연암집 권지26 연암집 권지27 연암집 권지28	열하일기 권8 열하일기 권9 열하일기 권10 열하일기 권11 열하일기 권12	경개록 황교문답 반선시말 찰십륜포 행재잡록		
연암집 13	연암집 권지29 연암집 권지30	열하일기 권13 열하일기 권14	망양록 심세편		

책수	권수		편명	결권	비고
연암집 14	연암집 권지31 연암집 권지32	열하일기 권15 열하일기 권16	곡정필담 산장잡기		
연암집 15	연암집 권지33 연암집 권지34	열하일기 권17 열하일기 권18	환희기 피서록		
연암집 16	연암집 권지35 연암집 권지36	열하일기 권19 열하일기 권20	구외이문 옥갑야화		
연암집 17	연암집 권지37	열하일기 권21	황도기략?	●	
연암집 18	연암집 권지38 연암집 권지39	열하일기 권22 열하일기 권23	알성퇴술? 앙엽기?	● ●	
연암집 19	연암집 권지40	열하일기 권24	동란섭필		
연암집 20	?	?	보유	●	금료소초?
연암집 21	연암집 권지41 연암집 권지42 연암집 권지43 연암집 권지44	 과농소초 권1 과농소초 권2 과농소초 권3 과농소초 권4	편제編題, 진농서문進農書文 제가총론諸家總論 수시授時 점후占候 전제田制		
연암집 22	연암집 권지45 연암집 권지46 연암집 권지47 연암집 권지48	과농소초 권5 과농소초 권6 과농소초 권7 과농소초 권8	농기農器 경간耕墾 분양糞壤 수리水利		
연암집 23	연암집 권지49 연암집 권지50 연암집 권지51 연암집 권지52 연암집 권지53 연암집 권지54 연암집 권지55	과농소초 권9 과농소초 권10 과농소초 권11 과농소초 권12 과농소초 권13 과농소초 권14 과농소초 권15	택종擇種 파곡播穀 제곡품명諸穀品名 서치鋤治 수확收穫 양우養牛 한민명전의限民名田議		
연암집 24	연암집 권지56 연암집 권지57	고반당비장 엄화계수일		● ●	

〈표4〉 동양문고본 중 삭제 지시 두첨이 있는 작품

	연암집	작품명	두첨
1	연상각선본 권4	答巡使論玄風縣殺獄元犯誤錄書	此與下三篇商刪
2		答巡使論密陽金貴三疑獄書	
3		答巡使論咸陽張水元疑獄書	
4		答巡使論密陽疑獄書	
5		與族弟彝源書[142]	刪
6	연상각선본 권5	答公州判官金應之書	此首宜刪
7		與應之書[143]	此首當刪
8		上巡使書[144]	此首當刪
9	공작관문고 권3	謝留守送惠內宣二橘帖[145]	當刪
10		答咸陽郡守書[146]	當刪
11		答巡使(論咸陽獄)書[147]	刪
12		上巡使書[148]	刪
13		上巡使書(1)[149]	刪
14		上巡使書(2)[150]	刪
15	영대정잉묵	與中一(3)	刪
16		答蒼厓(2)	刪
17		答蒼厓(4)	刪
18		答蒼厓(6)	刪
19		答泠齋(2)	刪恐無妨
20		與誠之	商刪
21		答君受	刪
22		上從兄(2)	刪
23	종북소선 권2	喚醒堂記	更商存刪

3. 일본 동양문고 소장본의 검토 283

로 삭제 대상으로 지목되었음을 알 수 있다. 이러한 편지들 중 살옥 관련 편지들에는 연암의 처남이자 지기인 이재성의 호평好評이 엄연히 붙어 있고,[151] 「영대정잉묵」중의 편지들은 연암의 산문다운 개성이 약여한 명문으로 볼 수 있는데도, 모두 삭제 대상으로 간주되었다.[152]

다음으로, 본문 일부의 삭제를 지시한 경우도 종종 있는데, 앞서 소개한 바「답임형오 논원도서」의 부록인 24개조의 잡설에 붙인 두첨이 그 좋은 예이다. 또「장인 처사 유안재 이공에 대한 제문」(祭外舅處士

---

142. 함양 군수 윤광석이 연암의 선조를 모욕하는 내용이 담긴 문집을 간행한 사건에 관해 해명한 편지.
143. 위의「答公州判官金應之書」와 마찬가지로, 충청 감사와 불화하여 면천 군수직 사의를 표명한 편지임.
144. 자수한 천주교도 金必軍을 선처한 일로 병영과 마찰을 빚고 충청 감사에게 사의를 표명한 편지.
145. 개성 유수 유언호의 선물에 대한 감사 편지인데, 뒷부분이 누락되었다.
146. 함양 군수 윤광석의 공무 협조 요청에 답한 편지.
147. 함양군의 殺獄(林宗德이 조카를 죽인 사건) 관련 편지인데, 뒷부분이 누락되었다.
148. 鄭順己 疑獄 사건을 논한 편지. 단국대 동양학연구원, 연민문고 소장 연암박지원작품필사본총서 14,『燕岩散稿(五)』에는 면천 군수 시절인 己未(1799)년의 편지로 기록되어 있으며, 편지 초두의 64자가 생략된 사실도 알 수 있다.
149. 1800년 양양부사 시절의 편지로 鎭營 將校들의 횡포를 비판한 것인데, 뒷부분이 누락되었다.
150. 1801년 神興寺 중들의 횡포를 다스리는 문제로 강원 감사와 불화한 끝에 올린 사직 편지.
151. 동양문고본,『연암집』권4,「答巡使論玄風縣殺獄元犯誤錄書」, "可謂片言折獄.";「答巡使論咸陽張水元疑獄書」, "兩篇俱深切事情, 行文疎宕.";「答巡使論密陽疑獄書」, "切事近情."
152. 그밖에도「환성당기」가 삭제 대상에 오른 점으로 보아, 序·記·論·行狀·跋·疏·策에 속하는 산문들을 모은「공작관문고」권1·2에도 작품 삭제 지시의 두첨이 있었을 가능성이 있지만, 책이 누락되어 확인할 길이 없다.

遺安齋李公文)에도 다소 긴 두첨이 있다.[153] 이는 이 제문 중 서두부에 이어지는 운문의 첫 부분 46자를 삭제하고, 서두부의 마지막 문장을 삭제된 46자 다음과 이어붙이라고 하여, 과감하게 작품을 개작하도록 지시한 것이다.

한편 「공작관문고」 권4의 목록을 보면 「이몽직애사」李夢直哀辭에 대해 두첨이 붙어 있다.[154] 이는 목록에서 「이몽직애사」의 제목 아래에 "「서후」를 붙임"(書後附)이라는 소주를 가한 데 대해, 한유韓愈의 문집에서 「구양생애사」歐陽生哀辭 뒤에 「제애사후」題哀辭後를 덧붙인 선례에 따라 「이몽직애사」의 부록인 「서후」에도 「제애사후」라는 별도의 제목을 붙이라는 지시이다. 그리고 본문 중의 「서후」 첫머리에도 두첨이 붙어 있다.[155] 이는 부록으로 처리되어 1자 낮추어 쓰어진 「서후」에 대해, 「제애사후」라는 제목을 붙여 독립된 글로 편집하도록 지시한 것이다. 이러한 두첨들은 문집 편찬에 관한 식견을 보여 주는 예라 하겠다.

동양문고본에서 가장 많은 것은 자구字句 차원에서 세세하게 교정을 지시한 두첨들이다. 이와 같은 두첨들은 일반 시문뿐만 아니라 『열하일기』와 『과농소초』에서도 두루 발견되고 있으며, '원본'原本이나 '친필지고'親筆之稿를 거론하기도 하여, 두첨을 붙인 사람이 여러 이본들까지 살펴보면서 『연암집』 전체를 꼼꼼하게 교정했음을 말해 준다.

---

153. 동양문고본, 『연암집』 권10, 「祭外舅處士遺安齋李公文」, 장3앞, "自'嗚呼'至'難矣' 四十六字刪, 自'無窮之哀乎'接'嗚呼先生存沒.'" 이는 "嗚呼!(以士沒身)"부터 "(沒身以死, 亦云)難矣"까지의 46자를 삭제하고, 서두부의 마지막 문장인 "(可無一言以擴其)無窮之哀乎!"를 삭제된 46자 다음의 "嗚呼! 先生存沒" 이하와 붙이라는 뜻이다.
154. 동양문고본, 『연암집』 권10, 공작관문고 권4, 목록, "宜□韓集例, 別立題作書哀後." '宜' 자 다음의 글자는 쓰다 만 듯하여 판독하기 어렵다. '依'나 '倣' 정도의 글자였으리라 짐작된다.
155. 위의 책, 권10, 「이몽직애사」, 장6앞, "當題作'題哀辭後', 不必低一字書."

「공작관문고」 권3에는 「여인」與人이라는 제목의 편지가 2편 수록되어 있다. 그중 첫 번째 편지는 제목 아래에 "이 글은 정리되지 않은 원고에서 발견했는데, 누구에게 보낸 것인지 모르겠다. 후고後考를 기다린다"는 소주가 있다. 하지만 그에 붙인 두첨에서는 "'여이낙서'與李洛瑞로 해야 마땅하다"고 하여, 제목을 고치도록 지시하고 있다.[156] '낙서'洛瑞는 곧 이서구의 자이므로, 이 편지의 수신인이 이서구임을 명시하도록 지시한 것이다.[157] 또 「상김우상서」上金右相書에는 "'우' 자는 '좌' 자로 해야 마땅하다"는 두첨을 붙여, 수신인 김이소金履素의 관직이 당시 우의정이 아니라 좌의정이었으므로 제목을 바로잡도록 지시하고 있다.[158]

「영대정잡영」 중 칠언절구인 「마상구호」馬上口號는 온전한 제목이 아니고 몇 자가 빠졌으므로 제목 앞에 '결'缺 자 표시가 되어 있다. 이에 대해 동양문고본에는 "내용으로써 보충하라"는 두첨이 있다.[159] 그리고 이 시의 기구起句에도 "취령은정(결)"翠翎銀頂(缺)이라고 하여 결자를

---

156. 위의 책, 권9, 「與人」, 장4앞, "此編得於亂藁, 未知與何人, 容俟後考.", "當作'與李洛瑞'"
157. 김윤조·김영진 교수가 이 편지의 수신인이 이서구일 가능성을 제기한 바 있는데 (김영진, 「박지원의 필사본 小集들과 작품 창작년 고증」, 『대동한문학』 23, 대동한문학회, 2005, 71면 주 57), 이제 방증 자료가 나타난 셈이다.
158. 동양문고본, 『연암집』 권9, 「上金右相書」, 장22앞, "右當作'左'." 이 편지에서 연암은 자신이 안의 현감이 된 지 4년이 되었다고 밝히고 있고, 김이소는 정조 16년(1792) 10월 우의정에 취임한 데 이어 정조 17년 6월부터 정조 18년 4월까지 좌의정을 지냈으므로, 두첨의 지시는 합당하다고 하겠다.
159. 동양문고본, 『연암집』 권11, 「마상구호」, 장15뒤, "以意補." 김택영 편, 『연암집』에서 이 시의 제목을 「熱河途中」이라 붙인 것은 동양문고본의 두첨의 지시를 따른 셈이다. 그 앞에 수록된 칠언절구 역시 「(缺)吟得一絶」이라 하여 제목에 '缺' 자 표시가 있고, "以意補"라는 두첨이 있다.

표시했는데, 이에 대해 본문 말미에 "누락된 3자는 '무부여'武夫如이며, 『열하일기』「피서록」에 원시原詩가 있다"는 소주가 있다.[160] 그런데 두첨에서는 "주를 붙일 필요 없이 '무부여' 3자로써 누락된 부분을 메꾸라"고 지시하고 있다.[161] 이는 바로 위에서 언급한 「여인」與人의 경우와 마찬가지로, 『연암집』을 편찬하면서 원문에 주를 붙인 사람과, 그 뒤에 두첨을 붙인 사람이 동일인이 아님을 시사하는 것이다.

「영대정잉묵」에 수록된 2편의 「여인」與人 중 첫 번째 편지는 목록상의 제목과 달리 본문 중의 제목은 「사자안」謝子安으로 되어 있는데, 여기에 제목 삭제 지시의 두첨이 있을 뿐 아니라, 「여자안」與子安으로 제목이 고쳐져 있다.[162] 『연암집』 중 「여인」與人이라는 제목의 편지들은 대개 곡절이 있어서 수신인을 일부러 익명으로 처리한 경우에 속한다.[163] 동양문고본을 통해, 「영대정잉묵」 중의 「여인」(첫 번째 편지) 역시 원래는 '자안'子安이란 자字를 가진 인물에게 보낸 편지였음을 알 수 있다.[164]

「서이방익사」書李邦翼事를 보면, 중국의 지리를 고증하여 교정하고자 한 두첨들이 많다. 이러한 두첨들의 내용이 모두 타당한 것은 아니

---

160. 위의 책, 권11, 장15뒤, "缺三字卽'武夫如', 在避暑錄."
161. 위의 책, 권11, 장15뒤, "不必註, 卽以'武夫如'三字塡缺處"
162. 위의 책, 권12, 「謝子安」, 장9앞, "此題刪去之.", 장9뒤, 「與子安」.
163. 『연암집』 중 제목이 「與人」인 편지는 모두 5편이고, 그와 유사하게 수신인을 밝히지 않은 편지로 「答某」 1편, 「與某」 2편이 더 있다. 그중 「엄화계수일」에 수록된 「與人」을 검토해 보면, 아마도 신유사옥 때 처형된 李喜英이 수신인이었기 때문에 원래의 제목을 고쳐 수신인을 숨긴 것이 아닌가 한다.
164. '子安'이 누구의 자인지는 확실치 않다. 연암과 친분이 있던 洪樂性(1718~1798)의 자도 子安이다. 영남대본과 승계문고본 등은 본문에 「謝子安」과 「與人」이라는 제목을 병기하고 있다.(단 영남대본은 「謝子安」에 삭제 표시가 되어 있음)

지만, 강남성江南省 → 절강성浙江省, 복청福淸 → 복청현福淸縣, 복령福寧 → 복령현福寧縣, 동려銅爐 → 동려桐廬, 근강부近江府 → 진강부鎭江府, 과주부瓜州府 → 과주瓜州, 고우현高郵縣 → 고우주高郵州, 청호현淸湖縣 → 청하현淸河縣, 덕주부德州府 → 덕주德州, 경주부景州府 → 경주景州, 탁주부涿州府 → 탁주涿州, 낭야현娘娜縣 → 양향현良鄕縣 등으로 지명의 교정을 지시한 경우는 정확하게 고증한 것이다.[165] 이처럼 「서이방익사」에는 지명의 오류가 적지 않은데도 신활자본과 여타 필사본 『연암집』에서는 동양문고본에서 보는 바와 같은 교정 작업이 이루어지지 않았다.

교정 지시의 두첨은 『열하일기』와 『과농소초』에서도 다수 발견된다. 예컨대 『열하일기』 「도강록」 6월 27일자 기사 중 '사흘길 하루도 아니 가서'라는 속담을 한문으로 표현한 "삼삼정三三程 일일미행一日未行" 중 두 번째 '삼三' 자에 대해 "아마도 '일日' 자일 것이다"라는 두첨을 붙여, "삼일정三日程 일일미행一日未行"으로 교정하도록 했다.[166] 또 「구외이문」 중 '주한·주앙'周翰朱昻 조에도 두첨을 붙여 '주한'을 '양주한'梁周翰으로 바로잡았다.[167] 그리고 『과농소초』 중 「한민명전의」에서도 '사단'史丹에 대해 두첨을 붙여,[168] 서한西漢 말末 애제哀帝 때 한전限田을 주

---

165. 신호열·김명호 옮김, 앞의 책, 중, 「서이방익사」, 28면 주 36, 40~42면의 각주 참조.
166. 동양문고본, 『연암집』 권17, 『열하일기』 권1, 「도강록」 6월 27일, "恐是'日'."(동양문고본은 『열하일기』와 『과농소초』에는 張數가 매겨져 있지 않음) 『행계잡록』 등 『열하일기』의 초기 필사본을 비롯하여 대다수의 이본들에서 모두 '三三程'으로 잘못되어 있으나, 광문회본과 대만본 등에서만 "三日程"으로 바로잡혀 있다.
167. 위의 책, 권35, 『열하일기』 권19, 「구외이문」, '주안주앙', "梁周翰朱昻" 「구외이문」에 소개된 梁周翰과 朱昻의 고사는 王士禎의 『香祖筆記』에 나온다. 국회도서관본만은 '梁周翰朱昻'으로 바르게 표기되어 있다.
168. 위의 책, 권49, 『과농소초』 권15, 「한민명전의」, "'史'當作'師'"

장한 정치가 '사단'師丹으로 교정하도록 했다.

동양문고본은 이와 같이 꼼꼼하게 교정하면서 '원본'을 비롯한 여러 이본들을 참조한 자취를 보여 준다. 예컨대 신활자본의 『열하일기』 「망양록」을 보면 청국인 왕민호의 필담 내용 중 "성왕이 동이를 정벌하고 나서"(成王旣伐東夷)라는 구절에서 '이'夷 자를 공란으로 비워 두었다. 그리고 그 아래에 "점 하나를 찍은 것은 '이'夷 자인데, 나와 대면했으므로 그 글자를 피한 것이며 대개 '호로'胡虜 '이적'夷狄 등의 글자는 모조리 피했다"는 소주가 있다.[169] 그런데 동양문고본은 여기에 "원본은 점 하나를 찍었다"라는 부전이 있다. 즉 '원본'은 '이'夷 자를 공란으로 비우지 않고, 소주에서 밝힌 대로 점 하나를 찍어 두었다는 뜻이다.[170]

또 동양문고본은 『열하일기』의 「피서록」에 소개된 제말諸末의 시에 대해서도 '원본'에는 5언 2구가 더 있음을 밝히는 두첨을 붙였다.[171] 그리고 『과농소초』 권6 「경간」耕墾에도 '원본'에는 '주야'晝夜가 '획야'畫夜로 표기되어 있다는 두첨을 붙였다.[172]

한편 『열하일기』의 「동란섭필」 중 청 옹정제雍正帝에게 산동 독무山東督撫가 기린麒麟의 출현을 보고한 공문에 나오는 '옥정문정'玉定文定

---

169. 신활자본, 『연암집』 권13, 『열하일기』, 「망양록」, 장60앞, "一點夷字, 對余故諱之, 而大約盡諱胡虜夷狄等字."
170. 동양문고본, 『연암집』 권29, 『열하일기』 권13, 「망양록」, "原本着一點." 승계문고본도 '夷' 자를 공란으로 비워 두었다. 신활자본과 계서본, 국회도서관본, 자연경실본 등은 공란 대신 ○ 표시를 했다. 이러한 '정본 계열'(『연암집』 별집 계열)에 속하지 않는 대다수의 이본들은 모두 '、'을 찍었다. 대만본과 규장각본 등은 공란 처리도 하지 않고 아무런 표시도 없다. 이와 같은 차이는 이본들의 계통을 추적하는 데 유력한 단서가 될 것이다.
171. 위의 책, 권34, 『열하일기』 권18, 「피서록」, "原本又有'寂寞星山館, 幽魂有也無.'" 『행계잡록(5)』의 「피서록」에는 5언 2구가 더 있으나 삭제 표시가 되어 있고, 『행계잡록(6)』의 「피서록」에는 이 시구가 보존되어 있다.
172. 위의 책, 권45, 『과농소초』 권5, 「경간」, "晝夜分天地", (두첨) "原本畫."

이란 구절을 보면, 이 구절은 "오류가 있는 것으로 의심되니, 친필 원고를 참고함이 마땅하다"는 두첨이 있다.[173] 두첨에서 의심한 바와 같이, '옥정문정'玉定文定은 실은 '옥정문정'玉定文頂의 오류로 기린의 이마가 백옥같고 정수리에 무늬가 있다는 뜻이다.[174] 이를 보면 두첨을 붙인 사람은 연암의 「동란섭필」 친필 원고가 집안에 소장되어 있는 사실을 잘 아는 직계 후손임에 틀림없다.

또 「열녀함양박씨전」烈女咸陽朴氏傳을 보면 말미에 두첨이 있다.[175] 이는 「열녀함양박씨전」의 마지막 문장인 "어찌 열녀라 아니 할 수 있겠는가"(豈非烈也)에서 원문 '야'也 자는 오자로서 여러 필사본들에는 '재'哉 자로 되어 있다는 뜻이다.[176] 요컨대 두첨을 붙인 사람이 '원본'이나 연암의 친필 원고를 포함한 여러 텍스트들을 두루 살펴보면서 교정에 임했음을 알 수 있다.

---

173. 위의 책, 권40, 『열하일기』 권24, 「동란섭필」, "'玉定文定', 疑有誤. 當考親筆之稿."
174. 연암이 인용한 글은 옹정 10년 6월 산동 독무 岳濬이 올린 보고서로, 거기에 '玉定文頂'이란 표현이 나온다.(『四庫全書』, 史部 地理類, 『福建通志』, 卷首四, 典謨四, 諭旨, 「諭鉅野獲麟(雍正十年)」; 李圭景, 『五洲衍文長箋散稿』, 萬物篇, 鳥獸類, 獸, 「麒麟辨證說」; 中國第一歷史檔案館 編, 『雍正朝漢文硃批奏摺彙編』, 南京: 江蘇古籍出版社, 1989~1991, 제22책, 538면)『행계잡록(5)』, 『열하일기(리)』 등 초기 필사본을 비롯하여 대다수의 이본들에 모두 '玉定文定'으로 되어 있고, 전남대본과 성호기념관본, 단국대 연민문고 朱雪樓本 등에는 '玉額文定'으로 고쳐져 있다.
175. 동양문고본, 『연암집』 권3, 「열녀함양박씨전」, 장10뒤, "末'也'字, 諸本作'哉'. 此作'也'誤."
176. '정본 계열'에 속하는 계서본과 승계문고본, 신활자본 등은 모두 '也' 자로 되어 있으나, 단국대 연민문고 소장 초기 필사본들, 즉 『면양잡록(4)』, 『면양잡록(8)』 등에 수록된 「朴烈婦傳」이나, 『百尺梧桐閣集(乾)』, 『荷風竹露堂集(天)』, 『燕岩草稿(四)』 등에 수록된 「烈女傳(咸陽朴氏)」은 모두 '哉' 자로 되어 있다. 그러므로 동양문고본의 追記에서 말한 '諸本'이란 「열녀함양박씨전」의 초고를 수록한 『면양잡록』 등의 초기 필사본들을 가리키는 것이 아닌가 한다.

끝으로, 동양문고본에는 작품에 대한 평어나 해설에 해당하는 두첨도 더러 있다. 예컨대 「김유인사장」金孺人事狀에서 "군자 중에는 부모로부터 받은 몸을 손상하지 않고 즐거운 마음으로 의를 지키는 것을 오히려 유감스러워 하는 이도 있다"는 구절에 대해, "부모로부터 받은 몸을 손상하는 것은 즐거운 마음으로 의를 지키는 방법이 아니다"라는 두첨이 있다.[177] 이는 과부가 정절을 지키고자 순사殉死하는 풍습을 비판한 것이다.

또 「죽련구」竹聯句에도 긴 두첨이 있다.[178] 이는 "아교로 붙이는 건 불기운을 빌려야지"(緻膠籍火烟)라는 시구 중 '적'籍 자에 대해 '빌린다'는 뜻으로 해석하도록 지시하면서, 그 근거로서 공안국孔安國의 글로 알려진 「상서서」尙書序 중 "이로부터 문적文籍이 생겨났다"(由是文籍生焉)는 구절에 대한 해설의 일부를 인용한 것이다. 두첨을 붙인 사람의 깊은 학식을 엿볼 수 있는 대목이다.

이처럼 동양문고본은 본문에 많은 부전을 붙여『연암집』을 다방면으로 수정 보완하려는 노력을 보여 주고 있다. 뿐만 아니라 마에마 교사쿠의 해제에서 "후년에 얻은 유문遺文이 부전으로 첨부된 것도 있음"이라고 했듯이,『연암집』편찬 당시에 수록되지 못한 작품들을 찾아내어 추가하려는 노력을 보여 주기도 한다.

「영대정잡영」을 보면, 「소작」小酌의 제목 아래에 "때는 병진년(1796) 봄으로, 안의 현감에서 해임되어 돌아왔는데, 어린 손자가 태어

---

177. 동양문고본,『연암집』권3, 「김유인사장」, 장5뒤, "君子猶有憾乎不傷膚髮, 處義怡然.", 두첨, "毁傷膚髮, 非所以處義怡然."
178. 위의 책, 권11, 「죽련구」, 장10앞, "籍者借也, 言借賴也. 尙書序疏, '借此簡書, 而記錄政事. 故曰籍.'"『尙書正義』, 「尙書序」의 疏 중 "籍者借也. 借此簡書, 以記錄政事. 故曰籍"을 거의 그대로 인용했음을 알 수 있다.

난 지 겨우 수일이었다. 또 어떤 사람이 만시輓詩를 청했다"는 소주[179]가 첨가되어 있을뿐더러, 어느 필사본에는 시의 원문이 그와 다르다고 밝힌 부전이 있다.[180] 그리고 「구일등맹원차두운」九日登孟園次杜韻 다음에 박종채의 편집자 주가 끝난 부분, 즉 「영대정잡영」의 최후에도 3종의 부전이 있다.

그중 첫 번째 부전은 연암의 일시에 대해 소개한 것이다.[181] 즉 「사약행」司鑰行과 「조숙인만장」趙淑人輓章, 「해인사 창수시」海印寺唱酬詩, 「도망」悼亡은 원고를 분실했고 「수시」壽詩는 종가宗家인 박제상朴齊尙의 집에 있음을 밝혔으며, 「서시이생(종목)」書示李甥(鍾穆)의 말구末句를 소개하고 「제선옥소영」題仙玉小影과 「몽답정」夢踏亭은 『연암초고』 제7책과 제9책을 상고하라고 했다. 이는 연암의 일시에 대한 소중한 정보라고 할 수 있다.

두 번째 부전은 동양문고본에서만 볼 수 있는 새 자료이다.[182] 이는

---

179. 위의 책, 권11, 「소작」, 장17앞, "時丙辰春, 解安義宰歸. 小孫生才數日, 又有人請輓." 이 소주는 『연암집초고(보유9)』에는 없다. 신활자본 『연암집』에도 없으며, 계서본과 영남대본, 숭계문고본 등에는 있다.

180. 위의 책, 권11, 「소작」, 장17앞, "聯句. 一作'蝴蝶酣鄉裏, 紫魚晶飯時. 解官尊有酒, 得句鬢成絲.'" 이 부전과 똑같은 내용의 두주가 영남대본과 숭계문고본에도 추기되어 있다. 그런데 『연암집초고(보유9)』에도 시의 말미에 "一作'蝴蝶酣鄉裏, 紫魚晶飯時. 解官尊有酒, 得句鬢成絲'라는 소주가 있다.(단국대 동양학연구원, 연민문고 소장 연암박지원작품필사본총서 14, 문예원, 2012, 208면) 부전은 아마도 『연암집초고(보유9)』를 참고한 것이 아닌가 한다.

181. 위의 책, 권11, 장18앞, "司鑰行, 趙淑人輓章, 海印寺唱酬詩二首, 悼亡詩二十首, 失艸. 壽詩在大宅齊尙. 書示李甥鍾穆, 失草. 只記末句有云, '請君戲作嬌笑否, 伊昔紅顔亦似君.' 題仙玉小影, 夢踏亭, 並考草稿第七‧第九." 이 부전과 동일한 내용이 영남대본에 추기되어 있다. 숭계문고본에도 유사한 내용이 추기되어 있다.

182. 위의 책, "四仙亭聯句. 蒼苔蝕盡丹崖銘, 恨不淸遊及少齡.'(원주: 縣令兪公彦鎬士美)'三日偶來三日浦, 四仙同上四仙亭.'(원주: 左議政忠文公彦鎬士京)'出山縱別千巖白,

연암이 유언선俞彦鏇·유언호俞彦鎬·신광온申光蘊 등과 함께 1765년 가을 금강산 유람 당시 사선정四仙亭에서 지은 연구聯句로 판단된다. 단소주에 밝혀진 이들의 관직과 아울러 몰년으로 미루어 보면, 이 부전은 19세기 이후에 이루어진 기록에서 옮겨 적은 듯하다. 그리고 세 번째 부전에는 7언 2구의 시구가 씌어 있다.[183] 이는 『연암집』에 수록되지 않은 「해인사 창수시」 첫 수의 함련頷聯인데, 첫 번째 부전을 붙인 후에 이 시구를 발견하여 추기한 것으로 짐작된다.

(3) 텍스트로서의 미비점

이상에서 살펴본 바와 같이 동양문고본은 『연암집』을 수정 보완하고 작품을 추가하는 등 다각도로 텍스트를 정비하고자 하기는 했지만, 이를 '정본'으로 간주하기에는 미흡한 점도 적잖이 남기고 있다. 동양문고본에서 수많은 두첨을 통해 제시된 삭제·교정 등의 견해들이 전적으로 타당한 것만은 아닐뿐더러, 미처 교정되지 못한 사항들도 적지 않다.

예컨대 「답경지(1)」答京之(1)에서 '비구'比丘가 '비지'比止로 오기되고,[184] 「답영재」答泠齋에서 '영재'泠齋가 '냉재'冷齋로 오기되었으나,[185] 교

未海先開一鑑靑.'(원주: 僉正申公光蘊元發) '東郡女兒能劍舞, 翠裾飄拂夕陽舲.'(원주: 府使朴公○○○○〔趾源美仲―인용자〕)"; 본서 1부, 102~103면 참조.
183. 위의 책, "苔花金地千年淨, 錦繡紅流九曲長."
184. 위의 책, 권12, 「답경지(1)」, 장2앞. 계서본, 영남대본, 승계문고본 등은 '比丘' 또는 '比止'로 바르게 표기했다.
185. 위의 책, 「답영재」, 장12앞. 「泠齋集序」(권14, 「종북소선」 권1)에서도 제목은 바르

정되지 않았다. 「녹천관집서」綠天館集序에서도 동양문고본만 '진진지속필'秦晋之俗筆이 '진진지속배'秦晉之俗輩로 오기되었다.[186]

또 『열하일기』 중 「도강록」 7월 3일자 일기에 소개된 「명성당 군서목록」鳴盛堂群書目錄을 보면, '청인소품淸人小品 70여 종'은 '청인소품 60여 종'의 오기, '왕완'汪浣은 '왕완'汪琬의 오기, '오진방'吳震芳은 '오진방'吳震方의 오기, '입해기'入海記는 '인해기'人海記의 오기, '탁진일기'柝津日記는 '석진일기'桥津日記의 오기이지만, 모두 교정되지 않았다.[187] 「환희기」의 서문에서도 '구마라집'鳩摩羅什이 '구라마집'鳩羅摩什으로 오기되었으나, 교정되지 않았다.[188] 「동란섭필」에서도 '풍명재'馮明齋가 '누명재'漏明齋로 오기되었다.[189] '명재'는 풍병건馮秉健의 호이다. 「피서록」에서는 '풍명재 병건'馮明齋秉健으로 바르게 표기되었음에도 불구하고, 「동란섭필」의 오기가 시정되지 않았다.

게다가 동양문고본은 신활자본에서 연암의 글이 아니라 이재성의 글이라고 판단하여 제거한 「청향당 이선생 묘지명」淸香堂李先生墓誌銘과 「죽각 이선생 묘지명」竹閣李先生墓誌銘은 수록하면서도,[190] 정작 「백

게 표기되었으나 본문 중에서는 '冷齋'로 오기되었다. 계서본, 영남대본, 승계문고본 등은 모두 바르게 표기했다.

186. 위의 책, 권14, 「녹천관집서」, 장19앞.
187. 이는 대다수의 이본들도 오기했다. 단 전남대본은 '汪浣'을 '汪琬'으로 고쳤다. 대만본, 성호기념관본등은 '桥津日記'로 바르게 표기했다.
188. 이는 대다수의 이본들도 오기했다. 규장각본과 성균관대 존경각본 등은 바르게 표기했다.
189. 이는 신활자본을 포함한 모든 이본들이 오기했다.
190. 신활자본, 『연암집』, 「연암집총목록」, 장16뒤, "按原稿, 孔雀館文稿中, 有淸香閣二公·竹閣李公墓誌銘二篇, 而頭籤曰: '珪壽按, 此二篇, 原非先王父文字也. 卽芝溪李公之作而錯混入編者, 宜刪之云. 故今本不刊.'"; 동양문고본, 『연암집』 권10, 장17앞~장20뒤, 「淸香堂李先生墓誌銘」, 장21앞~장24뒤, 「竹閣李先生墓誌銘」. 이 두 편의 글은 계서본, 영남

자 증정부인 박씨묘지명」伯姊贈貞夫人朴氏墓誌銘과 같은 중요한 작품은 수록하지 않았다.[191] 또 『열하일기』의 「구외이문」에서 '심의'深衣와 '사'莎 2개조를 누락했다.[192] 그리고 「해인사 창수시서」海印寺唱酬詩序에 첨기添記되어 있는 이재성의 평어 2개조 중, 동양문고본은 "옛 친구가 된다 해서 허물없이 대하지도 않았고 상관이라 해서 아첨하지도 않았다. 풍風 같기도 하고 송頌 같기도 하여 글 뜻이 매우 진지하고 간절하다 하겠다"고 한 두 번째 평어를 수록하지 않았다.[193]

그밖에, 목록에서도 미비한 점들이 발견된다. 「연상각선본」 권2의 목록을 보면, 「발승암기」髮僧菴記 다음에 『열하일기』 중의 「일야구도하기」·「야출고북구기」·「문승상사당기」·「황금대기」·「상기」 및 『과농소초』 중의 「기자전기」箕子田記를 열거하고, 제목 아래에 각각 주를 붙여 『열하일기』 각 편이나 『과농소초』를 보라고만 지시하고 실제로 글을 수록하지는 않았다.[194] 그리고 「연상각선본」 권3의 목록에서도 「열녀함

대본, 승계문고본에도 수록되어 있다. 단 승계문고본에는 "珪壽按, 此文及下篇, 非先王考文字. 卽芝溪李公之作, 得入於編次者, 宜刪去云"이라는 두주가 추기되어 있다. 이 두주는 신활자본에서 인용한 바로 그 박규수의 두첨이다.

191. 계서본도 「백자 증정부인 박씨묘지명」을 수록하지 않았다. 이는 작품의 파격성으로 인한 물의를 우려하여 "상자 속에 감추어 두기 바란다"(願秘之巾衍)고 당부한 이재성의 평어를 따른 조치로 이해된다. (신활자본, 『연암집』 권2, 「伯姊贈貞夫人朴氏墓誌銘」, 장46앞)
192. 계서본은 '深衣'와 '莎'를 수록하고 있다. 승계문고본은 본래 이 2개조를 누락했으나, 마지막 '千佛寺' 조 뒤에 추록했다.
193. 신활자본, 『연암집』 권1, 「해인사 창수시서」, 장9앞, "不爲舊要而昵慢, 不爲上官而謟屈. 若風若頌, 文旨剴切." 계서본도 이재성의 두 번째 평어가 없다. 승계문고본도 원래는 없던 것을 추기했다. 그러나 『沔陽雜錄(4)』와 영남대본, 자연경실본 등에는 이재성의 평어가 2개조 모두 있다.
194. 동양문고본, 『연암집』 권2, 연상각선본 권2, 「목록」, "見山莊雜記", "見山莊襍記", "見謁聖退述", "見黃圖紀略", "見山莊襍記", "見課農小抄" 계서본, 영남대본, 승계문고본도 마찬가지이다.

양박씨전」 다음에 『과농소초』 중의 「한민명전의」를 열거한 뒤 『과농소초』를 보라는 주만 붙이고 실제로 글을 수록하지는 않았다.[195]

이는 모두 『연암집』 편찬시에 연암의 산문 선집의 하나인 『연상각선본』을 통합하면서 원래의 목록들을 답습한 결과이다. 『연상각선본』에는 원래 『열하일기』와 『과농소초』에서 뽑은 위의 글들도 수록되어 있었으나, 『연암집』 편찬시에 『열하일기』와 『과농소초』도 함께 통합함에 따라 중복 수록을 피하기 위해 「연상각선본」 권2·3에서 이 글들을 제거했다. 따라서 해당 목록에서도 그러한 사실을 밝히는 소주들을 붙일 필요 없이 제목 자체를 삭제했어야 마땅하다.

또 「방경각외전」의 목록을 보면, 실제의 작품 편성과 부합하도록 「광문자전」이 「민옹전」 다음에 배치되어야 하는데도 「김신선전」 다음에 잘못 배치되었다.[196] 이와 같은 사례들은 동양문고본도 결코 완벽하지는 못하며 수정 개선될 여지가 있음을 말해 주는 것이라 할 수 있다.

---

195. 위의 책, 권3, 연상각선본 권3, 「목록」, "見課農小抄." 계서본과 승계문고본의 목록에는 「한민전의」가 열거되어 있지 않다.
196. 위의 책, 권16, 방경각외전, 「목록」. 신활자본을 포함한 여타 별집계 텍스트들도 마찬가지이다.

4. 별집 계열 텍스트들의 비교

『열하일기』 이본들의 계통에 관해서는 아직 정설이 없다. 제2장에서 언급했듯이, 각 편의 편차나 개작 여부, 자구상의 차이뿐만 아니라 『연암집』의 체제와 『열하일기』 각 편의 소편차 등을 포함하는 다각도의 기준에 비추어 보면, 『열하일기』 이본들은 '초고본 계열', '『열하일기』 계열', '『연암집』 외집 계열', '『연암집』 별집 계열'(이하 '별집 계열'로 약칭)로 나눌 수 있다. 그중 네 번째인 별집 계열은 『열하일기』가 『연암집』의 별집으로 통합되고 그에 따라 『연암집』의 권차가 『열하일기』에도 부여된 점을 중시하여 그와 같이 명명한 것이다. 현전하는 텍스트들 중 정본에 가장 가까우므로 서현경의 분류처럼 '정본 계열'이라고 불러도 무방할 것이다. 동양문고본을 비롯하여 계서본·국회도서관본·승계문고본·자연경실본 등의 필사본과 신활자본(박영철본)이 여기에 속하는 주요 이본들이다.

　이와 같은 별집 계열 텍스트들은 뚜렷한 공통점들을 지니고 있다. 우선, 다른 계열의 이본들에서는 하나의 편으로 독립된 「희본명목」을 「산장잡기」에 한 편의 기記로서 포함시켰으며, 연암의 순수한 저작이라 보기 어려운 「금료소초」를 제거했다. 그리하여 다른 계열 텍스트들에서는 총 26편이던 『열하일기』가 총 24편으로 정비되고 「도강록」이하 「동란섭필」에 이르기까지 공통된 편차를 갖추었다.[197] 뿐만 아니라 별집 계열은 종전까지 「성경잡지」에 포함되어 있던 「구요동기」舊遼東記, 「요동백탑기」遼東白塔記, 「관제묘기」關帝廟記, 「광우사기」廣祐寺記 등 4편의 기를 「도강록」으로 적절하게 재배치했다. 또한 「황도기략」에서 '황금대'를 '황금대기'黃金臺記로 제목을 바꾸고 그 앞에 새 글인 '황금대'를 추가했으며, 「알성퇴술」에서도 '문승상사'를 '문승상사당기'文丞相祠堂記로 제목을 바꾸고 그 앞에 새 글인 '문승상사'를 추가했다.[198]

그러나 별집 계열은 이와 같은 특징들을 공유하면서도 동시에 세부적인 면에서는 적지 않은 차이를 보여 주고 있으므로, 이들 중 어느 것이 가장 먼저 필사된 것이며, 어느 것이 정본에 더 가까운가를 면밀히 따져 볼 필요가 있다. 서현경은 동양문고본이 '정본 계열' 이본들 중 "최초로 출현했거나 그 특징을 대표적으로 보여 주는" '이종본'異宗本이고 여타 이본들은 작은 차이만을 보여 주는 '이파본'異派本라고 주장했는데,[199] 과연 그런지도 검토해 보고자 한다.

현전하는 별집 계열 텍스트 중에서 계서본[200]은 가장 먼저 필사된 것으로 추측된다. 그 근거로는 우선 「고반당비장」과 「엄화계수일」을

---

197. 신활자본만은 광문회본에서 「금료소초」를 轉載하여 총 25편이 되었다.
198. 그밖에도 일부 記事 중의 改作이나, 小註의 첨가 또는 삭제, 세부적인 자구 수정, 이재성의 평어 추가 등에서도 뚜렷한 공통점을 찾을 수 있지만, 너무 번쇄하여 사례를 드는 것은 생략하기로 한다.
199. 서현경, 앞의 논문, 23면 주29 및 87면.
200. 전21책 중 제4책이 낙질이다. 단국대 동양학연구원, 연민문고 소장 연암박지원작품 필사본총서 15~19(문예원, 2012)로 영인 출간되었다. '溪西藏'이라는 판심제와 '溪西' 및 '準如'라는 장서인으로 보아, 李義平(호 溪西, 자 準如, 1772~1839)의 소장본으로 추측된다. 이희평의 생부 李泰永은 연암과 친교가 있었다.

포함하고 있지 않은 점을 들 수 있다. 제1책 초두의 「연암집 편차총목」을 보면, 동양문고본과 마찬가지로 「고반당비장」과 「엄화계수일」을 각각 제56권과 제57권으로 소개하고 있어,²⁰¹ 계서본이 필사한 원본 『연암집』은 총 57권으로 편성되었음을 알 수 있다. 그러나 계서본은 각 책 표지의 오른쪽 아래 모서리에 '공21'共二十一이라 하여 전 21책임을 명시하고 있듯이, 실제로는 『연암집』 제19~21책(제41~55권)인 『과농소초』까지만 필사한 것이다.²⁰² 박종채의 『과정록』 말미 추기追記에 의하면, 1831년 당시 그의 집안에 소장되어 있던 『연암집』은 문고文稿 16권, 『열하일기』 24권, 『과농소초』 15권 등 총 55권으로, 「고반당비장」과 「엄화계수일」은 아직 포함되지 않은 상태였다.²⁰³ 그러므로 총 55권의 필사에 그친 계서본은 결과적으로 이러한 초기의 『연암집』과 일치하는 셈이다.

  뿐만 아니라 〈표5〉(본서 300면)에서 보듯이 계서본은 별집 계열의 여타 텍스트들에는 엄연히 수록되어 있는 글 10편을 수록하지 않았다.²⁰⁴ 이 글들은 대개 원문 일부가 누락되어 온전치 못한 결함을 지니고 있다. 따라서 이는 계서본의 필사자가 임의로 수록하지 않은 것이 아니

---

201. 『연암집(1)』, 단국대 동양학연구원, 연민문고 소장 연암박지원작품필사본총서 15, 문예원, 2012, 145~146면. 「고반당비장」은 狀·祭文·記, 「엄화계수일」은 記·跋·哀辭·祭文·書·狀으로 세분되었다. 이는 동양문고본과 영남대본도 마찬가지이다. 이와 달리 승계문고본과 신활자본은 「고반당비장」이 狀·記·進香文·祭文·狀啓·序·對策, 「엄화계수일」이 記·跋·哀辭·祭文·書·碑·事狀·雜著로 더욱 세분되었다.
202. 缺卷이 많은 자연경실본도 책 표지의 右下 모서리에 '共二十一'이라 한 점으로 보아, 원래 전 55권 21책이었을 듯하다.
203. 김윤조 역주, 『역주 과정록』, 태학사, 1997, 303면; 박희병 옮김, 『나의 아버지 박지원』, 돌베개, 1998, 270면.
204. 제4책인 「공작관문고」 제1·2권이 缺卷이므로, 미수록된 글들은 더 있을 가능성이 있다.

〈표5〉 계서본에 미수록된 작품

1	연암집 권지6	연상각선본 권6	伯姊贈貞夫人朴氏墓誌銘[205]
2	연암집 권지9	연상각선본 권3	答洪德保書(4)[206]
3			謝留守送惠內宣二橘帖[207]
4			與人[208]
5			上巡使書[209]
6			答金季謹書[210]
7			答湖南伯書[211]
8			答巡使(論咸陽獄)書[212]
9			上巡使書(1)[213]
10	연암집 권지16	방경각외전	虞裳傳[214]

라, 최초의 『연암집』에도 수록되지 않았을 가능성이 농후하다. 나중에 「고반당비장」과 「엄화계수일」까지 포함하여 『연암집』을 확대 편찬하면서 이 글들도 추가하지 않았을까 한다.

---

205. 동양문고본에도 수록되어 있지 않다. 영남대본과 신활자본에는 엄연히 수록되어 있다. 승계문고본에는 권56 「고반당비장」의 「年分加請狀啓」(2) 뒤에 추기되어 있다.
206. 편지의 뒷부분이 누락되었다.
207. 편지의 뒷부분이 누락되었다. 동양문고본에는 '當刪'이라는 두첨이 있다.
208. 안의 현감 당시 누군가에게 놀러 오라고 초청한 편지. 중간에 7자가 누락되었다.
209. 가뭄 대책에 수령들이 게으르고 무능함을 비판한 편지. 중간에 74자가 누락되고 뒷부분도 누락되었다.
210. 안의 현감 당시 벗 金履度에게 보낸 편지. 중간에 원문 일부가 누락되었다. 단국대 연민문고 『燕岩散稿(四)』나 『流觴曲水亭集(坤)』에는 「答金參奉(履度)書」라는 제목으로 전문이 수록되어 있다. 이에 의하면 계서본에 누락된 것은 "丈八瞋目" 4자임을 알 수 있다.
211. 전라 감사 이서구에게 보낸 편지. 뒷부분이 누락되었다.
212. 함양군의 殺獄 관련 편지로 뒷부분이 누락되었다. 동양문고본에는 '刪'이라는 두첨이 있다.

이밖에도, 계서본에는 「답임형오 논원도서」答任亨五論原道書의 부록인 24개조의 잡설 중 3개조가 없다.[215] 또 「삼종형 금성위묘지명」三從兄錦城尉墓誌銘 중 명사銘辭에 '결'缺 자 표시가 없고 소주도 없다.[216] 「영대정잉묵 자서自序」에서도 첫머리의 3행을 공백으로 남겨 두었을 뿐이고, 다른 이본들처럼 "60자 빠짐"(缺六十字)이라는 소주를 붙이지는 않았다.[217] 그리고 「애오려기」愛吾廬記의 중간에 원문 13자를 공란으로 비워 두었다.[218] 이같은 소소한 사례들도 계서본이 최초의 『연암집』에 가까운 이본임을 방증하는 것이라 하겠다.

다음으로, 별집 계열 중 영남대본 역시 독특한 이본으로서 주목할 필요가 있다. 계서본이 전 21책인데 비해, 영남대본은 동양문고본과 마찬가지로 전 23책이다. 그런데 그중 「연상각선본」 권3·4(제2책)와 아

---

213. 양양 부사 시절의 편지로 鎭營 將校들의 횡포를 비판한 것인데, 뒷부분이 누락되었다. 동양문고본에는 '刪'이라는 두첨이 있다.
214. 「방경각외전」 목록에도 누락되어 있다.(『연암집(7)』, 단국대 동양학연구원, 연민문고 소장 연암박지원작품필사본총서 16, 문예원, 2012, 「연암집 권지16 목록」, 298면) 본문에는 「易學大盜傳」과 「鳳山學者傳」의 제목을 병기한 뒤 "三篇遺失"이라는 소주만 붙였다.(위의 책, 340면) 그러나 동양문고본·영남대본·승계문고본·신활자본은 모두 「우상전」을 수록하고, 「봉산학자전」 다음에 "二篇遺失"이라는 소주를 붙였다.
215. 네 번째("言語者分別也" 이하), 여섯 번째("心乃五臟之一也" 이하), 열네 번째("心也者炡也" 이하) 조목이 누락되었다. 이 3개조는 모두 뒷부분이 결여되었기 때문에 아예 수록하지 않은 듯하다.(신호열·김명호 옮김, 앞의 책, 상, 471~473면 원문 참조)
216. 『연암집(5)』, 단국대 동양학연구원, 연민문고 소장 연암박지원작품필사본총서 16, 문예원, 2012, 「삼종형 금성위묘지명」, 94면; 신활자본, 『연암집』 권3, 「삼종형 금성위묘지명」, 장58앞, "(원주) 一作'翼翼錦城, 天家作甥, 功在王室, 匹徽共貞, 天作隨山, (缺)'"
217. 『연암집(6)』, 단국대 동양학연구원, 연민문고 소장 연암박지원작품필사본총서 16, 문예원, 2012, 「영대정잉묵 자서」, 153면.
218. 『연암집(7)』, 위의 책, 「애오려기」, 274면. 공란으로 처리한 부분은 "(愛)之也至厚, 則思所以全護保嗇之(者)"이다.

울러 『열하일기』 및 『과농소초』 전체가 결권이어서, 겨우 8책만 남아 있는 형편이다. 그러나 계서본과 동양문고본에는 없는 「공작관문고」 권1·2(제4책) 및 「고반당비장」(제22책)과 「엄화계수일」(제23책)을 갖추고 있어,[219] 이본들의 계통과 선후 관계를 추정하는 데에 매우 요긴한 존재라 할 수 있다.

동양문고본과 마찬가지로, 영남대본도 『연암집』을 다각도로 수정 보완하려는 노력을 보여 주고 있다. 예컨대 영남대본은 계서본이나 동양문고본과 달리 「해인사 창수시서」 말미에 이재성의 평어 2개조를 모두 첨기하고 있으며, 「백자 증정부인 박씨묘지명」도 수록하고 있다.[220] 또 「영대정잉묵」에 수록된 「여인」與人의 두 번째 편지 제목이 「여인윤회매」與人輪回梅로 되어 있고 본문 중 일부 구절이 고쳐져 있다.[221]

영남대본 『연암집』 제1책 초두의 「연암집 편차총목」을 보면, 「연상각선본」 권3이 산문 양식별로 인引·논論·장狀·전傳으로 분류되어 있다. 이는 별집 계열의 여타 필사본들에서 해당 작품이 없는데도 불필요하게 덧붙여져 있던 마지막의 '의議'를 제거한 것이다. 그리고 「연상각선본」 권2의 목록을 보면, 「일야구도하기」·「야출고북구기」·「문승상사당기」·「황금대기」·「상기」·「평양기자전기」平壤箕子田記를 열거하고 제목 아래에 각각 『열하일기』 중의 각 편이나 『과농소초』를 보라고 지시한 소주를 붙여 놓았을뿐더러, "이상 6편의 글들은 본래 『연상각

---

219. 영남대본과 달리, 동양문고본이나 승계문고본은 「고반당비장」과 「엄화계수일」이 1책으로 合冊되어 있다. 따라서 승계문고본은 전 57권 22책이다.
220. 영남대본, 『연암집』 권1, 「해인사 창수시서」, 장15앞뒤; 권6, 「백자 증정부인 묘지명」, 장4앞뒤.
221. 영남대본, 『연암집』 권12, 「與人輪回梅」, 장15앞. "先售一枝以第其價"가 "先賞一枝以題其品"으로 고쳐져 있다.

선본』에 선록選錄된 것이나, 이제『열하일기』와『과농소초』를 수집하여 『연암집』에 통합했으므로 중복 수록할 필요가 없어 본래의 제목만 남겨 둔다"고 친절하게 추기해 두었다.[222]

뿐만 아니라「공작관문고」권2 말미의 여백을 보면「연암집습유」燕巖集拾遺라는 제하에「계산수계서」稽山修禊序라는 새 글을 추가 수록하고 있다.[223] 그리고「영대정잡영」중「필운대상화」弼雲臺賞花의 누락된 미련尾聯에 대해 계서본이나 동양문고본 등은 '결'缺 자 표시만 해 두었으나, 영남대본은 원문을 보충하는 소주를 추기했다.[224]

「유숙동관」留宿潼關의 미련도 계서본이나 동양문고본 등은 '결' 자 표시만 해 두었으나, 영남대본은 원문을 보충하는 소주를 추기했다.[225] 또「구일등맹원차두운」九日登孟園次杜韻에 동양문고본의 첫 번째 부전과 똑같은 내용의 두주[226]가 있을뿐더러 그다음의 본문 여백을 보면「송이무관·박차수입연」送李懋官朴次修入燕이라는 제하에 오언절구 2수가 추

---

222. "以上六篇本選在選本中. 今旣蒐爲一統, 則不必疊有. 故只存本目."
223. 이 글은 승계문고본, 권57 말미에도 추록되어 있다.
224. 영남대본,『연암집』권11,「필운대상화」, 장12앞, "一作'名園坐閱無童髦, 白髮堪憐異去年.'" 이 소주는 승계문고본에도 추기되어 있다.「필운대상화」는『연암집초고(보유9)』에「弼雲臺與伯修(沈念祖)克卿(吳載紹)景晦(沈公著)懋官(李德懋)作」이라는 제하에 수록되어 있으며, 미련의 뒷구가 "白髮堪笑異去年"으로 되어 있다.(『연암집초고(보유9)』, 단국대 동양학연구원, 연민문고 소장 연암박지원작품필사본총서 14, 문예원, 2012, 199면) 영남대본은 그중 '笑' 자를 '憐' 자로 고쳤다.
225. 영남대본,『연암집』권11,「유숙동관」, 장13앞, "或作'我政笑君泥點額, 君還向我笑甚麽.'" 이 소주는 승계문고본에도 추기되어 있다.「유숙동관」은『연암집초고(보유9)』에「滯雨通遠堡」의 제2수로 수록되어 있으며 尾聯을 갖추었다.(『연암집초고(보유9)』, 위의 책, 203면) 영남대본은 이를 참고한 듯하다.
226. 본서 4부, 주181 참조.

기되어 있고,²²⁷ 바로 그 상단 여백에도 산구散句 7언 22구와 5언 2구가 추기되어 있다.²²⁸

이와 같이 수정 보완된 부분들로 미루어, 영남대본은 계서본은 물론 동양문고본보다 나중에 필사된 텍스트로 판단된다. 뿐만 아니라 자구 차원의 변이變異 양상을 살펴보면, 계서본→동양문고본→영남대본으로 텍스트의 계통이 성립함을 추론할 수 있다. 이러한 추론을 뒷받침하는 인상적인 사례들을 들어 보면 다음과 같다.

- 「공작관기」孔雀館記: 계서본은 "그 가운데에 구기자, 해당화, 팥배나무, 박태기나무를 섞어서 심으니"(雜植枸杞·玫瑰·野棠·紫荊于其中)로 되어 있으나,²²⁹ 동양문고본은 그중 '자형'紫荊 2자에 대해 수정하라는 표시로 동그라미 표시를 가했다. 그런데 영남대본에는 '자형'紫荊이 '인동등'忍冬藤으로 되어 있다.
- 「발승암기」髮僧菴記: 계서본은 '양자운'揚子雲을 '양자운'楊子雲으로 오기했으나,²³⁰ 동양문고본과 영남대본은 모두 이를 바로잡았다.
- 「답순사서(1)」答巡使書(1)(「연상각선본」 권5): 계서본은 "분변하기를 일

---

227. 이 오언절구 2수는 『열하피서록』, 「杭士訂交」에 최초로 소개되어 있다. 영남대본은 이 시에 제목을 붙여 수록한 것으로 판단된다.
228. 『연암집초고(보유9)』 중 시 『齋居』 옆의 상단 여백에 7언 4구, 「산구」(삭제 표시)에 7언 6구, 그 상단 여백에 5언 2구, 7언 12구가 수록되어 있다.(『연암집초고(보유9)』, 앞의 책, 200면, 204면) 영남대본은 이러한 산구를 수습하여 추기한 것이다. 단 세 군데 글자 차이가 있다.
229. 자연경실본, 승계문고본, 신활자본도 마찬가지이다. 단 승계문고본은 "一本作'忍冬藤'"이라고 추기했다. 이는 영남대본을 참조한 것으로 짐작된다.
230. 자연경실본, 승계문고본, 신활자본도 마찬가지이다.

찍 못한 까닭으로"(卞之不旱)라고 되어 있으나,[231] 동양문고본은 '변'卞 자에 '변'辨이라는 부전을 붙여 두었다. 그런데 영남대본에는 '변'卞 자가 '변'辨으로 되어 있다.[232]

또 사학邪學에 관해 논한 이 편지의 부록에서도 계서본은 "일종의 덜렁꾼들로 신기한 것을 숭상하고 구속받기를 싫어하는 자들"(一種龘黨之尙新而惡拘檢者)로 되어 있으나, 동양문고본에는 "'신'新 자 아래 '기'奇 자가 빠진 듯하다"는 두첨이 있다.[233] 그런데 영남대본은 '상신'尙新 다음에 작은 글자로 '기'奇 자를 추기하고 있다.

• 「백수 공인이씨 묘지명」伯嫂恭人李氏墓誌銘: 계서본은 "선왕 때에 매양 한나라 탁무의 고사를 들어 벼슬을 올려 주었다"(先王時每擧漢卓武故事以增秩)로 되어 있으나, 동양문고본은 '탁무'卓武의 '무' 자에 삭제 표시를 하고 '무'茂라는 두첨을 붙였다. 그런데 영남대본은 '탁무'卓茂로 바르게 표기하고 있다.[234]

• 「이충렬공 신도비명」李忠烈公神道碑銘: 계서본은 '어제전운시'御題全韻詩로 되어 있으나, 동양문고본은 '제'題 자에 삭제 표시를 하고 '제'製라는 두첨을 붙였다. 그런데 영남대본은 '제'製 자로 바르게 되어 있다.

---

231. 승계문고본과 신활자본도 마찬가지이다.(이 두 이본이 계서본과 일치하는 경우가 매우 많아 이하 별도로 표시하지 않음)
232. 「答巡使書(2)」 중 "尤安敢分疏卞暴"의 '卞' 자도 마찬가지이다. 동양문고본은 '辨' 자로 고치라는 두첨을 붙였고, 영남대본은 '辨' 자로 되어 있다. 「공작관문고」 권3의 「上巡使書」(2)에 있는 3개소의 '卞' 자도 마찬가지이다.
233. 동양문고본, 『연암집』 권5, 「상순사서(1)」, 장27뒤, "'新'下似落'奇'" 아닌게 아니라 "其爲說也粃新而騖奇"라고 한 바로 앞 행의 구절과 호응 관계에 있고, 뒤의 '惡拘檢'과 대구를 이루고 있으므로, '尙新'이 아니라 '尙新奇'라야 합당하다.
234. 신호열·김명호 옮김, 앞의 책, 상, 333면 주3 참조. 단국대 연민문고 소장 『罨溪集』(즉 『罨畵溪集(坤)』)이나 성균관대 소장 『연암집』(散稿) 등에도 '卓茂'로 바르게 표기되어 있다.

- 「주공탑명」塵公塔銘: 계서본은 제목 중의 '주'塵 자를 '진'塵 자로, 본문 초두의 '주'塵 자를 '규'塵 자로 표기하고 있으나, 동양문고본은 이에 대해 각각 '주'塵라는 두첨을 붙였다. 그런데 영남대본은 이를 모두 '주'塵 자로 표기하고 있다.

  또 계서본은 "글과 폐백을 갖추어"(俱書與幣)로 되어 있으나, 동양문고본은 '구'俱 자에 삭제 표시를 하고 '구'具라는 두첨을 붙였다. 그런데 영남대본은 '구'具 자로 바르게 되어 있다.

- 「답홍덕보서(3)」答洪德保書(3): 계서본은 "그 친구들이 이를 자못 괴이히 여겨"(諸公輩頗亦怪之)로 되어 있으나,[235] 동양문고본은 '제공배'諸公輩가 '제공●'諸公●으로 되어 있으며 동그라미로 삭제 표시가 된 '공'公 자에 대해 다시 '군'君이라는 두첨을 붙여, 결국 '제군'으로 수정했다. 아마 연암의 문생門生인 이덕무·박제가를 '제공'으로 지칭한 표현이 부적절하고 '배'輩 자는 연자衍字라고 보아서 수정한 듯하다. 영남대본은 '제군배'諸君輩로 되어 있으나[236] 다시 '배' 자를 지우고 역시 '제군'으로 수정했다.

- 「상김우상서」上金右相書: 계서본은 제목이 「상김우상서」로 되어 있으나, 앞서 언급했듯이 동양문고본은 두첨을 붙여 「상김좌상서」上金左相書로 바로잡도록 지시하고 있다. 그런데 영남대본은 「상김좌상서」로 표기되어 있다.

- 「답호남백서」答湖南伯書: 계서본은 "재물을 긁어모은다는 책망"(聚斂之責)으로 되어 있으나, 동양문고본은 '책'責 자에 '신'臣이라는 부전을 붙였다. 그런데 영남대본은 "재물을 긁어모으는 신하"(聚斂之臣)로 되어

---

235. 승계문고본도 마찬가지이다.
236. 신활자본도 마찬가지이다.

있다.

또 계서본은 "하읍의 아전"(下邑小吏)으로 되어 있으나, 동양문고본은 아전 '리'吏 자를 지우고 수령 '재'宰 자로 고쳤다. 그런데 영남대본은 "하읍의 수령"(下邑小宰)으로 되어 있다.[237]

- 「상순사서(2)」上巡使書(2)(「공작관문고」권3): "이것들은 모두 낙산사의 오랜 보배입니다"(此皆洛山古寶也)라는 구절에서 오직 계서본과 동양문고본, 영남대본만 다같이 '고보'古寶가 '고실'故實로 되어 있다.

- 「삼종형 금성위묘지명」: 계서본은 "딸은 장선, 서근수, 이건영에게 시집갔다"(女張僎·徐瑾修·李建永)고 되어 있으나, 동양문고본은 이에 대해 "장녀는 장선에게 시집가고, 그다음은 서근수에게 시집가고, 그다음은 이건영에게 시집갔다"(女長適張僎, 次適徐瑾修, 次適李建永)는 두첨을 붙였다. 영남대본은 본문 중에 각각 '장적'長適 '차적'次適 '차적'次適을 작은 글자로 추기하여 동양문고본 두첨의 내용을 반영했다.

또 계서본은 "딸은 이희원, 홍정규에게 시집갔다"(女李羲元·洪正圭)고 되어 있으나,[238] 동양문고본은 "장녀는 이희영에게 시집가고 차녀는 홍정규에게 시집갔다"(女長適李羲永, 次適洪正圭)라는 두첨을 붙이면서 '이희원'을 '이희영'으로 고쳤다. 영남대본은 본문 중에 각각 '장적'長適, '차적'次適을 작은 글자로 추기하여 동양문고본 두첨의 내용을 반영했으나, '이희원'을 '이희영'으로 고치지는 않았다.

- 「총석정관일출」叢石亭觀日出: 계서본은 "과부는 헐레벌떡 뒤따라오고 있고"(夸夫殿來喘不定)로 되어 있으나, 동양문고본은 '부'夫 자에 삭제 표시를 하고 '보'父라는 두첨을 붙였다. 그런데 영남대본은 '보'父 자로

---

237. 신호열·김명호 옮김, 앞의 책, 중, 207면, 주 6 참조.
238. 승계문고본도 마찬가지이다. 신활자본은 '李羲元'이 '李羲先'으로 되어 있다.

바르게 되어 있다.[239]

- 「증좌소산인」贈左蘇山人: 계서본은 "가을철 규방의 여자마냥 얌전도 하이"(靜若秋閨姓)로 되어 있으나, 동양문고본은 '타'姓 자를 지우고 미인이란 뜻의 '차'姹라는 두첨을 붙였다. 그런데 영남대본은 '차'姹 자로 되어 있다.[240]

또 계서본은 "솜씨 좋은 자는 스스로 흙손 잡고"(巧者自操鏝)로 되어 있으나,[241] 동양문고본과 영남대본은 똑같이 '교'巧 자가 미장이를 뜻하는 '오'圬 자로 교정되어 있다.[242]

- 「수산해도가」搜山海圖歌: 계서본은 "연줄을 못 얻으니 정수리에 얽어매었네"(索緣不得頂繫縻)로 되어 있으나, 동양문고본은 '연'緣 자를 지우고 고삐를 뜻하는 '진'縯이라는 두첨을 붙였다. 그런데 영남대본은 '진'縯 자로 바르게 되어 있다.[243]

- 「해인사」: 계서본은 "고깔 장삼 차림새가 괴이하구려"(弁衲詭制度)로 되어 있으나, 동양문고본은 '변'弁 자에 삭제 표시를 하고 '건'巾이라는 두첨을 붙였다. 영남대본은 '건' 자로 되어 있음에도 불구하고 다시 '건'이라는 두주를 추기했다.[244]

- 「담원팔영」澹園八詠: 계서본은 제7수의 기구起句가 "눈 내리는 맑은 밤 홀로 누대에 오르니"(玉塵清宵獨上臺)로 되어 있으나, 동양문고본은

---

239. 승계문고본, 박영철본도 마찬가지이다.
240. 유만주의 『흠영』(서울대 규장각 영인, 1997, 권1, 353면)과 김택영 편, 『연암집』에도 姹로 되어 있다.
241. 신활자본도 마찬가지이다.
242. 정확하게는 '巧' 자의 좌측 '工'변만을 '土'변으로 고친 글자로, '圬' 자와는 다르다. 승계문고본도 마찬가지이다.
243. 승계문고본과 신활자본은 정수리 '頂' 자도 목 '項' 자로 바르게 고쳤다.
244. 승계문고본과 신활자본도 '巾' 자로 되어 있다.

'진'塵 자가 옥주玉麈의 '주'麈 자로 고쳐져 있다. 그런데 영남대본은 '주' 麈 자로 되어 있다.[245]

- 「마상구호」馬上口號: 계서본은 "취령은정(결)"翠翎銀頂(缺)로 되어 있다.[246] 그러나 앞서 언급했듯이 동양문고본은 "누락된 3자는 '무부여' 武夫如이며, 『열하일기』 「피서록」에 원시原詩가 있다"는 소주와 아울러 "주를 붙일 필요 없이 '무부여' 3자로써 누락된 부분을 메꾸라"는 두첨을 붙였다. 그런데 영남대본은 동양문고본의 두첨 지시와 합치되게 결자를 메꾸었다.[247]

- 「영대정잉묵 자서」: 계서본은 "그렇다고 엄숙하고 근엄하게만 대하는 것은"(而嚴威儼慤)으로 되어 있으나, 동양문고본은 '각'慤 자를 '각' 恪 자로 고쳤다. 그런데 영남대본은 '각'恪 자로 되어 있다.

또 계서본은 "기쁜 안색과 부드러운 목소리를 어디에서 찾아볼 수 있겠는가"(安在其婾色怡聲)로 되어 있으나, 동양문고본은 '유'婾 자를 '유' 愉 자로 고쳤다. 그런데 영남대본은 '유'愉 자로 되어 있다.[248]

- 「종북소선 자서」: 계서본은 "의금상경衣錦尙褧, 상경경의尙褧褧衣"로 되어 있으나, 동양문고본은 "의금금의衣錦錦衣, 상금경상裳錦褧裳"으로 된 원문에다가 '금의錦衣, 상금경裳錦褧' 5자를 지우고 '경의褧衣, 상금경 裳錦褧'이라는 두첨을 붙였다. 이는 『시경』을 인용한 것인데, 『시경』 정풍鄭風「봉」丰에 "비단 저고리를 입으면 엷은 덧저고리를 입고, 비단 치마를 입으면 엷은 덧치마를 입는다"(衣錦褧衣, 裳錦褧裳)고 되어 있으므로

---

245. 승계문고본, 신활자본도 마찬가지이다. '玉塵'은 눈[雪]을 뜻하고, '玉麈'는 옥으로 만든 자루에 고라니 털을 달아 만든 물건이다.
246. 승계문고본도 마찬가지이다.
247. 신활자본도 결자를 메꾸었다.
248. 신활자본도 마찬가지이다. 승계문고본은 '婾' 자에 덧칠하여 '愉' 자로 고쳤다.

그와 같이 수정한 것이다. 그런데 영남대본은 『시경』과 합치되게 이 구절이 바르게 되어 있다.[249]

- 「영처고서」嬰處稿序: 계서본은 '수포'水匏로 되어 있으나, 동양문고본은 삭제 표시를 하고 '서과'西瓜라는 두첨을 붙였다. 그런데 영남대본은 '서과'西瓜로 되어 있다.

또 계서본은 "내용이 실로 비루해지고"(意實卑)로 되어 있으나,[250] 동양문고본은 '실'實 자에 '익'益이라는 부전을 붙였다. "작법이 고상할수록 내용이 더욱 비루해지고, 문체가 비슷할수록 표현이 더욱 거짓이 된다"(法益高而意益卑, 體益似而言益僞)라는 대구의 구식句式에 맞추어 '실' 자를 '익' 자로 고친 것이다. 그런데 동양문고본의 부전과 마찬가지로, 영남대본은 '익' 자로 되어 있다.[251]

- 「순패서」旬稗序: 계서본은 두 군데에 '거여'粔籹로 되어 있으나,[252] 동양문고본은 '여'籹 자에 모두 부전을 붙여 '여'籹 자로 고쳤다. 그런데 영남대본은 '여'籹 자로 되어 있다.[253]

- 「취미루기」翠眉樓記: 계서본은 "『시경』에 이르기를, '한 미인이여'"(詩云, 有美一人兮)로 되어 있으나,[254] 동양문고본은 "'『시경』에 이르기를' 이하는 재고할 것"이라는 두첨을 붙였으며, 상단 여백에 "저 미인이여"(彼美人兮)라고 추기했다.[255] 이는 『시경』 패풍邶風 「간혜」簡兮의 원문대

---

249. 신활자본도 마찬가지이다.
250. 자연경실본, 박영철본도 마찬가지이다.
251. 승계문고본도 마찬가지이다.
252. 신활자본도 마찬가지이다.
253. 승계문고본도 마찬가지이다.
254. 자연경실본, 승계문고본, 신활자본도 마찬가지이다.
255. 동양문고본, 『연암집』권15, 「취미루기」, 장10앞, "詩云'以下更考."

로 수정하라는 뜻인데, 영남대본은 그와 같이 바로잡혀 있다.
- 「민옹전」閔翁傳: 계서본은 "감라가 장수가 되었다"(甘羅爲將)라고 되어 있으나,[256] 동양문고본은 '장'將 자에 승상을 뜻하는 '상'相이라는 부전을 붙였다.[257] 그런데 영남대본은 '상' 자로 되어 있다.
- 「김신선전」金神仙傳: 계서본은 "산에 들어간 사람을 신선이라고 한다"(入山爲仙)으로 되어 있으나,[258] 이는 사전류에서 글자를 풀이한 내용을 인용한 것이다. 따라서 '입'入 자와 '산'山 자가 합성되면 '선'仙의 이체자異體字인 '선'仚이 되어야 한다. 동양문고본과 영남대본은 '선'仚 자로 되어 있다.

이상의 사례들에서 보듯이, 동양문고본은 선행본인 계서본(또는 계서본의 원본)에 대해 도처에 교정을 가하고자 했으며, 영남대본은 동양문고본의 이러한 교정 결과를 대폭 수용함으로써 '정본'에 좀 더 가까워졌다고 할 수 있다.[259] 안타깝게도, 현전하는 영남대본에는 『열하일기』가 누락되어 확인할 길이 없으나, 계서본에서 동양문고본으로, 동양문고본에서 다시 영남대본으로 이어진 부단한 교정 작업이 영남대본의 『열하일기』에서도 이루어졌으리라는 점은 의심할 여지가 없을 것이다.

그렇다면, 서현경의 주장처럼 동양문고본이 나옴으로써 『열하일

---

256. 자연경실본, 숭계문고본, 신활자본도 마찬가지이다.
257. 甘羅는 12세에 공로를 세워 上卿에 봉해졌으며 그로 인해 12세에 丞相이 되었다는 전설이 생겨났기 때문에 '將'이 아니라 '相'이라야 옳다.(신호열·김명호 옮김, 앞의 책, 하, 164면 주5 참조)
258. 숭계문고본, 자연경실본, 박영철본도 마찬가지이다.
259. 김영진은 영남대본을 "연암의 직계 후손에 의해 최종적으로 완성된 필사본 또는 그것을 再寫한 필사본"으로 추정했다.(김영진, 「박지원의 필사본 小集들과 自編稿『煙湘閣集』 및 그 계열본에 대하여」, 『동양학』 48, 단국대 동양학연구소, 2010, 21면, 주 65)

기』를 포함한 『연암집』의 '정본'이 확정되었다고 보기는 어려울 듯하
다. 동양문고본이 '정본'이었다면, 여기에서 부전을 통해 지시한 중요
한 내용들이 영남대본은 물론, 승계문고본[260]과 같이 후대에 필사된 이
본들에 전혀 반영되지 않은 사실도 납득할 수 없게 된다. 앞서 살펴보
았듯이 동양문고본은 무려 23편의 글들을 삭제할 것을 제안했으나, 그
이후에 필사된 것으로 추정되는 어떤 이본들도 이를 따르지 않았다.
영남대본과 승계문고본 등은 오히려 동양문고본에 수록되지 않은 글
들을 찾아내어 추가하는 방향으로 나아갔다.[261] 또한 동양문고본은 「장
인 처사 유안재 이공에 대한 제문」(祭外舅處士遺安齋李公文)에서 46자를
삭제하여 작품을 크게 개작하도록 지시했으나, 이에 따라 본문을 개작
한 이본들도 발견되지 않는다. 자구에 대한 동양문고본의 교정 지시
역시 받아들여지지 않은 경우가 많다. 이와 같은 사실은 동양문고본
이후에 출현한 텍스트들이 필사 과정에서 동양문고본을 참고했다 하
더라도, 거기에서 부전을 통해 제기한 수정 보완의 지시들을 매우 선
별적으로 수용했음을 시사하는 것이라 하겠다.

---

260. 1922년 金承烈이 연암 후손가 소장 『연암집』 원본 57권 22책을 필사하면서 "正誤·
補寫"했다는 이본이다.
261. 승계문고본은 영남대본에 의거하여 「伯姊贈貞夫人朴氏墓誌銘」, 「稽山修禊序」, 「弛
雲臺賞花」, 「留宿潼關」 尾聯, 「小酌」과 「九日登孟園次杜韻」의 두주, 「送李懋官朴次修入燕
二首」, 散句 등을 追記하는 한편으로, 영남대본에도 수록되지 않은 「趙淑人輓章」의 원문을
추기했다.(「挽趙淑人」이란 제목으로 추기되어 있음)

5. 남은 과제

이상과 같이 단국대 연민문고 소장 『열하일기』 필사본 10종과 일본 동양문고 소장 필사본 『연암집』을 중심으로, 『열하일기』를 포함한 『연암집』의 이본들에 대해 종합적인 검토를 시도했다. 이제 연구 결과를 요약하면서 향후 과제에 대해 언급하는 것으로 글을 마무리하고자 한다.

『열하일기』 이본들은 '초고본 계열', '『열하일기』 계열', '『연암집』 외집 계열', '『연암집』 별집 계열'로 나누어 볼 수 있다. 단국대 연민문고 소장 필사본들은 대개 초고본 계열에 속하는 가장 초기의 텍스트로서 그중에는 종래 공개된 적이 없는 귀중본이 적지 않다. 따라서 『열하일기』 텍스트 연구에 아주 요긴한 자료라고 할 수 있다.

본고에서 검토한 『행계잡록』, 『행계집』, 『잡록』, 『열하일기』(원·형·리·정), 『연행음청』, 『황노기략』은 아직 『열하일기』의 체제를 제대로 갖추지 못한 초고본 계열의 텍스트들이다. 『열하피서록』은 연암이 『삼한총서』의 일부로서 편찬한 것으로, 『열하일기』 「피서록」 편과는 크게 다른 텍스트이다. 『양매시화』는 현전하는 『열하일기』 이본들에는 그 제목만 전하고 있는 「양매시화」 편의 초고이며, 『고정망양록』은 연암의 아들 박종채가 『열하일기』 중 「망양록」 편을 교정한 것이다. 『연암집

(15)」는 『열하일기』 계열에서 『연암집』 외집 계열로 진화하는 도상에 있는 특이한 텍스트로 판단된다.

이상의 필사본들을 검토한 결과, 『열하일기』의 최초의 제목이 『연행음청』이었다는 사실과 『열하일기』가 점차 체제를 갖추면서 『연암집』의 외집으로 통합되어 간 과정을 알 수 있었다. 그리고 이덕무·유득공·박제가·이서구 등에 의해 『열하일기』에 평비가 가해지고, 박종채에 의해 일부 개작이 이루어진 사실을 확인할 수 있었다. 이와 아울러 『열하일기』의 편명 및 작품명, 소제목 등이 일부 수정되었을 뿐 아니라, 서학과 관련된 내용이 대거 삭제되었음을 알 수 있었다.

다음으로, 일본 동양문고본은 마에마 교사쿠나 서현경에 의해 『열하일기』를 포함한 『연암집』의 '정본'으로 추정되기도 한 중요한 텍스트이다. 동양문고본의 특징은 수많은 부전이 있는 점이다. 이러한 부전들은 『연암집』의 편찬자인 박종채가 아니라 아마도 박규수와 같은 후인이 가한 것으로 추측된다.

동양문고본은 부전을 통해 무려 23편의 글을 삭제하도록 지시하고 있으며, 「백자 증정부인 박씨묘지명」과 『열하일기』 「구외이문」 중의 일부 항목 등을 수록하지 않았다. 이는 연암의 글을 가급적 남김없이 수록하고자 한 박종채의 편찬 방침과는 배치되는 것이다. 또 원문에 붙여진 주와 부전의 내용이 상반되는 경우도 있다. 이는 『연암집』을 편찬하면서 주를 붙인 박종채와 그 뒤에 부전을 붙인 사람이 동일인이 아님을 시사한다.

동양문고본은 수많은 부전을 통해 본문에 세세하게 교정을 가하고 있다. 부전을 붙인 사람이 '원본', '친필 원고' 등 여러 필사본들을 참고하면서 교정에 임했음을 알 수 있다. 별집 계열의 여타 이본들과 달리, 동양문고본이 「서이방익사」에 나타난 지명의 오류를 많이 바로잡은 것은 특기할 만하다. 또한 동양문고본은 「사선정 연구」四仙亭聯句와 같이 지금까지 알려지지 않은 연암의 일문逸文을 발굴·소개하려는 노력도 보여 주고 있다.

이와 같이 동양문고본은 『연암집』을 다각도로 수정 보완하고자 한 필사본으로서 별집 계열에 속하는 매우 귀중한 텍스트임에 틀림없다. 그러나 동양문고본에서 부전을 통해 제시한 견해들이 전적으로 타당한 것은 아니며, 미처 교정하지 못한 내용들도 적지 않아 완벽한 텍스트라고 보기는 어렵다.

뿐만 아니라 계서본 및 영남대본과 비교 검토해 보면, 동양문고본은 선행본인 계서본을 교정하고자 한 필사본이고, 영남대본은 동양문고본의 교정 결과를 대폭 수용함으로써 정본에 좀 더 근접한 필사본이라고 할 수 있다. 그러므로 동양문고본은 정본이라기보다는 계서본→동양문고본→영남대본으로 이어지는 별집 계열 텍스트의 진화 과정에서 산생된 이본이라고 판단된다.

필자는 종전처럼 『열하일기』의 편차나 개작 여부, 자구 수정 등에 한정하지 않고 『연암집』의 체제와 『열하일기』 각 편의 소편차 등을 포함하여 비교 기준을 다각화함으로써, 실상과 더욱 부합하도록 이본들의 계통을 파악할 수 있었다고 생각한다. 그러나 이처럼 현전하는 이본들을 네 가지 계열로 크게 나누어 본 필자의 가설 역시 좀 더 세분화하고 정교하게 다듬을 필요가 있다. 또한 이본별, 『열하일기』 각 편별, 수록 작품별로 층위를 달리하며 나타난 다양한 차이들을 실증적으로 확인하는 수준을 넘어, 이와 같은 서지적 고찰의 결과를 『열하일기』의 문예성과 사상성 해명에 적극 활용해야 할 것이다. 그리고 현전하는 이본들에 대한 종합적 연구 위에서 『열하일기』의 교합본을 완성하고 그에 의거한 '전문적 학술 번역'이 장차 이루어져야 하리라 본다.[262]

앞서 논한 대로 동양문고본이 『열하일기』의 정본이라는 설은 적지 않은 난점을 안고 있다. 그런데 이 설은 동양문고본이 전남대본을 모본母本으로 했다는 또 하나의 가설에 의거하고 있다. 즉 전남대본은 박종채가 직접 수정한 개작본으로서 정본의 토대가 된 중요한 이본인데, 전남대본의 수정 지시에 따른 편차를 취하고 있는 "최초의 정본계 이본 즉 정본"이 동양문고본이라는 것이다.[263] 이러한 견해의 타당성 여부를 검토하기 위해서는 전남대본뿐 아니라 그와 유사한 이본인 대만본과 성호기념관본 등을 포함한 『연암집』 외집 계열 텍스트들에 대한 광범한 고찰이 반드시 필요하다. 나아가 계서본과 영남대본뿐 아니라 별집 계열의 여타 필사본들에 대해서까지 충분한 검토가 이루어질 때 동양문고본의 위상도 비로소 확정될 수 있을 것이다.

---

262. 최근 간행된 김혈조 역, 『열하일기』(돌베개, 2009)는 종전의 국역본들에서 오역되었던 부분을 크게 바로잡고자 했다.(김혈조, 「『열하일기』 번역의 여러 문제들」, 『한문학보』 19, 우리한문학회, 2008 참조) 다만 원문이 함께 제시되지 않아, 충실한 원문 교감 작업이 이루어졌는지는 판단하기 어렵다.
263. 서현경, 앞의 논문, 22~27면, 52면.

참고문헌

1. 연암 저작

『孔雀館集: 楊梅詩話』, 1책, 단국대 동양학연구원, 淵民文庫 소장 연암박지원작품필사본총서 5, 문예원, 2012.

『寬居外史: 燕巖熱河記要』, 필사본 1책, 洪良厚 抄錄, 숭실대 한국기독교박물관 소장.

『沔陽雜錄』, 6책, 단국대 동양학연구원, 연민문고 소장 연암박지원작품필사본총서 12, 문예원, 2012.

『百尺梧桐閣集』, 乾·坤, 단국대 동양학연구원, 연민문고 소장 연암박지원작품필사본총서 11, 문예원, 2012.

『罨溪集』, 필사본 2책, 단국대 연민문고 소장.

『煙湘閣集』, 필사본 1책, 실학박물관 소장.

『煙湘閣集』, 필사본 1책, 성균관대 尊經閣 소장.

『燕巖散稿(二)』, 단국대 동양학연구원, 연민문고 소장 연암박지원작품필사본총서 14, 문예원, 2012.

『燕巖先生書簡帖』, 서울대 박물관 소장.

『燕巖續集』, 全史字本 1책, 金澤榮 編, 1901.

『燕巖全書』, 필사본 13책, 숭실대 한국기독교박물관 소장 自然經室本.

『燕巖集』, 필사본 22책, 국립중앙도서관 勝溪文庫 소장.

『燕巖集』, 20책, 단국대 연민문고 소장 溪西本; 『燕巖集』 1~3, 5~21, 단국대 동양학연구원, 연민문고 소장 연암박지원작품필사본총서 15~19, 문예원, 2012.

『燕巖集』, 필사본 6책, 연세대 도서관 韓氏文庫 소장.

『燕巖集』, 필사본 20책, 연세대 도서관 庸齋文庫 소장.

『燕巖集』, 필사본 8책, 영남대 도서관 소장.
『燕巖集』, 新鉛活字本 6책, 朴榮喆 編, 1932.
『燕巖集』, 필사본 18책, 일본 東洋文庫 소장.
『燕巖集』, 全史字本 2책, 金澤榮 編, 1900.
『燕巖集』(散稿), 필사본 1책, 성균관대 尊經閣 소장.
『燕巖集: 熱河日記』, 필사본 11책, 국회도서관 소장.
『燕巖集: 熱河日記』, 필사본 3책, 실학박물관 소장; 『燕巖集(十三·十五·十八)』, 단국대 동양학연구원, 연민문고 소장 연암박지원작품필사본총서 8, 문예원, 2012.
『燕岩集(十五): 熱河日記(九)』, 단국대 동양학연구원, 연민문고 소장 연암박지원작품필사본총서 8, 문예원, 2012.
『燕巖集(假題)』, 1책(100張), 단국대 동양학연구원, 연민문고 소장 연암박지원작품필사본총서 13, 문예원, 2012.
『燕岩集草稿(補遺九)』, 단국대 동양학연구원, 연민문고 소장 연암박지원작품필사본총서 14, 문예원, 2012.
『燕岩草稿(四)』, 단국대 동양학연구원, 연민문고 소장 연암박지원작품필사본총서 13, 문예원, 2012.
『燕岩草稿(八)』, 단국대학교 동양학연구원, 연민문고 소장 연암박지원작품필사본총서 14, 문예원, 2012.
『燕稗鈔刪: 熱河日記』, 필사본 上·下, 한국은행 도서관 소장.
『燕行陰晴(乾)』, 단국대 동양학연구원, 연민문고 소장 연암박지원작품필사본총서 4, 문예원, 2012.
『燕彙: 熱河日記』, 필사본 4책, 연세대 도서관 소장.
『燕彙: 熱河日記』, 필사본 12책, 미국 버클리대 동아시아도서관 淺見文庫 소장; 고려대 민족문화연구원 한국학자료센터 홈페이지.
『燕彙: 燕巖說叢』, 필사본 8책, 일본 동양문고 소장; 국립중앙도서관 소장 복사본; 고려대 민족문화연구원 한국학자료센터 홈페이지.
『熱河紀』, 필사본 1책(46장), 단국대 연민문고 소장.
『熱河紀』, 필사본 10책, 단국대 연민문고 소장 多白雲樓本; 일본 大阪府立中央圖書館 소장 MF.
『熱河記』, 필사본 6책, 단국대 연민문고 소장 綏堂本(玉溜山莊本).
『熱河日記』, 上·下, 단국대 연민문고 소장 一齋本; 『熱河日記(一·二)』, 단국대 동양학연구원, 연민문고 소장 연암박지원작품필사본총서 5, 문예원, 2012.
『熱河日記』, 필사본 8책, 단국대 연민문고 소장 朱雪樓本(孴星燕茶齋本); 『熱河日記(一~

八)』, 단국대 동양학연구원, 연민문고 소장 연암박지원작품필사본총서 6·7, 문예원, 2012.
『熱河日記』, 필사본 乾·坤, 국립중앙도서관 소장.
『熱河日記』, 필사본 10책, 서울대 奎章閣 소장.
『熱河日記』, 필사본 10책, 서울대 소장 古圖書本.
『熱河日記』, 필사본 6책, 성균관대 존경각 소장.
『熱河日記』, 필사본 12책, 星湖紀念館 소장.
『熱河日記』, 필사본 12책, 전남대 도서관 소장.
『熱河日記』, 新沿活字本 1책, 朝鮮光文會, 1911.
『熱河日記』, 필사본 4책, 충남대 도서관 소장.
『熱河日記』, 필사본 12책, 한국학중앙연구원 藏書閣 소장.
『熱河日記』, 필사본 6책, 臺灣: 中華叢書委員會 影印, 1956.
『熱河日記』, 필사본 12책, 일본 大阪中之島圖書館 소장 芸田艸舍本.
『熱河日記』, 필사본 3책, 일본 九州大 소장.
『熱河日記』, 필사본 12책, 일본 東京都立日比谷圖書館 谷村文庫 소장.
『熱河日記』, 元·亨·利·貞, 단국대 동양학연구원, 연민문고 소장 연암박지원작품필사본총서 4, 문예원, 2012.
『熱河日記』, 필사본 1책, 실학박물관 소장.
『熱河日記抄』, 필사본 1책, 미국 버클리대 동아시아도서관 淺見文庫 소장; 고려대 민족문화연구원 한국학자료센터 홈페이지.
『熱河日記: 열하긔』, 한글 필사본 1책, 명지대학교 한국학연구소 소장.
『熱河記(乾): 열하일긔』, 한글 필사본 1책, 일본 東京大學 小倉文庫 소장.
『熱河避暑錄』, 1책, 단국대학교 동양학연구원, 연민문고 소장 연암박지원작품필사본총서 5, 문예원, 2012.
『流觴曲水亭集』, 乾·坤, 단국대학교 동양학연구원, 연민문고 소장 연암박지원작품필사본총서 10, 문예원, 2012.
『遊華聞見』, 필사본 1책(『열하일기』 초록), 일본 宮內廳 書陵部 소장.
『雜錄』, 上·下, 단국대 동양학연구원, 연민문고 소장 연암박지원작품필사본총서 3, 문예원, 2012.
『丁卯重訂燕岩集: 考定忘羊錄』, 필사본 1책, 단국대 동양학연구원, 연민문고 소장 연암박지원작품필사본총서 8, 문예원, 2012.
『重編燕巖集』, 新鉛活字本 3책, 金澤榮 編, 1917.
『叢桂雜錄』, 1책, 단국대 동양학연구원, 연민문고 소장 연암박지원작품필사본총서 11, 문예원,

2012.

『荷風竹露堂集』, 1책, 단국대 동양학연구원, 연민문고 소장 연암박지원작품필사본총서 10, 문예원, 2012.

『杏溪雜錄』, 5책, 단국대 동양학연구원, 연민문고 소장 연암박지원작품필사본총서 1~2, 문예원, 2012.

『杏溪集』, 1책, 단국대 연민문고 소장. 단국대 동양학연구원, 연민문고 소장 연암박지원작품필사본총서 3, 문예원, 2012.

『黃圖紀略(一·二)』, 단국대 동양학연구원, 연민문고 소장 연암박지원작품필사본총서 5, 문예원, 2012.

2. 여타 자료

姜世晃, 『豹菴遺稿』, 韓國精神文化硏究院 古典資料編纂室, 1979.
權擥 註, 『太祖高皇帝御製詩三首: 賜朝鮮國秀才權近(應製詩註)』, 국립중앙도서관 소장.
金基長, 『在山集』, 국립중앙도서관 소장.
朴珪壽, 『居家雜服攷』, 『瓛齋叢書』 권4, 성균관대 대동문화연구원, 1996.
朴珪壽, 『瓛齋集』, 普成社, 1913; 『瓛齋叢書』 권6, 성균관대 대동문화연구원, 1996.
朴思浩, 『燕薊紀程』, 서울대 규장각 소장.
朴齊家, 『貞蕤閣集』, 『韓國文集叢刊』 261.
朴宗采, 『過庭錄』, 단국대학교 동양학연구원, 연민문고 소장 연암박지원작품필사본총서 20, 문예원, 2012.
徐居正, 『筆苑雜記』, 서울대 규장각 소장.
申光漢, 『企齋集』, 『韓國文集叢刊』 22.
魚用賓, 『弄丸堂集』, 서울대 규장각 소장.
柳得恭, 『泠齋集』, 『韓國文集叢刊』 260.
兪晚柱, 『欽英』, 서울대학교 규장각 영인, 1997.
兪彦鎬, 『燕石』, 『韓國文集叢刊』 247.
尹光心 編, 『幷世集』, 국립중앙도서관 葦滄文庫 소장.
李圭景, 『五洲衍文長箋散稿』, 古典刊行會 編, 東國文化社, 1959.
李奎象, 『一夢稿』, 『韓山世稿』 권28, 국립중앙도서관 소장.
李德懋, 『靑莊館全書』, 『韓國文集叢刊』 257~259.
李書九, 『薑山全書』, 성균관대 대동문화연구원, 2005.

李瑞雨, 『松坡集』, 『韓國文集叢刊』 41.

李彦瑱, 『松穆舘燼餘稿』, 『韓國文集叢刊』 252.

李瀷, 『星湖先生全集』, 『韓國文集叢刊』 198~200.

李采, 『華泉集』, 국립중앙도서관 소장.

李澤逵, 『奮齋集』, 서울대 규장각 소장.

李學逵, 『洛下生集』, 『韓國文集叢刊』 290.

李海應, 『薊山紀程』, 서울대 규장각 소장.

張志淵 편, 『大東詩選』, 아세아문화사 영인, 1980.

丁範祖, 『海左集』, 『韓國文集叢刊』 239~240.

趙文命, 『鶴巖集』, 『韓國文集叢刊』 192.

蔡濟恭, 『樊巖集』, 『韓國文集叢刊』 235~236.

洪樂純, 『大陵遺稿』, 일본 東京大學 阿川文庫 소장; 국립중앙도서관 소장 복사본.

洪樂仁, 『先府君年譜略』, 서울대 규장각 소장.

洪樂仁, 『安窩遺稿』, 서울대 규장각 소장.

洪大容, 『湛軒書』, 『韓國文集叢刊』 248.

洪良浩, 『耳溪集』, 『韓國文集叢刊』 241~242.

洪龍漢, 『長洲集』, 연세대 도서관 소장.

『科詩』, 단국대 퇴계중앙도서관 연민기념관 소장.

『燕杭詩牘』, 서울대 규장각 소장.

『韓漢淸文鑑』, 延禧大學校 東方學研究所 編, 1956.

『世宗實錄』

『英祖實錄』

『正祖實錄』

『承政院日記』

『日省錄』

김윤소 역주, 『역주 과성록』, 태학사, 1997.

김종진·변영섭·정은진·조송식 옮김, 『표암유고』, 지식산업사, 2010.

김혈조 역, 『열하일기』, 돌베개, 2009.

박동욱·서신혜 역주, 『표암 강세황 산문선집』, 소명, 2008.

박희병 옮김, 『고추장 작은 단지를 보내니』, 돌베개, 개정판: 2006.

박희병 옮김, 『나의 아버지 박지원』, 돌베개, 1998.

신익철·조융희·김종서·한영규 공역, 『교감 역주 송천필담』, 보고사, 2009.

신호열·김명호 옮김, 『연암집』, 돌베개, 개정판: 2012.

실시학사 고전문학연구회 역, 『完譯李鈺全集』, 휴머니스트, 2009.
이가원 역, 『열하일기』, 민족문화추진회, 1966; 대양서적, 1973.
정민·박철상, 「『燕巖先生書簡帖』 脫草 원문 및 역주」, 『대동한문학』 22, 대동한문학회, 2005.
정병설 주석, 『원본 한중록』, 문학동네, 2010.

陳澔, 『禮記集說』, 四庫全書 文淵閣本.
程顥·程頤, 『二程集』, 北京: 中華書局, 1983.
程頤, 『伊川易傳』, 四庫全書 文淵閣本.
顧炎武, 『日知錄集釋』, 黃汝成 集釋, 上海古籍出版社, 1984.
黃景仁, 『兩當軒集』, 上海古籍出版社, 1983.
藍克實·胡國楨 譯註, 英譯 『天主實義』, 臺北: 利氏學社, 1985.
利瑪竇, 『乾坤體義』, 四庫全書 文淵閣本.
單可玉, 『容安齋詩鈔』, 山東文獻集成編纂委員會 編, 『山東文獻集成』第3輯, 第44册, 山東大學出版社, 2009.
邵伯溫, 『聞見錄』, 四庫全書 文淵閣本.
吳相湘 主編, 『天學初函』, 臺北: 臺灣學生書局, 1965.
謝方 校釋, 『職方外紀校釋』, 北京: 中華書局, 1996.
謝思煒 撰, 『白居易詩集校注』, 北京: 中華書局, 2006.
徐有林·曹夢九·王照青 纂修, 『民國高密縣志』, 『中國地方志集成·山東府縣志輯 41』, 鳳凰出版社·上海書店·巴蜀書社, 2004.
楊時 撰, 『二程粹言』, 四庫全書 文淵閣本.
兪明震, 『觚庵詩存』, 上海古籍出版社, 2008.
中國第一歷史檔案館 編, 『雍正朝漢文硃批奏摺彙編』, 南京: 江蘇古籍出版社, 1989~1991.
朱維錚 編, 『利瑪竇中文著譯集』, 上海: 復旦大學出版社, 2001.
朱熹, 『晦庵集』, 四庫全書 文淵閣本.
朱熹, 『朱子語類』, 北京: 中華書局, 1983.
朱熹 編, 『二程外書』, 四庫全書 文淵閣本.
宗密 疏, 『大方廣圓覺修多羅了義經略疏』, 上海古籍出版社, 1991.
『福建通志』, 四庫全書 文淵閣本.
『四庫全書總目』, 北京: 中華書局, 1981.
『孟子』
『書集傳』
『左傳』

『淮南子』

『史記』

『後漢書』

『舊唐書』

『宋史』

『淸史稿』, 北京: 中華書局, 1977.

송영배 역주, 『교우론 외 2편』, 서울대출판부, 2000.

송영배 외 5인 옮김, 『천주실의』, 서울대출판부, 1999.

Billings, Timothy trans., *On Friendship*, New York: Columbia University Press, 2009.

Heath, Thomas L., *The Thirteen Books of Euclid's Elements*, New York: Dover Publications, Inc., 1956.

Proclus, *A Commentary on The First Book of Euclid's Elements*, Princeton University Press, 1970.

천병희 역, 『노년에 관하여/우정에 관하여』, 숲, 2005.

3. 연구 논저

강동엽, 『열하일기 연구』, 일지사, 1988.

강명관, 『조선의 뒷골목 풍경』, 푸른역사, 2003.

강혜선, 「法古創新과 박지원의 연행시」, 『한국한시연구』 3, 한국한시학회, 1995.

계승범, 「나선 정벌과 申瀏의 『北征錄』」, 『軍事史』 5, 국방부 군사편찬연구소, 2008.

구만옥, 「마테오 리치 이후 서양 수학에 대한 조선 지식인의 반응」, 『한국실학연구』 20, 한국실학학회, 2010.

김동식, 「조선시대 과제시의 程式 고찰」, 『대동한문학』 28, 대동한문학회, 2008.

김명호, 『열하일기 연구』, 창작과비평사, 1990.

김명호, 『박지원 문학 연구』, 성균관대 대동문화연구원, 2001.

김명호, 『환재 박규수 연구』, 창비, 2008.

김명호, 「『열하일기』 이본의 재검토-초고본 계열 필사본을 중심으로-」, 『동양학』 48, 단국대 동양학연구소, 2010.

김명호, 「일본 東洋文庫 소장 『연암집』에 대한 고찰」, 『한국문화』 51, 서울대 규장각한국학연구원, 2010.

김명호, 「『열하일기』'補遺'의 탐색」, 『동양학』 52, 단국대 동양학연구원, 2012.
김명호, 「연암의 逸詩「司鑰行」에 대하여」, 『고전문학연구』 43, 한국고전문학회, 2013.
김명호, 「박지원의 輓詩에 대하여」, 『동양학』 54, 단국대 동양학연구원, 2013.
김문식, 「단국대 소장 연민문고 필사본의 자료적 가치」, 『동양학』 43, 단국대 동양학연구소 2008.
김선희, 「중세 기독교적 세계관의 유교적 변용에 관한 연구」, 이화여대 박사논문, 2007.
김영식, 『주희의 자연철학』, 서울대출판부, 2005.
김영진, 「조선 후기 실학파의 총서 편찬과 그 의미」, 이혜순 외 공편, 『한국한문학 연구의 새 지평』, 소명출판, 2005.
김영진, 「박지원이 필사본 小集들과 작품 창작년 고증」, 『대동한문학』 23, 대동한문학회, 2005.
김영진, 「박지원의 필사본 小集들과 自編稿『煙湘閣集』및 그 계열본에 대하여」, 『동양학』 48, 단국대 동양학연구소, 2010.
김윤조, 「朴榮喆本 연암집의 '착오·탈락'에 대한 검토」, 『한문학논집』 10, 檀國漢文學會, 1992.
김윤조, 「유득공 관계자료」, 『한문학연구』 19, 계명한문학회, 2005.
김혈조, 「연암집 異本에 대한 고찰」, 『한국한문학연구』 17, 한국한문학회, 1994.
김혈조, 「연암 散文에서 문자 운용의 몇 가지 특징」, 『대동한문학』 20, 대동한문학회, 2004.
김혈조, 「『열하일기』 번역의 여러 문제들」, 『한문학보』 19, 우리한문학회, 2008.
단국대 소장 연민문고 〈동장귀중본〉 해제사업단, 『단국대 소장 연민문고 〈동장귀중본〉 해제집』, 문예원, 2012.
박철상, 「開城의 進士 崔鎭寬과 燕岩」, 『문헌과 해석』 32, 2005.
박희병, 『한국고전인물전연구』, 한길사, 1992.
박희병, 「연암사상에 있어서 언어와 冥心」, 논문집간행위원회 편, 『한국의 經學과 한문학』, 태학사, 1996.
박희병 평설, 『저항과 아만』, 돌베개, 2009.
서현경, 「연민선생과 『열하일기』 번역」, 『열상고전연구』 26, 열상고전연구회, 2007.
서현경, 「『열하일기』 定本의 탐색과 서술 분석」, 연세대 박사논문, 2008.
송영배, 「마테오 리치가 소개한 서양학문관의 의미」, 『한국실학연구』 17, 한국실학학회, 2009.
송재소, 「연암의 시에 대하여」, 송재소·김명호·정대림 외, 『이조후기 한문학의 재조명』, 창작과비평사, 1983.
송재소, 「연암시「해인사」에 대하여」, 『한국한문학연구』 11, 한국한문학연구회, 1988.
신익철, 「연행록을 통해 본 18세기 전반 한중 서적교류의 양상」, 『태동고전연구』 25, 한림대 태동고전연구소, 2010.
심경호, 「조선후기 한문학과 袁宏道」, 『한국한문학연구』 34, 한국한문학회, 2004.

안대옥, 「滿文 『算學原本』과 유클리드 初等整數論의 東傳」, 『중국사연구』 69, 중국사학회, 2010.

양승민, 「燕巖山房 校訂本 『열하일기』의 발견과 그 자료적 가치」, 한국고전문학회 학술발표회 자료집, 2009. 6. 27.

여명모, 「마테오 리치의 『교우론』에 관한 연구-동서 우정론의 만남이라는 관점에서」, 서강대 신학대학원 석사논문, 2011.

오수경, 『연암그룹 연구』, 한빛, 2003.

王振忠, 「朝鮮燕行使與十八世紀北京的琉璃廠」, 『동아시아문화연구』 47, 한양대 동아시아문화연구소, 2010.

유정민, 「조선후기 古詩論의 성립과 丁範祖 長篇古詩의 수사적 특징」, 『한국한시연구』 9, 한국한시학회, 2001.

이가원, 『연암소설연구』, 을유문화사, 1965.

이가원, 「『연암집』 逸書·逸文 및 부록에 대한 소고」, 『국어국문학』 39·40 합병호, 국어국문학회, 1968.

이가원, 『조선문학사』, 태학사, 1997.

이성무, 『한국의 과거제도』, 한국학술정보, 2004.

이원순, 『朝鮮西學史硏究』, 일지사, 1986.

이은영, 「못 다 한 사랑과 그리움의 노래-悼亡詩의 전통과 미」, 『동방한문학』 42, 동방한문학회, 2010.

이종문, 「燕巖 朴趾源의 漢詩에 關한 한 考察」, 『한국한문학연구』 39집, 한국한문학회, 2007.

李學堂, 「『열하일기』 중의 필담에 관한 연구」, 성균관대 석사논문, 2000.

이홍식, 「조선후기 우정론과 마테오 리치의 『교우론』」, 『한국실학연구』 20, 한국실학학회, 2010.

임형택, 「朴燕巖의 우정론과 윤리의식의 방향-「마장전」과 「예덕선생전」의 분석」, 『한국한문학연구』 1, 한국한문학연구회, 1976.

임형택, 「朴燕巖의 인식론과 미의식」, 『한국한문학연구』 11, 한국한문학연구회, 1988.

임형택, 「현실주의의 발전과 서사한시」, 『이조시대 서사시』 1, 창비, 개정판· 2013.

임형택·김명호·염정섭·리쉐탕·김용태, 『연암 박지원 연구』, 실시학사 실학연구총서 4, 사람의무늬, 2012.

장유승, 「조선시대 科體詩 연구」, 『한국한시연구』 11, 한국한시학회, 2003.

정병설, 『권력과 인간』, 문학동네, 2012.

정재철, 「박영철본 『연암집』 미수록 연암시에 대하여-연민문고 소장 『연암집초고보유9』 소재 작품을 중심으로」, 『대동한문학』 37, 대동한문학회, 2012.

정재철, 「연암의 장편시 「輓趙淑人」에 대하여」, 『한국한문학연구』 51, 한국한문학회, 2013.

정학성, 「「호질」에 대한 재성찰」, 『한국한문학연구』 40, 한국한문학회, 2007.
주기평, 「중국 悼亡詩의 서술방식과 상징체계」, 『중국어문학』 45, 영남중국어문학회, 2005.
최재남, 「한국 哀悼詩의 구성과 표현에 대한 연구」, 서울대 박사논문, 1992.
홍기문, 「연암집에 대한 해제」, 『박지원 작품 선집 1』, 평양: 국립문학예술서적출판사, 1960.

方豪, 「利瑪竇交友論新研」, 『方豪六十自定稿』, 臺北: 臺灣學生書局, 1969.
方克, 『中國辨証法思想史(先秦)』, 北京: 人民出版社, 1985.
呂妙芬, 『陽明學士人社群-歷史, 思想與實踐』, 臺北: 中央研究院近代史研究所 專刊(87), 2003.
王彬·徐秀珊 主編, 『北京地名典』, 中國文聯出版社, 2001.
吳汝鈞, 「印度中觀學的四句邏輯」, 『中華佛學學報』 第5期, 臺北: 佛學研究所, 1992.
俞炳禮, 『白居易詩研究』, 國立臺灣師範大學 博士論文, 1988.
徐宗澤 編, 『明清間耶蘇會士譯著提要』, 北京: 中華書局, 1989.
王力 지음, 송용준 옮김, 『중국시율학』, 소명출판, 2005.
張國華 編, 『중국법률사상사』, 임대희 외 옮김, 아카넷, 2003.

安大玉, 『明末西洋科學東傳史-『天學初函』器編の研究』, 東京; 知泉書館, 2007.
大濱晧, 『朱子の哲學』, 東京大學出版會, 1983.
中村元, 『空の論理』, 東京: 春秋社, 1994.
中村元, 『論理の構造』, 東京: 青土社, 2000.
藤本幸夫, 『日本現存朝鮮本研究 集部』, 京都大學出版會, 2006.
前間恭作, 『古鮮冊譜』 第1冊, 東京: 東洋文庫, 1944.
吉川幸次郎, 『吉川幸次郎全集』, 東京: 筑摩書房, 1985.
히라카와 스케히로, 『마테오 리치』, 노영희 옮김, 동아시아, 2002.

Huang, Martin W. edit., *Male Friendship in Ming China*, Leiden; Boston; Brill, 2007.
Engelfret, Peter M., *Euclid in China*, Leiden·Boston·Köln; Brill, 1998.
Konstan, David, *Friendship in the Classical World*, Cambridge University Press, 1997.
레오나르드 믈로디노프, 『유클리드의 창: 기하학 이야기』, 전대호 옮김, 까치, 2002.
조너선 D. 스펜스, 『마테오 리치, 기억의 궁전』, 주원준 옮김, 이산, 1999.

찾아보기

ㄱ

가체加髢 49~52, 62, 65, 106
「가체신금사목」加髢申禁事目 51
『간정동회우록』乾淨衕會友錄 123, 124
『감구집』感舊集 188
감시監試 20, 74~78, 82, 83, 107
강세작康世爵 192, 193, 261, 262
강세황姜世晃 67, 68, 89, 90, 108
「강양죽지사」江陽竹枝詞 88
검계劍契 29, 39, 40
『경완』經玩 202, 203
『계산기정』薊山紀程 101
계서본溪西本 91, 233, 279, 281, 289, 290, 292~311, 315, 316
『고금원류지론』古今源流至論 201~203
「고려승령」高麗僧令 190, 191
『고백록』Confessiones 119
『고선책보』古鮮冊譜 272, 273
『고소사』古笑史 191
고시古詩 15, 34, 68, 98, 108
고염무顧炎武 190, 193, 218, 250, 261
『고정망양록』考定忘羊錄 234, 262~264, 269, 270, 313

「곡정필담」鵠汀筆談 115, 162, 238~240, 242, 245, 246, 250, 270, 282
〈곤여만국전도〉坤輿萬國全圖 139, 165, 250
공자孔子 86, 124, 170, 171, 190
「공작관기」孔雀館記 215, 304
과시科詩 18, 20, 22, 74, 77, 78, 82, 84, 105, 107
『과시』科詩 74, 75, 77, 78
『과정록』過庭錄 15, 16, 18, 21, 22, 67, 72, 75, 76, 82, 103, 108, 134, 199, 200, 204, 220, 221, 258, 259, 299
곽집환郭執桓 118, 125, 133
광문廣文 38~42, 106
「광문자전」廣文者傳 37, 38, 41, 42, 53, 106
『괘도설』卦圖說 202, 203
『교우론』交友論 7, 114, 116~129, 131~135, 145, 146, 155, 175, 176
「구외이문」口外異聞 192, 212, 218, 242, 243, 246, 250, 261, 264~266, 277, 282, 288, 295, 314
「금료소초」金蓼小抄 181~183, 206, 218,

221, 242, 245, 246, 250, 252, 270, 272, 273, 276, 277, 279, 282, 297, 298

『기하원본』幾何原本 7, 114, 116, 155, 157, 160~163, 166~168, 172, 175, 177

김기장金基長 103

김상헌金尙憲 188

김시습金時習 190

「김신선전」金神仙傳 42, 108, 296, 311

김이소金履素 286

김택영金澤榮 34, 225, 286, 308

ㄴ

나가르주나(龍樹) 168

나란태那蘭泰(Narantai) 211~213, 219

남궁괄南宮括 190

「낭환집서」蜋丸集序 59, 168

「내직잡시」內直雜詩 188

「논우복지협論禹服之狹 탄성교흘우사해탄 聲敎訖于四海 이강리지오복이강리止五服」 20, 77, 107

『니코마코스 윤리학』 119, 127

ㄷ

다리(髢)→가체

다백운루본多白雲樓本 153, 233, 236, 237, 247

「단루필담」段樓筆談 182, 214~218, 220,

276

단섬丹蟾 20, 73, 89~91, 108

담원澹園 125

「담원팔영」澹園八詠 120, 308

「답순사서」答巡使書 304, 305

「답호남백서」答湖南伯書 300, 306

「답홍덕보서(3)」答洪德保書(3) 306

대협大俠 27, 28, 38, 40

「도강록」渡江錄 136, 137, 143, 155, 156, 162, 167, 173, 174, 176, 177, 181, 218, 221, 235~237, 267, 268, 273, 281, 288, 294, 298

「도망」悼亡 18, 20, 44, 67~69, 84, 106, 107, 109

도망시悼亡詩 67~69, 71~73, 107

도산塗山 81

「동란섭필」銅蘭涉筆 181, 182, 186, 200, 203, 215~218, 220, 221, 235, 246, 247, 249, 277, 278, 282, 289, 290, 294, 298

동양문고東洋文庫 6, 7, 17~19, 21, 44, 67, 86, 91, 102, 181, 230, 231, 233, 272~281, 283~312, 314~316

등사민鄧師閔 125

ㅁ

「마상구호」馬上口號 17, 286, 309

마에마 교사쿠前間恭作 272, 273, 276, 278, 314

「마장전」馬駔傳 124, 125, 130

마테오 리치Matteo Ricci 114~121, 124,
　125, 127, 128, 132, 134, 137~139,
　142, 145~148, 151, 155, 157,
　160~166, 175, 176, 241, 242, 249,
　270
「만국진공기」萬國進貢記 219, 244, 270
「만조숙인」輓趙淑人 7, 17, 18, 20, 22,
　44, 47, 48, 58, 59, 61, 62, 64~66,
　83, 95, 106, 109, 110
만주어 158, 209, 212, 213
「망양록」忘羊錄 115, 162, 238~242,
　246, 262~264, 268~270, 281, 289,
　313
『맹자』孟子 54, 134, 138, 141, 142, 158
『맹자집주』孟子集註 130
『면양잡록』沔陽雜錄 19, 20, 84~86, 88,
　290, 295
「명성당 군서목록」鳴盛堂群書目錄 294
『명언과 예화』Sententiae et exempla 117,
　118, 121, 123, 127
「몽답정」夢踏亭 18~20, 92, 292
「무제」無題 21, 98, 108, 109
「민옹전」閔翁傳 42, 133, 296, 311
민유閔瑜 189, 190

ㅂ

박규수朴珪壽 5, 51, 88, 102, 258, 259,
　269, 275, 276, 295, 314
박사유朴師愈 53
박사호朴思浩 101

박상한朴相漢 47
박제가朴齊家 21, 95, 101, 108, 121,
　122, 125, 126, 133, 245, 246, 252,
　259, 268, 271, 306, 314
박종채朴宗采(초명 박종간朴宗侃) 15,
　16, 22, 33, 34, 67, 75, 108, 199,
　216, 220, 221, 258, 262, 263, 268,
　269, 272~275, 292, 299, 313, 314
박주승朴柱承 189, 190
박필균朴弼均 53, 54, 68
반정균潘庭筠 58, 59, 96, 97, 121, 123,
　124, 162, 214, 259
「발승암기」髮僧菴記 39, 102, 295, 304
「발천주실의」跋天主實義 137
「발황중본붕우설」跋黃仲本朋友說 130,
　131
『방경각외전』放瓊閣外傳 122, 124, 129,
　131, 133, 135, 176, 281, 296, 300,
　301
배시황裵是幌 188~190, 193, 218, 262
백거이白居易 64, 65
「백수 공인이씨 묘지명」伯嫂恭人李氏墓誌
　銘 305
「백자 증정부인 박씨묘지명」伯姊贈貞夫人朴
　氏墓誌銘 91, 92, 295, 300, 302, 312,
　314
법고창신法古創新 17, 173
『북정일록』北征日錄 188~190, 218
비치費穉 191

ㅅ

「사선정 연구」四仙亭聯句　19, 21, 102, 108, 292, 315

『사소절』士小節　50

사약司鑰　20, 23~27, 30, 31, 35~37, 76, 105, 106

「사약행」司鑰行　7, 17, 19, 20, 22~24, 34~43, 72, 84, 105, 106, 109, 110

4원인설原因說　147, 149

「사장애사」士章哀辭　46~48

「산구」散句　21, 304

산해관山海關　100, 101, 108

「산행」山行　17, 71

삼일포三日浦　102, 103, 108

「삼종형 금성위묘지명」三從兄錦城尉墓誌銘　301, 307

『삼한총서』三韓叢書　258, 259, 275

「상기」象記　145~148, 151, 176, 235, 237, 268, 295, 302

「상김우상서」上金右相書　286, 306

「상루필담」商樓筆談　191, 236

「상순사서」上巡使書　283, 300, 305, 307

서반序班　202

서사한시　109

「서시이생(종목)」書示李甥(鍾穆)　18, 21, 292

「서이방익사」書李邦翼事　279, 281, 287, 288, 314

서학西學　7, 8, 47, 113~116, 121, 128, 139, 145, 151, 166, 172, 173, 175, 177, 228, 240~242, 245, 246, 270, 271, 314

서황徐璜　186, 199

선가옥單可玉　7, 134, 199, 204, 205

「선가옥서」單可玉書　199, 204~206, 219

『선귤당농소』蟬橘堂濃笑　57~59, 94, 95, 108

『설문해자』說文解字　118, 119, 148

『설문해자주』說文解字注　121

송덕상宋德相　50

「송이무관·박차수입연」送李懋官朴次修入燕　18, 19, 21, 95~98, 108, 259, 303, 312

『송천필담』松泉筆譚　75, 76

수당본綏堂本　152, 153, 233

「수산해도가」搜山海圖歌　34, 308

「수시」壽詩　17, 18, 21, 292

수진궁壽進宮　29, 31, 32

「순패서」旬稗序　59, 95, 310

승계문고勝溪文庫　17~21, 44, 49, 57, 67, 91, 96, 181, 229, 233, 259, 277, 279, 280, 281, 287, 289, 290, 292~296, 300~312

신광온申光蘊　21, 102~104, 108, 293

신돈복辛敦復　189, 190, 262

『신학대전』Summa Theologiae　119, 147

실학實學　5, 7, 8, 113, 116, 175

「심세편」審勢篇　238, 240, 242, 243, 246, 269, 270, 281

심재沈鋅　75

ㅇ

아리스토텔레스 119, 127, 147, 149, 164
아우구스티누스 119, 121
안드레아스 에보렌시스Andreas Eborensis 117, 118, 121, 127
액정서掖庭署 23, 26, 31, 32, 35, 105
「야출고북구기」夜出古北口記 193, 219, 235, 243, 251, 270, 295, 302
양매서가楊梅書街 185, 186, 188, 261
「양매시화」楊梅詩話 7, 182, 185, 218, 220, 261, 313
『양매시화』楊梅詩話 7, 182~193, 195, 200, 215, 218, 220, 234, 260~262, 276, 313
양매죽사가楊梅竹斜街 185, 214, 220
『어양시화』漁洋詩話 188
「어옹」漁翁 19, 20, 93~95, 108, 110
어용빈魚用賓 46, 47
『어제피서산장시』御製避暑山莊詩 196
「여인」奧人 115, 126, 176, 286, 287, 300, 302
「여인윤회매」與人輪回梅 302
『연계기정』燕薊紀程 101
『연기』燕記 100, 101, 158, 162
연민문고淵民文庫 5~7, 19, 91, 96, 115, 153, 185, 195, 199, 218, 219, 227, 230~234, 253, 279, 313
『연암선생서간첩』燕巖先生書簡帖 18, 21, 98
『연암집』 5~9, 16~19, 22, 34, 43, 45, 47, 48, 67, 72, 73, 84~86, 91, 93, 95~97, 100, 102, 105, 106, 108~110, 181~183, 217, 221, 225~227, 229~233, 255, 259, 262, 265, 266, 268, 272~282, 286~297, 299~303, 312~316
『연암집(15)』燕岩集(十五) 234, 264~266
『연암집초고(보유9)』燕岩集草稿(補遺九) 6, 19~23, 73, 84, 85, 89, 90, 92, 93, 99, 105, 292, 303, 304
『연행음청』燕行陰晴 199, 234, 236, 237, 253~256, 266, 267, 270, 313, 314
「열하궁전기」熱河宮殿記 182, 214, 218, 220
『열하일기』熱河日記 5~9, 15, 47, 114, 115, 136, 143, 145, 151~153, 155~157, 162, 166~168, 172~177, 181~186, 189, 191~196, 199, 204, 206, 212~221, 226~240, 242, 246, 253, 257, 259~270, 272~282, 288~290, 294~299, 302, 303, 309, 311, 313~316
『열하일기(리)』熱河日記(利) 234, 247~250, 268, 313
『열하일기(원)』熱河日記(元) 234, 242, 246, 263, 313
『열하일기(정)』熱河日記(貞) 234, 244, 250~252, 265, 268, 270, 313
『열하일기(형)』熱河日記(亨) 234, 247, 313
「열하태학기」熱河太學記 182, 195, 196,

198, 214, 218~220, 276
『열하피서록』熱河避暑錄　19, 21, 96, 97, 120, 176, 234, 258~260, 269, 275, 304, 313
염정시풍艷情詩風　51, 62, 69, 73, 91, 106, 109
영남대본嶺南大本　18, 19, 21, 44, 67, 96, 233, 259, 287, 292~295, 299~312, 315, 316
「영대정잉묵 자서」映帶亭賸墨 自序　301, 309
영조英祖　27, 29~32, 39~41, 45, 46, 50, 53, 74~77, 82, 83, 105, 107
「영처고서」嬰處稿序　37, 133, 310
「예덕선생전」穢德先生傳　122, 130, 135, 176
『오주연문장전산고』五洲衍文長箋散稿　51, 162, 189, 290
「옥동유록」玉蝀遊錄　253, 256, 270
왕민호王民皞　114, 162, 240~242, 289
왕사정王士禎(초명 왕사진王士禛)　67, 141, 188, 215, 216, 279, 288
왕평王苹　192, 215
「우상전」虞裳傳　133, 139, 300, 301
「우정론」De Amicitia　119, 122, 123, 127, 128
『우항잡록』雨航雜錄　203
『원각경』圓覺經　167, 168, 172
유득공柳得恭　92, 95, 96, 125, 133, 162, 169, 237, 238, 268, 314
유만주兪晚柱　18, 34, 49, 64, 65, 67,

69, 72, 107, 122, 141, 162, 266, 267, 308
『유상곡수정집(곤)』流觴曲水亭集(坤)　19, 20, 89, 90, 300
유세기兪世琦　7, 134, 186, 206, 209, 215, 217, 219, 261
「유세기서」兪世琦書　199, 206
「유숙동관」留宿東關　17, 21, 303
유언선兪彦鏇　21, 102~104, 108, 292, 293
유언호兪彦鎬　19, 21, 83, 102~104, 108, 284, 292, 293
육가초陸可樵　199
육비陸飛　96, 97, 123, 188, 259
육일루六一樓　186
육일재六一齋　186
육진체六鎭軆　51
이규경李圭景　51, 189, 162, 290
이덕무李德懋　16, 21, 37, 50, 57~59, 94~97, 101, 108, 110, 121~126, 132, 133, 158, 189, 203, 215, 216, 247~250, 259, 260, 268, 303, 306, 314
이면李冕　199
이명기李命基　89, 90
「이몽직애사」李夢直哀辭　285
이서구李書九　92, 95, 121, 122, 125, 239, 242, 248, 268, 286, 300, 314
이성흠李聖欽　244, 245
이언진李彦瑱　133, 139~141, 143, 250
이윤영李胤永　88, 154

이익李瀷　137, 161, 271

이재성李在誠　21, 50, 51, 85, 88, 91, 98, 99, 108, 169, 235, 284, 294, 295, 302

이정구李鼎九　92, 122

이주민李朱民　244, 245

「이충렬공 신도비명」李忠烈公神道碑銘　305

「이충백전」李忠伯傳　28

이학규李學逵　51

이해응李海應　101

이희경李喜經　133, 245

이희명李喜明　244, 245

이희영李喜英　115, 307

인심도심人心道心　158, 160, 172, 173, 177

인운隣韻　35, 48, 55, 59

「일야구도하기」一夜九渡河記

일재본一齋本　152, 153, 233, 236, 243, 244

『일지록』日知錄　190~193, 218, 261, 262

임천조씨林川趙氏　20, 45, 46, 53

『입연기』入燕記　95, 101, 248

ㅈ

자산子産　156, 169~173, 177

『잡록』雜錄　153, 182, 202, 203, 234, 239~246, 250~252, 263, 265, 268, 270, 271, 313

장붕익張朋翼　20, 28~30, 35, 36, 39, 40, 42, 105, 106

「장인 처사 유안재 이공에 대한 제문」(祭外舅處士遺安齋李公文)　284, 285, 312

「적언찬」適言讚　121~123, 132

전방표錢芳標　188

전주이씨全州李氏　20, 67, 69, 107

「절구 4수」　100, 102

「절구 5수」　99, 108

정범조丁範祖　28

정자程子　130, 148, 149, 151, 153, 154, 159

정조正祖　28~32, 45, 50, 67, 68, 83, 101, 137, 188, 197, 211, 213, 248, 286

「제배시황북정록후」題裵是愰北征錄後　189, 262

「제선옥소영」題仙玉小影　18~20, 73, 89, 91, 108, 109, 292

조명건趙明健　45

「조선국 학생 최공휘성 묘표음기」朝鮮國學生崔公輝星墓表陰記　255

「종북소선 자서」鍾北小選自序　207, 309

좌소산인左蘇山人　16, 162

『좌전』左傳　81, 82, 138, 169, 170, 203

「주공탑명」麈公塔銘　306

주자朱子　130~132, 144, 145, 148~151, 154, 157~160, 165, 166, 172, 176, 177

「죽각 이선생 묘지명」竹閣李先生墓誌銘　294

찾아보기　333

줄리오 알레니Giulio Aleni(艾儒略)　139
『중론』中論　168, 169
「증좌소산인」贈左蘇山人　15, 16, 34, 109, 308
『직방외기』職方外紀　139, 141
진정훈陳庭訓　186, 199

ㅊ

『창평산수기』昌平山水記　193
채제공蔡濟恭　28
「천애결린집」天涯結隣集　182, 195, 198, 199, 210, 218~220
『천애지기서』天涯知己書　124, 125
『천주실의』天主實義　7, 114, 116, 136~148, 150, 151, 155, 175, 176, 253, 276, 278
『천학초함』天學初函　114, 117, 118, 121, 137, 161~163
『청비록』淸脾錄　16, 96, 125, 259, 260
「청향당 이선생 묘지명」淸香堂李先生墓誌銘　294
「체계의」體髻議　50, 51
「총석정 관일출」叢石亭觀日出　15, 307
최진관崔鎭寬　253, 255
「취미루기」翠眉樓記　310

ㅋ

클라비우스C. Clavius　160, 161, 163~165

키케로　119, 121, 123, 124, 127

ㅌ

탁연재濯研齋　262
토마스 아퀴나스　119, 146, 147, 151
통운通韻　35, 48, 105
투영도법投影圖法　165

ㅍ

표철주表鐵柱　39~42, 106
풍몽룡馮夢龍　190, 191
풍병건馮秉健　134, 186, 192, 200~204, 215, 219, 294
「풍승건서」馮乘健書　198~200
풍시가馮時可　203
프로클루스Proclus　164, 165
「필담의례」筆談義例　238, 240, 243, 269
「필운대상화」弼雲臺賞花　303, 312

ㅎ

「하란태서」荷蘭泰書　199, 209, 210
하심은何心隱　132
「하야연기」夏夜燕記　59
한난韓瀾　192
한명련韓明璉　192
한유韓愈　15, 33, 34, 87, 285
한윤韓潤　192
한의韓義　192

「해람편」海覽篇 139, 250
「해인사」海印寺 17, 109, 308
「해인사 창수시」海印寺唱酬詩 17~20, 22, 84, 86, 88, 107, 108, 292, 293
「해인사 창수시서」海印寺唱酬詩序 20, 84~88, 108, 295, 302
〈해인탈사도〉海印脫簑圖 88
『행계잡록』杏溪雜錄 157, 234~238, 247, 266~268, 288~290, 313
『행계집』杏溪集 234, 238~243, 245, 246, 252, 263, 268~270, 313
『향조필기』香祖筆記 141, 279, 288
허조당許兆薰 199, 220
호곡장론好哭場論 136, 141, 143, 176
「호동거실」衚衕居室 140, 143
「호질」虎叱 141, 142, 144, 237, 253, 256
홍낙순洪樂純 30, 41, 130, 133, 154
홍낙임洪樂任 20, 45~48, 54, 62, 66, 83, 106, 109
홍대용洪大容 58, 59, 96, 100, 101, 121, 123~125, 133, 158, 162, 188, 214, 241, 242, 249, 250, 259
홍명복洪命福 155, 157, 158, 172, 177, 211
홍봉한洪鳳漢 45, 46, 66, 83, 106
「환연도중록」還燕道中錄 212, 242, 244, 246, 251, 264~266, 270, 281
「황도기략」黃圖紀略 115, 200, 295, 298
『황도기략』黃圖紀略 234, 313
「회성원집발」繪聲園集跋 118, 120, 125, 132, 133, 146, 176
「회우록서」會友錄序 123~126, 133, 176
『흠영』欽英 18, 20, 34, 44, 49, 64, 69, 71~73, 122, 141, 162, 267, 308